采山樓藏稀見清人別集叢刊

第二册

羅鷺 編

國家圖書館出版社

第二册目録

（清）劉暉 撰

湘雲别業詩草一卷

清咸豐五年（一八五五）木活字本

湘雲别業詩草一卷

劉暉撰。清咸豐五年（一八五五）木活字本。

暉字煦初，湖南湘陰人。生平事迹不見史志記載。卷首有咸豐五年重陽日湘南陶仕冠序，云：『劉君之詩纍數百首，平生聞見、起居、出入，莫不有詩。兹特刷其一二，以質諸高明。』據是知刷印於此時。余近來頗留意湖湘文獻，此集罕見著録，又爲木活字本，且刷印於咸豐年間，故不惜重金購之。此本外，余所得稀見木活字本湘人詩文集尚有數種：益陽汪再銘《肯園詩集》一卷《文集》一卷，光緒三十二年希越堂木活字本；平江李大鵬《蓮峰齋詩草》一卷，民國四年（一九一五）蓮峰書屋木活字本；邵東寧經笙《卷園叟遺集》殘存卷三至四，民國思旦山莊木活字本。此數人之名聲不顯於世，而其詩文集皆以木活字刷印。蓋此種詩文集，大抵皆排印家譜之副産品，僅在家族内部及友人中傳閲，故名氣不大，罕見流傳。然當時刷印之品種極夥，遠超今人估算。惟今日存世且見諸著録者，不過泰山一毫芒而已。黽勉求之，當續有所得。

此本爲兩節版，上端空白無文字，殆預留以供評點。每半葉九行二十一字，白口，左右雙邊，雙黑魚尾。全書分體編排，計有五律七十八首、七律十七首、五絶十七首、七絶十八首。陶仕冠序中言作者『困阨風塵』，從詩中可知，作者爲謀求生計，四處奔波，故每多羈旅飄泊之感，詩題如《瀏陽道上》《江西道上》《監利道上》《羅湘道上》《長樂道中》《新市道中》《沔陽客舍》《雨行平江道》《雨行臨湘道》《巴陵旅次》《鄱陽舟次》《羅湘旅夜》

《平江感舊》《岳州晚眺》《長沙題壁》《宿新昌》等，皆爲旅途所作。《瀏陽道上》云：『十年流落後，惆悵舊情非。性拙逢時鈍，心高惹俗譏。秋風吹野勁，斜日照林微。冉冉瀏陽道，悠悠旅客歸。』作者之飄零身世、樸拙性情、澹雅詩風，於此詩可見一斑。陶仕冠稱『其人雍容恬静』『觀其詩，其神清，其骨堅，其氣雅，其味永，無美不備。静爲衡之，其殆得風雅之遺者歟？』可謂知音之論。

湘雲別業詩草

詩也者性情之聲也養其性閑其情則吐氣清和詩遂從此佳焉此不易之定理然而知此者或寡矣劉君春浦其人雍容恬靜晉接晤對之餘可以消人意慮蓋希世之士也獨是困阨風塵端居無事常自託於聲律以微見其意亦可悲矣然余觀其詩其神清其骨堅其氣雅其味永無美不備靜爲衡之其殆得風雅之遺者今夫詩自朝廷以及里巷黃口孺子香閨

莫不知詩風趣清奇軼元明比唐宋囊括

詩教之興未有盛於此時者也然而郎其右

探其底蘊而悠然有以得夫性情之正而上參

風雅之軌者莫如劉君劉君之詩累數百首平

生聞見起居出入莫不有詩茲特刷其一二以

質諸高明采其神味可得其所以爲詩竊其

性情可得其所以爲人大有益也欣然爲之序

咸豐五年重陽日湘南陶仕冠書於梅氏小樓

湘雲別業詩草

五言律詩

湘陰 劉 暉煦初氏稿

夜吟

繼日渾無事相親一短檠縑緗千古志檀板百年情
月滿羣山靜蛙啼曠野清悄然今夜客幽思座中生

嚴子陵

子陵終古在江上一漁翁把釣生涯過臨流世相[illegible]
宮春還是道光武不為雄呂望餘年事居然冷[illegible][illegible]

曉歸

天色野微明蒼茫遣夢行不堪孤客意無限故園情
殘月半山影羣鷄萬戶聲此時倍惆悵迢遞是歸程

山齋題壁

雲氣漫天黑花光糝徑紅芭蕉一院雨薜荔半牆風
名借文章顯心由德業雄有時尋樂處沉醉與山翁

閨怨

自别良人後幽居一院深關山清夜夢風雨綺年心
展鏡形逾瘦裁衣淚半侵歸期長不達低首倚床衾

夏夜有懷

抱膝雲崖下蛙聲雨後忙濕烟消薜荔明月落池塘
命蹇胸懷滯家貧事業荒許多親友別此夜九廻腸

中秋

一輪今夜月天地足清輝露結關河靜雲開斗宿稀
影含山鳥睡光逐塞鴻歸最是嫦娥好團圓伴紫微

三國

國運三分變人材一代忳邦畿成鼎立袍笏事鷹揚
智力英雄會江山戰鬬場鞠躬扶漢者應悔起南陽

雨行平江道

亂山環野客微雨逐風斜老樹昏千嶂輕煙裊萬家

逢迎皆異客惆悵是生涯百里平江道何堪展跡賒

南港夜眺

南港通幽處清宵眼獨懸梧桐三徑月楊梛一村煙

暑氣隨風散塵氛浥露捐迢迢鄉思客搔首不成眠

宿中興寺

晚風翻貝葉星影罩浮屠院閉僧初靜燈傳客自孤

家山成遠夢雲水困當塗此夜中興裏空將慧劍扶

瀏陽道上

十年流落後惆悵舊情非性拙逢時鈍心高惹俗譏

秋風吹野勁斜日照林微冉冉瀏陽道悠悠旅客歸

登樓

月朗銀河耿風清玉露秋何人當此夕携酒醉高樓

著作思前哲謀爲恥末流客中時拍檻雲海共悠悠

江西道上

踏遍江西路秋寒雨過時小橋新水急深谷夕陽遲

梛入風逾瘦山凝靄倍癡鄒堪書劍客千里下奔馳

福源山館

巍巍新院宇三徑掩門深風沼翻雲影晴巒奪樹陰

燕啼雙廡静鐘響一樓沉好是刀環後憑依寄道心

春曉

一驚羣蟄後無限曉來春鳥語含煙細花光襲露新

十年攜劍佩千里踏風塵邇日山齋近難忘綺麗晨

殘夏曉起

曉光兼夏色相併豁胸襟灝氣千年道生機一片心

露傳秋信冷星帶月華沉昨夜莊周蝶蹁躚洞府深

望晴

山高飛瀑重野曠宿雲凝古木陰風怒炊烟積雨遲
故人平日約佳境素心期徙倚欄杆倦曦光知未知

漁

水濶天光遠江空日影賒此間悠逝態吾輩託生涯
破網和煙補輕舟趁浪划得魚歸去晚酣醉臥蘆花

樵

樹影遮人影禽聲和斧聲雲烟埋曲徑樵採度平生
帶露薪常濕乘風石較輕朝朝青嶂客歸唱夕陽明

耕

一段閑閑意長耕郭外田地凝華野瀾入想歷山買
簑荷三春雨犁分十畝烟好隨桑柘影含哺不知年

牧

平野與高山驅牛去復還笛吹青草綠鞭拂白雲閒
枕犢橫腰曲携書掛角彎茫茫烟靄處相逐到柴關

曉行

登程更鼓盡朔色古途封廣廈鷄聲寄深山露氣濃
萬栩猶蝶夢千里獨萍蹤作客長如此晴光候上峯

上巳

上巳春逾麗風烟捲地新翠浮江曲栁香舞陌頭塵
蘭水澆佳客油花卜美人異鄉飄泊者翻笑踏青頻

旅思

寄跡天涯道春光動四圍野花連露發山鳥帶雲飛
彈鋏心常惻登樓思匪違此時重回首何日舊苔磯

泛洞庭

一葉離人葦飄搖逐水行槳聲隨浪急帆影入波清
南斗中流澈巴山古岸平洞庭長滾滾鄉思倚篷生

監利道上

四望極天涯長空噪暮鴉夕陽堤一抹芳草路三叉故國音書斷頻年旅夢賒玉沙今日客何處復爲家

王祠山橋夜眺

夜夜横橋上煙光四野深江流遊子意月照故鄉心遠火明漁艇羣蛙喚水濤謾貪孤店夏瞻眺苦呻吟

生日雨行

異地逢生日殘春雨漲天雲垂千里樹花笑一村烟事業今如此詩書更枉然那堪楊柳外停展數華年

沔陽客舍

皇皇書劍倦留滯倚窗紗古木朝啼鳥長江暮浸霞
夜吟多伴月春夢不離家萬里遊清沔孤燈旅思賒

登黃鶴樓

黃鶴今何處巍然獨畫樓水光連檻漾天影入窗流
煙樹樊山暮風濤漢口秋白雲終古在登眺不勝愁

宿通城

問心何脫累千里事長征馬踏關山迥人攜劍佩輕
月高平野靜波定大江清今夜通城客狂歌四座驚

雨行臨湘道

滿眼臨湘雨遲遲客子孤關山磨蠟屐書劍苦征途瀰瘴蛸高樹新濤逐野鳧一聲泥滑滑猶憶故園無

遊大雲山

大雲山獨迥長與楚天齊夜月凌松近朝霞壓徑低淡烟橫絕壁飛瀑倒寒溪所以輕關驛高攀碧漢西

巴陵旅次

落拓巴陵道低徊舊志謀琴書千古趣雲水一身愁飲啄隨鷄鶩行藏混驥牛夜深孤閣雨點點入心頭

發關山鋪

了却還家憂關山薄曉天曙光分馹馬晨氣入烽烟
樹接巴雲暗江流汨水連自兹歸路近明日故園邊

雨歸

計程桑梓近行處雨霏霏草細雙侵屐風斜半濕衣
宿雲呑嶺樹新水漲苔磯造物深相恤除塵待客歸

幽居

寂寂林泉下乾坤一羽毛著書消歲月添酒讀風騷
友道黃金固人情紫綬高何如康節老安樂百年豪

元旦

萬里浮朝色年新序並新曉風清送臘初日暖回春
不作關河想將尋翰墨因自當歡歲首隨處履端頭

落花

百花含別意金谷不堪留好鳥空啼樹佳人懶上樓
繁華皆僞境歡樂有真愁對此殊驚悤春光又一周

客夜

雲散天河淨秋風一雁徂倚欄驚物候搔首憶鄉閭
流落文章賤饑寒骨月疎中懷長耿耿愁對月明初

澗居

家臨小澗傍春入景茫汇瀑水環村暖山花擁戶香

歲時忘曆日人亊傲冠裳索盡幽居趣陶然興欲狂

端午

每懸佳節與今日午偏重艾踞人家虎舟騰澤國龍

關山鎖舊恨泉石託閒蹤況是遷流俗蒲香入酒濃

閒遊

遣盡人間事逍遥曠野頻烟深山隱隱江靜水鱗鱗

夕照光黃葉秋風颭白蘋此中真趣味留待不羈身

言别

作别苦難行心頭漏箭驚牽風珠落動侵露玉階平

有淚都成恨無言渾是情何時重對月雙照鬓華清

長樂道中

蒼茫長樂道寒氣襲遊襟地潤秋霪重山遥暮靄深

風塵終日恨泉石故園心一盞郵亭酒聊爲楚客吟

過藍茗渡

迸盡謀生答江頭一葉舟晚風雙槳急春水半篙浮

湘樹迷前浦昌山夾上流悠悠藍茗渡何日許盟鷗

新市道中

茫茫新市道烟樹閃斜暉塔聳秋山靜帆颺野渡微
才難將命轉事輒與心違恐煞平生氣征途恨不稀

宿楊梅鋪

壯志輕離別今宵馹道居松風鳴徑小山月入窓徐
事業須嘗胆饑寒爲讀書湘城翹首近何日步雲衢

湘水大漲

積雨添新水瀟湘漲碧流汨江連岸憂神鼎入波浮
鳥向雲中散魚從樹上遊奔忙高浪處愁煞楚南舟

羅湘旅夜

留滯碧湘濱漕逢歲夙因詩樽珠履客歌管玉樓人
月上關河曉梅開天地春悠悠今夜意殊自惜風塵

平江感舊

十年重作客又向古城臨月掛碧潭暮雲遮幕阜陰
故人流水盡新第冷煙深一一平江鳥淒凉改舊音

去雁

古塞春風暖天涯日影長悠悠橫旅鴈冉冉入他鄉
翼拂雲千里聲沉雨一方浩然離故國歸信侯秋霜

遊天德觀

古院存天德今朝望氣來誰能通秘籙獨自倚丹臺
白石烟還在青牛客不回山溪遶門外猶爲隔塵埃

一畢庵登樓

樓聳梵堂邊凭欄對晚烟翠遮苔徑栢聲送石溪泉
一洞松陰合千山鳥語連好將身世事翹首問諸天

把釣

一縷垂香餌雙眸遶碧流天光隨水濶雲影入波幽
風靜絲常定煙閒釣自留朝朝竿在手清趣邁滄洲

春柳

曲岸籠煙暖長亭帶雨新低垂千樹綫斜曳萬家春影暗波心月香凝馹道塵年年彭澤令相賞趁芳辰

岳州晚眺

人倚仙梅石高城晚色浮煙霞低鄂渚雲樹暗巴坵作客初携劍營生慣掉舟獨憐新月吐寒照岳陽秋

望君山

烟水横無際君山一顆圓竹痕妃子淚亭影柳公泉月奪湘江早波撞鄂渚先何時携鶴使吹笛白雲邊

看桃花

恍入元都觀花光照眼稠醉來名士酒含盡美人羞映面隨風笑迷津入漲流如逢潘岳到春色頌謀猷

宿集真觀

道氣兼秋氣三更古院清蟲吟丹灶靜月照紫芝明對酒皆佳士談詩有逸情不知天欲曙朗朗步虛聲

夜歸

野露釀風清江波浸月明古途當永久歸客正孤行店寂燈銷影村閒犬弄聲祗因泉石好不憚夜三更

客至

空山長寂寂佳興倩誰催獨飲無真醉高吟只自裁

徑遮黄葉影門掩白雲隈不覺樵青報賁然有客來

寄懷故人

一別幾經年頻將舊日憐論交同鉄硯交錯共瓊筵

雲淨天懸月風廻野積烟此宵殊寂寂相憶倍愴然

訪故人

一澗寬還窄千山竣復長秋風驚木落斜日射波涼

醉眼逼高下行程入渺茫炊煙微起處應是故人莊

遊法華寺

梵宮深不見惟有白雲飛古洞煙常寂長林草獨肥樹遮檐影重泉合磬聲微外是隔塵俗扶節試款扉

暮歸

歸鳥杳天際暮煙生樹間人隨一片月路遶數重山遣興苦行展含情款故關半庭燈影靜呼酒慰遊顏

月夜舟

皓月一江影登舟氣倍清風烟和浪靜斗宿入波明槳語歸魂警檣陰旅思平獨依篷戶望渾是鏡中行

登四面尖

四面尖如削巍峩入大荒聳身摩翼軫舒眼極平湖徑鎖秋煙寂松披夕照涼歸來餘興在暮景復茫茫

重舘梅家

此間仍有約來寄宰官身老屋更新第諸生屬舊人苔滋深院雨花縱小墀春胸起琴書恨依劉未了因

生日

上界拈花使道逬海內臨古今原有恨天地豈無心末路華長策窮檐費苦吟年華三十四空把夙緣尋

新晴野望

萬里痴雲散金烏上太虛百川新浪定千嶂濕煙餘理病時烹藥營生日校書窮愁當雨後翹首意何如

暮春

黃鸝啼雨倦綠樹鎖煙肥物態渾如此春光漸欲非乾坤多變局今古盡流機怕倚高樓上風花一片飛

夜吟

天地氣殊醇從中得此身青萍長在手黃卷不生塵山近煙沾戶樓高月倚人清宵對樽酒慷慨話良因

客懷

皓月半庭影寒蟲鬧壁音寂寥今夜客留戀故園心
貫月愢肥瘠親朋想去臨象山好風景還擬夢中尋

月夜訪故人

徑沿溪岸去人戴月華來露結秋風定烟明夜角開
松陰迷澗道荆戶倚山隈遺盡離居恨憑他玉兔催

中秋無月

中秋長愛月此夜被雲瞞天地風潛響關河露暗寒
倚欄人欲倦添酒與空歡想昇遼陽戍嫦娥不忍看

七言律詩

鄱陽舟次

萬里人（營）生泛宅來鄱陽今夜白雲隈孤篷冷掛吳宮月半艇香含溧水梅桑梓每煩心上計光陰頻費掌中推何特了却江湖債不耆風波入夢催

宿兜率寺 在義寧州治

徘徊兜率梵王庭僧侶參禪半誦經方丈雪融心底凈木魚風冷指頭靈十年書史隨流水萬里關河作散萍近日怕縈鄉國夢夜闌猶倚佛燈青

岳州懷古

何年江上獨觀兵人去兵銷江自橫魏國山河銅雀賦吳王宮殿石頭營憑誰載酒臨巴浦幾度登樓對岳城惟見蕭條滿園樹夕陽啼鳥最淒淸

宿九龍宮

雲水飄摇旅客情九龍宮殿晚燈明爐烟繞樹香巴署佛鼓穿花響岳城百里關河詩界濶一生風月酒杯盈何堪此夕留僧榻隱隱家山夢裏横

長沙題壁

流落長沙寄客思滿城秋氣釀秋姿莓苔雨沁韓壇
宅薜荔風翻賈誼祠萬道關河聊復爾一肩書劍[illegible]
如斯匆匆更凭危樓上遥指湘江唱楚辭

九日

半天陰雨鎖重陽黯淡江城晚色涼巷口濕烟迷倦
鳥渡頭新漲擁歸航平生志意何時遂到處營求竟
日忙此際强打佳節與一樽酣醉菊花黃

平江山館

十載生涯費運籌平江山館計勾留高峯四面千尋

壁矮屋三間一葉舟作客于維年最少悼亡潘岳恨偏裯匆々踏向孤村外挽住斜陽望故坵

春夜酌小園

一苑光華見性根令人欣賞却忘言香生几上連花坐影落杯中帶月吞浩氣兩間留夜色化機千古透春痕從來道在窮通外不覺今宵醉小園

湘江懷古

悠悠空見大江横蜿曲何年帝子情接柸幾番青嶂合歌喉一動白雲平蘆花水畔秋仍放月影波間夜

自明終是瀟湘流不已悄然無復佩環聲

伏波廟

矍鑠如翁曠代稀巍峩廟貌壓湘磯英風閣外吞江水浩氣幃前閃夕暉銅柱參天留將界米山鋪殿著兵機茫茫劉漢今何在惟見馨香沅芷肥

羅湘道上

一路蒼茫放眼寬漫七秋色楚郊寒雨添血淚凝湘竹風恤酬騷怨屈壇造物有情空作態古今多事未成歡人生矢志終如此長使征途不忍看

九日隨陶湘南先生登福龍寨次韻

振衣同上福龍巔萬象森羅到眼前孤雁帶雲銜遠塞他山連樹鎖荒煙青天光罩危峯外白酒香浮落日邊正與先生歡令節登高應把古風沿

山行

滿目天光四面圍翠微巔上踏晴輝鳥啼樹末音流徑雲過峯頭影拂衣雙眼已將人海透一身長與俗塵違悠悠不盡登臨興遊遍松陰未肯歸

午睡

石枕藤床睡易成坦然忘却午天晴蒼松影罩危墻靜紫燕聲流滿院清隱匕劃開山海界悠悠脫盡古今情翻身一覺黃粱畔悄對斜陽記夢程

登梅氏樓

大坪西畔倚高樓春水三江背郭浮巴浦暮雲遮北渚智峯朝雨暗南垓神仙家世吳門逸才子詩篇宋代留懷古不知憑檻倦漫匕天地動離愁

羅湘客思

孤城橫枕楚江邊冷冷金風滿郭傳楓葉淵含深巷

雨桂花香透小樓烟人逢機械難憑理事到顛危或有緣留滯一身持日久怎堪歸鴈唳湘天

九日登樓

百尺樓頭極目長湘山湘水景茫茫蕭疎嶺樹浮秋氣明滅江波亂夕陽白鴈雲遮關塞宇黄花風帶竹籬香年年此日登高好縱飲茱萸興欲狂

感懷附

前已此身去後將此身來此身今現在躊躇懷難開前莫見後復猜欲把因緣問明月嫦娥不語空徘徊

五言絕句

故窓有懷

四圍山水色恍是讀書年師友平生事隱櫨冷暮煙

平江訪堯風寺僧

松竹罩山隈禪扉倚翠開三生因果在今日訪如來

義寧讀書巖

讀書聲似寂人去一巖空冷淡吳江月年年石案中

又上山書屋

風雪冷吳坵傳經旅客留不知關海隔歸夢到湘州

戍婦辭

幽夢入庭邊郎君戰血腥醒來何處是窓柳自青青

梅近齋訃至

故人重聲氣今日訃書來捧向西窓下踟蹰不忍開

宿巴陵

壯心渾不定書劍寄江湖一片巴陵月應憐旅夜孤

登岳陽樓

作客洞庭濱登樓舊恨新子規啼不住烟雨一湖春

宿雲溪驛

古道夕陽收飄零旅客留家山在何處翹首月如鈎

汨羅

汨水兼羅水狂流入大江九歌人不見終古浪花撞

獨醒亭

除却亭中老千秋醉客多悠悠江畔水爭奈獨醒何

濯纓橋

濯纓人不見終古濯纓橋溅溅湘波外忠魂應未消

重過劍灘

前度秋花寂茲遊春草幽客心爭歲月最怕劍灘流

閨七夕有懷

繡閣人何處蕭然玉露秋那堪望銀漢牛女復同遊

征人怨

十年事戎馬千里隔關山舉首望鴻雁秋來輙自還

歸春

百花飛欲盡相對晚風前寂寂雲岩下春光又一年

月夜憶遠

寂寞倚欄頻天涯共月輪一時心上事千里意中人

七言絶句

宿新昌

迢匕江右寓新昌酒到酣時睡味長夢裏果然身是蝶幾番飛向故園傍

登滕王閣

滕王高閣入雲端風雪關河滿眼寒開宴論才人不見悄然今日倚闌干

孫夫人

回首荆州綺閣寒畫眉人整帝王冠年年淚落吳江冷萬里魂歸蜀道難

爛柯山圖

山色玲瓏古畫圖，塵顏仙貌共模糊。斧柯已爛人仍舊，一局棋分勝負無。

夢南昌舊遊處

春山春水李嬰洲，屐齒舲唇續舊遊。萬里不知身是夢，却驚花鳥憶鄉坵。

客邸聞鐘

徹匕牕畔曙光催，萬里家山夢未回。怪煞切提在何處，一聲鐘逐曉風來。

望野

春風春雨釀春寒萬壑千峯捲幔看多少漁翁閒不得一身蓑笠釣江干

秋夜

金風蕭瑟冷山涯縱酒高歌興味賒明月更憐人獨坐却扶清影伴牕紗

醉吟

理學名馳今日晚文章才見古人先金樽倒盡葡萄酒醉卧窻西傲昔賢

看花書所見

愛惜春華倘久暉美人伸手捲羅幃一時蜂蝶嫌花瘦隊隊圍他兩鬢飛

瞽女彈唱

日日絃歌伴客筵雲鬟玉指藐姑仙暗中自識人清聽不辨誰何老少年

元日歸家

昨夜平分兩歲華此心惆悵為梅花匆匆謝却江城去一路春聯讀到家

蚤起

寥落星辰薄曉天半牕風露半牕烟披襟坐笑南柯客誰似幽人醒獨先

煮藥

古道容予講習頻病中荒廢欲經旬呼童煮盡回生藥直爲斯文惜此身

窮宅

寂寂危檐附薜蘿繁華歌舞久銷磨舊時歛佩留連客跨馬門前奮策過

過故人莊話舊

夕陽高樹故人莊，縷縷悲歡入話長。十載雲山今一
席，秋風拂檻不知凉。

古辭

秋風吹客過臨洮，滿目煙塵萬馬號。攘臂一聲成白
骨，閨中猶爲寄征袍。

月夜沽酒

抱却銀壺典便賒，匆匆踏盡月中華。嫦娥似有今宵
約，一路相隨到酒家。

藤花書屋詩鈔一卷

（清）邵啓元 撰

清末鈔本

藤花書屋詩鈔一卷

清邵啓元撰。清末鈔本。

己丑立冬後，余從福州書商張某處購得其鄉清代進士邵啓元《藤花書屋詩鈔》鈔本一卷，爲小集《吟軒集》，不見任何書目著録。鄙意以爲當有其他小集傳世，後果於廈門谷雲軒二〇一四年秋拍黄仲琴藏書專場拍賣圖録中見到《皖游集》《還山集》二小集，行款爲十行二十一字，與寒齋藏本相同，其破損程度亦復相似，殆原本同出一源乎？惜平常較少關注地域性拍賣會，故與二集無緣，今不知爲何人所得。

黄仲琴（一八八四—一九四二），名嵩年，號嵩園，字仲琴，以字行，祖籍廣東海陽（今潮安縣），生於福建漳州。民國初年曾任漳州教育局長，當選國會議員，袁世凱稱帝後回閩粵從事教育工作。後由顧頡剛先生舉薦，任教於廣州中山大學，又曾入中央研究院歷史語言研究所任編輯。抗戰後，受命赴香港考審從國内淪陷區搶救至港之珍貴古籍，出任香港文化協會委員。香港淪陷後，拒任僞職，憂憤成疾，溘然長逝。黄仲琴工詩詞書畫，亦擅長考據，留心搜藏閩南文獻，藏書甚富。二〇一一年前後，其後人將祖孫三代藏書三四千册捐給漳州市圖書館，該館爲辟『嵩園書屋』專藏。谷雲軒拍賣之一百七十七件藏品，殆爲捐贈後之殘留歟？以其多晚清民國普通綫裝書，故成交率不足一半。而余所心儀之《藤花書屋詩鈔》，成交價僅二千三百元，其爲人所忽視若此，可勝嘆哉！

邵啓元，字佑人，福建侯官人。清道光二十年（一八四〇）舉人，道光二十五年恩科進士，三十年任安徽巢縣知縣，後任廣德州知州，咸豐十年（一八六〇）廣德城爲太平軍所破時出逃。前述《皖游集》即其在安徽作官時所寫，又有《還山集》，知後來辭官歸隱，故晚年事迹不彰。邵啓元與李鴻章友善，其子邵積誠，字實孚，同治七年（一八六八）進士，仕途中頗受李鴻章照拂，光緒間纍官至貴州布政使，署理貴州巡撫。其曾孫邵循正，爲著名歷史學家，先後任教於清華大學、北京大學，在蒙古史與近代史研究方面卓有成就。余近年來主攻元代文獻，受惠於邵循正先生著述啓發良多。今幸獲其曾祖詩集，亦是難得之書緣。

此本前後無序跋，卷端題《藤花書屋詩鈔》，未標卷次，次行署『閩中邵啓元佑人』，第三行空格書《吟軒集》，蓋每卷爲獨立小集。書中『丘』『弘』『寧』三字皆避諱，當鈔於道光以後，定爲清末鈔本。全卷衹有二十五葉，存詩一百二十一首，似皆爲作者考中進士前之作。從詩中可知，作者困頓場屋多年。據《醉後有感呈任臣龔四》，邵啓元與同學龔衡齡（字任臣）於道光十二年壬辰首次被薦參加鄉試，龔氏中舉，而啓元未售。道光十七年丁酉扶病入場，試後大病，作《病後雜感》八首，自云慈母去世已十五年，而世道艱難，人情冷暖，雖未涉世事，心中已寒。不久嚴父亦逝，以樹立門户相囑托。然屢屢失利於考場，《秋闈報罷》有『可憐多少傷心事，都在盈盈眼淚中』之句，又不得不『重挑燈火讀殘書』。故《吟軒集》所載，多爲貧士失志吟愁之作。且其時交游未廣，以閩中士人爲主，除龔衡齡外，來往密切者有薩克持，字聿癸，號敬軒，道光二十一年進士；池劍波，字大鯨，別字秋如，道光二十五年進士；黄光周，字覲庭，道光二十五年進士，等等。留心於晚清福州地域文學者，或可取資於此。

藤花書屋詩鈔 卷上

閩中邵啟元佑人

吟軒集

紫藤花

天末松風起，紫浪捲池水。一馬隱歌聲，美人隔尺咫。香欲襲芝蘭，色不鬥穠李。獨自衣綺裳，閒立斜陽裏。

雜詩

丈夫苟得志，腰未佩紫綬。萬里博封侯，黃金印如斗。麾下十萬兵，樓蘭皆授首。麒閣圖功名，千古垂不朽。不幸事不齊，躬耕事南畝。士窮見節義，有為貴有實。雖[illegible]

少年逞意氣結納富貴場百金買雕鞍千金買龍驤朝
走長安市暮宿教師坊鬥鷄與走狗博作治遊郎一串
玲瓏曲歌舞夜未央賓客如雲盛杯斝狂飛觴一朝床
頭盡囬首徒愁傷
仙鳳上高梧山雞難與逐一旦失枝棲不如梁燕宿得
失隨時命予心殊慼慼翹首望西風狂歌聊當哭
行行東門去亂山多白雲夕陽黯古道纍纍古荒墳道
旁太息者云是故將軍生前何赫奕死後泯無聞淒風
嘶石馬荒草出羊群
西北聳高樓粧成金玉麗其中有仙人超然忘塵世採

藥終南山往來白雲際一卷黃庭經心燈燃智慧世人
求神仙此理予默契

蜀昭烈帝

東漢以還天變局統留隴蜀續炎劉江山路終限三分地
生死難忘兩弟讐畢竟中興讓光武不徒失計在荊州
陰平暗度西川陷淚洒星痛武侯侯

魏武帝

治亂遭逢各一時天教漢祚任遷移軍雄河北生能破
塚葬漳南死尚疑不信老奸還好色最難愛子盡能詩
千秋定案陳琳檄夙病頭風愈亦奇

吴大帝

天教碧眼鎮江東，鼎足江山虎踞雄。櫓入荆州争拓土，書（降）魏國愧封公。父兄身歷百征戰，將相功成兩火攻。最羨洞房刀劍肅，仲謀有妹亦英雄。

老燕和林穆人詩

似此飄零可奈何，風霜歷盡感蹉跎。闗河下（作）别情如昨（作），主客相逢鬓漸皤。春雨社前頻有夢，夕陽巷口已無多。啣泥昔日雙雛侶，也解雕梁學作窠。

夏夜偶成

晴光亘銀河，凉露團林端。桐樹來輕風，習習生夜寒。開

窗界小竹入室紛芝蘭中有物外人無言凭蘭干

醉後有感呈任臣龔四

少年容易結知己轉瞬滄桑一變耳人情冷暖薄如此
孰敢盟心指江水任臣交我共生死訂交初從文字起
卓落（犖）各負奇男子英雄小試雕蟲技柯亭一樣栽桃李
不才我墜諸淵矣顧我襴衫淚不止秋風得意不自喜
（壬辰君與吾同為柯易堂師所薦君售而吾未售）霜雪君延長安市抱書我向
空山裡予豈好名不得已青眼誰憐布衣士紛紛濫竽
不足齒一第艱難亦吾恥長安惠我雙錦鯉東道有主
春風俟（乙未君來詩云看花東道三春近）深負垂青復爾爾書生福薄

艱祿仕爾時我尚習羅綺賓客如雲艷珠履富貴百年
兩（那）可憐轉眼泥塗隔咫尺半生感慨肉生髀患難得君
能有幾猶冀三秋桂香邇努力箭不虛發矢依舊全師
敗北鄙戢兵退避三十里命宮磨蝎相摧靡一病相如
困床第（丁酉扶病入場場後大病）病彌勞君屢顧視交情肉骨差可
比彼蒼奪我何至是瞻望父兮悲哀已孝養未能奉甘
旨功名況復滯泥紫痛哉煩憂不可理門戶支持從茲
始薄産縱可免庚癸多累亦復慮薪米百計君為我經
紀難在知此與知彼元白交情酷相似他年留此一張
紙

病後雜感

無端常抱杞人憂，多少新愁與舊愁。明月當頭如此夜，西風吹鬓不禁秋。性情洒落閑於鶴，生計迂疏拙似鳩。自分不才聊爾爾，何能强作執鞭求。

小人有母今安在，已隔慈幃十五年。衣上線痕萱草淚，墓門寒食綠楊煙。顯揚禾遂難言孝，弟妹猶雛甚可憐。一領青衫雙袖薄，紫泥何日慰黄泉。

燈光月影與書聲，寫出同懷軾轍情。咏永自相圓骨月，福清端不讓公卿。閑中彈弈日方午，窗下談(談)文雞亂鳴。一事差償堂上志，頗稱宜弟與宜兄。

鹽海浮沈水一方片帆渡去即仙鄉貧如無累還如（爲）福
壯不如人未敢狂囊散千金空鑄錯書餘萬卷自留香
阿咸已報三秋捷黃遂槐花走馬忙
無賴高陽一酒徒滿腔愁緒唱烏烏江郎梦筆花曾艷
[illegible]佛工詩骨已癯與世何仇（仇）休學劍誰人有幸竟吹竽
（論）聘才我亦不羈馬竟等悲鳴伏櫪駒
不才敢作不平鳴拔鞘寒霜劍有聲誤盡詩書虛歲月
慳人福命是聰明雄心未減鋒先挫戰骨成枯夢尚驚
半世風塵髀肉感祇應未敢薄功名
世路崎嶇蜀道難不曾涉足已心寒從來樽俎危機伏

等是英雄冷眼看蠶繭抽絲原自縛蠟紅滴淚總難艱乾
歌筵徹後賓朋散傀儡面思戲未闌
奇窮天許配詩人十載風霜涸一巾湖蝶生涯渾是夢
蓮花身世本無塵得消清福宜香尉願乞編氓作酒民
寶篆滿爐書滿架菜根留後咬未為貧

有感

豈真福命不如人枯樹前頭合有春用薩敬軒句捧檄私衷
猶似昨可憐一毛義已無親

望雲吟

高山白雲深悠悠游子心游子何所思淒然淚滿襟憶昔

我童稚嘻戲父衣韋老父鍾我愛獨比弟兄偏為我幼善
病百慮心憂煎喜我稍聰慧延師開賓筵常對我阿母
道某某也賢未幾痛失恃母先不永年嚴也而代慈十
分加愛憐憐我失母依婚禮勉從權慈闈淚不乾洞房
月空圓明年泮水香歡慰語纏綿青衫十年敝老眼望
空穿酸心呼我父栝棬猶在前

其二

呼父父不應無聲淚汪洋去年感微恙詎料入膏肓垂
危名我至囑我語短長爾兄太忠厚世味未深嘗爾弟
頗善籌習幸除膏粱爾當樹門戶努力各自强我家際

中落遺金無一囊莱根且留咬貧乃士之常本業無輕
棄奮志樹縹緗當思爾老父夙願未曾償聞語但飲泣
耿耿猶不忘嗟我不如人空貴親心腸
同池秋如同年游積翠寺江城如畫樓
寂寂松闌掩雨絲纖塵飛不着緇衣犬聲吠水客初到
日影啣山僧未歸禪榻無人萬籟靜梅花有香一身肥
五年前事重增感酒客風流今已非
四山寒意遍斜陽樓外風高一樹當松籟搖空心境净
岩泉有味舌根香隔墻祠宇自幽癖薄暮烟嵐生碧蒼苔
歸去不嫶苔徑滑寺門回首月昏黃

與友人感事

貧賤承恩有夢知香山底事有[友]徵之黃金散盡非因俠
兩鬢西風淚似絲

登九仙山觀水

一望渺無際長空接海濱水光連野白山色劃天青殘
照猶在樹寒光[流]入亭人家城影外三兩小舟停

薄倖郎曲

薄倖郎薄倖郎輕離別走他鄉他鄉容易忘糟糠結髮
為君婦相隔十風霜望郎如望月月圓照空房
薄倖郎薄倖郎八千里隔橫塘橫塘難渡水泱泱無木

炊不得典盡嫁衣裳餓蚕猶在桑（箔）采采陌上桑

薄倖郎薄倖郎雙白髮在高堂高堂望子常凄涼妾身何足惜郎心自思量偶然池邊立怕見雙鴛鴦

哭修田師

天隕文[illegible]竟掩[illegible]講堂吊影月蒼涼無名物悞生前藥可繼書傳身后香知己記曾共休戚承恩豈獨在文章老成凋謝人琴感惆悵師門賸斷腸

贈蔭敬軒

鴻爪留痕事已非棘闈風景尚依稀文章窮達空爭命踪跡升沈各自飛五載離魂音信渺一船人影孝廉歸

相逢話舊重增感，猶有交情戀布衣（予與君訂交于戊子，君即以是科捷鄉闈。甲午君北上，戊戌方歸）。

鯉庭侍奉入西秦，劍佩風流伴此身。落日曉程催客夢，長蹄驛路撲征塵。河邊張掖黃流滚，城望函關紫氣新。萬里江山開眼界，天生奇境待詩人（己未大挑後君隨往秦中，讀君汾川秋興、過潼關、函關諸作，知入秦後詩境更深矣）。

界尺澄清玉少瑕，感情何幸託蒹葭。少年同學親蕉友，半世奔波客作家。有兆鄭蘭欣入夢，隔春江管定開花。朝廷新下求賢詔，慚愧東陵隱邵瓜。

贈別陳晃堂

元龍懷抱果恢恢小事糊塗付酒杯有血天生多熱性
不羈人合忌奇才得君知己無憾矣聽到狂歌亦壯哉
我不及卿三十里建安仙骨重蓬萊
不求品自讀書尊無稅留耕祖硯存兩字聰明非易易
一生器〻最軒輊詩歌酬唱西湖社文酒流連北〻樽
慚愧荊州豚犬子為楣何幸託高門
平生未作杞人憂十萬金錢不買愁小別夢猶縈白社
纏腰〻年在揚州廿年同學稱都講大户豪閑署醉侯
消受百花香世界掃眉才子合風流
鶴署傳經舊一氈方州佐治喜新遷翰卄州判姻家由針豈知

貢禹彈冠日正值蘭成射策年春屬家彩□楚池家春隨太
姻家入楚古漁人上隔江船櫻桃紅宴杏香邇騎馬看花望
似仙

戔 贈別龔任巨

此君今去矣一棹覓飄然將別轉無語相逢知幾年功
名文夫志 背月異鄉圓忽淚拋離緒欲眠不得眠

登烏石山凌霄台

疊嶂層巒上翠屏危台高聳此亭亭江涵虛冰無情碧
山接長空未了青古木堆雲捲黃葉斜陽依塔入蒼溟
渚花歷亂不知處沙鳥一雙飛亞汀

烏夜啼曲

烏飛啞啞求枝棲下枝飛上高枝啼閨中少婦悄無語

行人去去奈何許一夜欲眠不得眠五更月落天欲曙

所思

所思人〻見心緒有燈知一夜不成寐相逢能幾狂

求唯縱酒愁極轉無詩風雨何相妒聲聲叫子規

寄龔任臣

半牆樹影日初斜抛却殘書睡味加舊雨不來蓮社寂

閑門我□夢梅花

送司南姪之永安

扁舟一葉繫江潯唱到驪歌夕照[illegible]我瘦
家駒千望君深操刀小試英雄用看劍休灰俠士心
莫悵歸期早北上春風三月聽佳音[illegible]

七夕後三日許十一蘭修邀同鄧醉山陳小梅林
漢卿林紀蒼陳香洲亨夫經[illegible]江城如畫樓小

七月七日後三日衆人邀我遊山出此時真率會大開
有客數符竹林七昔之摩詰今醉山仙詩景畫景生雲間
小梅清絕香在骨詩雲野鶴俱清閒漢卿瀟洒真不俗
香洲亦復溫如玉林生紀蒼逋才阮家南北吾其辱

主人者誰許蘭修其人與花俱以流千鍾美酒泥我飲
携我同上最高樓外好山看不足黛痕一抹鎖眉綠
四面窗開涼入秋仙風陣陣熱忘酷俯視下界涵萬千
置身百尺凌雲烟挑草路低水漠漠采菱舟小荷田田
無邊秋色豁雙目天地何心作清肅松聲風聲蟲喞聲
中有静境護僧歷衆人助我豪興 一 一村 鄉
之樂樂何有仙島壺中日月長我聞酒中有八仙
酒[illegible]太斗李青蓮安知我輩非其偶何惜遲生一千年
一千年[illegible]幾易代太白酒樓今安在滄桑人海空茫茫
天壤甚寬吾何礙人生行樂須及 [illegible] [illegible]鬢絲

處

萬事何如一杯酒醉眼看天天不[illegible]山去
百八鍾[illegible]無覔處

偶成

蓬萊隊裡人罡風吹下落風塵誰能免俗都無累
來慣逢時總葱嗔明月縱無常照子[illegible]一林[illegible]春
閒中頗愛船山句萬事何須若認真

八月十五夜口占

一輪皓月恰當頭洗出人間萬象幽昨夜西風吹舊夢
六年家作雨中秋

懷任臣

十載同袍舊弟兄得君足使寸心傾黠癡互有忘塵俗
夷惠中間見性情劍值千金偏贈我棋低一着總輸卿
感恩别有傷心淚不獨文章是夙盟

天地多情鍾我輩英雄結識在風塵家貧剩有詩書富
友好幾於骨月親松柏不凋能有幾牡丹相賞豈無人
廿年結納尋常事難在論交處處[illegible]

積翠寺折梅

百杯酣戰酒初罷大醉上山叩僧舍山僧問我何方來
不言面[illegible]且醉罵開口大叫索梅花肯賣梅花不論價
山僧聞我聲已奇茫茫宇宙知是誰云道老僧寄山寺

從來梅花折非易不是梅花吝贈人盡入折去花無致
我聞此心欲狂雄談驚座氣揚揚今朝識醉非為酒
我為梅花醉千觴梅花自是清高格淺偏強作索花客
不折梅花誓不歸一枝勝似千金擲語能狂叫登高樓
高僧一見心悠悠疑是謫仙李才 不然 已
醉侯胡乃閒似野雲癯似鶴襟懷落拓骨秀削是真酒
人是詩人呼僮手折梅花落惠我一枝梅款我茶一杯
長揖出門下山去欲把梅花贈何處
江城如畫里之樓夜望
遼濶不知處開門見遠山四空決人影獨馬宿林間霜

白月如洗天清雲自閒鐘聲敲[illegible]八一二出禪關

同萬尚瓊如又遊白塔寺

二十年前此地經壞垣残瓦半零星相逢白髮僧如舊

重鑄黃金佛有靈月午門臨孤塔直鐘清人立隔花聽

蒲團覺後禪心寂茶味能催酒夢醒

贈別林漢卿

丈夫有志肯披肝杯酒狂歌把劍看十口家貧多累苦

八旬親老別離難得逢時會君姑去此別家鄉天正寒

努力祖鞭一著蕭蕭風雨上長安

為友人題鏡菊圖

銀燭畫屏秋不知夜闌酒夢忽醒時孤芳獨抱思偕隱晚節尚未遲影裡人兒花共瘦年來性格淡相宜東籬自有消閒地無復桃源誤路歧

瀟瀟繪出晚香天獨向三生證幻緣紅粉都收眉史綫黃花常供壽樽前茫茫疏影霜如畫淡淡秋光月似烟能作是觀千劫解空空水鏡悟真禪

周瑜

赤壁猶餘燒後風小喬有幸嫁英雄不然銅雀春深夜也在分香賣履中

還珠曲

臺江有女顏如花十三解撥胡琵琶若箇邯鄲年少客
千金偏肯擲兒家兒家門巷蝦蟆裡珠珠小字嬌羅綺
瓜年未破方娉婷艷奪夭桃與穠李閉門桃李自春風
年年緘怨不言中不怨時命怨顏色愁顏恨殺石榴紅
勉作珠歌與翠舞背人獨坐淚如雨何時鸚鵡出樊籠
爭得一身生兩羽東隣西隣絲竹聲都道郎來郎有情
春花秋月自歡笑不知人世有愁城兒家生小愁城住
一年二年等閒度無端買笑有黃金費金解惹阿娘怒
一聲[illegible]一[illegible]呼可憐不重兒身只重錢肯把兒身作錢代
人間有此惡因緣姊妹一家笑辭罷不上畫船入茅舍

粧臺回首月如烟忽盡[illegible]膚耐盡罵此時四顧茫無人
此中雨[illegible]空酸辛含雨梨花多病態無風楊柳盡愁顰
胡乃摧殘竟至此生不生兮死不死破椽吊影一燈孤
傷心咫尺人千里醉山先生人中仙椿花雪寬乞延年
愛纏有絲能續命明珠無價幸重圓囑我為作還珠曲
驚聞顛末真不俗願教天許好因緣娥眉不負傾囊贖

郊行遇雨

木葉下蕭蕭狂風捲碧霄夕陽忽沈水江勢欲奔潮山
口吞雲合松聲挾雨驕微茫不知路隔浦有歸樵

疊薩敬軒留別原韻

春風三月逐絲鞭，此去看花尚少年。小錢豪開真率會，
仙歌合唱大羅天。家鄉風雪催詩思，客地溪山到酒前。
豈獨江郎南浦感，臨歧不禁黯潛然。

仙骨修來不染塵，一輪恍惚月明身。前程鵬鶚乘風便，
驛路鶯花入夢頻。簪杏看君今及第，標梅有女尚懷春。
秋風一掬相思淚，十載青溪未嫁人。

懷人詩

小海非凡品，矯矯人中龍。滿腔激熱血，噴來天不冬。酒
助詩[illegible][illegible]，春釀花意濃。拔劍時一舞，英銳難爭雄。陳昌堂

任臣生死交，香山共徽[illegible]。緒餘及文字，肝膽結相知。奇

君多氣骨孤芳不入時眼薄熱客寄傲琴與棋荷花
立[illegible][illegible]亭挺芳姿　龔任臣
漢張遲而直太古之性情與我總角交金石堅前盟少
年逞奇俠隨手黃金輕大飲三百杯雄談四座驚山[illegible]
骨太露浪翻波不平　林漢卿
香洲吾愛友家貧多讀書小隱猶近市結宅鄰山居春
風坐我懷冬日滿庭除硯几生樂趣[illegible]書俗慮祛火烈
剛不足水懦柔有餘　陳香洲
和岂一枝筆門戶能支持一家十餘口俯仰得餘貲勿
謂書淡泊有味菜根滋文名不減價衣樣工趣時長短

共廣狹中度與世宜　鄒和岩

溫人風雅士今之謝東山翩然一飛鶴矯入白雲間詩境增幽潔世道知艱難皎皎如明月處處自團團荷花承夜露珠光撼玉盤　謝溫人

質君質卓犖弱冠弄柔翰文字入高華性情自古岸眼高空俗子不入同冰炭一曲覓賞音琴彈嵇中散兩地寄相知藕斷絲不斷　陳質君

觀庭善果斷疏狂嫵未減不羈馬奔馳雄才勉就範危闕　單刀能獨斬橫掃千萬軍敵鋒不敢犯勇哉大眼揚卓爾長頭范　黃觀庭

蘭修最熱腸登高聲大號早歲負英姿才奇名亦噪恩
照 不敢忘施報風月寄閒情江山容嘯傲與我
文字交雅契託紵縞 許蘭修
松友之懷抱高[illegible][illegible]社中皎星橫銀漢朗月澄長空[illegible]
壇爭樹幟顧盼亦自雄鋒芒雖不露有血熱噴紅紛紛
勢利場與君馬牛風 薩松友
懷清詩骨瘦冰雪淨聰明磊落負奇氣交友見性情光
芒射牛斗拔劍時一鳴一毫不可撓擊地唾壺聲宋家
郊與祁自是難弟兄 薩懷清
何郎翩翩度其人顏如玉仙骨立風前珊珊無點俗張

緒憶當年緜緜楊柳如何隱塵市超然嗜欲吾輩事功
名還多未了局　何薌雪

寄呈馮梅士

侯封百里抱琴彈父老歡呼扶杖看萬口勒碑齊獻頌
一家聚首正團欒案多積卷非能吏囊少餘金即好官
三晋江山憑眺遠鄉程兩字寄平安
婚嫁年來誤向平　金擲盡肯囊傾貧資儉約持家計
癖太孤高累令名花縣司春自閒散訟庭懸鏡要分明
詩徒供鶴領取冰心一片看
記開蓮社幾經年風物飄零剩可憐長吉奇才今作

李雲臣墓已宿草矣阿咸詩境不如前梅峯姪近境亦非昔比滄桑感慨賦
悲歌酒國天我向太原望馮簡一家遠宦獨
人
神仙
棘人偏抱杞人憂生計迂疏拙似鳩宿草墓門泣春雲
桂花明月負中秋是年恩科丁先大人艱出山泉急偏多礙入世
魔纏易惹愁等是枕戈舊同伴樓蘭奏凱竟封侯
錦江樓小飲即景
空樓斜倚玉杯停醉罷狂呼換玉瓶一片溪聲衝浪急
隔江山色入簾青笙歌十里自明月燈火滿船如亂星
指點小橋向西去雪兒二八正芳齡

岳武穆

痛飲黃龍事竟虛金牌十二返征車人言郤穀真儒將我歎宗公枉薦書南宋中興空渡馬西湖有客幸騎驢奇冤三字千秋獄太息英雄死亦愚

同陳旵堂集漢鄉初陽樓

大夫生不博封侯定當奇俠立千秋不然遨遊詩與酒閒雲野鶴俱風流」龍意氣逼斗牛林逋骨格神仙儔今之朱陳昔鮑管天作之合不自由偶與元龍入梅屋士[illegible]情堅留酒一壺座三影同銷萬古之奇愁不知茫茫高大有天地但覺雲霄百尺淩高樓酒酣意[illegible]

搖五嶽大醉狂歌天地秋天地生才必有用一時窮之
何　憂吁嗟乎一鳳上青天一龍入大海剩有邵
平在辰邱吁嗟乎邵平豈真老辰邱

讀史偶成

西漢斬蛇起帝子作天子澆弔歌風臺狗兎一時死東
漢銅馬興真人夜踏氷雲臺二十八將相半親朋開創
說高皇中興讓光武杯酒判低昂英雄各千古吁嗟乎
人飆愧劉家何如陰麗華
江東有周郎名士兼英雄胡為忌諸葛不記借東風人
誚周郎刻我謂周郎忠瑜亮不並生一死報重瞳南宋

有張浚英偉天下重胡為忌岳王奇才不知用人難張浚寬我為張浚慟千古留遺憾眼前失樑棟憐才多忌才兩人相伯仲周郎獨可原春秋嚴張浚

詩人吳祭酒身隱箸書閒唱到圓圓曲一字不可刪責人嚴鐵筆豈真自責難小人家有母兩淚空漣潛作賦弔江南吾悲庾子山

任臣將遠別矣偶過訪小雨留人彈琴論詩復醉美酒而歸賦此以贈

天若有情霏霏也帶別離聲依依樽酒從頭話草草詩篇次第評局好豈徒談奕勝泉嘉猶望出山清

天台劉阮同攜手莫戀瓜邱有部平

者

自署頭銜作散仙未甘小謫染塵緣因貧翻覺名心熱
除醉難消俗慮纏對座有花堪伴讀一春無事易成眠
平生揮慣金如土願買燈宵更費錢
開到梅花萬樹紅隔墻消息報春風人居硯几清幽裏
春在團圞骨肉中兒女嬌憨家宴罷弟兄樂事酒樽同
望雲獨切栝棬感回憶循陔年正童
不著衣冠春閉門客來謝却送迎繁人因多懶翻成癖
天付孤高怕受恩有累方知憐我少無求轉覺讀書尊

丹鉛餘事閒多管喜看庭前竹報孫

詩以代柬寄長安諸君子

一鞭去去撲征塵殘臘催人歲事新剛覺償清沽酒債敲門又到索詩人有賣蜆者能吟詩出一詩本囑予代求題咏唯薩十敬軒已題餘皆為予所悞除夕來索苦無以應

家家除夜醉糟邱我獨臨樽起別愁屈指故人當此夕半羈南浦半杭州

龔薩陳林去不停故交稀少淡於星流連知己琴樽外猶有梅村識敬亭

[illegible]亘逼霜寒人立家鄉月下看天外故交如問訊圖書無恙竹平安

王郎曲

王郎爾有文章燭星光何不射策上玉堂爾有百步箭穿楊何不立功走沙場而乃潦倒流落教師坊旗亭度曲空淒涼龜年已去耆卿死才人能得幾知己嬌顏枉自傲蓮花容易西風消瘦耳吁嗟乎王郎勸爾莫悲歌且醉一杯酒我當為爾殲愁魔吁嗟乎王郎獨不見古來英雄多坎坷

戲成

愁中晷刻靜中過馬齒徒憎奐命何有淚祇深知己感不才已愧折肱多性情太古愚而直風月空山嘯也歌

火氣十年全在治一經鍛鍊半銷磨

偶讀陸放翁一年容易又秋風句感成連珠體四
首書慰温人

一年容易又秋風晤到秋殘歲欲終逸士從來高骨格
俗人有幾識英雄賈生淪落遭時黜阮籍猖狂哭路窮
多少古來不平事澆愁且付酒杯中

抛却槐花幾度空一年容易又秋風生才如此頴終脱
人力能堅玉可攻折臂成醫還是福回頭有路不為窮
劉郎莫悵蓬山遠指點蓬山咫尺中

[illegible]酒論英雄天下英雄大畧同萬事過身付流水

一年容易又秋風親還康健寧稱老家有詩書未算窮

我亦青衫憔悴久，文章安命聽蒼穹

皤裏老翁如君還算黑頭公空林葉脱日剛午
滿院者歸花尚紅兩眼幾回穿桂子一年容易又秋風
枰中遇劫尋常事須看贏輸奕局終
文章信有補天功才似長鯨氣似虹技果必售能有幾
貧猶可耐不嫌窮歡塲如夢醒初覺晚照還多看倍紅
寄語故人自珍重一年容易又秋風

催科行

天子遣長官催科兼撫字長官不之知一任役(敉)胥(悖)吏虎(胥)
吏虎狼心百計圖作(詐)偽殺人不用刀催科已悽悖我昔

過村庄父老紛論議連年水旱災收成無一二某家有
老翁苦受催科累正供不能完私賄出何地胥吏虎咆
哮大肆其放恣稚子鎖入官一門空涕淚更有一貧家
災傷无妄至祖父留薄田田賣户猶記無田而納租納
租奈非易催逋紛入門所求怒不遂魚肉到良民毋乃
弛心肆近年米價廉頗樂太平治無端來新官採買又
入市採買上户家慷慨原好義所嗟中户家採買實難
事[illegible]何知聞胥吏自位置户口紛列名於中飽取利
[illegible]紛紛一例催科比我聞父老言淒然為酸鼻哀
我父母官黎民亦赤子

秋闈报罷

山路莫通幾回盼望又成空才華未減年猶富

文[illegible]無權氣不雄歸燕何堪尋舊壘落花豈敢怨東風

可憐多少傷心事都在盈盈眼淚中

重理詩書託冷氊西風愁殺蜀花(菊)天枉教白髮穿雙眼

依舊青衫過十年同學故人多不賤一家骨肉自相憐

今宵閒步空庭月記得中秋月正圓

小姑何可慣無郎辛苦年年作嫁忙花樣任他新畫本

柳眉描我舊來妝秋風團扇偏遭棄夜月空簾(奩)只自傷

正是欲言言不得那堪細檢女兒箱

英雄落魄原無奈天地生才斷不虛縱已亡羊猶可補
豈真呼馬竟甘居歡場聚散隨雲水世事升沈歎鹿魚
我尚精神似年少重挑燈火讀殘書

哭軒臣兄五十韻

天上文星隕人間淚雨傾百年悲永訣一脉感深情乍
別無多日如何了此生天真慳福命君竟不公卿少壯
千軍揮（掃）英雄一劍橫芹欣聯藻棌梓亦附喬榮帖錫金
花[illegible]分丹桂清同年傳父子佳話溯簪纓荀叔稱多
[illegible]有遠名舉頭騰驥足詎料滯鵬程痕已青衫敝
文纔白戰贏簪花剛小阮射策羨蘭成萬里辭親去雙

輪披轡行望雲嗟失峙奉諱捲歸旌萱草悲方萎槐花

[illegible]駒千俚〔里〕伏雛鳳一聲鳴桂子香蟾窟芙蓉兆

玉[illegible]科聯乙乙盛事喜庚庚昌後賢能象承先任不

輕功名兒輩事禺筴一身共〔營〕共羨人丁盛咸稱閥閱

肩擔千口大囊散萬金盈待友情偏摯憐貧吝不萌文

章兼經濟孝友見純誠本重同根葛花分異樹荊感君

誰〔唯〕淚涕愛我亦聰明燭影評文卷書聲課短檠不才慚

馬齒何日點龍睛記得君同座曾釃酒滿觥詩催金鉢

擊茶試石爐烹庭院闌花月樓臺簇燕鶯團圞真趣樂

杖履笑聲迎轉瞬人何在回〔頭〕事已更君亡原有命心苦

孰憐兄禮已三年讀家曾一手擎持躬還篤厚處世亦和平可奈人情險全憑勝算精鴻溝分兩界牛耳負同盟錯枉千金鑄棋誰一着爭終(登)場羞傀儡收局定(誤)楸枰債(塵)累今方脫艱危力獨撐志空懷射虎人竟悵騎鯨冷月哀鴻唳淒風杜宇聲勞生君偏苦殘劫我還驚和淚成詩句酸心煮豆羹片航渡盜海萬里剩經贏況本忠誠積終當啓佑宏父書兒善讀祖硯世留耕龍虎徵朝[illegible]與重國英豈徒鳴振鐸佇卜路登瀛

[illegible]居雜興

記得琴書忘却愁好窗臨水最清幽竹床紙帳無多地

滿屋林陰六月秋
[illegible]眠對太虛隣雞催曉五更餘剛剛酣夢旋驚醒
知[illegible]窗人讀書
新味烏蜍佐酒宜厨娘調出可人頤半酣纔覺殘羹冷
有客敲門送茘枝
連日陰雲掃不開松花落子滿亭臺剛嫌苦坐閒無味
三兩故人冒雨來
盆蘭一種素心奇纔見花開有幾枝欲放膽瓶供玉几
剪刀落去又遲疑
牙籤萬卷擁窗紗硯几鑪瓶致足嘉却愛小籃編鳥（馬）尾

團團堆出素馨花
半生祇與睡相宜一枕酣鄉事不知睡起奚僮方報道
有人來訪去多時

續上病後雜感之後

酒酣大叫李青蓮却被人呼作醉顛狂態依然難混俗
情絲未斷學逃禪眼前人物誰千古別後梅花又一年
記得烏山斜日路寺門回首已如煙
花[illegible]狂償酒債添終朝愁緒上眉尖明知箇裡蓮心苦
[illegible]米蔗境甜乞食歌姬還傲世添薪冷灶勝趨炎
文人清淡尋常事有幸昇平未價廉

伯勞飛燕各西東蹤跡雲泥已不同白社懶開稀故雨
志悵秋風生成俠骨霜同傲未遇知音曲已終
斗　椽田數畝全家且作信天翁

有感

豈真福命不如人枯樹前頭合有春捧檄私衷猶似昨
可憐毛義已無親

紫藤

夢斷江南罨畫溪半牆樹影夕陽西玉樓妃子沈酣久
笑拂金環舞袖低
滿架濃陰朶朶垂軟風無力自扶持眼迷紫蝶尋香處

是蝶是花莫辨誰
縈煙剪雨不勝嬌伴我幽齋夜寂寥乞得紫雲聊醉酒
無多情種也魂銷
蔓衍一枰春色浮青青枝葉拂墻頭配他顏色裁衣好
鷦氅黄冠襯綺裘

七夕

月地雲階續舊因離腸盡向此宵陳自尋煩惱向誰訴
不[illegible][illegible]娥不嫁人
[illegible]鈎漏已遲焚香不語寄遐思神仙天上還傷別
說甚人間[illegible]別離

題香艹集

未畫不真如為何摹寫竟如神美人香草才人筆

從

郎有替人

（清）范杞 撰

忠恕堂詩草不分卷

民國八年（一九一九）何鏡清鈔本

忠恕堂詩草不分卷

清范杞（約一八二九—？）撰。民國八年（一九一九）何鏡清鈔本。

正文卷首題書名《忠恕堂詩草》，次行下署『皖江范壽庵』；次卷書名下小字注：『紀游雜咏』，作者署『皖江范杞壽庵』。據是知其爲安徽望江人，壽庵蓋爲其字或號。集中《再叠前韻送蔣吉臣赴興國》云：『一千里外長爲客，五十年來未了緣。』自注云：『余與吉臣同年五十五，至峽江始訂知交。』范杞於光緒九年（一八八三）至峽江出差，與蔣吉臣訂交，集中有二人唱和詩多首，如《青燈淚詞一部，黄梅孝廉蔣西泉筆也。癸未秋，令侄吉臣幕游峽江，在行篋中檢出示余，浣誦再四，清詞麗句，頗近西昆，蓋文人自寫照耳。紅粉青衫，千秋同恨，不能無詩，遂作七律奉題》，等等。自光緒九年上推五十五年，則當生於道光九年。又，《丁亥六月廷來孫生，作詩志喜，兼用孟煌弟見贈原韻》詩云：『六旬歲月慶含飴，蘭復生孫喜入眉。』此詩作於光緒十三年，上推五十九年爲道光九年，可稱六旬，亦與上詩相合。

卷首有光緒五年端午後一日鄉愚弟余振麟石生氏序，係用駢文撰寫，故語焉不詳，有待詳考。序中稱其『吏治精詳，詩才磊落』，又稱其『以通儒而爲良吏』，知其身份爲不入流之小吏，故史志未載其姓名。序中又云：『豈期把晤於雲廬峰下，盤桓於星渚署中。始聆玉屑之談，并示瑶篇之句。』星渚爲江西南康府代稱，府治在星子縣，因境内有落星石，故名。范杞蓋嘗在南康府星子縣爲吏。范杞長期沉淪下僚，因差事奔波於江西各地。

所作詩如《差次武寧翁小田明府中秋招飲》《于役義寧回呈劉俊夫明府》《赴鳳岡任過臨川道中口號》《于役安義呈蕭璧卿明府》，皆爲出差途中所作。

序中又云：『既而君馳奉邑，司攝羅坊。聽訟則多士服膺，明能鑑物；禱雨則甘霖應念，誠可格天。亡何，教匪猖狂，居民悚懼。於是韡藏短刃，身作長城，效張燕誓師，學王熊當道。是役也，賊衆我寡，氛逼勢危。而卒能堅遏於鴟張之始，窮追於梟散之餘。擒厥渠魁，安諸黎庶。嗚呼！其人奇，其功偉矣！』據［光緒］《江西通志》卷十四《職官表》，奉新縣設知縣、縣丞、教諭、訓導、羅坊司巡檢、典史各一人。《清史稿》卷一百一十六《志》九十一《職官三》載：『巡檢司巡檢，從九品。掌捕盜賊，詰奸宄。』可知范杞又曾攝理奉新縣羅坊司巡檢，雖官位卑微，但捕賊緝盜，有功於民。集中有《壬申秋奉新委勘籍没匪犯産業入官觸目有感作詩以示居民》詩，又《客中感懷步劉中丞闈中感懷原韻》詩自注云：『余在羅坊辦理團練，剿滅靖安土匪有功，蒙劉峴莊中丞保舉一階。』可與序言相印證。壬申爲同治十一年（一八七二），爲范杞在奉新任職時間。

光緒九年癸未，范杞曾去臨江府峽江縣查辦保甲，有《峽江查辦保甲五閲月矣，差竣回省，臨行留别紳民》詩。又曾去瀘溪催租，作《瀘溪催徵作此以示居民》，皆爲繁劇之吏事。集中《余司瑞金湖陂篆六閲月矣，請假回里，詩以志别》詩自注云：『余在江西需次二十四年，纔補此官。』自咸豐十一年（一八六一）至江西，後推二十四年爲光緒十年，纔補授從九品小官，任瑞金縣湖陂司巡檢，故有『念年聽鼓感蹉跎』『味如雞肋空樽俎』之嘆。在任僅六月，即請假回里。

卷首又有民國四年乙卯中秋後一日同里余誠格序。余誠格，字壽平，安徽望江人。光緒十五年進士，選翰林院庶吉士，授編修。二十四年補授山東道監察御史。三十一年官廣西按察使，三十三年升廣西布政使。宣統元年調陝西布政使，次年改湖北布政使，三年辛亥升陝西巡撫，未赴任，改湖南巡撫。長沙光復後，寓居上海。故序中言：『甲乙之交，余以負罪餘生，蟄居海上。』范杞與余誠格本爲姻親，故其子托人至上海求序。

序後有志樵山人童益泰題詞，爲七言古詩。童益泰，字稚樵，亦爲安徽望江人。清末舉人，宣統元年任雲南元謀知縣，三年任武定直隸州禄勸縣知縣。題詞云：『歸來築室鑁山脚，不榮人爵榮天爵。』集中最末一組詩爲《新築鑁山草堂落成志喜步白香山香爐峰下新築草堂原韻三首》，即爲范杞辭官歸鄉後所撰。

集中詩分三部分，第一卷録詩八十四首，大多作於咸豐九年以前。范杞幼而失怙，賴母親與舅氏養育成人。家居讀書，授館期間，正值太平軍攻陷安徽，官舍民居半歸灰燼，故每多慷慨悲歌。然窮困潦倒，報國無門。《廣陽寫懷》云：『彈指駒光廿五年，半生碌碌有誰憐。擬懷遠志投班筆，不憚長途著祖鞭。人到窮愁纔作客，世逢多難轉憂天。』爲其年少時之真實寫照。咸豐十年庚申五月十一日，范杞啓程北上，赴京謀職；次年夏，西赴江右，所作紀行詩題爲《紀游雜咏》，編爲《忠恕堂詩草》第二卷，録詩一百七十五首、詞二首。然在江西二十餘年，所作詩未再分卷。《過萬安十八灘夜泛至泰和縣》詩題上書『補』字，以下二十七首應當是《補遺》，即光緒十年歸鄉後所作。

范杞詩集在清末民初是否刊行，已不可知。余振麟序云：『今者鉅集將刊，虚懷屬序。』余誠格序云：『有子克家，能成手澤，彙貽㕑氏，永傳世人。』二序相隔三十餘年，皆提及刊刻詩集之事，至於當時是否刊成，因未見實物與著録，暫且存疑。此本無格，每半葉八行二十一字。楷書鈔寫，卷末署『己未何鏡清録』，己未爲民國八年，何鏡清不知何許人。又有金海朱筆跋：『振翮入京華伏缺上書是固陳東素志，招魂來鄂渚拍棺祀道聊表范式哀情。』似爲挽聯，若同撰於民國八年，則范杞之卒年亦可據以確定。范杞生當道咸世變之際，同光年間在江西爲吏，不憚繁劇，晚年得補九品巡檢，遂辭官歸里。其生平事迹不見於史志記載，若無此集，其人遂將湮没無聞，洵可謂人以詩傳矣。

叙

夫吏無論崇卑惟以匡時為最詩不分今古要以中律為歸然而召杜循良未見詞華並美應劉婾雅不聞簿領兼長必求吏治精詳詩才磊落則吾友壽菴少府即其人焉君生即岐嶷幼而孤露磨祖遺之硯讀母授之經勖竭月耕十行俱下性耽心織百體皆工故當終賈之年已擅陰何之譽花合簪從杏苑草宜視向蘭臺無如親老家貧時艱勢阻功名廑念北走都中升斗是謀

西來江右棄摛藻雕龍之業為哦松射鴨之官非其志
也爾乃一篇跳出同列動容五字吟成上游擊節遂淂
兩權分防之篆益徵半生稽古之功僕久佩芳型未親
雅範無人為鉥李東山從不識韓空自縈懷孔北海何
嘗知備豈期把晤於雲廬峯下盤桓於星渚署中始聆
玉屑之談並示瑤篇之句惟時燈紅欲懲酒綠將闌僕
手披口吟目注心駭其綿麗也巧奪謝家蝴蝶豔爭崔
氏鴛鴦其沈雄也洪駒父共此激昂米虎兒同茲悲壯

其離跡取神也有如韋子畫馬又若庖丁解牛不禁嘆為江海之才遂與結為雲霞之契既而君馳奉邑司攝羅坊聽訟則多士服膺明能鑑物禱雨則甘霖應念誠可格天亡何教匪猖狂居民悚懼於是鞾藏短刃身作長城效張燕誓師學王熊當道是役也賊衆我寡氛逼勢危而卒能堅遏於鴟張之始窮追於梟散之餘擒厥渠魁安諸黎庶嗚呼其人奇其功偉矣然則君以通儒而為良吏大揮鱗管才不讓夫應劉小試牛刀績即齊

乎召杜又烏知他日不名書鸞掖價重雞林今者鉅集將刊虛懷屬序僕忝有梓鄉之誼愧無金石之文未能表其精微敢為云喤引謹為陳其崖略聊綴卮言所望澤被群生永樹循聲於一代輪扶大雅長留逸響於千秋

光緒五年端午後一日鄉愚弟余振麟石生氏拜叙於章江旅次之求放心齋

叙

甲乙之交余以負皐餘生蟄居海徼上尚謇謇獨行覓覓蘭成有感深哀江南漁父無歸行吟澤畔既遠超然之社時聞真率之筵故里范生轉介陳子出詩一帙屬引卷端流覽既周知為若翁壽庵少尉生平所作余與少尉本為因亞向接清言鷓鴣山前里閈廿里燕勞身世先後一時信淑美兮難忘眷靈修兮易化擊漸離之斷筑馬角何年撫元量之碎琴牙曠安在今披其集如見

斯人益詩之為道情至文生人之立言心隨境曠少尉
生長煙水之鄉長親南北之役授經紗幔則耆古勤劬
浪迹蓬車則豪情影舉既倦有司之試不卑小就之官始
客青門交遊白社晨賭旗亭之唱夕成石鼎之吟繼向
匡廬一馳宦轍益表峨松之暇寔辭栖枳之枝致足樂
也於戲興矣有子克家能成手澤棠貽闕氏永傳世人僕
本逸民早耽苦語聽玉堂於天上摩銅狄於人間西塞
相望問何處是桃花流水南冠不繫久自寘于多露泯

中勉叙數行横來萬感乙卯中秋後一日同里余誠格

題詞

昨宵紫氣射牛斗散落萬花花着手手擕花弃錦雲囊曉起渴詩三百首詩人者誰范壽脊吾鄉先輩茗山南胸中十萬不見用屈作詩人豈所甘公生適值天下亂破碎河山倒雲漢長鎗大戟欺毛錐攬轡驅車羸瘏歎家貧親老奈時何一官且泛西江波豪傑例遭棲棘辱閒曹尚可倚松哦頻年招落無知己大吏欣逢詢治理十倍聲價在文章一經品題作佳士采棒牢盆春復秋潯

陽江上客心愁丞自負余余不負奚囊珠玉壓歸舟歸
來築室⿰金曇山脚不榮人爵榮天爵名山名水雜名花消
受詩名良不惡公之壯遊筆一枝公既倦遊振有詞未
能免俗聊復尔將喪斯文幸在茲鄉生久苦風塵吏讀
公之作見公志丈夫立身貴可傳逢時巧宦徒滋媿小
范耽吟有祖風謂我時窮字不窮吐虹滿紙霜滿空把
酒看天懷我公

志樵山人童益泰稿

忠恕堂詩草

晥江范壽奔

咏雪

亂飄銀粟下寰區粉本新添一色鋪天女散花皆是玉
麻姑擲米共成珠鶴飛蔥嶺雲無影馬踏藍橋客問途
倘把寒梅和雪嚼熱腸人也羡醍醐
愛著羊欣白練裳紛紛隊伍共翱翔夜來莫辨三山月
客到同驚兩鬢霜佳士讀書貧亦得美人烹茗興彌長

數椽茅屋無人到頃刻裝成白玉堂

龍芷垣先生泥金報喜

長安三上敝貂輕報到泥金喜且驚學業自堪留鼎鼐
文章豈僅博科名當年世誼懷金譜指日聲華重
玉京慚愧彭宣猶白紵門牆桃李望栽成

龍甲生先生鄉雋誌喜

秋風瑣院共鳧趨捉足先登竟點朱科第至今誇二家
文章自古重三蘇鱣飛座上祥先兆鵬盼雲中侶欲呼

家學自堪繼宮允可能留與及門無

太陽山逢老衲共話

棕鞵遠踏翠微巔一箇袈裟導我先犬吠上方花弄影鶴盤高嶺樹生煙地逢名勝添詩興人到忘機近佛緣指點詩人遺跡在雪中曾值李青蓮

秋日感懷

彈指駒光去不留琱戈鐵騎又秋經空懷虎帳三千客無復雄圖百二州山入楚吳皆失色水分涇渭不同流

驚看滿地飛黃葉日暮憑欄獨寫愁

送宋左亭之長沙父任

烽烟到處旅魂驚珍重前途汗漫行衡嶽遠山千疊迴
洞庭春水一帆輕不辭道阻思親切難諱家貧作客并
回首鄉園榛莽地臨歧話別倍傷情

送周也愚回里

三載光陰過隙駒杜鵑聲裡悵離居魂銷鶴唳風聲外
夢繞棋枰酒琖餘嶺上花開千點雪簷頭裝壓半囊書

歸時最是多情月，依舊團圞照一廬

冬日閒居懷陳浪山子久客新安

壯志悲何極情懷種種非家貧兼母老世亂復年饑秋
老黃花圃寒深白板扉最憐千里客歲暮未言歸

乙卯八月奎兒生

兩載無熊夢萌蘭漸吐英好花先作引阿囝喜重生只
為前車覆還教膝地驚床頭音聒聒雛燕又添聲
鴻雁傳佳訊天香桂影流倩人排甲子添汝作中秋美

玉宜先種明珠豈暗投無緣學仙佛有子一生休

傚袁子才詩六首

衾

黔婁有布被邪正互為難只期寬百幅蓋盡普天寒

枕

偷學溫公樣無如睡太難相憐伴我久無夢入邯鄲

几

鐫金既未能鏤玉更不可四角鬬玲瓏或憑亦或卧

席

龍鬚織五紋碧蒲生佳色當世無下交何人與君側

帚

欲除渣滓去殊覺費殷勤掃得塵烟净終當不用君

箸

范甑無嘉味餐藜興獨長他年調鼎鼐欲借汝先嘗

近年邑遭粤氛官舍民居半歸灰燼丁巳春偶遊

故地觸目傷懷不勝悲感因吊殉難邑侯衛簡

廷延政黄杏泉少尉張子秋三先生

雷陽城上烏夜啼雷陽城内風淒淒居民十空（室）其九

烏飛不巢猿哀嘶國家自古有興變雨雪未來先集霰

所賴男兒重守疆忠臣那必分貴賤嗟哉三公真英賢

烽火難摧骨節堅不為褚生為袁死豈肯拜泣犀羊前

曾記飛舸下武昌將軍鼠竄士逃亡伊誰大江作屏障

髯鬍罵賊張雎陽偉矣張公賢典史父老殷殷啼不止

妻能死夫僕死主忠節一門具四美當年皖郡幾撫司

棄關遠遁失藩籬早知血氣尚方劍悔不如公盡節時

至今城郭人民改碧玉埋冤幾載荒草年年泣杜鵑

英姿颯爽魂猶在前有睢陽後雷陽三忠廟接雙忠堂同

同是江淮作保障高風直與江水長嗟我何為羅塵網

干戈未定各飄蕩登高處處瞻四方美人不來吾安仰

至金醉仙別館談讌竟夕賦詩感舊

秋風節又近重陽剪燭西窗話正長十載交情魚得水

一年別恨雁飛霜依人尚有東西屋卧客何分上下床

手執螯杯須共醉此來肯負菊花黃

聞官軍收復金廣久駐黃梅未下

羽書連夜下襄陵壁壘空驚十二層未見星槍江上掃徒聞露布粵中稱霜凝秋水雙龍合月照平沙萬馬騰飄泊杜陵無報國只將詩句記中興

聞福中丞再失廬州感而有作

十年豺虎觸雄藩北鑰無人慮

至尊野戍秋煙埋碧血荒城夜火泣孤魂請纓未奏書生績推轂重勞聖主恩記得桓温門下客䶵䶵談論蝨曾捫

荅劉篤誠

元珠瓦礫倩誰分膠漆相知衹有君疇把綈袍投范叔徒聞下第惜劉蕡陳書那領黄金印賸墨猶存白練裙我欲乘風萬里去滿江紅葉已紛紛

大觜烏

鶴飛斂翱翩鎩羽自徘徊木惡不可棲顧處塵與埃胡
為大觜烏高飛鶱雲雷朝啄石田米暮食玉堦苔卵吞吞
鷙巢覆搏擊鴻嗷哀羣烏競腥羶一一相追陪噪集屋
瓦響呱呱鷙嬰孩黍苗不得種稻粱徒為災豈無彈烏
弓強弩末難摧遂使大觜烏首肯心不回雖有則心不回
終當換汝來誰念深山鶴日日倚巖隈

芷垣先生前任池郡廣文後仍在池郡辦軍務南
北隔絕音問久疎感而賦此

三年振鐸化池陽投筆殷殷髮已蒼桃李春深門正植
陰符夜發篋難藏身如伏驥心千里目斷飛鴻字一行
近日燕台（臺）能下士不聞郎署遣馮唐
早膽幕府便心傾撫劍長悲急請纓諸（葛）亮大謀惟羽扇
謝安風度只楸枰不堪故國猶烽火誰識儒流有甲兵
想見夜深刁斗静葛巾還（是）老書生

芝蘭室雜詠

引得流觴水半灣小園新搆屋三間庭前自有來春處

不用開門飽看山

當堦甃石砌花臺黃菊香濃次第栽不管秋風并秋雨

幾枝猶自傲霜開

偶因得水羨池魚潑剌翻紅晝不如池上綠波花下影

爽人心目是吾廬

門外南阡又北阡年年秔稻種紅蓮每逢暑日含花後

一陣香風入硯田

門外雖無和靖鶴窗前也有處宗鷄最宜曉起凴欄立、

日上花枝鳥亂啼

小置茶鑪傍院東
湯翻蟹眼[眼]火初紅
清泉酌得和花煮
一樣香濃味不同

讀書堂内奏壎篪
仲弟昆師樂不支
最愛紫荆庭外樹
花開兩度自校枝

屋後蒼松長十圍
滿林烟雨共霏霏
有時携得双柑酒
喜聽黄鸝上翠微

出門

東風吹徹廬遊子離鄉土不離生計無欲離情正苦大
母七旬餘母年旬過五念茲二白頭豈肯違步武母亦
識兒情慇懃語（作慰）爾遊既有方雖散亦如聚功名富亦貴
途男兒力當努力終朝守門閭百年何所取母言雖
如斯我淚已如雨自憐無弟昆獨行常踽踽種種攪離懷
百憂縈肺腑山荆解慰愁預把征衣補上言白髮親有
妾替進脯下言黃口雛有兒解呼父歸來莫太遲事蓄
兼仰俯相送出門庭紅日已在樹慇懃復慇懃莫忘題

橋柱

途中寄友

歎息年來數太奇命宮磨蝎坐難移丈夫奮發吾何敢小事糊塗我自知有母不宜為客早求官翻悔出門遲慇懃記得離騷句一度吟來一度思

羊棧嶺

險矣羊棧嶺一步一悲悽摳衣躡石級步步如登梯忽然前峰仰忽然後峰低忽然山之北忽後山之西羊腸

盤曲曲此身如螗䗖白雲迎面起紅日與肩齊深林嘯
猛虎危崖啼竹鷄奇聲與怪狀恍惚筆難題日高至嶺
上一亭暫可棲俯身瞰嶺下萬峰如筍擠悚然難久立
身倦眼復迷亭中一父老招飲為傾樽偶談甲乙歲賊
氛振鼓鼙蠭擁上危巒流毒遍黔黎我聞長歎息吐氣
如虹霓一夫果當關萬馬滯奔蹄天然設此險胡使民
鯨鯢豈惟守土責要亦天方懠須臾復下山幽然臨深
谿嗟我胡為者歷此絕險蹊深慚接輿歌鳳兮復鳳兮

廣陽寫懷

彈指駒光廿五年半生碌碌有誰憐擬懷遠志投班筆不憚長途着祖鞭人到窮愁才作客世逢多難轉憂天算來此日還多事買葛添羅又費錢

秋燕

金颷習習乍生凉玉燕呢喃尚繞梁秋到江南猶作客身思冀北未還鄉簾垂夜月霜俱白剪試西風葉半黄十二欄杆何處是芙蓉一朵出東牆

秋砧

槐花院落井梧邊，風急砧聲到處傳。五夜敲殘千里月，數聲搗破一林烟。青衫有淚應难洗，紅袖經霜倍可憐。雁塞龍沙同曠渺，倚欄不覺思綿綿。

秋蝶

錦綉春深慣貼嬌，香迷舊圃感蕭條。堦前乍覺黄花瘦，欄外應憐玉露凋。雙板西風摇落葉，一簾明月夢清宵。芳心似對秋容嬾，欲倩滕王子細描。

秋蝉

不染塵埃樹裏藏長留佳韻奏鏗鏘幾番逸響吟殘月無數新聲鬧夕陽楓葉咽成千朶碧桂花高占一枝黄居高自是清音遠不藉秋風為表揚

秋螢

紛紛院北與籬東螢熠飛來點綴工冷夜乍隨風淡蕩寒宵常伴月玲瓏前身草長千莖碧老去花争一點紅莫道光明難似舊也曾身到景華宫

石埭戒嚴避亂太平之羅村同陳厚卿孝廉汪柳坡茂才廖禹人少府登高觀紅葉因至問余亭懷太白舊蹟

紅葉滿山頭登高一望收故鄉無是景此地有名樓鴻雁那堪聽烽烟到處愁相看同作客懷古有餘憂

贈廖三五

仙謫蓬萊下玉堂爭誇傳粉小何郎王恂識字年猶少任末題衣學不荒紅樹着花初見蕾藍田有玉更生香

子安才調潘安貌與汝相題孰短長

到家

雨雪霏霏十月天行幐重返舊林泉乍驚兒輩蝸髻改
轉歎高堂鶴髮鮮手版自慚隨吏後歸裝猶喜在春先
休喚蘇季歸來早一卷陰符揣幾年

哭方華峯先生

樹幟騷壇羨宿儒竟教白紵老頭顱方千謝世詩方盛
范式登堂淚欲枯壽世文章無寸草沒人滄海有遺珠

數聲薤露聊相弔知否靈前一慟無

乙未春書於舅氏草堂

余少而失怙長為母是恃賴茲舅氏賢不使予跅弛飲食薰教誨一一頻經始我生歎不辰遭逢天地否請纓既無門椎車空復爾往哲希杜陵高風思甪里借茲渭陽廬聊以翻經史復幸二弟聰萬編同料理俯仰適自如差免塵囂起開門望家村樹鬱鬱桑與梓相去一里餘朝發可朝至不致倚閭憂聊慰重闈喜感茲怡我心朝

夕憑棐几開卷懷古人英雄誰與比巖穴非久居剎錐

良有以

消夏 三十首

一曲引薰風風光卅載同浮雲看上下流水任西東竹

報窗前綠蓮開沼内紅雅懷吟不了得句付詩筒

矮屋膝堪容幽居興轉濃巢添新乳燕銜放醉花蜂新

雨偶然至好風時亦逢藤床攤午飯高卧夢羲農

長日閒中過朝朝卧北窓松間堪置榻柳外好停艭鴈

[illegible]消愁倒玉缸隔江歌正好新樣采蓮腔
岸情容余放性耽山水奇一園花客三徑草離離明
月有時到白雲隨處移吾身無限樂此意少人知
世態炎涼甚憑誰說是非湖山雙眼濶名利寸心違興
到杯頻舉詩成筆偶揮翻嫌襱襪客多事款荊扉
清景滿林廬蕭然野興疎二分君子竹萬卷古人書適
性無逾此陶情得自如南風最瀟洒惠我正徐徐
地僻烟霞古山空鳥自呼到門無熱客搖扇有奚奴樂

在窗前草閣如水上鳧此身隨處好莫羨輞川圖
潁箕非我願十畝且安棲雨過一峯秀雲來萬樹低亭
邊和靖鶴窗外處宗雞即此貧原得吾家有斷虀
吾廬吾亦愛靜掩半扉柴烟水饒佳趣風雲愜壯懷謝
蘭堆滿架陶菊綻盈堦且飲壺中酒微醺意更佳
欞窗開四面絶不染塵埃放鴨過前浦觀魚上釣臺半
樓紅日永幾樹綠陰來何以消煩暑聊停濁酒杯
性豪多忤世感此且藏身我自甘盤谷人誰歎甑塵放

形嵇阮伴高枕葛懷民欲訪桃源路移家好避秦
不作趨炎態蕉窗日半曛無情抛白晝有志負青雲藝
圃供樵牧書田竭耔耘麝蘭焚睡鴨香篆一爐薰
幾日翻盆雨潮深水到門四圍桑柘蔭一帶稻花村引
澗安茶竈看雲枕石根莫嫌蝸壁窄別自有乾坤
不材甘棄置斗室自盤桓研爛三歌易邯鄲一夢難竹
松無俗韻池館有餘寒領得閒中旨怡然意自寬
曲徑妙迴環幽人自往還雲山終不改樓閣十分閒世

界争黄雀功名等白鷗閑門安我拙蕭散任疏頑
蕭齋無一事鎮日擘吟箋枕簟迎風早壺觴得月先有
懷皆洒落無夢不神仙此地清幽甚栟櫚綠滿天
落落殊難合因貧守寂寥瓜田鋤舊蔓藥圃劚新苗覓
句勤叉手逢人懶折腰江東誰得似遥憶阿龍超
不作封侯夢終朝卧草茅醉將長劍拔狂借唾壺敲酌
醁頻澆塊濡毫半解嘲升沉難自主世界正炰烋
綠竹陶幽性狂吟氣自豪雲邊飛鳥迅天外亂峰高竹

挺千竿瘦松驚萬樹濤博山焚妙品痛飲讀離騷
無聊消永晝擊節且高歌身賤逢迎少時艱牴牾多有
詩能止瘧無計可降魔亦欲將纓請其如親老何
吮筆摛章後偷閒好看花風泉皆我友簫管又誰家慣
食雙弓米常烹七椀茶午蜂飛不定時觸綠窗紗
寄跡蓬廬内由來歲月長苔花能作伴雲水自成鄉酒
熱原宜醉詩成便欲狂吟箋餘剩草一笑付奚囊
悠游聊自得遇物每關情好鳥俱朋友名花亦弟兄眼

前皆樂境身外盡浮名準擬終婚嫁遊從向子平
買得僧珍宅傳經自道馨清風來紙帳細雨洒芳庭花
氣穿欄入書聲隔院聽三彭吾自懔坐右列箴銘
斗室容吾傲安然枕曲肱風多休用扇月好不須燈冷
煖誰相問文章未足憑此中無熱客天氣任炎蒸
消息流光易心空萬慮休花為消恨藥酒是釣詩鈎壯
志憐襟上風雲動筆頭苦吟殊潦草不敢擬韓歐
悟得空空境閒中氣味深泉聲無俗韻鳥語和高吟不

作送窮賦聊爲流水音興來歌短調亦足愜幽尋
咬得菜根斷恬然夢自甘燒蘭無臭氣捉麈快清談老
嫗詩能解屠兒酒亦酣茫茫無限事憂每一身擔
坦腹東窓下終朝夢黑甜每懷高士節难免俗人嫌思
入風雲會愁教歲月添古人难得志遺恨有江淹
借得三椽屋清幽逈不凡此間聊托跡無地可投函去
國悲王粲風流憶阮咸草成三十韻未敢定酸鹹

七夕

欲將消息問黄姑一水盈盈淚有無天上縱教河可渡
人間無奈海終枯天孫空織千層錦帝債难輸十萬蚨
頃刻五軿摇碧漢秋風秋雨重踟躕

和方介菴秋景元韻

石榴

擬向陶家酌菊觴猶存丹萼放餘芳曾邀青眼留嘉賞
未許紅裙鬬艷妝歷盡鉛華滋雨露獨堅晚節傲風霜
故園桃李俱凋謝猶得新陰傍短牆

玉簪

瓊姿玉蕊各成陰
灌溉多年寄意深
潔質秖宜君子並
淡妝端合美人臨
不矜彫琢原天性
獨發幽光抱素心
他日一枝欣領取
曲江佳宴許相尋

月季

庭前種得四時花
綺旎香濃鬬物華
春到杏林同放豔
秋來桂苑又飄霞
氷霜歷盡偏增色
雨露初沾漸吐葩
畢竟芳心終不老
暮年顔色總堪誇

和介莽送方陳二茂才浙闈鄉試原韻

一衿苦我筆難揮，況又同人赴棘闈。科第不難長破格，文章從此有光輝。花開浙水爭雙度，雪壓孤山點數非。倘向山陰逢處士，碎琴佳話不應非。（咸豐己未江南鄉試）

瑣院重開特改科（附考浙江十月應試），東南舉子受恩多。嘉魚著作留衣鉢（邑孝廉方引薇公著有嘉魚文解），陟岵文章有臼窠（邑進士陳肖梁著有陟岵堂集）。三竺鐘聲催客夢，六橋舟穩泛秋波。遥知矮屋揮毫日，定對梅花得意歌。

示表弟余幹廷

莫貪嬉戲誤華年駒隙光陰最易遷鬓〻點時功要苦

鐙當紅處志宜專安身只好書為屋無產須求硯作田

轉瞬高堂俱白首栽培莫負二人賢

忠恕堂詩草 紀游 雜詠

皖江范杞壽弇

庚申五月十一日起程赴都

慈幃霜雪半盈頭，薄養思將菽水謀。千古逼人毛氏檄，一生誤我管城侯。登樓難遣同王粲，作客憑誰識馬周。一曲驪駒双淚落，商量心口幾綢繆。

留別舅氏書館

兩年風雨共蘧廬，適館分餐愧魏舒。此去敢期成宅相

再來還自理琴書家山信盼信征鴻後易水生風匹馬餘

屈指刀環堪預計不多時別莫躊躇

過馬鞍山

曉日曈曈起驅車過翠巒登高天地小作客古今難險

境曾羊棧（去年曾客新過安羊棧嶺高險無匹）浮生半為鞍奔馳何日已摻

首望長安

旅館遇雨

滿天烟雨壓山來幾日茅廬鬱未開隔岸河聲喧枕席

當門泥暈上莓苔喜將禿管題蓬壁戲把雕弓挽鐵胎

偕同邑武孝廉金藝圃北上見其演藝

料得黍苗濡已遍心懸鄉國首重回

柬藝圃

萬里同爲客相思兩不忘青燈憐稺子白髮念高堂豹畧知君擅龍鍾笑我狂金臺應不遠把劍意彌傷

渡淮

潺湲曲曲轉東流野渡無人我濟舟却羨魚書容易達家山遙指在吳頭

讀息邑宰周雲舫德政二碑

儒者悲民瘼亦思解倒懸既至操刀割遂將至性遷腠
脂向民竭囊篋徒己便解組未須使怨聲載道邊我惟
思周子學仕兩不愆宰息僅二稔歡聲比戶傳豐碑双
此立一讀一潸然黽趺幾躑躅四郊起歌絃是豈民好
諛要亦官誠賢嗟余棲道左猛着祖生鞭鄉閭憂民瘁
活鮒終無權鉛刀倘一試割肉豈或偏

高唐州七夕

共愛天孫巧家家話鵲橋長途多客感佳節況今宵銀漢宵寒重金閨別夢遥那堪孤枕上風送幾聲簫

邯鄲呂祖祠

盧生一去不復回又聞點鐵術神哉枕頭指頭問孰好長嘯一聲山雨來

都門感懷

策馬長安蒲目秋南來范叔正堪憂感時到處驚鼙鼓唊人猖獗濟國憑誰作楫舟髀肉復生徒自惜綈袍猶在不

須愁夜深風冷磨長劍且喜星辰近上頭

廣德樓觀劇

車馬喧闐簇綺羅樓臺四面圍笙歌霓裳高曲遏天響

小蠻腰折欺仙娥自昔每聞京都聲優施一一皆留名

果然妖姿絕凡艷鶯喉婉轉移人情長安紈褲游冶子

日日金驄爭趙李當筵呼取玉兒歌砍碎珊瑚狂欲起

烹龍炮鳳羅芳鮮一珍豈止值萬錢金樽醉飲玉山倒

入暮猶弹廿四絃滿座當此誰肯散使我艴然空唱歎

歸來握筆寫客懷一輪斜月墮河漢

獨坐

兀坐挑燈剪落花紅牙按曲是誰家笑余管領三間屋

獨聽譙樓鼓再撾

午門驗看恭紀

聯步趨蹌謁列侯午門高拱紫烟浮雲開喜見雙

金闕日出驚看

五鳳樓班次敢嫌隨驥尾銜名初學寫蠅頭從今勉效

涓埃報
聖代恩如雨露周

同邑何方伯俊葬於都門拜墓誌感

悽慨一生志鬱鬱每暮年出山願未果蘭膏自焚煎賤
子思親炙覲面苦無緣日月自往來俯仰隔人天吾鄉
數官達惟公竟空前墓門今展謁轉為桑梓憐有淚不
輕彈彈恐溢重泉徘徊未忍去松楸起暮煙

出都馬上口占

朔風吹出馬蹄忙六出花飛遍地狂一片歸心鞭着急
細將驛路問縣綱

羅山旅夜懷都中諸友

把袂金台已半年長途回首路三千多情惟有羅山月
慣照離人不忍眠

辛酉夏予赴江西需次鄱湖舟中贈李肇卿明府

片颿同挂扣舷歌晨夕相從醉巨羅快覩廬山真面目
更驚彭蠡好風波都因作客情偏厚況是同鄉誼更多

自笑轅駒徒局促幾回攬鬢悔蹉跎

望廬山瀑布

名山似妬我來遊風利征帆未可收五老仙峯千丈瀑令人一望一回頭

滕王閣

少讀子安序每思閣中遊今我來此地勝境如荒邱西山霞自落南浦雲空浮悵然思帝子歎息水東流

同鄉王坦齋避亂來江詩文之暇兼善歧黃西江

待活者不尠賦此以贈

江湖寄跡一葫蘆志在蒼生業在儒醫國有才疑扁鵲活人多術遍童烏龍睛點就終飛壁驥足藏時早識途愧我鍼砭空有意幾人痛癢費踟躕

差次武寧翁小田明府中秋招飲

鎮月衙齋住寅交氣最投美肴添異品佳節賞中秋酒中燈移座談深月上樓莫辭良夜醉命僕數更籌

贈王懿臣司馬

片颿同出海門關蓮幕相依幸識顔喜逐簫鸞隨處好
笑攜琴鶴一身閑新愁又渡潯陽水舊夢因思越國山
莫道登高難作賦功加九轉自丹還

需次無聊因疊前韻

一着棋輸悔出關覉縻宦海動愁顔每臨池水知魚樂
誰道官堦上蝶閑宰相書遲韓北斗蒼生望阻謝東山
何時得賦歸來句雲自無心鳥自還

于役義寧回呈劉俊夫明府

十年書劍悔蹉跎把酒無端慷慨多一曲琴聲双眼淚幾人能識五噫歌

客窓感懷用懿臣韻

客窓閒坐聳吟肩弹指章門已二年烈士有心猶自壯騷人抱怨亦何堅一枝棲息原無地半世支離欲問天笑指潯陽江上水幾人乘潟順飆船

自信臣心似水清此身拋繫總無成黃粱欲續封侯夢碧海空存填石情誰肯一袍憐下士更無寸策問書星

輸他閬苑攀花客振袂連翩步
玉瀛
潑墨栽紅且自娛何須含瑟學吹竽清風明月三生證
柳嚲花欹一力扶庭下鶴鷄形縱混隴頭鴻燕志終殊
時妝也羡蛾眉好欲畫終慚遜彼都
聽鼓趨轅夢已闌天涯明月望團圞調彈魚鋏聲原壯
價長龍門事大難高士胸襟殊落落美人骨格本珊珊
唐花絢爛徧爭羡誰識幽蘭最耐寒

離騷一曲擬思君性本疏狂敢論文作宦每懷郇伯雨
思親常望皖公雲涓埃事業從何報曲突勲勞孰肯分
甘苦喜能同況味兩三舊雨未離羣
振觸吟懷費苦思長門獻賦更何時棋枰賭就將輸局
齏臼敲餘絕妙詞駟馬高車空想望烟蓑雨笠每心馳
故園幾種閒松菊待我歸來莫厭遲

午月李謙六少府招飲

菖蒲抽碧艾流香佳節相邀泛酒觴破寂煩君斟蟻綠

辟邪爲我酌雄黄時魚入饌貪鄉味兒女當筵笑客狂
到底團圞真樂事别離使我黯神傷

題船山詩草後

精思勁筆異尋常雞蹠深嘗味果長語可驚人無澀體
言能壽世即文章黄庭搨到剛剛好辛句敲餘字字香
怪底隨園亦傾倒性情真處兩相當

答李勉臣少府

落落佳公子才雄氣自豪三生疑謝鮑一席奪風騷南

國新詩社西湖舊酒曹雅懷真落落風雨助揮毫
抛却杭州去西章奉板輿趨庭思鯉對烟跡且蝸居吳
越鷗同夢燕秦雁有書義山猶未老莫漫學樵漁

疊韻再答勉臣

獨擅生花筆青蓮字字豪酒能消磊塊詩半寫牢騷學
富真窺董才高欲步曹郵筒勞再寄瀉句羨飛毫
兩載彈冠客況教望乘輿幸依才子室擬作故鄉居國
有求賢詔門多未報書須知奔競者不及武陵漁

雜感

男兒負奇氣不肯媚權豪舉世無下交伊誰重俊髦吐
哺握髮風渺矣不可遭陽春雖有曲古調空自高一枝
尚難借况乃萬里翱杯水不可得遑云江海濤衣綠念
慈母口乳思兒曹百感羅胸臆悵焉首徒搔
林甫居政府奸險傾同僚夷吾執國柄不能去豎刁羊
胃既作尉狗尾復續貂詎知伊呂才終起自漁樵淒風
鍛鴻翮安得雲凌霄甘露靳下降安能蓄靈苗泰山容

土壤河海收細潮美錦使學製得毋愧鄭僑

贈蕭西山少府

章門聽鼓已經年太息同登宦海船半水芹香欣獨挹蒲城花事欲分權也知魚盡空彈鋏且聽雞鳴共着鞭此日馮唐猶未老雲鵬有翅望騰騫

赴鳳岡任過臨川道中口號

自古生才地由來景象佳水聲流不斷山色淨如揩繡壤連千畝紅梅放半崖藍輿飛過處得得鳥聲諧

步慶紹裘見贈原韻

書劍空勞悔出疆雲天高詣總难望作書不讓顔公法
教子惟遵竇氏方驥志猶存思遠道鳳鳴何幸叶高岡
一官歷碌徒滋愧借箸何由答
聖王

署内除夕

别懷難自遣況是歲除時薄宦離家遠高堂淂信遲梅
花空索笑爆竹轉增悲僮僕無知甚屠蘇進酒卮

春日偶成

莎徑鋪茵草正肥
陽和無處不春暉
楊花無力輕狂甚
慣逐東風遍地飛

開遍桃花又柳枝
飛來小立鳥多時
紫鶥啼罷黃鶯囀
消盡春風總不知

山園四面最瓏玲
花自酣濃草自馨
瞥眼塵烟俱掃淨
亂峯高擁一天青

遊寶華林

山隈結茅茨遶屋半桑麻五月良苗秀懷新將吐花停
輿禮方丈小憩興亦嘉雖無丹竈具亦頗饒烟霞嗟余
覊官廨日夜坐趺跏百感集胸臆撫時長咨嗟何如傍
佛蔭差免俗塵譁門閉可謝客吏散不排衙恬淡適吾
性此樂豈有涯胡為戀五斗頻以署為家

蕭烈婦詩 有序

烈婦姓劉氏夫明瑤讀書山中得血症醫罔效
烈婦旦夕禱園中祈代夫死癸巳夏明瑤亡烈

婦手藥而吞家人救之母與兄來百端勸諭且
環守甚嚴不得死閱日烈婦強作歡顔母意其
無他乃歸而烈婦竟吞金葉死矣年十九時舅
翁友松先生權崇仁廣文纂為烈婦徵詩因念
予家 重慈苦節撫孤事迹與烈婦同令人揮
涕不已作此奉題

大湖有女賢且烈于歸名門懍氷雪傷心一慟殉夫亡
鴛鴦不忍輕相折夫壻蕭郎志學堅山中攻苦自年年

橋填烏鵲無多日疾染河魚遂不痊瓣香一炷向天禱此身願將妾夫保誰知醫藥苦無靈玉樹驚風偏太早手懷鳩欒哭靈前願從相見及黃泉家人環守譁相救始得芳魂一綫延驚聞兒家母與兄相視烈婦心怦怦苦勸且盡高堂養但得居孀亦令名烈婦向母强作喜賺得母去身竟死嗟哉烈性古所難青責史傳名誰與比嗚呼我母當年亦如斯家慈余太儒人守節時年與烈婦同一死再死姑救之苦爲呱呱勸勿死曰盍如我撫孤兒

大母李太儒人守節時先父

生孩六月前年旌表傳鄉里棹楔褒榮兩世美咸豐辛酉兩代節孝同日旌表

我願陳講（詩）共流傳再拜濡毫涕不止

喜接家書

手接家書子細看開函兩字喜平安燈前作績親誇健

窓下研經子博歡不責鮓封知俸薄翻憐鑾士作官難

田園未廢干戈靖差免離人永夜歎

秋蚊擾甚夜不成寐憤而賦此

冬春蟣蝨多秋夏蚊蟲廣利口而噬人遍身作疴癢譬

彼蕙士材既老復倔强又如良將弓疊矢中必兩麾之既復來我去彼亦往嗟此蜉蝣身同為蒼蒼養凍餒無計驅寒暑復相盪晨征避虎狼夕息憂蝄蜽百害擾蒸民加以豹脚攘我願訢真宰用開三面網良者培以生莠者去其黨幽人獲吉貞君子歌蕩蕩熙皞八垓民高枕卧東廠

和甘子和孝廉登原韻

江楓雜菊看番新且插茱萸賞此辰漫道登臨小遊戲

名山從古屬詩人
翩翩童冠共追隨居僧一子孫登高喜摘黃花兩三枝料淂登高
應一笑老年猶似少年時
蠟屐扶笻且快遊層峯面面豁雙眸此來搔首憑誰問
只有青天在上頭
一山高聳萬峯敧管領秋光興不疲點也狂歌君莫笑
舞雩風詠正堪思
子和令嗣梅孫少尉奉賦原題囑予疊韻

一樽邀賞菊花新九日邀飲署中佳節欣誇九九辰我比王宏

更親切提壺不遣白衣人

且喚佳兒載酒隨更扶藤杖有孫枝喜君最淂高堂樂

況值重陽好景時

興到披襟爛漫遊山逢好處一凝眸巖前黃菊堪供采

莫向西風誤白頭

迴崖望處角巾欹攜手登臨力未疲何似主 峰風月好

一番回首一番思

送甘谷孫少司馬復之官上海

笑指吳閶是舊遊片帆東挂雁橫秋無多家事推黄口
且喜高堂未白頭海上觀兵頻躍馬闕前玩月一登樓
東南萬里猶烽火勒石銘功仗遠謀

數年貂敝讀陰符奮志侯門一問途賈郁鐵船重淚海
王喬仙舄更飛鳧吳中鱸膾應思爾江上琵琶易惱吾
慚愧宋人君識否一樽恐為鬼揶揄

命兒子朝奎送内子回里

鹿車難賦賦驪駒千里相依忽折繻莫怨藁砧成薄倖
只因堂上有尊姑

阿兒書卷壓歸裝卅載塵勞訓未遑為治膽丸教仲郢
辛勤替我一分忙

兩載氷清苦自強范丹蛙竈本無妨高堂尚把官聲問
是汝知貧道淂詳

同治甲子元旦試筆

曈曨初日照光華泰運從知景象嘉爆竹幾村猶比舍

梅花千樹正當衙客投賀刺紛來早酒飲屠蘇不用賒
料得蒲亭非久屈履端肇慶定無差

屈星五明府招飲

衙外鼕鼕鼓傳籤已二更杯啣猶在手拇戰不停聲月
到半弓好風來四座清主賢賓亦得此會正三生

新正聽唱鼓兒詞和表弟余幹廷韻

九天咳唾落雲烟按拍陽春奏綺筵索韻忽操三寸管
審音多誤六么絃箱中紅豆添新調笛裏梅花證夙緣

擬把心香薰一瓣清詞合誦玉溪篇

春正彌月大雪衙齋清寂作此遣悶

青帝司權風更烈有意逞威強作雪三旬只有兩日晴窗外梅花枝枝折記從元日飲屠蘇一輪飛上金畢逋藹天霞氣發光采萬里雲山作畫圖擬將趁此陽和日管領春光花事畢呼僮抹我玉花驄十里五里騎春風誰知天違人愿苦作寒使我終朝擁爐空眉攢公孫布被冷如鐵負禹短褐苦無完黃粱五斗炊已過閉門只

守衰安卧想是天將大任人故把體膚嘗凍餓我懷鬱
塞無由開舉頭四望空徘徊安得魯陽戈與夸父杖大
呼扶桑之君雲中來

和幹廷春雪原韻

羯鼓何須兩部催瓊枝開放滿春臺飛花攪斷林逋夢
綴絮吟成謝女才金粉細勻殊淡雅玉盐無滓費疑猜
清晨策杖尋芳早認是孤山萬樹梅
嫁得東風強作花清高原不愛繁華乍來烏巷迷簫客

誰指青常（帘）是酒家灞上騎驢雙重（鐙）關前策馬一鞭斜漫

空慣作天魔舞縞袂妝成不染瑕

答幹廷

新詩盥讀洗塵顏苦我枯腸欲和難但使江淹留彩筆

漫言杜甫誤儒冠荊生別圃連珠茂松老靈根九曲盤

只恐尸何年尚少不能學製强為官

送吳東山歸蜀

巴蜀雪消春水肥天涯有客戀春暉元龍湖海氣難下

不為蒓鱸亦憶歸錦城桑梓久云樂況復馨膳戀庭闈
王陽骨肉情難舍元伯同車心忍違呼僮快抹金絡馬
巫山巫峽挾輿飛山靈亦勸客歸好皋鳥鼓吹花芳菲
臨邛道上東風暖垂陽處處懸酒旆當壚下馬拚一醉
柳花滿面香沾衣始知役志驅名利何如味淡與聲希
升沉嬾倩[倩]君平卜此心恬然久忘機

和春甲子雪

璿衡初轉斂朝暉滕六漫空作雪飛豐瑞十年從此兆

寒温一旦偶相逢探芳徑掃三三未點辨圖消九九稀
畢竟散花堪擬否欲從天女問仙機

和華陳二士見贈原韻

吟箋渲染麝煤烟金薤琳瑯竟占先快築騷壇憑管領
偶翻艷曲更纏綿青蓮句險驚神鬼白傳詞高撥管絃
一種才華兩風格羨君能繼古人賢

贈馮小南少府

西泠才藻素風流中有騷客才尤優瑯環秘字無不搜

筆搖五嶽凌滄洲鵬搏方期九垓上忽然鎩羽人間遊
人間瘡痍急待拯簿畫（書）一領聊分籌賤子半階初學製
幸附驥尾叨同舟每於公暇得瞻謁冲懷高曠知有由
忠獻手中惟論語季野皮裏藏春秋蒲鞭久停事休養
自把印綬懷中收共說士元輕百里誰知梅尉是仙儔
斗山傾倒既已久寸心惓惓無時休願取隃麋數斗
聊陳梗概寄虞鄭
禽言

提葫盧提葫盧玉釭有朱提無鸊鵜榼去䤈醪去提葫盧

子歸子歸南陔有草北山有薇蕨蕪甑中塵欲飛歸兮歸兮幸無違

泥滑滑行㥹㥹擿埴盲徒傾軋九晼根自超拔宋人苗勿輕揠

淂過淂過毋㥹坎坷一領裘黑欲破五斗米白可籔宣子憂貧羊舌賀淂過淂過

行不淂也哥哥叢荊棘無斧柯媻姍勃卒窣將如何行不
得也哥哥
脱袴脱袴袴袳新澣故欣看笥中已五數誰不口碑康叔
度
秦吉了疇能曉子夏冠空自小誰表將軍一紙書便風
相送高飛鳥
聞沈中丞出師勦賊
開府親平寇書生解用兵旌旗天上落鼓角地中鳴萬

馬春騰草千軍夜度營由來謝太傅一出慰蒼生

雜詠

山花難耐雨小鳥不禁風由來根骨輕無定走西東寄語看花人勿看吐蕚紅搖風二三日顏色難相同為言愛鳥者勿愛羽毛豢長門數里地咫尺不能通

金菊仙太常一門三烈詩（太常諱雲門安徽休甯人守黃州殉难後贈太常）

夫人汪氏

江南名士越東賢宰一朝思聞郢中歌亟亟將官改鹿

車夜挽月如霜鴻案朝齊春似海雛孫繞膝行二女縱
縈在 一解 箚書下逮夫子分防大丈夫志在疆埸那得
顧糟糠從此鱗鴻杳渺天各一方 二解 粤氛至江夏失
奔渚逃亡降者逸夫人困危城處事多周審托雙雛於
叔氏別二女於蘭室取象服以加身遂雉經而願畢 三
解 長女見母死有淚不敢垂生惟母是恃母死復何為
慷慨自投繯泉下長相隨 四解 季女見母死自悲還自
喜毅然欲自經不敢稍停晷叔兮見之急勸止汝尚弱

齡胡亦爾々曰否否予從阿母與阿姊母生則生母死則死五解

嗚呼如此三烈兮世鮮與頡頏臨難毋苟免兮懍若氷霜愧彼辱身事仇兮曷曾乎犬羊巾幗中丈夫兮男子中汪傷宜其同河嶽而永壽兮與日月而爭光六解

于役安義呈蕭璧卿明府

符分花縣布陽春原是蓬萊小謫身卜賦早看題雁塔一官暫屈到龍津陽城有政何妨拙孔奮持躬不厭貧

慚愧卅年為下吏依然碌碌走風塵

賀黃范田眷至

藁砧朝夕盼河梁章水揚舲路正長何幸玉人來遠道

况逢佳節近重陽眉痕仍待描張敞心緒無勞憶杜娘

今夜鸞鳴方滿永離情應叙合歡床

黃栢溪定情詩 孺人自藉到江

焦桐從未譜求凰底事文君覓壻忙寶輅不辭千里路

茜裙猶帶百花香也如舊雨逢新雨且把他鄉作故鄉

漫笑紅顏今漸老為郎憔悴轉羞郎 用古句

九日同黃范田登高

灌城作客已五稔每逢佳節百壺飲飈輪倏忽又重陽澁囊空對黃花錦我友跌宕世間無一瓢邀我登高但金闕銀臺忽在眼青天咫尺堪招呼左眺匡廬右邀（瞰）彭浦廓然太空烟雲吞吐世間萬事類如斯晴空頃刻來風雨爾我豪健空復存燕頷紙鳶肩豈足論夜月尚悲王粲賦秋風仍住信陵門吁嗟乎丈夫意氣須壯烈與其

瓦全甯玉缺置身會到最高巔翹首天際風雲掣

夜起趨衙尚早望月偶感

殘月溶溶挂一鈎披衣重整鷫鸘裘幾年聽鼓難安枕
何日抽簪脫此囚大地關山增感慨滿天風露動羈愁
孤鴻久歎形神倦翹首青冥任去留

多年

多年潦倒繫匏身客子猪肝久累人雖未幾曾囊脫穎
萊蕪早已甑生塵無謀可奮籠中翼有志难批頷下鱗

艮止坎行吾自識何勞龜卜問嚴遵

贈胡芸卿茂才

萍聚章門始識荊光風霽月照人明每從絳帳觀文陣
更向花間鬪酒兵裘敝黑貂憐季子蓮開紅幕羨郗生
客中應有家山夢江月湖烟共繫情

和舒彰五明府見贈原韻

十載戎行客 愚教脫戰袍一官猶屈蠖五字寫離騷
筆挾千軍勢詞傾萬斛濤他 山期錯石翹首聽鳴皋

贈方慶堂

慷慨悲歌寶劍篇（君在西粤從戎十年著有宝劍篇集）方千才思本翩翩入關已遂終軍志去國誰思賈傅賢（戎幕歸來依然布衣）賸墨半存蠻語字征衫猶帶島夷烟何須名氏標銅柱一卷琳瑯已可傳

東舘懷馬仙樵明府

令尹才空冀北羣當年製錦著奇勲我來東舘橋頭路猶聽人稱馬使君

羅溪弔周吉人少尉 名原出差羅溪溺於水

棒檄勞勞歎奈何不辭艱險渡風波孤忠似效三閭氏
竟把羅溪當汨羅

同把覊魂浪裏招紙錢都向渡頭燒 同寅出差過羅溪必渡俱焚紙楮弔之
只今一帶無情水猶接胥江作怒潮

山行雜詠

綠竹夾道如幄白石砌路成梯谿花艷於盆種野雉馴
是家雞

前行疑無出步後顧忽迷來路此身如墮霧中只有一
線天露
鳥聲十里五里花影長橋短橋稚子編籬巖脚野父種
萊山腰
溪邊紅樹參差洞口流泉幽咽依稀誤入天台此中疑
有丹訣

贈楊枚臣明府

手折芙蓉下玉堂符分赤緊領銅章陶潛爲米心原淡

潘岳栽花手正忙綿蕞救時超俗吏每月課讀書院諸生絃歌學道著循良口碑一路稱民毋都話陽城惠澤長

題彭氏古木山房

綠槐垂蔭滿庭秋幸值園林作勝遊文節謳吟留别墅元龍笑傲有高樓花枝帶雨侵牆角樹影排雲過嶺頭我本山中舊裴迪風廊水榭總句留

壬申秋奉新委勘籍没匪犯産業入官觸目有感作詩以示居民

刼歷紅羊重感傷變遷陵谷易滄桑烽烟夜淨天河碧
劍血秋腥戍草黃終是書生能報國竟教率土復歸王
從今則壤看成賦努力輸租種稻粱

再至戒德寺

隨着鐘聲到上房方雲巖佳境覚聳清蒼輪蹄兩次經風雨
檜栢千年耐雪霜絕妙僧詩唐法振巍然佛相魯靈光
重來蓮社渾如昨應許淵明鬢一觴

題余石生詩集

艷絶江郎筆一枝揮毫到處寫新詩胸藏湖海元龍氣
體雜離騷屈子詞江左風流誰淂似郢中白雪竟難知
瓣香心奉南豐久不獨人前說項斯

和盧翰臣送春原韻 有序

客中擾擾滿目生愁春去年年傷心曷已循詩
人之舊緒寫遊子之新懷人孰無情我豈獨免
謹抒俚句奉和 佳章

東皇整駕欲歸時判袂匆匆互贈詩芳草叢中棋共話

綠楊堤畔酒爭持陽關奏罷琴三疊南浦歌傳笛一枝
底事王孫仍作客怕看原上草離離
處處樓臺插酒旗送君千里趁鞭絲攀留尚訝行程速
祖餞還思去國遲夢繞故園鶯已老花飛滿地馬先馳
明年有腳依然到芳信憑將陽歲期
攜手河梁不自安尚留芳躅暫盤桓離情惱我愁千種
別緒撩人恨萬端過眼繁華俱是夢關心濁酒不成歡
江南雅有傷春客莫作紛紛粉蝶看

舟次贈熊渭濱協戎

管領牙璋二十秋幸逢旌節共扁舟威名不讓常無敵
高躅還如馬少游腹內韜鈐原雪亮閫中唱和更風流
夫人工吟咏
多年卞璞無已知且把新詩當玉投

月夜泊采石磯

獨擅江南勝無如太白樓酒杯方在手明月忽當頭絕
妙詩人境消停客子舟今宵眠未穩引領對高邱

金陵偶感

指點橋名與巷名六朝金粉半榛荆試聽嗚咽秦淮水
猶作金戈鐵馬聲

揚州

隋宮芳草半荒蕪猶剩當年舊霸圖漫道廣陵花事盛
祇緣人重董江都

和李慧卿明府除夕感懷元韻

仙謫蓬萊下碧蒼符分赤縣太匆忙一官匏繫予同況
七字珠穿自擅長志比少游多慷慨途窮阮籍更猖狂

勸君且飲屠蘇酒莫漫悲歌會降祥
墨綬銅章出草萊板輿親奉笑顔開宦情似海浮槎到
歲事將闌聽鼓催祇為春暉酬寸草數將鄉訊問寒梅
遷喬預卜明年兆佇看春鶯出谷來
和潘俊卿元韻
弱歲曾邀果滿車星星忽覩鬢邊華偶然作客依蓮幕
爭欲題詩護碧紗江左阿龍才曠世關中扁鵲術名家
灌城春色繁如此可似河陽滿縣花

差次偶感

一官错铸到於今宦海風波閲歷深世態炎凉争衒玉人情冷暖見分金難邀阮籍留青眼誰識希文有素心歎息賞音今古少客來空發郢中吟

題彭淡香草堂

仲尉幽居半畝宮常將楮墨奪天工雲生蒲紙如張旭酒不空樽似孔融菊種一籬爲益友書堆萬卷課兒童最憐小阮才猶健剪燭敲詩夜夜同

春日偶占

緑意紅情半點無杏花時節雨糢糊東風秖愛留春住底是難消九九圖

差次峽江和羅少農元韻

多年客邸結相知今日相逢又惠詩堪羨曲高難得和陽春譜出冠當時

看來聲氣最相通取次謳吟道路中安得銅琵兼鐵板與君同唱大江東

章門聽鼓幾經年老大馮唐有孰憐郡意今秋同捧檄
詩新猶與故人聯
盱江水似峽江清兩庭度相逢眼倍明他日西窗同剪燭
也應記得此時情

客中感懷步　劉中丞闈中感懷原韻

陶分禹寸惜陰遷匏繫章門十五年羅友送人長作郡
班生何日快登仙書攤蠹注千篇富筆慣鴉塗滿紙烟
此日馮唐猶未老肯教郎署有遺賢

偃蹇窮途賦七哀可如郭隗一登臺休文已賞詞章去

沈約丹中丞考試文賦深蒙奬拔公幹曾修薦牘來余在羅坊办理團練勦滅靖安土匪有功蒙刘峴

莊中丞保舉階潦草宦情全骨鯁空花世界半心灰休誇萬斛舟

中富浪湧風濤不可開

也曾投筆擬從戎骨相難膺萬里封徒事簡編甘屈蠖

愧無刀劍學屠龍愛人稚抱惺惺志老我猶存落落胸

且買醍醐終日醉于今邊塞已銷鋒

羣公袞袞一番新鼂突疇能預從新蕉葉隍中空鹿夢

萊蕪甑底半蛙塵棘闈風月皆陳迹梁苑賓僚幾故人

梅尉高蹤誠足尚藩城屬吏本儒臣

洋林屋局偶成

軍儲無計可籌邊榷政紛紛已有年國事只知盬鐵論

官傲（徵）權取水衡錢東南民已脂膏竭西北夷還歲幣捐

莫怪漢廷嘉卜式分財助國孰倡先

五月弔三閭大夫

子蘭蓄鼓惧懷王一卷騷經幾斷腸香草美人千古恨

至今幽怨滿瀟湘

九日陳敬齋兄邀集百花洲登高歸飲容膝軒分韻得入字

頻年作客在他邑重陽佳節多雅集每思邀賭菊花杯沽酒無錢囊羞澀我友愛客古文舉一樽相約登高急選勝須來百花洲挈榼提壺履苔級翩翩衣冠八九人當風一箇袈裟立輕衫團扇共徘徊山色湖光供取挹準擬菊插滿頭歸三徑無花徒怏悒蕭齋小憩飲茱萸

漉巾共倒金壺汁拇戰聲如猛虎嗥渴飲口似長鯨吸
酒令還同軍令嚴排場郁肯干戈戢我因醉倒倚胡床
勉力支撐危岌岌胸中髒大潮生好似轆轤修綆汲
始知嵇阮古之豪終日酩酊真難及皎皎明月半輪西
滿身涼露沾衣溼醽醁且向主人辭大笑出門相拱揖
騎驢幸有賈浪仙一路推敲理篇什歸來童稚已候門
相視一笑扶節入

代劉仁齋明府和趙太守中秋招飲元韻

秋風彈鋏幾番更讌集平泉酒共傾琴鶴清操饒雅趣
蓴鱸鄉思易關情陳蕃榻重高人下謝朓詩成供奉驚
一曲陽春難淂和幾人能識郢中聲

秋海棠 用王漁洋秋柳韻 二首

西風冉冉易銷魂忽訝秋深白板門露冷胭脂齊放蕊
霜凝紫蠟漸生痕嬌姿秖合藏金屋醉頰翻疑入酒村
妝罷不須高燭照美人遲暮總堪論
檀心一點乍經霜秋滿園林草滿塘秦嶺分霞鋪玉砌

蜀宮裁錦疊金箱晚來黄菊堪爲友春去唐花合讓王
最是神仙真妙品芳名曾重碧雞坊

秋閨

繡户吹來瑟瑟風寒衣催動剪刀工擣砧近日無消息
獨上鍼樓望塞鴻
静對蘭缸夜正長捲簾乍見月如霜畫樓何處箏聲急
一曲凉伊已斷腸

過文文山讀書臺

文山真不朽千古讀書臺玉帶今何在黄冠豈再來丹
心懸日月正氣感風雷宋代留遺土猶令過客哀

差次興國謁陳明府不遇因叙旅况

捧檄勞勞不自安風霜千里趁雕鞌榻懸那見陳蕃下
袍敝誰憐范叔寒官味本來雞肋似名山喜傍馬頭看
崎嶇險道經多少始信人間行路難

登贛州八境臺

廿載滕王閣下遊廬山蠡水豁双眸今朝台外觀章貢

又到西江最上頭

讀沈柳唐詩集

信是君家有四聲一篇佳作擬長城詩懷曠違（達）嵇中散

酒興酣濃阮步兵才子多情拈荳蔻美人爲怨託荃蘅

當時未覩髯翁集但說申韓舊有名

春柳 用王漁洋秋柳原韻

東風蕩漾易消魂春到江干白板門一帶韶光鋪眼界

十[illegible]芳思透眉痕清陰不斷吹簫路錦色遙遙賣酒村

怕聽陽關三疊曲客中愁緒有誰論

牽絲曳縷慣經霜旖旎多姿綠滿塘校獵苑中馳玉勒

讀書堂內疊青箱依然十里籠隋渚可是三眠伴漢王

此日長安頻走馬繁華應說碧雞坊

無端春雪上征衣回首章臺事已非草長江南同婉娩

花飄陌路認依稀河橋野店鶯如織深院高樓燕亂飛

惆悵封侯長作客春閨曾與寸心違

絕世丰神劇可憐叛兒歌裏雨如烟楚宮舞罷腰仍細

梁院風多力更綿冶葉倡條争色色玉驄金絡自年年

仲宣樓上憑欄久指點旌旗何處邊

賀高柳洲三子七夕週歲誕辰用將吉臣原韻

正值芙蕖放藕湖槐花又見挺三株文章異日終跨竈

事業他年重倚閭美質争如潘岳少寧馨得似樂天無

薛家雛鳳堪追比老蚌欣看吐玉珠

籛鏗鶴算始添籌駒齒欣逢一歲周弄玉當年能引鳳

黄姑此夕又牽牛賓筵不愧譽兒癖斗酒何須向婦謀

底是團圞真樂事西江風月一家收
青青燈淚詞一部黃梅孝廉蔣酉泉筆也癸未秋令
婭吉臣幕游峽江河在行篋中檢出示余浣誦再
四清詞麗句頗近西崑益文人自寫照耳紅粉
青衫千秌同恨不能無詩遂作七律奉題
青燈何處話相思越國風情楚國詞浙江轉事荳荳蔻拈來才
子恨芙蓉繪出美人姿栽紅刻翠天生偶瘞玉埋香苦
箇知賴有樊南一枝筆妝臺閒譜紫鸞兒

瀘溪催徵作此以示居民

萬方五粒鑿輸將厥賦由來有定章縱使陽城操拙政

可能綺季不耕桑休貪種秫荒膏壤只為催租備太倉

涓滴須知闕

帝力載高履厚敢稍忘

高柳洲擬賀新婚一律限韻囑和

皓月團圞紫霧霾妝臺鏡奩拭塵埋笙訶帳下清音嘹

兒女樽前笑語哇烏鵲橋通攜玉腕鴛鴦被暖覆香骸

白頭他日文君賦休說求凰一曲乘

素蘭　步柳洲原韻

愛着仙人縞素裳
翩翩森植玉山旁
本來面目抛金粉
不染胭脂學淡妝
月照房櫳殊婉娩
風搖環珮自芬芳
莫辭十二湘簾去
眞箇銷魂是此香

芙蓉　步柳洲原韻

一樣紅粧換素秋
凌波仙子鏡中浮
唐花空自爭嬌媚
每到西風色色羞

燕瘦環肥次第紅玉顔如此出泥中天公似怪秋容淡
點染胭脂别樣濃
粉本無端綻嫩紅名花艶態美人風阿嬌雅合藏金屋
移到尊前便不同
峽江九日偕程少垣明府程瑞卿孝廉壽吉邑茂
才程畹青小阮凰鳳山登高率成一章索和
山盤雉堞環周遭鳳凰一山山最高我住衙齋山脚下
數月未敢遑游翱今兹佳節逢重九登高采菊邀同袍

會稽少長阮咸集香山九老相為書手披蒙茸履苔石
嬰姍勃窣敢云勞一峯踏遍一峯聳兩足蹩跛汗流膏
靈運弟兄誇老健欲刮金篦穹靈鰲謂程少垣瑞卿昆仲紅攙焦、
林風摵摵白翻濁浪江滔滔愧無謝朓驚人句徙倚青
天首徙搔遠望玉笥排蒼翠中有仙人鼓雲璈子真神
尉慕沖舉樂爐丹竈棲林皋練公碑碣半磨滅巴邱遺
蛻空蓬蒿摩挲古人已陳跡悵觸欲寫三閭騷嗟予依
劉學王粲幸逢萊酒持霜螯幕中諸友玉當品放懷嵇

阮皆詩豪賤子齒禿筆亦禿每逢佳會喜搖毫諸君莫學劉賓客且磨隃糜快題糕

和史古愚見贈原韻

蘭舟共檥幾經年同客巴邱益暢然七字貽來珠錯落三生續到石因緣蛩吟夜月調金縷馬踏西風響玉鞭閣部文章光萬丈元宗衣鉢賴君傳

即事口占戲贈柳洲

柴門雖設不輕開一片深紅長綠苔郁意主人情太重

芙蓉花下狀元來 女校書呼狀元

題張子益明府自立山房詩集次韻

鑄就洪爐點不加奚囊搜句遍天涯愛吟川隴闗前月

喜種河陽縣内花敲缺唾壺才更健拋殘紅豆興尤賒

玉溪詞藻司勲格併作長虹放碧霞

疊韻送别髙栁洲四里

文園酬唱動經年忽聴驪歌倍黯然庾信哀多增客感

杜陵老去有詩緣鱸魚味好因彈鋏烏鳥情長且着鞭

此日旗亭休怨别寸函猶望雁鴻傳

再疊前韻送蔣吉臣赴興國

雨風聯床已半年臨歧話别忽紛然一千里外長爲客五十年來未了緣（余與吉臣同年五十五至峽江始訂知交）峽水遍題蘿白字平川又整柳絲鞭（平川係興國名）郢中白雪難賡和好待雞林賈客傳

峽山（江）查办保甲五閱月矣差竣回省臨行留别紳民

捧檄巴邱愧督鄉一城安堵四方柔風清劍佩懷襲遂日飲醽醁仰鄰侯百里版圖勞次第萬家牖戶賚綢繆九峰林下雙溪外可有鷄音在耳不長途一馬一奚囊供張深虞擾善良只要同心除伏莽管教鼓腹樂耕桑魯連不為千金壽曾解劉郭之圍荀令應留四座香聞說鄰邦賡懋賞蒲城旗幟閃秋霜聞新淦保甲滿路旗幟戎裝迎接中丞比賞功牌不知保甲原為稽查匪類非所以起鄉兵也昔年拒賊在新吳菁猾林豪伏斧誅余在羅坊督辦團練勦滅齋匪敢

謝東山操勝策謾譏南郭濫吹竽升卿難易甯辭、
責廣畧寬嚴本異途歸去清風飄兩袖不妨塵甑學莱蕪
志在安民不擾民鞭絲指處自生春花栽蒲縣多桃李邑令程少垣明府培植書院義學所有胡毛宋俱名下士
棠蔭連邨少棘榛明月幾回圓冕晄
秋風乍起憶鱸蒓五曾三孔名賢地愧我無才繼古人

滿庭芳　凌健齋送別即步原韻答和

萍水相逢蘭舟共濟幾番杯酒相傾傳詩遞簡拔幟奪
壇盟記從鳧鷗隊隊綠波裏打槳同行鐵板銅琵大江

去談笑滿沙汀　望江南黄葉勾取鄉思惹動離情
烏烏聲何處晥水澄清忽聽驪歌唱後相思淚難別三
生憑記取同賡伐木求友賦鳴鶯

次韻送別史古愚

誰云作史少鴻才次第花從筆底開何幸郗超頻入幕
爭看郭隗又登臺千層蜀錦憑鍼繡百幅吳綾任剪裁
今日江頭仍作別西風怕覩馬蹄催

虞美人　步健齋惠贈桃花送行原韻

習家池館天然好，忽報春來早。東風吹上碧桃枝，恰是一鞭驢背冒寒時。　征衫冷逼誰相識，處處催刀尺。綈袍戀戀故人情，又贈一枝春色到旗亭。

余司湖篆，借寓學齋三閱月矣。院中有石榴、桃花、芭蕉、柚樹四種，春夏之交，紅綠齊放，終朝賞玩，頗愜於懷。竟招妬嫉，遂移別館。臨去不能無言，因作四別詩以贈之。

別石榴

醋酣花開滿畫欄終朝相賞便成歡綠英早壓珊瑚架
紅豆遲登瑪瑙盤顧我有情偏見妬笑他多子總含酸
溫陽朱紫殊難別雅質真宜伴范丹

别桃花

爱作濃妝體最柔無言獨自擅風流花能消恨真堪友
客本傷心况近樓薄命忽驚三月暮多嬌易惹六宮
愁啼烟泣露誰憐汝腸斷天台續舊遊

别芭蕉

瀟洒手神品自超慣張鳳尾入雲霄也如懷素窗前種

欲倩王維紙上描心拳常期甘露降身高猶怕苦風搖

隍中覆鹿終成夢消遣離懷酒一瓢

别柚

萬緣叢中顆顆生先天圖極孕元精揚州貢到珍同橘

名士搓來美似橙落實尚期鴻雁過無香也惹蝶蜂爭

靈光殿內真翹楚遮爾離居孰董成

余素不工書今有持摺扇請書不已勉為塗鴉作

此解嘲

歇後鄭五作宰相自言時事非所長劉蕡下第我登科
頗識獲雋非文章古人皆有自知明所以尹邢俱深藏
賤子素不工真草未窮蔡索寬鏡鍾王鈔書雖貴洛陽紙
龍蛇蚯蚓殊渾茲況復齒禿筆亦禿黃庭搨好難剛剛
諸生乞字如乞米悞認魯公珍粃糠假如右軍辭六角
徒譏碔砆比琳瑯強磨隃麋施硬手環肥燕瘦乖丹黃
邯鄲學步邯能穩東施效顰深慚惶古稱墨猪筋骨少

無乃與我相頡頏書成只好覆醬瓿何堪什襲貽縹囊
囅然一笑摺疊展淂毋喚我太荒唐

瑞民樂

瑞民之樂樂何極朝朝宴會瓊筵開梨園妙曲四五部
笙歌處處起樓臺昨日趙家今李家粵歌未歇楚歌來
神神有會人有宴時時慶祝頌臺萊膳夫宰夫五百戶
無日或息調鹽梅高張筵席八九座相引為曹羅樽壘
有時農夫輟耒耜科頭洗足亦銜杯四圍燈燭發光彩

蒲庭珠翠鬬玫瑰堂下絲竹弹不絶堂上 拇戰喧如雷

堂上堂下何時歇倏聞喔喔鷄聲催嗚呼 恒舞酣歌古

所戒酒池肉林亦為災斯民何幸而得此歲歲豐穰歌

康哉君不見慶州吉州赤地一千里鴻雁嗷嗷聲悲哀

贈賴星台茂才

與物無乖迕恂恂古道敦緊頭任昉卷座上孔融樽皓

月胸中朗春秋皮裏存當年黄叔度伯仲可相論

酬周澤豐招飲

頻年薄宦走風塵，未肯猪肝累故人。那意良朋能愛客，偏邀名士作嘉賓（謂同席周幹甫、劉繍軒二廣文）。醇醪味好家中釀，精饌由來海上珍。自笑齋厨蕭索甚，何緣渇醉十分春。

示瑞邑同族

簪纓世胄溯圭峰，桑梓依然重敬恭。水到綿江原有派（瑞金名綿江），雲生皖浦望猶封。讓廉處已謀貽遠，忠恕特躬道可從。千載義田成美舉，吾家本自厚同宗。

瑞金衙齋偶感

自笑生涯逐蠹魚枝棲喜近聖人居卯金閣上書同校茂叔窗前草共除借寓學齋時與劉繡軒周幹甫二虞文設論文藝設席祇教三月暖破囊已覺百斤虛皖公山下頻回首待我歸來舊草廬

余司瑞金湖陂篆六閱月矣請假回里詩以誌别

一枕邯鄲夢已闌天涯回首整歸鞍都知郎署馮唐老誰戀綈袍范叔寒枳棘那堪棲我久蒲鞭每覺待人寬汝南此日欣投版敢擬遼東管幼安

捧檄綿江已半年茆檐風俗喜人傳士安絃誦遊齊魯
民足簫車頌葛天到處笙歌呼子夜幾家觴宴試流泉
五都闤闠爭誇靡孰息哇聲罷酒筵（瑞俗士農安靜惟酒席歌場是繁）
板輿欲奉慰長途萊子斑衣久負吾（家慈路隔二千不能迎養）令伯陳
情憂毋遠邠原罷政樂官無魚羨味好恩千里烏喙心
驚戀五湖漫道西風歸緩緩故園松菊半荒蕪
念年聽鼓感蹉跎製錦徒勞誚尹何（余在江西需次二十四年纔補此官）
刀劍愧難清渤海輪轅遽欲返朝歌味如雞肋空樽俎

性本鷗閒愛笠簑尚許重來迎竹馬他年銅狄貴摩挲

補

過萬安十八灘夜泛至泰和縣

灘前石齒露峨峨堪歎征途險處多夜靜風嚴吹戲窠秋高潮落走漩渦一年兩次經惶恐灘名五載重來過泰和獨坐蓬窗眠未穩船頭猶聽榜人歌

和孟煌弟悼弟詩

紅蘭萎地墜新枝痛切同根尚蹙眉擁被長吟悲路隔返魂無術奈情癡才成鸑鷟天猶忌功畫麒麟數亦奇

自古江淹多恨事勸君排悶奏笙簧

和孟煌自遣詩

文場蹭蹬奈愁何艷説霓裳詠大羅一領青衿殊洒落
三年白戰感蹉跎休虞丹桂枝難折且效青蓮杵細磨
轉瞬鹿鳴歌北上春風抹馬渡黄河

和維城弟惠贈歸養詩

頻年奔走閲炎凉螢燄希爭爝火光三篆銅符心太苦
一麾金鼓手猶忙幾番倦翮思棲息從古英雄慎下場

竊喜北堂萱蔭茂，蘭陔馨潔夕晨香。

又

新詩點綴付奚囊，錦字穿珠意味長。似愛長公能外物，翻憐季子早還鄉。青燈作伴讐千卷，白髮相依慶一堂。寄語阿連知我否，年來噉飯尚能强。

春日懷維城弟設館涼泉

文獻河汾自古尊，青毡一席座猶温。池塘夢入初生草，桃李陰多漸到門。圖洛秘機窺變象，闔閭理窟抉天根。

雒城酷嗜宋學遥知賓主東南美昕夕論文共酒樽

雷陽書院落成寄呈在院諸友

文物頽殘賴護持崔嵬廣廈煥當時門牆正好栽桃李

堂廡依然理竹絲愛說詩書勞陸賈重興禮樂有奚斯

河汾夾漈流風在折角談經重繫思

長夜枕上口占

百年生計竟知何歲月驚心枕上過難得天光易得黑

世人只在夢中多

送李氏女步韋左司送楊氏女原韻

骨月喜團聚歲月復悠悠女子今于歸心懸如搖舟念
女姊妹多撫養總慈柔古人重别離感念何能休結縭
在今辰愛恤義難留叮嚀事姑嫜禮節貽我憂溫柔寔
美德悍妬乃招尤奩鏡雖粗備裘粟豈能周恪遵內則
訓鍾郝有嘉猷回頭視小女遣嫁在今秋感此結中腸
淚滴忽難收欲學仍子平奄奄歲如流

丁亥六月廷來孫生作詩誌喜兼用孟煌弟見贈

綳

原韻

六旬歲月慶含飴蘭復生孫喜入眉老母預籌湯餅會
山妻愛抱錦綳兒欣看頭角嶄嶄秀翻話珠胎故故遲
三十年前熊夢早至今纔見弄孫時
藤床接誦阿連詩喜我年高渴燕飴階下龍孫新報竹
庭前鳳子忽棲枝一家老穉皆歡樂四處賓朋有饋遺
竊幸青箱堪繼業敢云翔步鳳凰池
和金簡臣見贈原韻即以奉贈

公孫布被莫嗟寒壯志干霄事不難壽世文章寬貫董
逢時詩句妙蘇韓管花絢爛春常艷池水烟雲墨未殘
他月長安頻得意蒲城佳色馬頭看
歸來幾載守耕餘世味深嘗意不如幸遇德星生梓里
又添新雨到蓬廬黃香自是才無匹孫綽應宜賦遂初
我本倦遊君益上會看遞貢紫泥書

和友人惠題原韻

休悔棋輸一着先珠璣咳唾著佳篇偶來紙上閑遊戲

揮洒如雲筆有烟
全豹今朝見一斑翩翩領袖彩雲間休誇老杜才名盛
偏要逢他飯顆山
久躋文塲孰解懸茫茫大海苦無邊相如欲奮題橋志
擬作長門賦一篇
夷甫寗馨早噴香終軍有志在伊涼一般年少多才學
不獨陳思八斗量
林若蘭愚題拙稿疊韻答和

君是當年邊孝先鴛鴦繡出有佳篇偶將機軸翻新樣
織就齊紈幅幅烟
絶世才華豹有斑真珠字字落行間為人作嫁年年恨
苦少良媒撮合山
命宮磨蝎苦高懸幸有文光倚日邊太曆十才明七子
一般俎豆著新篇
墨醮春池染翰香休嗟世上有炎涼婉兒終是憐才者
玉尺憑他細細量

金簡臣題贈拙稿元韻荅和

敢云註漢有家風尚論須求筆底公不是量才逢大匠
年來空費剪刀工

匆匆投筆走風烟南北奔馳未了緣三十餘年遊子跡
奚囊處處有吟箋

嘯傲烟霞祿嬾干芰荷衣暖不驚寒誰知阮籍風流盛
不把閒雲白眼看

胸羅錦繡總難窺才調争如顧愷之雙絶已臻唐晋遠

山陰書法杜陵詩

新築鑁山草堂落成誌喜步白香山香鑪峰下新

築草堂原韻三首

老屋傍邊新草堂白雲籬落綠陰牆南窗納日融融煖

北戶迎風習習涼滿砌繁花隨意放半園芳樹自成行

安排六隅紗櫥好夜月明時分外光

鑁山脚下老村頭布襪棕鞵敝翠毛毜裘一百畝田為產業

雨山三舊雨是交遊花香鳥語時時變酒椀茶爐事事幽

又愛春塘新水足清冷滿耳繞溝流
山人無事起常早洗足科頭慣耐寒花月濃時迎母賞
禽魚歡處抱孫看平生最好常開卷一事差强已廢官
身自幽閒心自足何須米價問長安

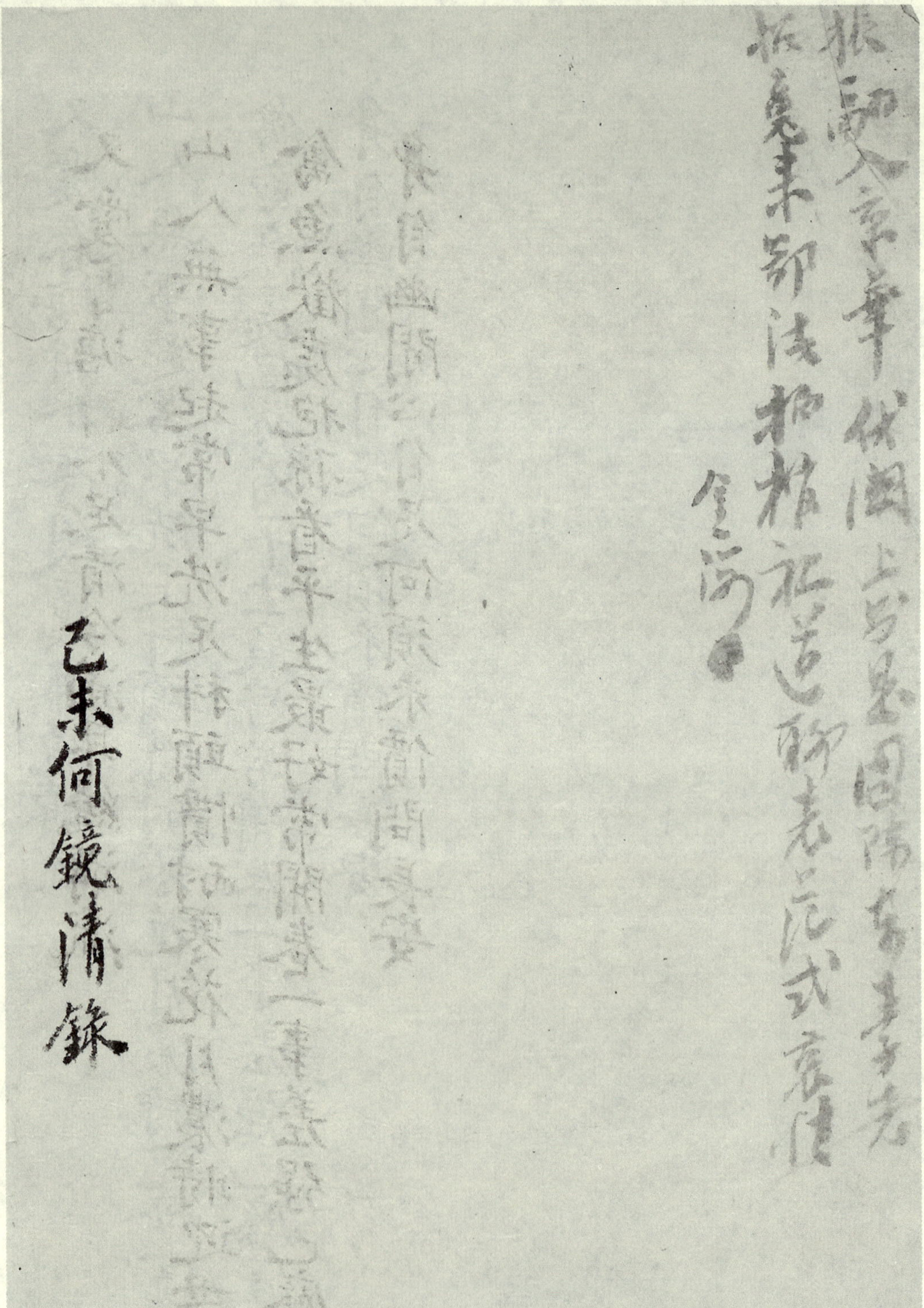
乙未何镜清录

（清）徐玉照 撰

深柳堂未定草一卷

清光緒二十一年（一八九五）山西柳林刻
光緒三十四年（一九〇八）峨眉續刻本

深柳堂未定草一卷

清徐玉照（約一八三七—？）撰。清光緒二十一年（一八九五）山西柳林刻、光緒三十四年峨眉續刻本。

玉照字月如，號象恒，一號醒齋，四川峨眉人。廪貢生。光緒六年任山西永寧州柳林鎮巡檢，升補通判。民國元年（一九一二）二月至六月被峨眉縣士紳公舉接掌縣印。事迹詳見李錦成修、朱榮邦纂［宣統］《峨眉縣續志》卷七《人物志·宦績》，卷首修志姓名中有徐玉照之名，爲總理。該志《人物志》稱其『現年七十有五』，若以李錦成作序之宣統三年爲成書時間，可推徐玉照約生於道光十七年。卒年不詳，當在民國元年以後。

此集爲光緒二十一年山西柳林刻本、光緒三十四年峨眉續刻本。每半葉九行二十四字，上白口，下粗黑口，四周雙邊，單黑魚尾。内封正面大字篆書『深柳堂未定草』，背面鎸『光緒乙未拾月刊於柳林』。卷首有光緒二十年甲午冬至陳毓光序、光緒二十一年乙未桂月徐玉照自序，皆據墨迹上版。續刊則有光緒三十四年戊申十月下澣瀘州朱榮邦序、光緒戊申年孟秋之月三台趙繩武序。根據牌記與序言，此集於光緒二十一年初刊於山西柳林。光緒三十三年，徐玉照從山西告老歸鄉，次年續刊與鄉紳士大夫唱和之作。此種跨地域刻本，在版刻史上頗爲罕見。至於書名，内封作《深柳堂未定草》，徐玉照自序也署『深柳堂』，［宣統］《峨眉縣續志》亦云『著有《深柳堂詩稿》行世』，然朱榮邦續刊叙、正文卷端皆署『深林堂未定草』，『林』當是『柳』字之誤。正文卷端作者署名題『峨眉徐玉照象恒稿、邑侯馬文燦蔗村評、益友李秀醲酉峰評』。馬文燦，字蔗村，湖北光化縣（今老河口市）人，光緒十一年舉人，三十三年署峨眉知縣；李秀醲，字西峰，號農莊，一號斗垣，四川峨眉人，恩貢，補雲南昭通府經歷，攝昭通府篆，代知恩安縣，歷署威信州州判、魯甸通判、鹽井渡巡檢、牛街府知事等，光緒十一年署鎮雄州州同，分防彝良。二人評語皆鐫於天頭，未作區分。

此本正集收詩九十五首，續刊詩二十八首、文一篇，附録友人唱和詩二十一首，附刊峨山書院掌教李嘉瑞爲徐玉照之母所作《祝嘏詩》七律四首，惜第四首以下缺葉。徐玉照雖謙稱不善吟詩，然集中《游峨眉山》《峨眉山月》《游伏虎寺》《峨眉竹枝詞六首》等詩皆清絶俊逸，交游唱和詩亦情深意切，步韻工穩。《自題像贊》云：『這老漢，我曉得。心仁慈，不殘刻。好賓朋，待人寔。顧言行，羞粉飾。儉持家，鄙肉食。清慎勤，己必克。恐累民，損陰德。慨世兮，鮮白黑。誅豪强，無權力。嘆卑官，未報國。宦囊空，長嘆息。思故鄉，歸心亟。屈一生，有誰識。』其平生抱負，於此可見。惜宦途偃蹇，沉淪下僚，報國無門。《感懷三首》云：『一官匏繫柳林中，宦況蕭條兩袖風。四十年來嗟命蹇，三千里外嘆窮途。』又云：『敢道名書循吏傳，誰知身住冷官衙。素餐自耐園蔬淡，破屋嘗居廨舍斜。情最堪憐惟稚子，難安饘粥説歸家。』友人章桂巖刺史、章仲選大令、陰蔚軒外翰、徐直刺、魏南階大令、謝筱橋封翁等紛紛酬和勸慰。光緒六年四月，徐玉照甫到柳林任上，『苦旱已經兩載，民多菜色，且有食草根樹皮，更有人相食者。突來衙數千人，迫請求雨』，乃齋戒沐浴，徒步三十餘里至應雨山祈禱，有應，大雨如注，百姓踴躍歡呼，頌聲載道，因作《霖雨記》以紀其實。集中又有《步永寧州章桂巖刺史禱雨原韻十三首》《步章桂巖刺史望雨行原韻》，皆有關民生。徐玉照在柳林涖任二十七年，廉能清正，政聲卓著。監河工，靖拳匪，掩埋幼孩尸骸，預防旱澇之灾，善政纍纍。余因購得此集，特表彰其人於此。

深柳堂彙定本

光緒乙未拾
月刊於柳林

三百篇亡而騷作騷亡而古近體行建安七子初唐四家其權輿也李杜文章光燄萬丈尚矣即昌黎太原樊南樊川諸公亦各設色選聲獨出冠時為後來宗派所自始宋元以降詩格漸卑明雖稍稍復舊然樸而不澤駁而不純終非正軌

國朝文教大昌詩學尤盛就中如吳梅村之

於律王漁洋之丰神朱竹垞之博洽皆能於
靡波起瀾窮途闡徑采古大家所未及吾
蜀徐象恆先生峨眉廩貢生家綦貧劬書
嗜炙尤邃於詩常苦薪水之勞東西遊走
不得已以分司官山右永甯州之柳林鎮癸
巳夏光監稅經此摳衣往謁敬候起居先生
不以為不才每有問難詳誨不倦光學殖久

旌自與先生遊昭若發矇欣幸逾望今冬十月先生録近作百首都為一帙郵遞見示受而讀之窮翔鳳翥玉節金鏘視梅村漁洋竹垞駸駸乎駕而上之集中擬左太沖招隱詩傳神阿堵與原作工力悉敵浣誦一過齒頰流芬乾嘉迄茲詩家無慮數百必以先生居最亟請付梓嘉惠士林先生首肯焉并

命弁言簡端以誌顛末

光緒甲午冬至後學陳毓光謹序

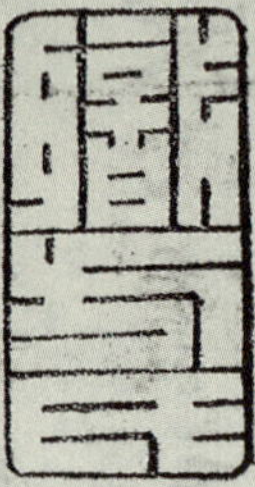

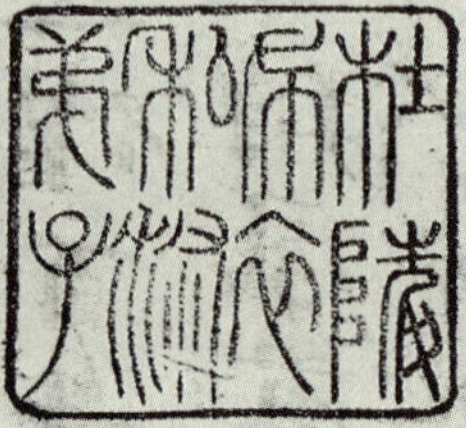

續刊敘

仕宦而歸故鄉昔人榮以晝錦峩眉近年來如林比部春帆石明府輝珊李叅軍農莊類能以縣車年決歸田計心竊羨之光緒丁未徐象恒別駕又自山右告歸年皆七十以上矍鑠康强宜可久仕乃亦談笑歸來優游泉石漢廷二疏不得專美於前意者峩山秀氣蘊蓄宏富靡所究極故鍾毓人才不必竭盡其英華輙復卷而思藏歟何峩邑高蹈之賢之多也別駕先生出深林堂詩集見示雖不規規於字雕句琢而逸吟俯唱胥如其意之所欲言夫詩學導源唐虞三晉實其故地殿陛賡颺壞衢謳詠

下逮三百篇之唐風大都樸茂淵懿不以藻繢爲工先生官晉久於山攬太行恒岳之雄於水見汾河黃流之大於人日與燕趙豪傑交游所得感慨悲歌激昂磊落之概一以發之於詩氣魄豪健仍不失中古渾樸之風而淡泊寡營之意念時流露於言表然後知天懷澹定不以利祿縈情其所養有素焉矣先生在官嘗慷慨論事創舉瘞嬰掩骸諸善政大府鑒其誠兆民沐其惠於其歸也製爲詩歌屏帳以壯其行可不謂榮乎哉士大夫峩大冠拕長紳高車駟馬風利不泊往往瞻望故都形諸詠嘆甚或以官爲家寵而無所於歸其爲人視先生何如也韓退

之稱楊侯不去其鄉爲可法今先生急流勇退亦能詩可訓後進與楊少尹將毋同閱其詩爲之序而樂道之後之覽者其亦知先生胸次之高乎

光緒三十四年歲旅戊申十月下澣瀘州朱榮邦拜撰

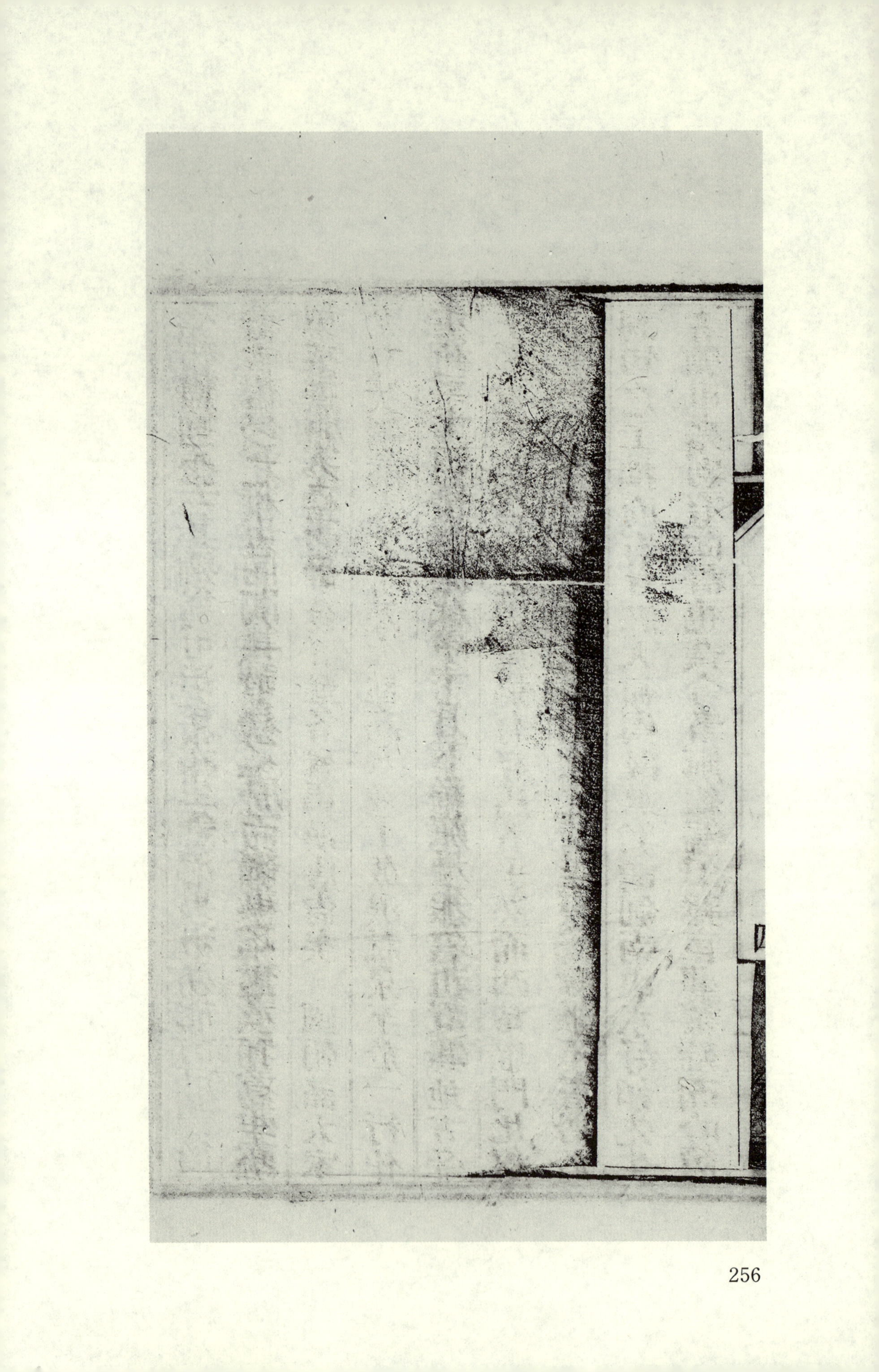

續刊叙

詩者言情之作古之人或雕鐫風月或嘯傲烟霞或抒寫牢騷或感懐忠孝情之所發旨趣各殊焉漢唐尚矣　國朝諸大家尤有突過前人之勢然大都高人逸士放浪林泉至於一行作吏此事遂廢所以未能免俗耳象恒先生服官山右其地古帝王都也平陽蒲坂之遺風猶有存焉者乎然而西指雁門北望京華眼界既空襟懐愈廓隨其興之所至發爲咏歌不屑屑於詞句之工拙而有自然天籟焉陸放翁謂劍南山水好如先生者胸中殆別有邱壑也哉今者解組歸田雖宦囊羞澁而吟篋

充盈洵樂事也且余尤心折者先生位不過末僚祿不過五斗而與當道諸公論事慷慨敢言詞氣不稍屈大僚亦恒以此器重之彼夫猥瑣者流對百姓則張牙露爪見上司則婢膝奴顏方之能無愧汗余讀公之詩慕公之志知不徒以風雅擅長也是爲序

光緒戊申年孟秋之月三台趙繩武拜撰

余不善吟詩亦不多吟兼之稿半佚況一行作吏學尤荒落公暇檢敝簏中舊作及近時唱和諸紳見之商梓余辭以襪線才未入詩人之室何敢言詩以問世適同鄉邱貳

尹蘭圃先生因公到吳紆道
枉顧遂請教焉謬蒙慫恿竟
以驪駒在門匆匆唱別不獲
已復就正於陳明府蘭蓀先
生亦蒙獎飾瓦礫也而以金
玉目之且稱謂過謙更增慚

惪兩先生一則進士截取一
則明經就職均名下也爰述
崖畧付諸梨棗惟冀　大雅
垂而教之幸甚幸甚
光緒乙未桂月徐玉照識於
柳林鎮官廨之深栁堂

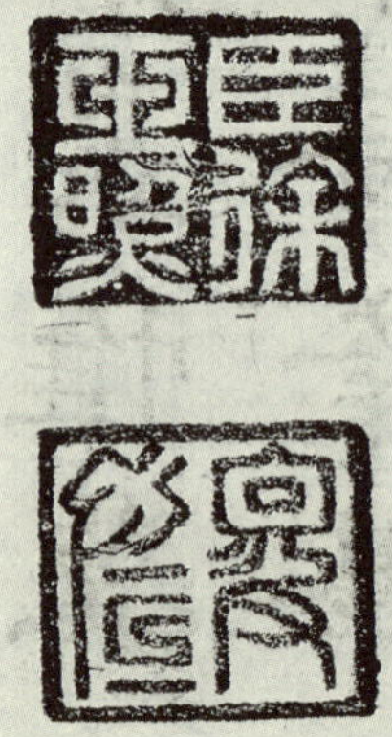

深林堂未定草

峩眉徐玉照象恒稿

邑侯馬文爕蘸邨評

益友李秀醲酉峯評

慈禧皇太后六旬萬壽恭紀

花發璇宮浹甲辰普天蒼赤御尊親垂簾訓政光千古舞綵承

歡慶一人德化柔雍貽則傚女中堯舜煥經綸微臣祇獻無疆壽珷玥簪

横再六旬

起筆光昌

迢逸

遊峩眉山

不上巫山十二峰不住十洲合三島天風吹我到峩眉峩眉山月一輪皎解脫坡前息塵心萬慮蠲除滅煩惱降龍伏虎迺遲來萬年剎古逕幽杳別有天地豈凡間華嚴金頂出雲表蓮花峰下曲磴盤白雲洞口清泉繞佛光時放大光明果證菩提拜三藐履冰朗朗玉山行重重積雪迷鳥道古佛道場極樂世鬼斧神工開闢巧我來振衣千仞岡放開眼界遊臂掉始信峩眉天下秀滿目雲山渺平小。

峩眉山月

一片清氣樸入眉宇

詩亦清絕

昔年辛苦不減王播嘉名

峩眉如新月，仰面朝天闕。萬古留此山，萬古對此月。月自有盈虧，峩山常突兀。月借山屛圍，山如月斧削。月影照峩眉，眉分八字列。大峩兩山峙，聯絡中峩脈。前有屋覆瓦，後有嶺抱鐵。左右三四峩，皆積千年雪。一月在當空，娟娟光皎潔。天上與山中，此景兩清絕。永夜朗明鏡，衆山生虛白。佛座即蟾宮，月色融山色。

遊伏虎寺

纔入名山逈不侔，烟霞快我一生遊。巖懸瀑布青林溼，雨過溪橋碧水流（寺右虎溪橋）。古寺何年飛錫地，幽窗當日讀書樓（癸酉在寺讀書）。禪房此後詩兼覓，壁上紗籠可護不。

懷舊情深

贈伏虎寺覺嶷上人

招提梵宇耀煇煌，寶蓋天然選佛場。山志重鐫承舊緒，（莪山志原本寺内前僧所刊）珠宮再建禮空王。感君社許蓮池入，爲我杯浮竹葉香。未識何時能擺脫，結茅得傍遠公房。

詠中江縣古寺八景

佛經傳世教無窮，未得樓藏蔽雨風。賴有神人施法力，一宵兩造奪天工。（夜造兩樓）

兩剎風飄勢漸危，擎天有柱問誰持。當年幸遇公輸巧，大廈居然一木支。（殿撐一木）

環堵空空忽有聲疑風疑雨响瑽琤也同傾耳聞絲竹天籟都從四壁生聲响殿壁

吳生妙筆絕難名繪雀兼能繪雀鳴格磔軥輈音嚦囀枝頭飛鳥和聲聲壁畫鳥鳴

聞道飛龍本在天如何古井竟酣眠想緣此地通滄海入海探珠得必先寺井有龍

漫說泥龍不是龍通神活現有雲從老僧揮帚無端擊鱗脫仍蟠聽梵鐘泥龍活現

樓開四面列三台寶相莊嚴不惹埃自是明珠能證果皈依我

三

八景宛然在目、

佛拂塵來、蛛有避塵、
課雨占晴各有由、梵宮面壁驗從頭、吳生筆底天機洩、雨晦晴
明異色浮、晴雨兆壁、

步堂叔靜亭夫子詠雪即景原韻三首、
天公玉戲玉成堂、幾樹寒梅共鬥芳、白戰空空憑妙手、陳言埽
淨費評章、
漫道陽春正可人、無端白雪又爭春、何當月夜登峰望、玉琢乾
坤別樣新、
花飛六出點花枝、正是尋梅踏雪時、也學詩人驢背上、一鞭得

穩愜。

篤於友誼，言之親切乃爾。

結句情深。

得句遲遲。

送傅甫臣茂才、隨乃祖解廣文任同里、四首、

六載交情見性眞、三生石上證前因、盟修戴笠今如昨、詩說聯床夜嚮晨、楊柳依依牽別緒、秋風瑟瑟促歸輪、臨歧祖餞無多囑、他日相逢是故人。

話到分襟涕泗橫、深情欵欵向誰傾、低徊往事思江浦、惆悵今朝唱渭城、別緒空牽偏遠別、征鞭難挽竟長征、三歲去後時相憶、惟望風吹信雁聲。

信君知我我知君、敬業同居喜樂羣、平日峩峰常景範、他年麟

四

詩以凝思而妙收句較工部何時一尊酒重與細論文尤見脆摯

閣待銘勳，芝蘭義重相投合，膠漆情堅未忍分。多少關心離别後，夢中猶約細論文。

文翁解組出陽關，祖道頻將柳折攀。一座春風流沫水，數年化雨遍綏山。飛鳶早並遊魚躍，集鱣今同倦鳥還。繩武象賢君努力，馳聲翰苑擬仙班。

擬左太冲招隱詩二首原韻

振衣千仞上，巖居無古今。放懷青雲外，悠然彈素琴。朝發棠梨館，夕宿蘭蕙林。倦鳥枝上棲，潛魚淵底沉。白駒在空谷，金玉鏗爾音。逍遥天外遊，激楚澤畔吟。微雨墊巾角，好風披衣襟。俯仰

可與太冲
頡頏

古味盎然

天地澗勿復戀纓簪

西方有美人陟山采苓榛泉石咸可悅養疴怡我神閒從赤松遊導引保天真南山當我戶中有要路津鳳鳥期不至尺蠖屈不伸鯨鯢揚海波京洛多風塵手無斧柯假樂山全吾仁富貴不可求爲歡及良辰

巴將蜀相七言徘律八韻

從來將相原無種巴蜀當年發厥祥鍾秀毓靈人傑出經文緯武事功彰搴旗敵懾將軍猛應運天生佐命良韜略素嫺兼智勇鈞衡獨秉重平章貽謀繩武孫承祖並蔦聯輝棣繼棠程李

運典不板

鴻勛垂竹帛，馬黃駿烈肇金湯。江流仍曲三波折，山峙猶尖萬點蒼。師濟才思炎漢盛，品題遺志記華陽。

工雅

垂釣

曲折亭臺水榭幽，手持桂餌倚欄投。六鰲一舉渾閒事，不爲虛名下釣鉤。

情景宛然

即景

良辰美景踏青天，一路遊人笑拍肩。更有畫圖描不盡，微風吹動綠楊烟。

言志

有志竟成

超句恰合

志豈分今古誰及聖賢嗟予生也晚笑我意無前守道尊周
孔程功托簡編襟懷原落落嘯傲自翩翩德業希千古乾坤荷
一肩行疑龍或似舍則蠖同然節操堅金石精誠貫地天不圖
當代內竟有異端偏曲學言誇富矜情腹詡便分門尤別戶累
牘更連篇吾輩斯文賴薪傳此任焉化裁歸雅正識見徹中邊
砥柱隨流峙狂瀾挽轉旋說詩詞倒峽著論舌生蓮氣直凌雲
上心常捧日懸金門書未上招隱寄林泉。

九折坂

兩樣衷腸一樣真並行不悖重君親天公故意留艱險鑒察古

六

今忠孝人。

詠牡丹七律四首并序

當年悔晤百花王又喜今朝別樣芳豔麗依然同魏紫嬌嬈端不讓姚黃直將國色留春色卻認新粧是舊粧回憶前車應足戒綠章奏護好風光。

園丁報放洛陽花百卉叢中第一葩品格天然成富貴丰姿誰得似芳華不施粉黛妝尤麗多買胭脂畫漫誇香國夙緣修已到含情雅伴鰥生家。

好把蘭因證夙因叮嚀夢語記眞眞嬌含嫩蕊姿何豔紅蘸香

奇緣不可多得

雅人雅事、詩與序又皆雅製可傳也序中謂是花佳品亦罕品何善於品花若此宜

綃色更新、獨占深春饒醉態、豈隨餘卉鬬芳辰、品推第一花王貴、笑煞凡花似庶人。

樓臺層叠吐芳姿、穠豔凝香湛露滋、花别多年忙蛺蝶、夜來一雨洗胭脂、三千玉貌嬌難比、廿四風光信較遲、魏紫前緣何處續、欄干倚遍合敲詩。

序附

歲癸酉、友人傅君甫臣、不遠千里、自灌口持贈魏紫一本、來春即放一枝、花大於盤、樓臺矗起、異常香豔、佳品亦罕品也、無何、爲某某假乞竊伐、酷遭其虐、遂就萎焉、是夕、夢一麗人、

其麗人通夢妙結香緣不識某某之竊伐此花者特有斧否殆即所謂月老歟先生尚須爲詩以謝之一笑

冉冉而來雙蛾愁斂顧謂余曰妾托跡園亭深幸得所君素負慷慨奈何許妄人戕伐置身無何有之鄉數也如此夫復何言然妾孤芳自賞尚有未了之因自茲以後將欲別開生面以金羊水猴爲期君其永矢勿諼天上人間會相見也言訖而去余亦覺寤因念語元莫測歷久亦無証驗辛未秋人有售牡丹者余於無意中購得一株亦越壬申花放數枝色雖非紫而豔態芳姿與疇昔魏紫是二是一始悟麗人爲花神金羊水猴語隱支干花眞解語今殆再現化身以續夙緣歟索成七律四章用証蘭因絮果云爾

金帶圍腰、千秋佳話、

詠芍藥三首

屈指花風獨殿春、牡丹放後吐芳新、看他饒有尊王意、婪尾甘爲草莽臣、

一種丹心映碧霞、翻階爍爍色彌奢、腰圍金帶占祥瑞、兆應當年宰相家、

黛嚲鬟低醉靨紅、名花傾國美人同、嫣然媚態嬌如語、帶露含烟慣舞風、

感懷三首

一官匏繫柳林中、宦況蕭條兩袖風、四十年來嗟命蹇、三千里

作秀才肩天下任，權廉吏耐菜羹香，可作此詩品評

外嘆途窮，折腰纔識彈冠誤，掣肘休言撫字工，幸遇知音賢刺史，不才轉媿抱焦桐。

出山翻悔一時差，兒女關心兩地嗟，敢道名書循吏傳，誰知身住冷官衙，素餐自耐園蔬淡，破屋嘗居廨舍斜，情最堪憐惟稚子，難安饘粥說歸家。

不聽親友說氈寒，當初親友勸就教職拋却寒氈轉受難，未繫安危慚故我，張玉山廣文贈別有疆分宇宙繫安危之句漫誇富貴到卑官，堂祖暢山夫子贈別有富貴當思歸故鄉之句衙荒悔棄園亭舊，圖學贈別有棄屋宇園亭麗之句地僻何能眼界寬，熊竹溪廣文贈別有羨君眼界從茲闊之句安得歸裝微潤色，一堂團聚一生歡。

步韻七絕兼有佳致

步朱蜀生少府原韻三首並呈七絕二首

暫下陳蕃榻，樽開一笑歡。多時藏斗酒，良友討金蘭。問菊停杯久，哦詩剪燭殘。留君留未得，月影上欄干。

老菊霜能傲，高人對賞歡。邀君同把酒，嘘氣正如蘭。兼味盤餐少，當階月影殘。品清知共淡，吏隱樂江干。

花箋一幅貢新詩，想見豪吟得意時。我本巴人歌下里，風塵賞識許相知。

生面看君信獨閑，揮毫落紙見鴻裁。迴環雒誦天孫錦，壓倒詞壇襪線才。

久欽德政及斯民、一旦行旌送水濱、攜手河梁難遠別、離情祖
道倍相親、此時共誦官聲好、異日尤期吏治循、料得陽關西出
後、故人何地不逢春。

步永甯州章桂巖刺史禱雨原韻十三首

旱魃爲災何太甚、野無青草草鋪黄、爲民祈福桑林禱、但望休
徵叶雨暘。苦旱

神龍靈應自昭昭、德庇蒼生玉燭調、爲雨爲霖應速作、徧施惠
澤起枯焦。龍神

捍患除災黜陟明、水庸隍豈復干城、陰陽雖隔誠無隔、相與同

心濟衆生。再禱城隍。

惟求風伯掃塵氛。莫使西郊但密雲。解愠阜財民久望。早從殿角對南薰。禁風。

苦旱偏教烈日多。亭無喜雨繼東坡。入山徒步祈神水。願沛甘霖快若何。取水。

震驚百里具神通。夙贊乾坤發育功。何事亢陽安寂寂。空教風逞大王雄。祭雷。

滿天迷霧黑雲堆。應是時行大雨來。誰料霏微剛滴瀝。翻教一道霽光開。徹雨。

記得詩人詩句語、田家禳旱瘞鳴蛙、蠢然微物關災祲、惟盼頻來三尺蟇。埋蛙、

翊佐、

熙朝初寵渥新祀隆俎豆仰尊親可憐桑梓厄陽九冀挽天心粒我民三禱關聖、

敢言善政挽奇災、齋宿雩壇望雨來、頼有至誠神感格、隨車膏雨逐車推。宿壇、

炎炎赤日苦咨嗟、鼓吹休誇兩部蛙、省識官私都不爲、重埋祇合問蝦蟇。又埋蛙、

各首用意俱切

雲霓慰望雨傾滂萬類咸蘇舞蹈狂詩筆淋漓書大有濡毫猶笑索枯腸

喜雨

步章桂巖刺史望雨行原韻

往歲豐年屢爲魚夢兆呈陰陽無忒伏致雨雩時騰二麥及百穀折甲皆勾萌時雨何所似有如王師征雲霓慰民望玉露承金莖今年旱太甚甘霖久未經神龍司行雨一蟄胡不醒有秋何可望萬寶恐難登章侯守此土禱雨心竭誠求拯閭閻困不媿民社膺龍山古洞邃步出郊之坰取水告神祇自責涕泗零願言驅旱魃祈福佑羣生九閽高可叫呼籲帝天聽一片爲民

至誠感神
此詩有之

意上達蒼昊庭天心豈難格至誠通溲冥災禍有時悔掣電奮雷霆既卜蘇蘇震猶求濯濯靈野有三農忭聲聞百里驚雲行雨隨施如注如盆傾浡然生意滿赤地槁苗興功應歸刺史膏澤遍編氓

步永甯州姚縵雲刺史重陽日偕同寅幕友遊安國寺原韻二首

尋芳結伴步山隈領袖羣仙獨占魁青嶂浮烟從寺起黃花冒雨向僧開也同颺館招清爽更有梵音絕點埃載酒白衣人不俗賦詩問字樂相陪

懷古情深

步韻穩愜

無風無雨過重陽，乘興渾忘澗壑涼，鎖院烟霞新畫本，滿林花木古禪房，鉢鑼紀幻傳從晉，于清端公讀書寺中，夢仙人餐以鉢鑼花。銅塔留名溯自唐，寺內有銅塔，傳自唐朝。絕頂層樓堪暢飲，杯浮桑落醉仙鄉。

步幕友方深甫原韻

石徑紆迴寺磴斜，石磴爲于清端公讀書開闢。森森松柏綠陰遮，寺內多松柏，國朝大學士吳琠題幽巖邃壑。都因身健尋萸樹，還到籬邊就菊花，泉瀉疏窗聽皓月，寺內有聽月泉。風來老樹噪飛鴉，羨君此日登高興，端合龍山比孟嘉，州境亦有龍山。

步永甯州陰蔚軒廣文感懷原韻三首

十二

雅切

先生道出羲皇家，三峽詞源詎有涯，奇字問來人載酒，清詩吟罷自烹茶，龍門盡網珊瑚樹，馬帳多栽桃李花，更羡箕裘能紹緒，克家有子繼公車。

文藝洵推第一長，析疑辨難集鱣堂，不才媿我同樗櫟，績學輸君重梓桑，雨化沾人培後進，書香累世紹前光，羣欽大雅扶輪手，筆似淮南氣挾霜。

秉鐸誰言是冷官，人師望重似君難，紫陽道學純尤正，白傅詩才秀可餐，宣化儲材鳴待叩，樂天知命遇能安，高山流水欣能解，琴得知音調共彈。蔚軒善於音律，

古人貴神交此詩可証

深情苦搯

贈別孫子年叅寅四首、

異地相逢有夙因、追歡半載見情眞、羡君獨抱青雲氣、我媿匏懸久繫人。

喜得新知即故知、心交雅與古人期、低徊此際難爲別、詩爲留行句轉遲。

襟期磊落獨優游、驚座雄談卓識周、幾度留君君不住、相思長望暮雲浮。

一別重逢不計年、臨歧分袂望殷然、驊騮開道從茲去、指顧眞除答

聖天

步朱蜀生少府寄贈原韻四首

欲仿蘇州 媿俸錢小臣竊幸樂

堯天何能砥作中流柱力挽頹波任仔肩

訪君幾度錦江邊（己卯到省驗看造訪未遇）惆悵而今夜不眠我慨匏懸經

四載未能寡過願加年

人居兩地憶西川未卜何時話夙緣近得家言言近事廣文歸

去捲青氊（家信言張玉山廣文已解任矣）

故人遠道寄詩箋花樣翻新妙筆傳棣蕚關心通欵洽從今雁

憶友情摯

字望年年。

清新俊逸

閒詠

音喧車馬到門無、家有琴書不負吾、彈罷復吟吟罷酒、三杯醉倒倩人扶。

步張道卿孝廉賀爲第七子授室原韻

清暢、

喜得嘉賓萃一門、子平願了燕新婚、感君詩賦螽斯羽、紹我箕裘望廼孫。

步同鄉張子漁大令十雪吟原韻十首

六出飛花兆屢豐、農占富歲粟餘紅、宰官自與民偕樂、喜雪還

十四

如喜雨同、喜雪、

玉宇瓊樓証夙因、平鋪一片盡裝銀、簪毫曉入梁王苑、得句都疑句有神、詠雪、

一片冰心對客時、同雲影暗日遲遲、預諳三白金穰報、萬樹梨花絕世姿、賞雪、

三徑迷漫辨不真、呼童埽盡玉飛塵、肌膚莫使沾泥絮、山色依然清淨身、埽雪、

響徹瓶笙滚雪花、樵青竹裡慣煎茶、誰知玉女神泉外、別有瓊漿沁齒牙、烹雪、

各首俱雅切

琉璃世界玉嵌空、灞水橋邊雪未融、聞道前村梅正放、揚鞭得得策山公　踏雪

不管門前雨雪霏、熱腸冷眼絕依違、空山一覺酣高卧、栩栩蘧蘧蝶自飛　卧雪

滿江風雪不知寒、鉤直渾忘餌釣難、簑笠歸來拚一醉、漁童沽酒入長安　釣雪

毡盧雪窖任長延、特節孤臣命在天、茹苦含辛捫腹果、啖他功績勒燕然　嚙雪

蕭齋風緊夜迷茫、展卷難分壁上光、幸得小窗殘雪映、餘輝猶

五

可勝螢囊 挑雪

題畫四首

信手毫端寫化工祇園枝上老梅紅禪機妙諦誰參得都在拈花一笑中 佛手梅花

通明新上綠封章曾乞春陰護海棠沒骨乍摹黃子久無心復寫紫丁香 西府海棠紫丁香

竹窗蕉帶綠天霞葉展芳心映茜紗笑煞隍中空覆鹿何如玉扇擁瓊花 白描蕉葉墨竹月季花

魏紫姚黃絕世稀胭脂畫出似耶非玉堂木筆饒春色點染宮

各首俱雅切

集句自然合格

袍一品衣、玉蘭牡丹。

題荷池晩釣圖

鏡面平開半畝塘、正宜荷淨納微涼、科頭箕踞垂綸久、魚腹多應得玉璜、

懷古集句

中庭月色幾徘徊、但覺簷陰轉古槐、人昔共遊今孰在、百年興廢只荒臺、

感事集句

世事真如棋一枰、人生看得幾清明、情懷此日君休問、欲就滄

浪濯我纓、

諫果得甘字、七言徘律二十韻、

草能指佞奸先辨、萱可忘憂樂且湛、何似忠貞名碩果、宛聞諫諍異常談、盈筐玉粒承頒賜、適口瓊漿耐咀唅、竹館點茶添逸興、綺筵醒酒破餘酣、淺嘗乍試蓮心苦、晚境全同蔗首甘、久蘊奇芬留鼎鼐、早將清品厲梗枏、出師前後陳書再、借箸殷勤吐哺三、汲黯性情原莽戇、曲江風度廣容含、未嫌輸蜜人皆棄、若使批鱗彼亦堪、柳折但能貽故友、榴開徒見祝多男、筍班並列冰銜朗、葵悃偕傾日影涵、戰戰允當還擲栗、空空不類笑拈曇、

工整、

恰如藥具君臣義已覺花萲姊妹探杏酪底須誇塞北蒓鱸何必憶江南但看楓陛擎隆棟詎獨蘭言重盍簪漫望梅林消渴燥儼賡山杞陟岵峪實華並茂惟持匠荆棘嚴鋤特警葵窗語休誇温室樹春深齊捧御園柑彈蕉焚藁朝儀肅煨芋登台相業參倘作調羹應大用

芝綸恩渥慶宏覃、

峩眉竹枝詞六首

晝覩佛光夜佛燈白雲深處望層層年年居士朝山客一路香烟結篆騰、

俗不傷雅、

春光春景望中賒、開遍桃花又李花、穀雨以前剛十日、栽茶忙摘嫩尖芽、

清明乍過說蠶桑、到處田家事事忙、恰值黃絲繅盡候、南阡北陌即分秧、

山村四月麥初黃、蜡樹枝枝薙向陽、秋日煮熬同雪白、如雲賈客又開行、

黃鋪穀熟似雲橫、穲稏連村打稻聲、最喜此時山筍出、大栽採罷二栽生、

嚴冬積雪逼寒風、比戶圍爐活火紅、惟有袁溝煤隧廣、千夫運

何等抱負、不可多見、

炭售城中、

自題像贊　以下續刊、

這老漢、我曉得、心仁慈、不殘刻、好賓朋、待人寔、顧言行、羞粉飾、儉持家、鄙肉食、清慎勤、己必克、恐累民、損陰德、慨世兮、鮮白黑、誅豪强、無權力、嘆卑官、未報國、宦囊空、長嘆息、思故鄉、歸心亟、屈一生、有誰識、

附李酉峯叅軍和原韻、

此老是故交、觀像曾相識、體格如舊時、面貌較豐寔、優孟著衣冠、眞容無粉飾、往歲在家山、過從甚相得、援例入宦場、西南各

一國欲寄八行書鱗鴻遐弗克、今幸覩光儀、如電來頃刻、大旱
作霖雨、羡君沛恩德、願君慎保身、早晚加餐食、嗣君自有福、曷
之各努力、勸君早旋歸、日月逝已亟、僕遵伯陽訓、知白惟守黑、

附謝筱橋封翁仿李西峯叅軍、和原韻、不拘先後、

末吏多名流、世人鮮不識、論人論生平、循名要責寔、我觀徐邑
守、爲官不粉飾、儒雅自風流、紳民甚相得、居心本慈祥、懷材期
報國、御下寛兼猛、持己勤而克、秦鏡仰高懸、曲直判頃刻、胥役
常告誡、公門好積德、朝夕勤聽斷、日毎不暇食、爾造咸遵服、不
多用威力、鞄縶何日解、欲脫世網亟、夕陽無限好、祇是近昏黑、

直如自出機杼、不減侯鯖集中佳構、

匠心獨運、匪夷所思、

寫懷集句

人爲簪組束名期竹帛垂、郡中叨佐理、軟弱強扶持、平生懷直
道肝胆自今披薄俗誰其激憂民甚渴飢、自顧無長策助立太
平基荏苒星霜換、孤忠志不移老至居人下、應嘆不逢時運命
唯所遇窮通莫問龜浮雲觀富貴、心胸頗坦夷無人信高潔惟
有歲寒知北土非吾願愁添別淚眉、歸來欲效陶三徑苦無資、
舉頭望明月、竟夕起相思、

中夜難寐意緒縈懷率成志感、

人謂居官樂我謂居官苦、士農工與商骨肉嬉團聚獨我宦遊

可作官箴讀、

人棄子又背父相思淚雙垂抑鬱冷衙所地僻民多刁教養不易撫秦誓保黎民空自銘肺腑暮夜懷四知胥役防欺侮毋聽家丁言恐受彼簧鼓一生之名節不佐人喜怒無諂亦無矜言動皆繩矩硜硜性不移愚也直而古不占人便宜喫虧甘自取好友素熱心情長若道阻位卑而言高闕心慙批語丞郡不理孩屍等惡習通亶撫憲衙批閱心世道孫琪嘉尚等語臣心如水清清操祇獨處世事太無情可笑何足數艱難已備嘗惟將力自努。

石佛

石佛從來古巍峩氣勢逼山環空獨立水抱結中流草木爲衣

春風及第、當爲令嗣孫兆、

上林

屬烟霞作帳幃、泛舟齊肅拜勝蹟紀嘉州。

紅杏

十里紅如錦、枝頭意鬧春、閒經深巷雨、醉罷玉樓人、及第歡仍舊、倚書句獨新、

上林文彩盛、樂事問花神、

步鼇卞委員秦剡溪大令原韻四首、

富貴浮雲、有若無、天懷浩蕩任榮枯、劇憐宦海風波險、我輩安然步坦途、

如君浩氣不消磨、破胆鬼神勁若何、他日河陽花作縣、琴堂逌

養奏絃歌原句白雲下有慈親舍

年屆服官正及時蒼生霖雨澤無涯奇勳準擬登麟閣賜錦還鄉也不遲原句抽簪慚媿買山遲

豐儀玉立自如如經濟文章媲仲舒百里那堪容驥足竚看大地即真除原句十年辛苦未真除

步分府幕友陳君西園原韻二首

瑶章捧讀語清真如剖胸襟契以神慚我白頭猶俗吏感君青眼重鄉人湖北同鄉卉非蘭菊叨天眷雅願桑麻滿地新遥想詩成多別趣池塘草色盡生春

各首步韻
多情

鴻名耳熟倍思君、鶴立昂昂自軼羣、懸榻高風多古誼、運籌賓幄著殊勳、光争李杜詩無敵、美盡東南地不分、咫尺雲山難會面、瞻韓未得得韓文、

酬洪繼祥道刺餽贐兼以志別三首、

何年超越出人寰、塵俗頻遭白眼看、今遇使君情太渥、黄金錫我壯征鞍、

幸識荊州轉恨遲、何期把袂又分歧、浮萍同是宦遊客、未卜重逢在幾時、

宦海茫茫詎有涯、中流有柱仗君楷、世情安得平如水、兩地愁

穩愜、

賈子賈女、於今猶見

懷一樣思、

留別賈子嘉大令二首、

大藥全生賴至仁、公施玉眞歡箏藥、勸民息訟語諄諄、公刑有勸民息訟歌澤施

孩骨恩尤厚、無力埋孩屍者給錢四百文、民吏如公有幾人、

今之賈父萬民欽、花滿河陽雨澤深、兩載追隨難惜別、年年盼

錫我官箴、

留別張星槎大令二首、

早羨龔黃席上珍、風流儒雅宰官身、下車新政興民利、到處機

聲頌至仁、公下車即撥購織布機器爲民興利、

萬家生佛、婦孺皆知。

荆棘芟除四境安、鋤奸宛類猛中寬。（公下車、即訪辦訟棍土豪、爲民除害。）扶藜父老歌來暮、騎竹兒童唱好官。

留别顧紫航大令二首

天涯落落少知音、神契如君僅見今。未遂瞻韓終悵望、萍逢何日得談心。

屈指抱關廿六秋、樂天安命頗無求。而今幸得伸知己、轉媿虛名到上頭。

留别桂月川少牧二首

同舟荷教幾春秋、一樣清寒不妄求。今日别君君保重、延年卻

病逕天庥公數次抱恙、
行裝檢點跨征鞍兩袖清風强自寬顧影恩君愁不寐離懷寫
罷月生寒、

留別驗覃委員陶紉石叅軍二首、

羨君道氣腹便便、君精元功、擺脫塵囂吏亦仙叔度胸襟惟我慕西
窓剪燭又何年
霜雪盈頭媿老顏金丹未鍊出塵寰我幸得脫樊籠去夙夜私
憂國步艱、

留別紳民七律二首、

留別各首、鏡有深意、

如趙集賢書法何淸勁乃爾、

相見時難別亦難、驪歌忽唱最心寒、三千里外征途遠、廿六年來宦影單、宦外仍貧淸且白、囊空誰使意能寬、

聖朝雨露君恩重、未報涓埃一片丹、用古句起、

强都過處勢摧殘、禦侮需材拜將壇、舉世何人稱保障、立功無地老微官、萬民疾苦心懸切、五塚遺留淚暗彈、妻兒號其五塚竟夕永懷愁不寐、中天月色好誰看、用古句結、

寄別謝筱橋封翁、

去年君歸去、君未報我知、今年我行也、我告君知之、現開缺以通判赴引

君享故鄉樂、我苦走天涯、人生福厚薄、造化豈有私、憶昔親丰

廿三

衆俗情爲之移精神何矍鑠容顔海鶴姿騷壇推耕詩法是吾師郎君幸同舟嘗叅藥石規不才日衰老豈敢怨位卑官箴常自懍不剝民膏脂輸忠期報國禦侮更阿誰人情波瀾覆世途多險巇自嘆無氣力攄淨浮雲披萬里南飛雁書懷寄所思

附章樵岩刺史和感懷原韻

三年車笠宦途中下榻頻番孺子風上年辛夘春三月今年壬辰仲夏月兩次下榻水署東閣開筵情最摯西窗剪燭興無窮論交深處忘形迹好句拈來任化工流水高山絃外響知音豈必在綵桐

君國存心念不差（君自書朱子格言存心君國爲楹聯服膺焉）祿微何必漫吁嗟蝸廬自古居名士雀屋無爭靜晚衙餐佐菊英甘淡泊窗臨梅影變橫斜官民習久同鄉里到處爲緣便作家

松柏從來見歲寒盤根錯節料無難倘來富貴同過客畢世清貧是好官頌徧四鄉心地厚政成十載福田寬羡君蘭桂盈階立抱膝高吟結古歡

附章仲選大令和感懷原韻

去歲相邀泳署中郇厨飽飫舊家風窗前剪燭情彌厚池上看花興不窮恨我無緣尋往約羨君佳句奪天工日來幾陣蕭蕭

雨又見秋光到井桐、

積德從來報未差問君底事不勝嗟仇香有日辭亭長梅尉誰言終吏隱且喜花開兼柳發何妨雨細又風斜達人到處皆安土豈必雲山戀舊家

儀衍功名范叔寒窮通從古卜來難文章有價還憎命富貴無心偶服官失意每嫌天地窄放懷自覺世途寬況兼玉樹森森立一室天倫亦極歡

附陰蔚軒外翰和感懷原韻

宦海茫茫一晌中咸思破浪趁長風班能定遠由天授廣不封

俟怨數窮半刺如名真志士一朝詭遇豈良工鳳凰鳴盛羽毛

短早傍甘棠樹碧桐

處能斯信出非差百里分司奚怨嗟駒在藿場音滿谷蜂依花

縣錦爲衙不妨官閣居猶古可憫窮簷屋已斜更喜讀書深柳

處濃陰廣覆萬人家

老屋無毡坐客寒何如民社濟艱難梅生自昔稱仙尉柳下不

聞辭小官尺蠖可伸龍可屈潢池非隘海非寬雙弓粒米皆君

賜肉食奚逾菽水歡

再疊前韻

自古文章說漢中，騷壇扳幟逞雄風。謫仙下筆千軍掃，秦客論
天象客窮巫峽，朝雲吟最古，巴山夜雨唱彌工。曲高無和琴堂
設，寡有中郎爨下桐。
西施顰效計尤差，引鏡頻看暗自嗟。羨子新辭生簇簇，愧吾兒
語學衙衙。臨民聽訟風聲古，退食自公日影斜。只有琴堂薰一
曲，阜財解愠萬民家。

風雨名山久耐寒，樂天知命事無難。倘能自我開蹊徑，更有何
人作令官。龍在池中霖可致，蛙游井底海同寬。勸君莫怨窮途
苦，教子讀書無限歡。

附徐　亶刺和感懷原韻

仙樂移張晉野中南州下榻舊宗風相如才富蘇生蜀韓愈文高不送窮見世天慳兼善遇長城人炫五言工效顰甚愿匿東鄰醜焉得清音嗣嶧桐

卑官甯悔折腰差之子風流慕國嘒鄰海麒麟綿舊澤姬岐鸑鷟鬧晨儕風嘶胡地心猶壯日近長安影未斜記否歸田馴虎敢肇官司樴魯東家

我亦徵邦閱暑寒藺絲保障濟時艱宵聲愁聽猿嗥路夷學鷺詢烏紀官志洗甲兵唐杜甫論憂鹽鐵漢桓寬廢興吾道窺天

命顧罄西窗剪燭歡

附魏南階大令和感懷原韻

知已相逢一晤中萃眞倘有古人風班荊傾蓋情先契把酒談文興不窮論世定評操月旦吟詩好句奪天工爲官莫道官卑小隨遇而安鳳集桐

讀書窮理信無差知命樂天詎怨嗟論地縱然分僻壤升堂到底是官衙居心淡泊交能久愛影綿長日忽斜食祿有方前已定宦遊何處不爲家

省垣聽鼓半酸寒宦海茫茫補缺難愧我棲皇仍俗吏羨君安

雅就閒官持身依舊居家儉執法眞稱御衆寬天相吉人終有

慶福田種與子孫歡。

坿謝筱橋封翁和感懷原韻一首 并序

未步蟾宮到廣寒幸遊泮水不爲難當年梓里稱名士此日柳

林須好官在位莫嫌職分小吟詩足見素心寬彼都人士咸欽

仰白叟黃童最喜歡。

序坿

余來石州蓂莢兩易訪聞前代名流當時令宦僉以柳林徐象

恒通守推嗣讀佳作眞不愧風雅人物循良仕宦也恨未瞻韓

徒切景仰恨不着翅飛來以親雅範倘如不我遐棄則聚會幸
有日矣翹甚盼甚余不才見獵心喜不覺技癢初學效顰謹依
原韻聊成俚句恭維善政伏冀高才大加繩削則幸甚

追思先父母懿訓賦此志感

畢生記庭訓難忘應試時參湯頻使服憐兒赴考疲臨場送出
門就寢已遲遲燈紅夜課讀不許手停披望子成名切染翰仰
鳳池端方其秉性好義慷慨爲親親尤復篤薛包風猶追居恒
有嘉言佩服可長思析産如多分養親我誰推繼母同親母庭
闈奉若慈養膳讓兄嫂營葬可獨持爲姪理家室愛姪如親兒

庭訓不忘
孺慕之忱
猶可想見

叔祖苦貧寒亦與買山資恨值庚申亂葬具靡孑遺更番重辦
理迎養能解頤鄉黨稱孝友
朝廷旌祀祠母氏鞠育苦九我長誦詩衣裝稚子綿風雪恐侵肌洗
手作菜羹餚饑虔奉師白頭尚中饋斷杼仿古儀慎交誨諄諄
世途防險巇九族多感德助父喜樂施父母恩難報兒罪有何
辭罔極同蒼昊五液〔夜〕涙長垂

霖雨記

為民請命
誠能感神

庚辰四月，余甫到任視事時，苦旱已經两載，民多菜色，且有食草根樹皮，更有人相食者，突來衙數千人，迫請求雨，余日夜焦勞，坐臥不安，乃齋戒沐浴，懸牌示期，徹盖徒步，至應雨山祈禱。按此山距署三十餘里，路極崎嶇，夜半入洞，竭誠默禱，跪香三柱，其時滿天星斗，自責德薄，未能感格神祇，及下山行至半途，忽然大雨如注，濕透肌膚，水深三尺矣，百姓踴躍歡呼，頌聲載道，本府聞之，亦深相嘉奬，不揣冒昧，拈筆草霖雨記，並捐廉額其神祠曰，雨我公田四字，以志一時之幸云爾。

堦刊 先慈七旬閤學祝嘏詩并序

掌教嵩山書院李嘉瑞

自古大儒亦資友力，名士多賴母賢。吾友徐象恒秀才名玉照，端方謹飭，有乃考風。與之久處，始知善繼父志，實緣克遵母教，立品蓋有自來也。母有賢行，孝慈勤儉外，又能體恤六親，惠愛三族，篤好佛教，崇信因果，利物濟人，喜捨樂施，八九與帝君陰隲文合，而其諄諄於象恒也，則惟以慎交爲至要。懿虖賢哉。今且七旬矣，我輩分同子姪，恭值壽辰，謹上祝嘏俚言四章，稽首百拜，懇賜笑納爲榮。其詞曰：

五福來同萬事全，平安竹報古稀年。班樊漫詡圖書哲，鍾郝曾李孝廉七律四首、亦復周到妥協。

教禮法傳、創始艱辛還耐劇、持盈豐儉了無偏、白頭猶自勤中饋、花甲重輪理固然。

百壽圖開寶婺光、總憑淑德享榮昌、姻親晉接三冬暖、妯娌周旋九夏涼、金粟如來移面目、蓮臺大士共衷腸、逢八最喜談因果、倒篋傾施儘不妨。

淑哲何須女史遵、向來百福已駢臻、一尊好是心頭佛、九族誰非眼底人、曉境花開濤富貴、華堂雲集舊姻親、孀星寶燭齊輝映、從此稱觴再七旬。

振同令嗣作交遊、閫範年齡孰與儔、喜見羣花開鐵樹、來登海

（清）沈守廉 撰

兩園集古存草一卷

清光緒二十二年（一八九六）石印本

兩園集古存草一卷

清沈守廉（一八四二—？）撰。清光緒二十二年（一八九六）石印本。

守廉字潔齋，浙江海鹽人，廣西學政沈炳垣長子。沈炳垣，字紫卿，道光二十五年（一八四五）進士，選翰林院庶吉士，授編修，遷中允。咸豐五年（一八五五）官廣西學政，七年按試南寧畢，道過梧州，遇大成國軍圍城，雖無守土之責，却慷慨協助官府守城三月，城陷死難，年僅三十八，贈内閣學士兼禮部侍郎，謚文節。沈守廉以父蔭襲騎都尉，同治元年（一八六二）奉旨以主事用，四年分刑部行走，十三年選授工部屯田司主事。光緒元年候補工部員外郎，五年候補工部郎中，歷署工部寶源局監督、補虞衡司郎中、充工部木倉監督，七年九月，奉旨在任以道員候選。光緒九年任四川永寧道按察使，頗有政聲，曾襄纂《畿輔通志》。十一年在道署刊刻其父沈炳垣《星軺日記》。十二年，調任廣東惠潮嘉道。十七年，補授河南河陝汝道。二十年，調南汝光道，二十二年受代，再任河陝汝道。二十四年，補山東兖沂曹濟道。二十五年，再任惠潮嘉道。二十七年，回籍修墓，開缺。三十年，被推舉爲墅浦鐵路（杭州湖墅至上海浦東）總理。三十三年，奉命前往新家坡招徠華商。民國元年，與陳焕章等在上海成立孔教會。卒年不詳。

此集爲沈守廉集古詩草，内封正面大字篆書『兩園集古存草』六字，背面書『光緒丙申孟夏石印』八字。丙申爲光緒二十二年，據集中詩，是年孟夏，沈守廉已從南汝光道返還分陝道。卷首有光緒二十二年上虞陳善序。

善爲其分陝時僚屬，相交五年，熟知其爲人：處家整肅，待人真誠，遇事精而不苛，御下嚴而不刻。此集之行世，即應陳善之請而寄付石印。所謂兩園，指憩園與葵園，爲沈守廉分巡陝州、信陽公署之休憩場所。［光緒］《陝州直隸州續志》卷八《藝文志》載其所撰《憩園記》，略云：『道署東南隅，有憩園焉。蓋前觀察使尹公取《甘棠》詩意以名之。林木繁茂，花竹掩映，有軒有閣，有亭有池，有長廊之一曲，有亂石之數叢。然而三徑就荒，池荷枯槁。噫！此皆歷任觀察使所修置，不數年而或增或損，或廢或興，今若此。』道光十八年，『退食之餘，率妻子游賞乎其間。遂於紫藤軒稍加修葺，叠亂石爲十二峰於軒東楹之前。濬故井以灌花，登高坡以眺遠。一時春花濃發，夏荷盛開，相與幕賓僚友優游觴咏於池亭，不亦可乎？客有告予者曰：「一園有一園之景，一景即有一景之名。今州署西北園，仿劉使君虢州二十一咏，各紀以詩，兹何缺焉？」』『因亦隨處布置，小作經營，不數月間，不煩鉅費而日涉成趣。』其中十五景爲舊有而重加題名者，八景爲新置者，率成二十三景，即紫藤精舍、飛來十二峰草堂、喜雨亭、夕陽紅半樓、六角池、惜蔭廬、小清凉山館、仰華陂、壽蓮亭、源源井、竹院流觴、醉紅亭、退藏閣、仙人舊館、社公别墅、養春花塢、省稼臺、水流雲在榭、畫舫、曲水迴廊、板橋垂釣、射圃、晚香畦。遂與陝州州署後之𧃍槎園齊名。時任知州爲南海黄璟，字小宋，號二樵。工詩，畫、書法、篆刻，號稱四絶。著有《四百三十二峰草堂詩》《東瀛唱和録》《四百三十二峰草堂印章、澮縣衙齋二十四咏印章、陝州衙齋二十一咏印章》《游歷日本考察農務日記》《二樵樵者壯游圖記》《黎陽雜記》《鐵石齋記事》等，纂修［光緒］《續澮縣志》、［光緒］《陝州直隸州續志》等，現皆存於世。黄璟於光緒十八年權陝州知州，次年代理禹州，旋又補陝州，在任六年。期間與道尹沈守廉宏奬風流，款留文士觴咏，一時傳爲雅事。

此本正文卷端無書名、作者，首爲《憩園題咏二十三景集古步黄小宋刺史韻》，附録陜州刺史黄小宋璟《題憩園二十三景》元唱，皆作於光緒十八年壬辰十二月。每景題咏七絶一首，黄璟原唱，沈守廉集古步韻，誠屬難能可貴。又，沈守廉所作二十三詩皆見載於[光緒]《陜州直隷州續志》卷八《藝文志》。光緒二十年甲午五月，沈守廉調任南汝光道，再叠前韻，作《憩園留别》。在信陽任上，沈守廉又作《葵園題咏集古步傅青餘先達元唱十四咏韻》，爲光緒二十二年丙申二月臨行補題，分咏退藏室、憩棠南舍、鶴巢、湖舫、百五十峰草堂、聽緑軒、環翠亭、荷泮、歸雲洞、萬花聚、定香室、茅庵、來秋聲館、青青亭十四景。附録前備兵汝南觀察使傅青餘壽彤舊題《葵園十四咏》元唱。同時又作《葵園留别再叠前韻》十四首，皆爲五律。集中最末爲《憩園再咏》，題下注云：『丙申三月還分陜道，三叠前韻。』詩中自注：『昔年黄小宋刺史權陜州，公餘倡和，今再同官，又承提唱，興復不淺。』又云：『署中池壞，因重修，并補葺渠道，以利流水。』可知沈守廉於光緒二十二年三月，再任分陜道。此事不見史志記載，可補其生平事迹之缺略。沈守廉雖無詩名，然集古步韻，將古人詩句融會貫通，如出己意，妙若天然，足可傳世。

此本爲石印本，係影印墨迹上版，書法爲小字行書，頗精妙。每半葉八行二十字，四周單邊。版心無魚尾，故折葉裝訂不整齊。内封書名後鈐『永陜觀察使者』『憩園主人』二印，蓋爲沈守廉自藏或贈人之書。然印量不多，罕見流傳，公藏中僅見蘇州圖書館有著録，幸毋以尋常石印本而忽之。沈守廉爲現代著名詞人沈祖棻之伯祖父，余乃程千帆、沈祖棻二先生之再傳弟子，淵源匪淺，爰識數語於後，以表彰其人其詩。

光緒丙申
孟夏石印

絜齋沈公以蔭得官歷京外善前受
少峰耆公聘襄道幕四年得習聞　耆公
言公之爲人行事立心久已佩仰及　公
來巡分陝即因　耆公而再致善於幕下
相交五年朝夕談論知處家之整肅待
人之真誠遇事精而不苛御下嚴而不
刻有　耆公所未經道及者平日教子課
士親自批閱不減名家第以未得奮志名

場不歆以文墨自見而其出口成章倚馬立就尤爲難及惜不肯以詩文諸稿傳昔年見憩園題詠集古步韻已屬難能可貴繼又以去陝留別仍疊前韻集古其中天衣無縫如出己意今年二月汝南受代悤忙之際又得葵園題詠留別各十四首亦集古步韻知其歷朝詩融貫心胸故能運用極妙而志趣之雅包孕之宏有非可以

筆述者昨善遲數日來陝公又以憩園再詠三疊前韻見示性中流出取携自如合觀兩園集古並隨筆行書精妙可觀雖其他著作惜不得見即此已足傳千古慫恿付剞以公同好且此皆前人之句公當不必韜晦自秘也公乃徇善之請而寄付石印以應索者特在

光緒二十有二年立夏日上虞陳善手跋

憩園題詠二十三章集古步黃小宋刺史韻

多說明年是幾年陸龜蒙 桃花飯熟酥醒前皮日休 綠藤
陰下鋪歌席白居易 勸我來依刺史賢韓駒 戩籐精舍
回看巖壑一重重秦系 疑是天邊十二峯李白 飛入
君家彩屏裏李白 人間久已傍迎逢方岳 飛來十二峯草堂
淄渠鳴玉雨成霖謝邁 二月已過三月時蘇軾 所願
普天歌樂歲許穀 微官敢有濟時心蘇軾 亦喜雨亭
夕陽樓上笛聲時胡曾 紅樹青山合有詩陸游 落日

孤煙知客恨蘇軾　亦應風月動閑思釋德洪　夕陽紅半樓

浴鳧飛鷺晚悠悠杜甫　泉脈穿巖咽細流許有壬　水生

數一成數六月令註　方圓不定性空求韓淲　水六角池

人生何者非蘧廬蘇軾　嘯志歌懷亦自如杜牧　林下

清風貧亦樂楊守阯　艸堂官舍似閒居許渾　惜蔭廬

非凡非聖獨醒醒釋貫休　顧我詩無玉雪清朱子　此道

自來多冷澹葉茵　何如此處學長生崔顥　小清涼山館

遠似桑槎欲上天韋莊　崆峒一派瀉蒼煙陳陶　文遊

半達雲霄上陳壽目極雲霄思浩然温庭筠御葉陂

千年留得謫仙題陳孚萬歲聲長拂舜齋王建盡是

荷風香不斷蘇舜欽八年迎送愧山妻楊奐壽蓮亭

小池尺水三流樣蘇軾與客爭觀還共嗟吴寬議論

源源有根柢陸游亂蜂迎客儼排衙陳造源源井

談庭生草數開尊蘇軾舊事何人可共論韓愈印開

禊席臨流水章峴老子含飴弄稚孫陸游竹院流觴

開遍紅薇一架花陸游幔籠輕日護香霞羅鄴顧言

相约花前酴華岳 小駐芳園覽物華宋孝宗 酴红亭
巫峡歸雲夢又闌李建勳 不如高卧且加餐王維 欲識
道人藏密處余善 天下蒼生懷謝安高啟 退藏閣
人立花邊自不凡方夔 團團華角轉空巖蘇軾 笑道
神仙無處覓蔡佃 知有飛龜在石函温庭筠 仙人舊館
不問蒼生問鬼神李商隱 應緣曾現宰官身蘇軾 我來
每拜祠堂下姚勉 到處逢君是主人蘇軾 社以別墅
隔年先有探花心孔平仲 人到春深思更深李可 獻一窖

閒愁驅不去張碧　落花時許補雲林袁桷　叢春小花塢

晚山和我淡如雲劉秉忠　靜夜名香手自焚皇甫曾　四野

耕耘多樂歲程本立　灌花移石不辭勤高啟　蓿稼臺

簿書期會得餘閒蘇軾　身在青雲一步間方干　明月

誰教穿戶入金俊明　不安四壁怕遮山陸游　冰源雪在榭

我亦身如不繫舟劉子翬　北臨危檻轟黃流蘇軾　奎端

忽起歸思念馬一龍　樂作錢塘十日遊蘇軾　畫舫

長松繞步水灣環蒲宗孟　竹徑松岡共往還方岳　世事

詩三

縱如迂曲路周彌一渠春水碧潺潺吳融曲水回廊
夢別重經紅板橋徐蕡江南江北雪初消李商隱自爲
釣竿能遣悶胡曾細雨罾頭赤鯉跳陸龜蒙板橋垂釣
烈士壯心懷四方陸游一箭曾穿百步楊周朴一生
不得文章力劉禹錫繡衣柱史何曾識李白射圃
暖律還吹嶺上梅韋莊晚芳偏對菊花開陳煇花如
解語還應道盧肇使節城東按部回高啟晚香畦
壬辰嘉平月醉司命日和作

附錄陝州刺史黃小宋璟題憩園二十三景元
唱壬辰嘉平月作
盤根錯節幾經年長夏濃陰廣廈前布政優〻
頻小憩甘棠肯讓召公賢　紫藤精舍
錦江回首浪千重最好巫山十二峯何日憑公
移到此多情疑與故人逢　飛來十二峯艸堂
使君到處作甘霖既慰蒼生載酒臨豈爲名亭
仰坡老千秋相印濟時心　亦喜雨亭

詩の

好山最在夕陽时正好推敲酥裏詩風景愜心
莫輕放煙雲過眼繫相思夕陽紅半樓
能教順性水悠々可使東西自在流規矩方圓
人意巧何如扇向右軍求六角池
清風明月愛吾廬最多相親意自如出作时多
入息步笑他潘岳賦閒居惜陰廬
人已酥时我獨醒不因人熱我心清何曾七椀
烹魚眼自有風從兩腋生小清涼山館

巖巖西嶽峻於天仙掌蓮花鎖晚煙不惜華陰

三百里山靈見我亦陶然　仰華陂

瑞蓮亭並壽蓮題花好月圓人壽齊一篇樂只

歌君子萬壽今年祝令妻　壽蓮亭

不必探源遠泛槎已無綆短汲深嗟轆轤聲裏

花爭發好客陳蓮早放衙　源源井

每逢佳節稱傾觴勤勸清風仔細論不負名園

流水曲春來送酒賀生孫　竹院流觴公時得孫

詩

籠煙浥露又閒花間醉紅顏莊曉霞彷彿徐把

妝半面拓他滿架太繁華　醉紅亭

密室韜光雪意閑自公退食勸加餐胸懷願共

海天闊出處惟求心所安　退藏閣

仙乎何事住塵凡為愛園林景繞巖月夕花晨

一觴酒可能吸石化崤函　仙人舊館

半畝憩園司土神默招明月問前身一官亡住

皆還客獨讓髯翁作主人　社公別墅

感召一片愛才心化雨春風三徑深花落花開
等閒事樹人樹木自成林　惹春花塢
海棠花下乞陰雲一瓣心香裝度焚歲熟儲倉
新令下綢繆來兩交憂勤　省稼臺
心隨雲水共悠閒春色全歸杖履間官舍清平
無俗韻俯丞檻外見南山　水流雲在樹
傳舍澤如不繫舟一帆風利到中流祇緣忠信
波濤穩酌酒看山入畫游　畫舫

詩六

廊随曲水作彎環水共迴廊往復還自有楊清

淑渭亭濯纓濯足任滄之 曲水迴廊

廣濟渠流過小橋萬山積雪凍全消幾回引試

釣鰲手春暖龍門魚已跳 板橋垂釣

蓬矢桑弧志四方圍開百步技穿楊葉因鵰鳥

秋風多一任良弓武庫藏 射圃

鈿月春宵月種梅經營又到菊花開頗似晚節

寒來永酒釀延年酴醾回 晚香畦

一佚

憩園留別 甲午五月調任南汝光道再疊前韻

四方無事太平年溫庭筠使君金紫稱花前白居易今日送行偏惜別姚合攔衢齊頌長官賢貢師泰不堪天畔遠山重陳羽又見南湖數十峯范成大雲水計程千里遠姚合惟言驛使此相逢陳昭

廟堂前席待時霖黃滔猶望棲遲更一臨蘇軾為許功名酬聖代鄭俠一生辜負看花心張又新

好花看到半開時邵子首唱曾題七字詩高駢今日

預將詩作別李荇殷勤書札寄相思徐銓
心隨湖水共悠悠張說水常離聲入夢流羅隱歸計
未成留亦好陸游知命知時肯路求徐夤
求佳山林結伴廬陸游試呼農圃問何如蘇軾難禁
別後相思念戴復古每見青山憶舊居張籍
傷春感舊似中醒劉克莊遇白曾聞官長清李郢遠使
豈貪歸有意傅汝勵相攜一笑慰餘生陸游
五十年來不負天陸游梁園秋竹古時煙李白五十

之年初過二 蘇軾 渡懷襄陽孟浩然 杜甫
壁間閒看舊留題 陸游 多少喧騰事不齊 鄭俠 到此
萬緣皆了了 薛嵎 白鷺功用不如妻 曹唐
官園刈葦歲留槎 蘇軾 莫怨春風當自嗟 歐陽修 冷署
久淹殊不惡 陳壽 元高聲唱吏放衙 李商隱
花陰閒掃置清尊 陸游 此意陶公可共論 劉基 宦況
元從清處得 李學曾 正要遺風付子孫 陸游
預報明年及第花 李商隱 青山終日送歸霞 陸龜蒙 讀書

盡說居官易 陳琛 杜宇聲中鬢欲華 方岳

別後青燈夜語闌 元好問 重勞同館勸加餐 柳貫 莫言

此處無佳景 朱子 坐見蒼生枕簟安 楊載

詩中肯說使君凡 方夔 霖雨蒼蒼屬傅巖 許有壬 見說

聖君能側席 崔塗 九重誰省諫書函 李商隱

憂喜忘心即養神 徐鉉 一時收得向平身 白居易 惟慚

未報君恩了 歐陽詹 重與江山作主人 張籍 將畢猶掾事

不將今日負初心 魏扶 曲宴羣英雨露深 李沆 惆悵

能文二三子僧道潛堂東多士作儒林蘇軾　時書院諸生在署會文
前程從此是青雲雍陶今日莫將筆硯焚張賁卻笑
此翁閒來慣陳獻持節正致相如勤陳與義
白頭究我占清閒蘇軾詩卷長留天地間杜甫誰言
有策埋經世溫庭筠自是無錢可買山溫庭筠
尚記居人挽去舟蘇軾世間離別水東流溫庭筠還應
笑我功名突薛能一歲龍門數度遊白居易　昔年去蜀有挽舟注送者　每年出方必經龍門今又一出龍門

詩九

一片春嵐映半環 白居易 他年重約長卿還 許衡 園林

亦要閑閒置 白居易 洗耳石間聽潺湲 陸游

夢隨流水到溪橋 徐照 風煖花香酒未消 方岳 不知

幾日黃梅雨 陸龜蒙 觸石散作千珠跳 陸游

夜雨懷人天一方 高翥 故人今已賦長楊 李頎 今來

自責趨時懶 韓淲 亭號休休古退藏 趙抃

要看細雨熟黃梅 蘇軾 今歲花時好好開 李涉 別後

要知重會面 高翥 無人不道看花回 劉禹錫

葵園題詠集古步傅青餘先達元唱十四詠韻

芸香早擢官劉長卿素昧農圃學王守仁已作二毛人王廷
相晚有退閒約白居易相對各欣然年獻君來食葵藿
劉禹自喜百無能白居易靜境心所著陸龜蒙

右原寒畦今改退藏室

結廬在人境陶潛隹氣此城偏陶翰我來適閒曠史
鑑朱墨手自研蘇軾優遊從所欲王偁為書遠每題年
李約檢點幽棲處巖棠明不各勉旃杜甫

右原葵陰學舍今改憩棠南舍

放鶴歸雲壑盧綸東望黃鶴山李白有時乞鶴歸孟郊欲共白雲還皇甫冉舊有雲霞約鄭谷思君一笑言崔岑參纍纍三株樹陶潛華軒嘯詠閒司馬光

右仍鶴巢

辛勤三十年韓愈務本方崇訓唐明皇昨日山水遊白居易今過睢淮郡梅堯臣愛此林壑清薛瑄胡不安其分蘇軾同舟道豈殊溫庭筠校數須諦認馮璧

右原澹勤字今改湖舫

蜀國多仙山李白來遊十二年蘇軾周名當分陵張

説遐想傳巖中唐明皇余又經江淮孟浩然來尋不獻重

賈島右仍百五十年艸堂余在陝道署有聯來十二年草堂

人煙接島夷孟浩然少有外人知李白天下方無事趙

秀徒將文墨持劉炳綠意栽煙翠元稹有酒斟酌之師

陶潛右仍聽綠舒

薄暮入空亭儲光羲風生似羊角王筠趙傍藥欄行白居

易水淺魚爭躍高騎無事自買憂盍郊但有山林樂
黃清 古原淺樂亭從改環翠亭今仍之
雕欄傍曲池江總高閣倚天半杜牧戲魚兩相顧王僧
儒東風冰盡泮白居易春泉足細流王績更借山一秀
楊萬 古仍荷泮
里上有無心雲杜甫相去復幾許古詩不如早旋歸古
詩流波戀舊浦張協嗟予無道骨王昌齡化作人間雨
王作 古仍歸雲洞

行樂須及時古詩官事何時竟蘇軾暫出後園看江
陵宰蘿下石磴昭明太子怡然有餘樂陶潛曉起鐘猶凝
蘇轍　石倒萬花影
心清聞妙香杜甫此心知有在蘇軾此地此心清遵
式宿志在人外陸游因悟自在僧白居易了然無一礙
白居易　去倚空香室
長愛田家事李建勳日暮閑園裏儲光羲山廚野蔌香陸
游墻陰老春薺陳與義雞犬近仙源金傳若邊疑花樹底

傅若金

右原菜香書屋今改茅庵

丈夫期報主鄭惜窮年事奔走史称何期來此地旋栖新巢弊北牖陶潛早知時事異崔嵩未肯計九九

范成大

右仍來秋聲館

設我圃中葵 孟浩然

今朝白露晞當植松徑青處亭 雪鐵

七發

朝東暮復西 子夜歌

中有古精舍 白居易

蒼茫對夕暉 王維

右仍青之亭

丙申二月晦行補題

附錄前備兵汝南觀察使傅青餘壽彤舊題葵園十四詠元唱

吾少志爲世，未洽樊須學。年來感馳驅，又負鍾山約。一畦今傍衡，分種葵與藿。次第及晚菘，鄉心閒靈着。寒畦

生年十五六，隨宦嶺西偏。研玉瀾書舍，竟日勤鑽研。撐腸五千卷，彈指三十年。此境不再得，兒曹尚勉旃。葵陰學舍

矯矯雲中隺，依依淮南山。云胡不飛去，復與人再還。迴翔謝八表，相看無一言。自茲絕異患，況乃多餘閒。　隺巢

曩歲北援兵適來東渊，訓曰：惟濟與勤，供吾兩作郡，世氛滋不惡，海氣集如墻，夜來秀斗柄，覓浮天心認。　濟勤家塾　塾額無古詩，出以分字代

我家天南陲，坐擁十萬峯。誰移百五十置之中天中，嗟不適於用。日生雲欲垂　百五十峯

華重

世故日已東春風若已知墓之生衆綠期君共
護持何以同護持願君還聽之　聽綠
亭北池一方亭南山一角山近雲不停池深魚
自躍一月濠梁心僅作希文樂　聽綠亭一作環翠亭
曲池不半畝池荷居其半一半付游魚荷池遂
成渠即以名吾池待与游魚看　荷渠
雲去雲來歸問雲在何許西踰少習巔東覽遠長
淮浦所至結重陰歸來為膏雨　歸雲洞

年年霞茉華日日防華亮霞以百尺桑絡以九
折磴莫教春遠行長使華光凝 茉華霞
我在霞香中不知香所在我去尋我香我適在
香外顧我我歸我室永與香無礙 定香室
屋在茉花中人在茉莉花裏花香會有時於乃甘
如蔗此味不容忘吾將咬到底 茉香書屋
金天錚動秋百計難不走化作千茉聲一一來
吾臍胡為乎其來吾當問致九 來秋聲館

青〻園中葵頗得餘露晞青〻園中亭常恐秋

日西斜望亭中人曉此青〻暉　青〻亭

詩手书

葵園留別再疊前韻 丙申二月作

簫鼓度年華 童舒 晚歲倦為學 元稹 聊以寄遊觀 戴復古 空負東山約 王禹偁 獨宜作冷官 張籍 守素甘葵藿 韋應物 自顧無長策 王維 無留那有著 崔塗 富貴非吾願 陶潛 心閑境亦偏 韓翃 隨處有詩情 陳與義 詞高巨硯碎 宋元 怪來皆是道 劉禹錫 謝靈運 數篇留別我 杜牧 行矣勿勉旃 高適 偉鶴熟仙侶 盧綸 無名愛野山 盧綸 仙人不可見 薩都

詩七八

刹入夜有僧還 祖詠 因送別鶴操 常建 贈別竟無言

駱賓王 載鶴去官疑 王逢 淡然萬事閑 李白適有僧 素訪即別去

滔滔天下者 李咸用 皎皎乘桴訓 戴良 吏隱興何如 白居

易 慣守將邊郡 耿湋 岀知返舊林 王維 爲緣知己分

喻 但喜見故人來 岑參 相逢還細認 元明善

官舍非我廬 白居易 莫過雁回峯 許渾 遙欲一郵樂 李

白 消愁兩衛中 白居易 故人應念我 蘇軾 題詩寄思重

許邦才

渡來官憲司 元浩
冷淡好僧知 鄭谷
短歌時自和 張耒
放縱少矜持 鮑照
山水能成癖 獨孤及
昨夜夢見之 白居易
亭亭倚高寒 陸游
雖時出圭角 蘇軾
不如安吾常 梁寅
人靜魚自躍 陸游
獨負蒼生憂 儲光羲
不羨朝市樂 李白
家魚守枯池 李白
二月春來半 崔灝
水鳥逼仍回 杜甫
雞思春冰泮 韓愈
寥寥數畝園 張養浩
顧得勤來看

詩 十七

韩愈

愁来賦别離杜甫别離亦幾許何遜何時返故園王泠

然草生垂釣浦余闕使君從南来古樂府復此隨車雨

庾肩吾

吾心達似僧戴復古与汝安心竟師達摩頤作香火翁王

建雲外盤飛磴蘇軾石壁開精舍張九齡臺栢煙含凝

劉禹錫

初無往来相蘇軾二士同一在蘇軾我行竟安之古

詩生知千里外王維出處豈虛心杜牧行止無疑礙白居易

折腰無寸補陳師道笑出春園裏何必童稚携壺漿白居易

閒階雜宿蘚江總指知靜者妙孟浩然野泉來竹底王磵

力薄慚任重崔湜脫身得西去杜甫避世知無地謝枋得

還對讀書牖聊為自笑謀生拙胡仲弓十事常八九黃庭堅

詩十八

朝飲花上露王昌齡 夕歇西南晞陸機 把酒須向樂趙
忭 湖色滿窗西朱慶餘 題今夕景陳與義 盡此一寸暉
蘇軾

憩園再詠 丙申三月還介陝道三疊前韻

且與梅花敘隔年劉克莊 殷勤寄我清明前李咸用 相看未久還相別倪岳 路逢常排海內賢高適 安心如膜退重重蘇軾 歸倚巫山十二峯姚合 行腳出家猶有累吳本泰 洞天真侶昔曾逢古詩 自要閒飛不作霖蘇軾 潁川歸去肯重游蘇軾 孤雲倦鳥空來往蘇軾 理到忘機近佛心司空圖 莫數孤負好花時馬臻 敬賞賓朋預課詩李中 豈盦

詩十九

賦客能招隱 偈奚斯 下嵩山兮多所思 宋之問
遠書歸夢兩悠悠 李商隱 疑是年光卻倒流 張蠙 摟策
讀書空有得 王安石 小才寧副廟堂求 黃滔
恨我終無舊草廬 朱子 漫勞親友問何如 潘大臨 如今
卻羨相如富 崔道融 天忽遣來同里居 范成大
只嗅梨花醒宿酲 劉克莊 題詩誰似皎然清 蘇軾 花曾
識面香仍好 蘇軾 我亦惜花癡學生 朱松
歸即應歸覺來天 白居易 不與秦塞通人煙 李白 未成

小隱聊中隱 蘇軾 此計當時已浩然 蘇軾
詩句懷人每漫題 楊基 坐緣瑣細老農齋 蘇轍 獨憐
腰腳差還健 劉魁 隱几維摩尚有妻 古詩
大開滄海驛吾槎 吳全節 弟勸兄酬何怨嗟 杜甫 晚景
只消如此過 范成大 日高三丈放朝衙 朱子 時二弟以調缺
未回任三弟以因人受過
去任多有信來互相啟勉
故里方知輩行尊 陸游 不求朝士致書論 杜荀崔 讀書
有味虀鹽好 朱子 便是吾家好子孫 陳亞 吾家以余為旗

長時有託薦事者余素
不求人自安吾素而已

庭樹枝開次第花 章孝標 晴將心事許煙霞 陸龜蒙 我來

暫作閒人歇 翁卷 君恩未報髮先華 歐陽修

剩喜詩情都未闌 朱子 春山筍蕨與供餐 耶律楚材 故人

金石情猶在 楊萬里 筆硯供吟對景安 金涓 昔年黃

小宋刻

史權陝州呂仔倡和今再

同官又承提唱興復不淺

由來此地殊仙凡 沈遼 氣氤氳捧半巖 溫庭筠 遊人

尋我舊遊處 蘇軾 下筆曾無一百函 林逋

粟飯藜羹問養神 蘇軾 一官羈絆實藏身 杜甫 好於
彭澤歸來日 葉茵 猶信淵明是可人 蘇軾
斂中原有耐官心 李東陽 小墅栽花綠露深 袁桷 不共
世人爭得失 耿湋 謝家門館似山林 李端
嶺上猶多隱士雲 李商隱 等閒靈府剩先焚 陸龜蒙 流杯
三日隹期過 歐陽修 邀我共賦意甚勤 蘇舜欽 連日同城相邀
又得浮生半日閒 李涉 一言置我二劉間 蘇軾 此來
暫了以家事 呂憲 久買桐江一朵山 陸龜蒙

浪迹常如不繫舟蘇軾 中心一道障江流白居易

（秦中時貢使將自西安來錫須去潼關迎送出豫境）

驛使無消息杜甫 昨夜分明夢去遊李中

斷林春水綠迴環周衡秀 野鳥遊魚信往還蘇軾

（重到暑中池壞因重修並補葺渠道以利泄水）

笙歌分散地李頻 別分泉脈聽潺潺陸游

孤山山下小斜橋范成大 臥待重城宿霧消吳融

（急雨時正過雨打芭）

過寒疑作雪陸游 忽寒拼命看珠跳楊萬里

全家解說養生方 張籍 不種桃夭與綠楊 蘇軾 傳學

向平婚嫁畢 權德輿 懶將龜筴問行藏 林景熙

安得健步移遠梅 杜甫 梨花梅花參差開 薛能 多謝

故交相慰籍 林逢吉 不知旌節隔年回 杜甫

蓮峰齋詩草一卷

（清）李大鵬 撰

民國四年（一九一五）蓮峰書屋木活字本

蓮峰齋詩草一卷

清李大鵬撰。民國四年（一九一五）蓮峰書屋木活字本。

内封正面題『子韶房兄先生鑒定，蓮峰齋詩草，平江李大鵬藹人氏』，勁中曲老人序中亦稱『吾郡昌江北李藹人』，據是知李大鵬爲湖南平江人，字藹人。背面題『［民國］四年乙卯秋月鐫，詩近唐風，甲寅春月批於蓮峰書屋』，根據正文字體版式，活字本特徵明顯，故審定爲民國四年蓮峰書屋木活字本。

此本無邊框界欄，每半葉十行二十一字，白口，單黑魚尾。卷首勁中曲老人序云：『嚮隨左節侯、鮑爵帥戎抵大江南北五六載，每於登臨酬酢間竊喜形諸歌咏。』左節侯即左宗棠，鮑爵帥爲鮑春霆，皆爲湘軍統帥，知作者在清軍與太平天國戰爭中曾投筆從戎。集中有《金陵四十八景》詩，小序云：『光緒壬午，余寓金陵督署消閒，勉呫四十八首美景詩以紀實其事。』壬午爲光緒八年（一八八二），時左宗棠任兩江總督，可見作者長期任職於左氏麾下。集中《悼亡》詩序云：『内子繩姑陳宜人，歸來四十載，循婦職唯謹，得堂上歡心，慘於壬子陰曆三月初八日疾終内寢，享年五十七歲。』壬子爲民國元年，可知其妻生於咸豐六年（一八五六），約於同治十一年壬申（一八七二）十七歲時出嫁。若李大鵬二十歲娶親，則當生於咸豐三年；若三十歲娶親，則當生於道光二十三年。要而言之，李大鵬約生於道光末、咸豐初。

集中代表作爲《金陵四十八景》詩。金陵四十八景從明代金陵八景、十景、十八景、二十景、四十景等發展演變而來。清初高岑繪《金陵四十景圖》，曾收入康熙七年刻［康熙］《江寧府志》中。約在乾隆年間，以高岑繪本爲基礎，形成《金陵四十八景圖》。清中葉之金陵四十八景名稱，見於民國年間杜福堃、陳迺勳合著《新京備乘》，云『由故家陳君稻孫鈔示』。稻孫爲陳詒紱之字，陳作霖長子，留意金陵文獻，曾編著《石城山志》《金陵園墅志》《鍾南淮北區域志》等。晚清民國初年，金陵四十八景圖繪與題咏達到高潮，先後有道光二十四年陳學《金陵四十八景圖》彩色册葉、光緒十四年版徐虎《長干里客金陵四十八景圖》、宣統二年版徐上添（一作徐藻）《金陵四十八景》圖册、民國九年版徐壽卿編、韻生繪《金陵四八景全圖》、民國二十三年陳作儀繪《金陵四十八景圖》彩色册葉、民國三十七年《南京文獻》第二十三號所載張通之《金陵四十八景題咏》等，但四十八景之名稱并不固定，皆有細微差异。李大鵬詩中所題四十八景，起於牛首烟巒，終於幽棲閒曠，其順序與諸本皆异，所涉景點名稱接近《新京備乘》所載清中葉之四十八景，完全相同者有青溪九曲、龍江夜雨、桃渡臨流、秦淮漁唱、天印樵歌、嘉善聞經、獅嶺雄觀、三宿名巖、清凉問佛、木末風高、赤石片礬、雨花説法、雞籠雲樹、鍾阜晴雲、石城霽雪、永濟江流、商颷別館、化龍麗地、東山秋月、來燕名堂、達摩古洞、憑虚遠眺、謝公古墩、報恩寺塔、珍珠浪湧、冶城西峙、棲霞勝境、鷺洲二水等二十八景；差异較大者是《新京備乘》所載『祖堂振錫』，此本作『幽棲閒曠』；其餘僅有一二字不同。在四十八首七律詩之外，李大鵬意猶未竟，又爲其所游景點口占絶句十四首，分別是牛渚烟巒、龍江夜雨、秦淮漁唱、神樂仙都、嘉善聞經、獅嶺雄觀、清凉問佛、赤石片礬、甘露幽亭、長橋選拔、雞籠雲樹、鍾阜晴雲、石城霽雪、杏花沽酒。李大鵬所題金陵四十八景詩，早於徐虎、徐上添（徐藻）、徐壽卿等人之畫作，有資考證。惜全書左上角因鼠嚙殘缺部分文字，別無他本可校，誠爲憾事！

子韶房兄先生鑒定特晚

蓮峯齋詩草

參評李大鵬譪人氏

四年乙卯秋月鐫

詩近唐風

甲寅春月批於蓮峯書屋

近代彭甘亭勸陳謌人鏞其稿莫久藏伊乃黎收以辥
倎罍而謝非矯也誠見夫文章千古事得失寸心知就
是售世者向難壽世務宜再三斟酌未可輕付手民汞
爲黎棗之蔭吾郡昌江北李藹人嚮隨左節侯　鮑爵
帥戎抵大江南北五六載每於登臨酬酢間竊喜形諸
歌詠客歲以悼亡詩見示並求勘其蹟於簡端當潦草
從[illegible]私復披蓮峯一骂托僕序唐劉夢得金陵懷古裴
己探驪珠所餘鱗角何用蓋斯地至吳始盛
西藩既摧北軍飛渡與亡之感特深假使竟
六朝故實衍爲長律便是一句一典包括無遺

彼則舉王濬樓船專指晉發端尊題也接云
傷往事若有上下千秋縱横萬里存其筆底
待正在斯歟明高季迪登雨花臺我懷鬱塞
何　酒酣走上城南臺坐覺蒼茫萬古意遠自荒煙
落日之中來跌蕩淋漓匪特令人作十日想外此或書
志或望鄉或思友其出自大作手者亦戛戛獨造關係
匪輕浸與稗耳販目者伍有嫣氏始焉擁書靈櫃之几
角藝長楸之街吐文萬牒淬勵千年卒也騂跛不前魚
登屢困飛蓬作鬢青草爲袍言愁則金錢朝朝吐恨則
春蠶寸寸隴西子晉並此遭逢否有嫣氏休奕直臣善

譚兒女平子樸學數賦美人廣平梅花昌黎銀燭致堯
骨骾寄意香匳和凝俠腸託詞帷薄隴西子會同此興
趣否僕固不敢評抑不能評且不必評但各尋宗派徧
考名公絕調朗誦而潛玩之工於變化勿蹈恒蹊藹藹
王多吉人會心其殆不遠乎是爲序
勁中曲老人未定稿

金陵四十八景

光緒壬午余寓金陵督署消閒勉呫四十八首美景詩以紀實其事

平江李大鵬

牛首煙巒

牛首山在城外南郊王導指爲天闕又名天闕山

天闕形潛肖王公品自先蛾眉堪對月牛首漫含煙古木樵吟亂花巖鳥語圓兩鬟欺墮馬雲鬢擁高蟾潑抹光初動輕籠色自宣耳教態倍峻牙與虎爭妍繞樹斜陽裡橫空薄暝前層巒看不厭曠野任低連

門溪九曲

溪在太平門外其流九曲與秦淮河之水一帶回環

水清流抱此溪三篙堆軟浪九曲錯芳隈曳翻銀眼欲迷蟻穿珠共擬疇錫數同稽源與尒朝江漢齊環連疑習坎輪轉不孤睽螺黛犀

冄萬派低幾番經委宛看到畫橋西

江夜雨（龍江關在儀鳳門外設關津以征商稅水面曠遠）

滕咽喉據要關推車雷轆轆入夜雨潛潛旅[illegible]薇鄉心轉似環連宵風凜烈孤館水潺湲征稅輸官帑通商鎖市闤踈鐘沉古刹永漏暗回環涼氣殘燈襲波聲睡幌還瀟湘渾似否待曉看湖山

杏花沽酒（杏花村在城西南鳳凰臺畔）

春意枝頭鬧前村指杏花披襟山海概沽酒野人家薄粉侵立鬢輕紅點絳霞籬藩三徑密風雨一桁斜粱落離情重山頹別路賒鳳凰台偃映雉堞境幽遐白打心

先醉青衫手自又牧童遑借問絡古水雲涯

靈谷深枕

靈谷寺在孝陵衛洪武時建上有梵王宮殿甚是精嚴

蕭寺懷靈谷情貪一枕深雲楣瓊樹杪丹檻落花侵石甕聯青鎖經臺映碧岑傳燈歸舊籙倚錫動長吟宮殿齊鴳鶡煙霞自古今竹松徵妙諦猿鶴證禪心暮鼓聲疑考晨鐘筵倍沈梵王窺絕頂紺宇幾千尋

桃渡臨流

桃葉渡在秦淮河清橋利涉之中

何在長橋碧水流秦淮臨渡口狄酒對壚頭兩岸孤篷月滿舟漁歌三尺浪螢火一潭秋遠樹參煙散石尤平沙經宿雁落照狎犀鷗楊柳嬌

甫野鶴留灘聲驚客夢楚篙策行騶

[illegible]漁唱（秦淮河其流有二一來自勾容縣之花山一來源於廬山）

[illegible]穩幽從唱裏求秦淮漁父樂桃渡榜人謳短

節[illegible][illegible]叶長歌徵羽流廬山源自遠勾縣派同收鴨綠

波聲壯鸝黄酒鼉遒幾番歌宛轉三疊語温柔鼓泄羊

裘隊垂綸鶴氅秋煙雲青箬笠晉亦膾魚不

鳳舞三山（元宋時有彩鳳至此）

疊翠峯如削層巒拱一方三山來彩鳳萬舞擬棲凰鳳

翩寥天迴雲儀化日長徑通懷蔣詡早峙媲昆岡巢閣

王猷應游郊帝德彰五丁開共好九子數須齋賀世聲

鳴盛流泉氣自芳地靈元宋在今復紀歸昌

神樂宣都神樂觀在洪武門外大明建今改真武宮

洪武傳神樂巍峩曙色敷地原留聖域觀郎紀仙都隱跡鐘透沉沉永漏待風琴思秦夏雅管憶歌虞紅樹當窗牖青松入畫圖閒雲盤野鶴新雨濕饑蛛眞向環中養淸從象外娛棃園新樂府玉局古城隅

天印樵歌天印山一名方山在城東郊常有樵人憩歌山下

郊外方山幾度過撫髀譚牧笛傾耳聽樵歌天上仙梯境不訛紅腔停石磴白紵接煙蘿節奏鏗鏘歲月多誰需雕琢力如假石沙磨四岳雲

人路側頗人誰攀謝屐客丐爛玉柯
昔聞經嘉善亭在鐵石山大明建有石佛閣一線天稱奇景
嘉善山標鐵石靈何年曾說法有客共聞經啼
戶 動閒花影漸停雲倚僧眼碧嶂比佛頭青講殿
風前領廻廊月裡聽琅函分至味貝葉散遺馨寶屋晨
將闌珍樓晝不扃招提誰是主清梵語瓏玲

長干郎事長干里在聚寶門外與報恩寺附近

廿五家相比長干里巷情秘教同賴渠歸否認淵明桑
梓原多誼枌榆只重聲鄉方成孝異地與積賢清蜡祭
連年舉春祈到處是村醪原酌衆牲肉愛分平勝切名

難假司南紀獨精和親關樂土好烏報胡情

獅嶺雄觀獅子嶺在儀鳳門內一名盧龍塞陳友諒曾駐兵於此

體勢連天俊雄風可縱觀龍鱗新匣劍獅嶺舊吟鼇鉤

爪形潛奮銅頭象屈蟠奴疑斑在望客話旅行難鹿豕

從羣醜熊羆莫誤看暮雲停草閣曉日映松巒靈似鍾

烏弋威殊鬥鴨欄駐兵餘勇在風雨思漫漫

年

三宿名巖三宿崖在儀鳳門外淨海寺前山峙清空靈石崢嶸

寺名巖絕壁懸蹟傳三宿勝棲可二疎賢靈

幽花染路鮮藏金晉鎮目滴乳幾窮年佛咒

樓古道邊丁簾重帶雨寅谷屢含煙剪燭賓

旅雁天夜深私語少應共嬾雲眠

問佛 在石門城外今改為清涼寺上有翠微亭

逈入來問佛塲一番風景異幾度雨聲長卐

字　象千輪足主張伽藍據寶筏靈谷渡慈航梵藝

煙生軸旃檀月轉廊塵埃歸掃却鼓炬儘參詳僧衲衣

經故禪關理析芒翠微亭畔裡上乘好相商

木末風高 木末亭在聚寶門外雨花台畔方正學公建祠於上

今見高風在亭傳木末眞嵯峩原異境縹緲擬如倫侵

砌青凝石當窗綠上鈎松踈濤自響山遠練窺頻晝永

蟾吟定香浮客座勻雨花環一角日月轉雙輪燕喜同

留製龍沙共絶塵雲深攢樹杪不改四時新

赤石片磯在南門外東二里

赤石無今古鑄鎔似有神片磯苔蘚蝕燃火影形親五色艱同品三生祇自珍烏從流處擬雀向化時伸劍試吳非偶言傳晉有倫似燎原上焰如燒草中燐獸炭陰陽舊螢星點綴新一卷餘有幾端不畏磨磷

天界訪僧天界寺在聚寶門外元朝爲龍翔寺明改爲天界寺常有僧衆數百

紺宇[illegible]天界山僧列日羅是誰同佛印有客類東坡策蹇三山綠攜笻兩鬢皤何年方面壁此願了頭陀風雨花紛墜煙霞歲屢過譚詩雲戀衲掛錫睡銷魔煑茗窺

猿鶴尋梅見薜蘿明朝雙蠟屐藜杖出巖阿

甘露幽亭 甘露寺在覆舟山陳七年甘露大降故建此亭

瞥眼[illegible]巖瓊花被曉香醴泉殊獻瑞甘露合呈祥棟起雲霞匹扉連日月長金莖承瀆液玉宇散神漿皂勇危簷肖鴻飛曲檻望太眞閒裡吸陳主建時商琮雪深生戸和風韻遶廊覆舟山徑復佳士盡徜徉

長橋游拔 橋在東花園萬柳垂堤今有呂峯寺古蹟尚存

盼到波瀾合長橋望裡収一篙煙水外萬柳錯綜裘製愛虹腰巨圖開雁齒修黃鸝嬌欲語白鷺皎盈眸澗水通幽徑情豪托壯游地曾經飲馬履否進留侯曉月霜

痕映斜陽桂蹟佇呂峯揕把酒須解鷫鸘裘

雨花說法雨花台在南門外雲光師說法天雨寶花因名

說法禪關靜雲光寶相嚴雨花飄錫杖風草捲珠簾咒水神通具摩衣道化漸蕉窗譚有味蓮社笑微拈車共經三演陰教線一添橋間參石座絮已作泥黏麈尾煙雲老蓬心洗滌藏萬宗談不盡海月照茅簷

雞籠雲樹即今城中雞鳴山是也

無極應知五德齊披縣雲樹鳥吐綬錦城雞石山宵昴萬戶低煙鬟殊鴿峙霧鬢娩鴉棲雨腳風聲襯曉啼謾言蚊可負但學馬留蹄遠近株

泜滑滑泥渡關如可數旅夜不愴悽

晴雲

鍾阜山在朝陽門外琳宮碧宇七十餘所

駢簇雲從野徑生幽林經暮雨鍾阜際朝晴樹杪霞迸綺松梢日掛鉦端疑三素疊卿入六稍賡碧宇陰分滿琳宮晷寸盈齊韓頻點綴秦楚亂縱橫秦岱形同峻羅浮境共清坐時窺鳥語好友訂詩盟

石城霽雪

石城在西南諸葛武侯曾駐兵於此

百雉高如許西南石作城勁風推鼓角霽雪較崢嶸野壘成陳迹閉關永漏聲影教輝蘊璞光儼耀葱珩馴雀迎朝日寒鴉背曉晴河山同鞏輦宮殿費經營月映樓

臺巽雲停院落輕武鄉侯駐罷草木想皆兵

永濟江流永濟寺在觀音門外上有鐵索穿石繫棟於此畔

古寺臨江渚悠揚水自流者番經永濟幾度看行舟不向金繩引偏從鐵索留叩扉經剝啄繫棟任沉浮穿石神斤運傳衣兕水幽晨風飄旅雁夜月照輕鷗疎磬僧初定清鐘響自遒明朝憑解纜一葉下芳洲

祈澤龍池池在東南法師結茆菴時有龍在聽講清泉湧出旱時祈雨無不應驗

神物茆菴紀昔時澤祈思鹿苑地勝悟龍池泉似河頤勢若茲厓原焚不待蝎詛泛煩詞四顧長林雨濯枝屯盈欣洽髓坎化已淪肌潭豈從

沐誤屬推底須湯爪剪滂沛洽　皇熙

別館館在蔣山西南齊武帝建九次登之以晏臣衆

灝

秋發涼從別館招小年近夏日退暑感喬颸賜

宴慈乘惠銜恩夕暨朝九登鳳景異滿座月評要雁宇

環中得尊思象外超殘燈螢戀壁夜雨鵲塡橋郵鼓驚

何遠寒砧聽自遙倚欄無一事雅韻起歌樵

落星名崗落星岡在城外南郊板橋李白貂裘換酒處是也

歷歷榆輸白纍纍貫倍常輪圓蟠月窟纏弛落星岡東

井奎堪玩南郊宋可方淒風箕易位苦雨畢離行咏早

空揚簌賡難把酒漿游河經下界分野漸停襄狼感倉

皇錯狐驚次舍亡豈知靈降昴光遠挹文昌

幕府野游 幕府山在府治西北元帝渡江建幕府於此

戟手人來可披襟動遠野游種松排幕府藩竹出芳洲日表雲霞鎮龍旂煙水留憑誰祟虎拜竟爾狎鷗流泉石春三徑鶯花酒一甌山川仍舜禹宅第儘公侯掛笏豪情邁行吟閒氣倅渡江傳帝子寒月鎖輕舟

帝

化龍麗地 化龍亭在幕府山此元帝渡江一馬化龍處

度鱗虫麗地時化龍驚出類乘馬變鍾奇從殊非逐電姿泥沙甘漸伏頭角許相隨秦鹿阿梭喜溢眉爲霖行霹靂掉臂謝馳驅變肯愁

怯力衰至今亭上慰幕府思無涯

曠遠湖在太平門外一名元武湖周圍四十里中有五湖

曠

溪停畔試一望後湖風月好前渡水雲忙鷗鷺三篙漲煙波一葉颿五洲開曉霽卌里透晴光估客行將定舟人語自商漁鐙花斷續蟹斷日舒長練影連天濶苔痕鎖岸傍鏡中身宛在詩酒老蒼茫

東山秋月卽今之土山是也謝安游此擬以會稽東山

月色長天外團圞一鏡秋東山風景似南浦夕陽收銀闕光偏滿金波夜欲流松巖華作瑞石徑暈常留霧靄蟬聲簞雲開玉兔浮寒煙高映窟冷露半浸鈎蟋蟀青

生嶂梧桐碧襯甌會稽眞景闢客重謝安游

來燕名堂 來燕堂在烏衣巷有王謝古居常在

王謝庭前燕頻年故主依名堂新綠野古巷舊烏衣春去蝸留避秋來雁代飛三槐花影重五鳳錦衣歸戶向蠨蛸睇染從玳瑁睎蓬廬入恍惚芸閣客依稀巢補銜泥軟樓深帶月希珠簾尋伴侶樽酒對斜暉

達摩古洞 達摩洞在幕府山上有五峯峯有五洞深遠幽致

能邃禪心證達摩五峯憑對峙三徑總殊科宗走通禪葦履羅九年虧面壁八尺駐顏酡龕愛簾圓般若波白雲停佛語紅樹聽樵歌障已除

仍擬釋迦果然開覺路風雨飽煙蘿

虛遠眺憑虛閣在雞籠山明建有施食望湖亭

栢

無外名山拄杖經憑虛風繞閣遠眺月當亭俯踞羣峯小斜臨萬壑瞑徑隨元亮入室奸子雲銘蝸壁鐙垂蕊雞窗劍有星階前叢桂秀林下落花馨栁郭重輪綠榆關迭送青望湖施食地一嚌一番新

花巖清興獻花崖在牛首山

清興閑中領巖腰萬仞伸獻花禽作瑞結伴鹿爲鄰瑤草風三徑瓊枝月一輪嶼教丹荔辨峪與紫芝倫芳草修眉品斜陽半髻新逋仙栴共賞陶令菊同珍語燕雙

雙囀啼鶯處處勻底須多感慨文酒度芳辰

燕磯曉望 燕子磯在觀音門外山勢峥嶸其形如飛

入曉昂頭望煩襟盡滌除燕磯新雨後鸞岫早晴初渚與鳧同整汀敎鶴共舒四圍雲作屏雙槳浪盈渠嫩日騰飛鳥清風瞰與魚若銜花片片似掠水徐徐社豈方爲客兮奚始愛居峥嶸長並此形不礙飛如

謝公古墩 謝公墩在府城北一邊土色盡赤俗呼爲紅土山

回討崇山草木蓄勝傳陶令宅古愛謝公墩花映樓台萬籟喧風流眞宰相日下晉屏藩蘇氏居家隅尚存幾番懷太傅多難解桓溫違遥嵐

叢野色昏合將阿姥酒貧興更元元

孫楚樓、在城西李白醉着紫綺袍遇崔侍御於此

四峙名樓鎮一區檻憑經故老枕倚悵今吾紫綺衷曾玩青帘酒任沽棲霞因巨製飛翼語粗模醉語諱偏好酣醺靜裏娛邀來明月未看飽謫仙無不信風情異應知景物殊遭逢崔侍御勝地共攜凫

虎洞朝曦府洞在高橋門田野間

門變高橋厰田間野色靡有懷來虎洞無意下鴻陂日脚光初動巖腰暖漸移馬陵兼紀異牛渡與成奇草木多靈秀鶯花轉曙曦輪輝鉤爪上晷影石頭垂仙蹟苔

莓鎖山行屈曲遲雲雷興地底風雨滿瓊枝

報恩寺塔 報恩寺在城南郊聚寶門外明永樂建五色琉璃高百丈周圍燈一百二十盞

締構高清漢城南寺塔留報恩原有自旌德豈殊謀百二鐙教備三千界任收龍蛇爭屈曲鈴鐸競清幽初日琉璃耀斜陽兀突浮圖頭雲似鎖危頂月如鈎宮闕旃檀壯山河夜影修丹梯方外賞如向九霄游

珍珠浪湧 珍珠橋在宋行宮陳後主泛舟於此即今成賢街也

宮在長橋日正融珍珠浮得得波浪湧洶洶碧舊紅欄倚徙重馬蹄留去跡鴻爪悵來蹤錯落依稀雁齒逢似濤爭襯響屧漲競奔濛薄暮雲

淋管試形泛舟華蓋遶雙槳任縱橫
城西峙吳王鑄劍之地在府治之西今朝天宮是也
王劍嘉名錫冶城南纏瞻躬斗西峙隸陶紘太
造陰陽理神工煅煉精夕昕鎔雉堞方位定璣衡沸水
曾鋒淬燃泥向鍔傾土花經九轉苔蘚月三更化汞鶯
花歇含煙草木萌墻分銅牝牡籥橐應商庚
臺自昭明昭明城在墅湖鎮梁昭明太子讀書處
古鎮懷湖墅憑誰建此臺昭明書獨嗜儲貳杞呈材元
圃情曾戀華池念已灰鳩工新結構鴻爪漸低徊墳典
娛晤樂經營土宇恢肩吾親几席孝綽嘗追陪玉軸遺

堂列牙籤舊館堆讙樓探奥旨是否九層開

棲霞勝境棲霞山在城外東北郊有千佛嶺天開崖白乳泉

勝境游塵淨城隅望眼賒層台棲落日複障紀棲霞乳積泉溜響篠鋪席地嘉咀來疑亦氣餐去認三又佛嶺霏丹映天巖散紫誇都盃留輙飲阿室自成家屈指雲腰遶譚心日鄉斜疎鐘煙樹裡餘綺想周遮

莫愁水漲湖在三山門外傳盧莫愁居之故名莫愁湖

大碧於今記莫愁東施顰漫效下蔡笑堪傳巨尾寒聲入渡頭延堤梅索嘯夾岸草忘憂楊柳之蘭着眼謀鯨鯢三尺浪雁鷺一湖秋石榴泉

波月挂鈎紅顏頤獨解鄉已異溫柔

洲二水白鷺洲在府治西南舊二水賞心草亭

一環合洲教白鷺留賞心觀自在吹面趣殊尤爪渚閒中悟鳧汀靜裡求波瀾生遠浦帆席古輕舟葦岸歌來鳥蘆磯玩狎鷗灘堪贏七里澤郎感三秋螺黛光如繪鴉青色似收圓機眞活潑憑眺倚危樓

幽棲閒曠在牛渚山前宋建爲延壽院後改爲幽棲寺

閒曠眞無敵幽棲孰較長當門修竹綠夾徑野花黃薜荔連新棟苔莓透短墻傳燈緣殿閣破衲亦軒昂猿鶴啼殘月雲霞繞曲防廬從緇裡領園自紺中量剎豈皆

金布僧惟煑石糧塔高凹影重浮界妙生香

又金陵偶遊撫景口占十四絶句

牛渚煙巒 牛首山在城外南郊王導指爲天闕又名天闕山

輕煙四顧鎖層嵐王導先生屈指談此去欲歸天闕近而今留景在江南

龍江夜雨 龍江關在儀鳳門外設關津以征商税水面曠遠

清流水面甚瀠洄無數舟車往復來信說龍江關最險何人此不開懷

漁唱 秦淮河其源有二一來自句容縣之花山一來源於廬山

與淮陽二水中分帝澤長洗盡塵緣胸更潤

田赴蒼茫

八仙都神樂觀在洪武門外大明建今改其武宮

十 処各有天披雲破霧訪神仙兩朝古蹟皆如在

煉藥爐中好種蓮

嘉善聞經嘉善亭在鐵石山大明建有石佛閣一線可稱奇景

舉步偕游三[illegible]亭佛光靄靄竟通靈天花已墜鐘聲淨

好聽僧家貝葉經

獅嶺雄觀獅子嶺在儀鳳門外一名盧龍塞陳友諒曾駐兵於此

百戰交鋒地步寬巍然獨上嶺頭看太平天子當陽日 朝

塞外烽煙起欲難

清涼問佛（在石城門外改爲清涼寺上有翠微亭）

梵王宮插翠微巔幽是巖兮靜是泉惟問佛場人在否

○光卐字古今傳

赤石片磯（在南門外二里）

小小紋瀾淺淺流清風一片到磯頭扁舟莫繫斜陽樹

怕惹仙人下釣鈎

甘露幽亭（甘露寺在覆舟山陳七年甘露大降故建此亭）

時憶昔時不經時勢不知奇當年甘露無人見

歷

壁上詩

選拔（橋在東花園萬柳垂堤今有呂峯詩古蹟尚存）

叢柳萬條呂峯詩外異香飄濤心莫過江南景

、上板橋

能雲樹 鄖城中雞鳴山是也

名山大澤已經過未識仙家到若何雲樹千重都活現

峯前猶見讀書多

鍾阜晴雲 鍾阜山在朝陽門外琳宮碧宇七十餘所

鍾阜山莊是隱名暮雲收盡早雲生加餐赤米今何在

留得琳宮晤客情

石城霽雪 石城在西南諸葛武侯曾駐兵於此

百丈堅剛立石城武侯當日駐雄兵花飛亦出天呈瑞

先兆年豐樂太平

杏花沽酒杏花村在城西南鳳凰台畔

過了城南又一村杏花點點破春晴牧童細問來何客
指是詩狂賣酒人

余在金陵土街口住逕予觀音菴閒題

閒養天機靜養眞每從禪寺洗纖塵前身應是僧模樣
好向菩提證夙因

哈

[illegible]來閱曆深人間道路剗難平蓮花座下無多願
芸渡衆生

小姑山

皇補天石飄然墮此化爲山淮疊屏蔽峯孤聳

迴水一灣誰復中流標鐵柱祇今遺廟有煙鬟

沖利雙蓬鬢自咲五年三往還

登黃鶴樓

超然特立楚名樓滾滾青雲足下流遠望放開天地眼

高歌消盡古今愁長江萬里歸滄海畫艇千艘繞鄂州

飲罷客教吹玉笛潭龍驚躍鳳池頭

登岳陽樓

推篷大笑出輕舟結伴同登第一樓八百湖光浮眼底

三千世界注心頭憑欄縱學仙人醉把酒難忘范相憂

夜靜君山無限好白銀盤裏滚珠毬

過洞庭湖

乘風破浪鏡中遊萬景爭呈兩眼收湘水直鋪雲夢澤
岳陽高站石城頭無邊風月年年在有象乾坤日日浮
爲問中流誰砥柱君山横鎖洞庭秋

再中晚眺

昂頭環顧大江邊萬里清流送客船槳槳盪殘波上月
篙篙破水中天爭棲鵲噪青楊外罷釣漁歌綠柳前
人靜候瑤琴一曲挾書眠

獄麓山偕友同宴雲麓宫

巔幾千秋縱目遥觀萬慮休細語恐驚仙客梦
頂老松頭隔江美景煙中辨破浪輕舟畫裡流
盤爭勝地飛來絕頂不他投
鐘一

送陳達吾姻仁丈八旬上壽詩

翠柏蒼松傲雪霜天生壽種邁尋常星瞻南極輝昌水
老錫東庠待帝鄉整頓紀綱維梓里殷勤耕讀課華堂
人傳陳氏佳兒好幸訂金蘭臭味芳

送毛君斐亭老伯詩

無限葵心獨向陽名流風骨邁尋常人驚成竹胸中有
天與事青蓮舌上香從此潛龍騰碧海應知鳴鳳翩梧岡

更生石奮奇男子幸訂金蘭臭味芳

翁抱宏才道未光羣欽白玉可同芳桑邦義重梓鄉策

椿室歡承獻壽觴家有藏書經課子坐無俗客酒留香

願公努力加餐飯露湛風清日月長

送陳君振齋仁兄詩

驪歌一曲不堪聽駐馬分襟送客亭堤柳有情知別意

攀條惜別眼垂青

天[illegible]

客卻艱辛萬紫千紅別故人古道斜陽茆店月

[illegible] 故園春

肩別恨牵他山攻錯憶當年何時重話巴山雨

三一

父夜不眠

不在異鄉春風桃李艷宮牆（憶令兄掌教亦地故云）欲求門前雪兩地睽違各一方名山風雨記連床甘苦窮途我獨嘗萬里天涯同作客依然提命在師傍抛將利鎖與名韁獎勵頻邀帝澤長自媿彈冠非貢禹懷無在位是王楊

陳君儷民夫子進京引見送行有作

追隨杖履憶當年兼勵殷勤勝祖鞭問字夕晰勞指畫執經風雨感心傳樗材此後憑誰斲鐵硯何時許我穿

願早錦衣歸故里程門重立續前緣

驪歌譜曲餞行騶此去應封禹戶侯聲價載淵遺寶在

丰神魏顗座間收蒼生待澤需人急紅蓼先秋送客抽

祖道正須酬一醉　皇恩優渥荷天休

何君魯垌表兄臨行有作

記得膏車賦別離請纓深喜最趁斯時彈冠貢禹情如此

握髮周公遇更奇纜轡展開騏驥足揚鞭快到鳳凰池

經今　是紆籌運好向凌煙閣上居

作山宦游懸空皓月最當頭無私天地忘偏愛有

待價售不慮猜疑窺寶鏡怕祈姓字覆金甌他

歸非晚堂上從容話大猷

吳臣叔夫子詩

高著大材到　翁居處笑顏開客來未許題凡鳥
枮
斗踞旋占兆及魁離垢園中驅俗染逍遙館裡把心培
上林春滿枝擢一　豈戀江皋一水隈

居依瀼水與廉泉盤谷風流後勝前愛我情如雕琢玉
知翁心是未開蓮文章詩賦生花筆經史圖書養性天
植品不同凡輩等爭榮喬梓兩稱賢

芥坪叔夫子詩

人情冷暖古今同君抱詩書富在胸何必賣文來作活

不須覔字嘆遭窮花生妙筆占佳夢天亦憐才送好風
他日揚眉逢指顧自然飲斧有長虹

送陳君振齋仁兄詩

十年涵養道根深氣度雍容世所欽勵我有言蒙藥石
愛人以德萃冰心栽培桃李宮牆畔纘述詩書翰墨林
晉藉文章通世誼更沾化雨切金鍼

游福林寺作詩二絶

幾[illegible]得到僧家方便風開智慧花奈透禪機臻化境
助淨無霞
機奈透中相無人我盡涵空非徒外飾除煩惱

七一

成便不同

秋玩月作

四方如鏡正團圓皎潔清輝任意觀照我離懷懸玉宇
爲誰秋思上闌干關山南北勞彌壯骨肉東西感亦歡
遥憶三人千里外快教雙鯉報平安

登樓遥望五湖秋吾是名流匪異流破霧誕登天岳頂
乘風早駕洞庭舟萬重山水歸唫篋千古才名半醉甌
料得廣寒風送去桂花吹徹滿人頭

送楊君獻廷研兄詩

憶昔同窗各研精窮經搜史勵魚更連床共話徵文酒

聯襟兼深重性情涼雨疏鐙孤館思秋風明月感懷生
他時定詠霓裳曲鵬翼高摶快步瀛

錄王君鳳賡勉余詩

意蕊心花養更開莫從閒處任徘徊須知一刻千金價
恐負光陰不再來
應從藝圃漱芬芳經史搜羅腹內藏剛日讀經柔日史
虛心受教在師傍

八和元韻

不放開幽蘭深處費徘徊羣誇香遠歸王者
八去復來

共冂芬芳慧質靈姿美自藏吟到陽春白雪調
蔵君傍

劉秋樓送余詩

作爲須是少年時迅速駒光莫待遲白苧同賡分妙曲
桂花連樹有靈枝三春蠹簡偏宜剔萬里鵬摶總不羈
寄語於君留一墨好從雲路訂歸期

相和元韻

筆陣同如軍陣時青雲有路莫宜遲知君涵養餘三足
與我高攀第一枝聖列疏肱猶適趣賢居陋巷總難羈
從茲蚤奪丹梯桂斧利吳剛自有期

文

撲簾飛絮欲更時我爲留春落最遲日暮獨鶯芳草渡
秋來同憩故園枝學踈似我絡慙鯫才到如君未可羈
努力韶華須保重青雲有路際佳期

送許君齋姻仁研兄大人詩

一曲驪歌緩賦歸各研經史鎖柴扉鐙挑月夜西樓下
愛我垂青世所稀
挹別重逢未有期江雲渭樹仰丰儀幾回明月相思夜
送君未知

陳君賓深研弟詩

後入宮牆曾仰聽明迥異常有味詩書勤劣力

有綠衣郎

淵沖學自名成年少文章一鐘明遙憶去年蕭寺裡

書聲朗徹似鐘聲

送陳君哲臣畫閣二位研兄詩

相思良友夜敲詩學淺才疏字字疵最愛潁川年少客

雙排雁陣遠從師

不辭風雨喜聯床經史同研各擅長五鳳樓前誰最勝

鶯箋十樣繡鴛鴦

不驅駑駘笑不材今年未許小重來莫嫌葑菲仍同硯

依舊宮牆一樣栽
弟兄鏖戰在文場雙鳳齊鳴振岳陽滿擬今科同拾芥
羣誇荆樹萼聯芳
錄哲臣兄弟和元韻詩
多情捧讀見懷詩意的詞園字不疵知是隴西人特出
果然明教得明師
兩春鐙火苦連床自媿無能別短長祗憶昔年同聽受
相遊無異繡鴛鴦
座各奇材今年何故不重來天池自可觀騰躍
花把汝栽

試利文場趁此風雲到岳陽滿洞祥花隨手納
氣助瓊芳

文湛君賢哉研兄詩

作爲原是少年時迅速光陰敢待遲禹寸須知金莫賣
董園未許目將窺芝眉屢接逢君挹樽酒先勞愛客施
渭樹江雲頻企望感懷舊緒夜裁詩

送悅齋叔夫子詩

駒非千里愛偏專坐我春風不計年勗學屢豐楊氏饌
傳薪最重杜家田黃楊厄閏慚違望綠栁欣彈恨未先
且喜及時逢化雨慰翁將必得珠船

送王君壽山庚伯大人詩

勍敵千軍未可當名流風骨邁尋常先生抱道自處至公無私吾里祗有一人

入鷲成竹胸中有天與青蓮舌上香三昧搜羅兼西室

六經遍覽列庚堂我來就正非無意幸訂金蘭臭味芳

送陳君子季庚交五十壽在省城坐局

兩載睽違晤道難今朝聚首拜唫壇東陵近住常親訓

南省長居老轉安鳩杖惟公經掌握羽觴飛我見衷肝

唧[illegible][illegible]晉延齡酒應助精神上國觀

[illegible]城李氏家廟首士詩

度出家園兼勵從容覽亦言千古文章同骨肉

李共蟠根水源普蔭酧宗澤月桂分香荷祖恩

耦雲路近他年重會在龍門

送省城郭伯橋先生詩

遷延未返古羅城行色蒼皇處處驚搗藥莫醫傷世病

典金無計買歸程嚼開蓮子寸心苦夢到梅花一味清

碌碌風塵家室累幾番拔劍漸離情

送毛君堯農吾棣詩

鐙花吐蕊月明初再訪同人際菊舒天岳峯高羅玉筍

清談猶勝子雲居

曾記羅城結伴行驪歌縱酒賦歸程願君努力青雲上

出類才名勝萬金

古今名士愛登樓四面湖山望眼收三醉岳陽仙已去

乾坤一覽水天浮

埀鞭偶駐咏霜華身在長安意轉家千里雲山彌望眼

歸心猶戀故園花

天心絕頂勢凌霄望遍山遙與水遙多少騷人留勝蹟

層樓何處聽吹簫

見說詹簪附鳳台瓊杯何日綺筵開秦樓月皎登科日

剛我亦來

乃最宜人君本如來是後身蘭譜心殷盟洛社

日伴春申

風到小樓儀型高任奸勾留我曾掃徑迎三益
兩鬢蕭蕭透膽寒行踪留望（住）板橋看更隨流水尋知己
不許知音與唱酬
一曲清音馬上彈
名場鏖戰已經年自媿雕虫莫比肩若使文章眞有價
霓裳同奏大羅天

又堯農吾棣行樂圖

行樂行樂瀟灑自若貌清奇形脫器不與世移不爲利
絡娛異草奇花得家學淵博遇知己清樽共酌與家僮

祖鞭猛着陋室德馨不礙茅蘆蕭索指顧出塵寰離邱壑偕伯氏展鴻猷增式廓誠丹山鳳雲中鶴羽毛豐滿向九霄以騰躍行行重行行問君樂不樂

錄劉秋樓送余出行詩

戎馬關山北披鞍我送行踏花香滿趾折栁寄深情才大身宜用天高月自明師生從早遇同往紫金城

別開今世繁華事渾似羲皇以上人立腳怕隨流俗轉居心直與古賢親趨炎附勢非吾輩豪傑英儒是我倫身都活現平生總不染紅塵

藝圃吾兄有作

戀五更初爲感同人意氣舒市井囂塵君不染
品重璠璵
會言縣城結伴行驪歌縱酒聽(賦)歸程照人肝胆渾爲故
他日知誰却有情
古今名士愛登樓浩咏淋漓壁紀留三醉岳陽仙已去
乾坤依舊水天浮
樓高好接水中天黃鶴飛來不計年一曲梅花增舊感
白雲芳草兩悠然
小姑山頂勢凌青望遍山遙與水遙多少騷人留勝蹟
坐閣何處有吹簫

風光迅日疾如車身在金陵意轉家萬里雲山彌望眼
歸心猶戀故園花
聞道甯馨易出懷蘭湯何日綺筵開若將名紙酧風鑑
賀職樽前我亦來
知君有志奮前程走馬長途莫亂行萬里天涯身作客
他鄉風雨最悽情

自呫感懷二絕

世人結交須黃金我無黃金交不深若使鍾期今復出
水有知音
求品自高漫將詩酒逞風騷一生傲骨疎狂甚

鉄胆氣豪

出盧先生踩輭索詩

竹木長樣佈索平歌姬戲作往來程絕無捫壁攀藤態

恰似騰雲駕霧行蓮步提移一鳥過玉鈎倒挂片帆輕

曾聞鹿女踏花巧玆見歐三老眼驚

依和元唱

夭矯持危擅絕能空中牽索步連登忽瞻似鶴高翔漢

轉瞬如猿倒挂藤豈有神靈資兩翼全無憑藉娛單繩

一身輕捷過飛燕憑汝躬腰漫自矜

逖王進吾先生詩

一聲雁語早驚秋孤館寒生意自幽皓月又隨天北斗
老翁來似客南州古今事業襟懷在唐宋文章筆底收
此夜唱酧囘退處烏衣巷口憶儂不

丞文軒族叔祖詩

翁抱宏才一族光須知君子又名鄉賓扶験骨關仁愛
詞厭狠心率性剛家有藏書經課子庭無俗客酒留香
願公奮臂膺民社露湛風淸日月長

乙酉清明細雨連旬予於板江祭掃先人敬咕五
一律以誌感云

明候紛紛祭渺然一家登塚後三代集墳前灰

蝶哀聲似杜鵑先人容有序孝子掃無邊敬念

誠心感九泉墓田均各别爆竹響連連

以田家自有樂聊以寫懷記其事云

誰道田家壽氣融深山大澤老英雄三時不害同人豫

萬寶告成大有豐魚躍鳶飛看未已蟬琴蛙鼓聽無窮

要知此樂非吾樂辜負先人課讀功

送劉君楚軒仁兄一律

小隱洞溪水一灣幽深疑住白雲間庭前樓窄心偏闊

户外人忙君獨閑片沼澄清魚極樂滿庭蒼翠鳥空還

於焉已是藏身處何用將金别買山

悼亡

內子繩姑陳宜人歸來四十載循婦職唯謹得堂上懽心慘於王子陰曆三月初八日疾終內寢享年五十七歲臨終訣別口不能言唯悽絕相視而已烏虖白頭相守晨昏老伴畢生恩義更僕難數離別之後其將何已爲情哉詩以悼之非敢效潘黄門後塵亦聊以自寫愁懷云

在我閨兮數十春共撑家計只憂貧而今物在人何往
居每慨呻
閨淑慎身綢繆眉案敬如賓夜闌鐙燼思遺事

（傷）荀奉倩神
小量無容遇事批鱗未衆從機杼停時頻勸諭
温[illegible][illegible]語盪心胸
流麗端莊智慧資御冬旨蓄備多時者番戚友如相訪
斗酒需藏待問誰
於我嘉賓勝友倫往來酒茗列相陳矜貧況復人多感
永著徽音播四鄰
我病垂危未見瘳無端憂思淚常流那知我蘇卿又去
杳隔幽冥兩地愁
客歲招魂不返魂蘭摧蕙折在巨春驚心瞥（漫）見桃符換

含淚何堪忍鼓盆

心田培植知心願福地原留與福人山水鍾靈脈絡遠
遷來又覽一番新

層階蘭桂並騰芳均是阿卿手植強從此門閭知集慶
瀧岡應待表焚黃

倚欄搔首問青天月缺還須得復圓若使別離如月樣
賒心願結再生緣

錄劉秋樓依和悼亡十絕

沂不計春蘭心蕙質獨憐貧今年我欲需錢用
生莫可呻

子謹修身饋食殷勤敬若賓問訊内兄恩義重
允不傷神
春風堂上意音容闈閣依稀笑語從不似當年親欵洽
回頭爲我泪沾胸
感激當年贈別資臨行把酒問歸時而今未免窮途恨
天下知心更有誰
飛觴辭月別天倫神赴瑤京俎豆陳從此焚黄歸墓左
青山綠水共爲鄰
我曾探病病難瘳湘水無情豈讓流可惜良人心不轉
悼亡幽韻怎消愁

憑靈灑淚囑新魂莫戀嫦娥月裏春念汝夫妻緣再結
來生覆水好收盆
潤珩表德光前代瘗玉藏形佑後人卜此牛眠終是吉
砂明水秀煥然新
蘭階曾疊挺芬芳不讓尋常草木强試看慈雲分庇蔭
王香猶勝菊花黃
負別幽魂赴九天揮揮鮫淚若珠圓傷心最是無情劍
割斷人間夙世緣
母陳孺人眞像
迴暑退時李生巽匯偕其宗愛

三

生卒然敂處士之扉云伊
尉嬺賢能則閭里交推洵足光潁川氏門楣現
因傳神曼倩竊願寫眞將實蹟勒諸貞珉乃宜僕雖未
睹斯像但細玩悼亡七載一倡一和得以領悉其閨儀
丈夫四方志金陵懷古四十八乙乙壓我思若屬在家
私非仗
宜人力而誰爲安仁賦商隱詩古今有同悲幸也桂林
僅一枝孫衍成竇家五枝且曾元輩出瓜緜瓞蔓詎有
窮期噫嘻表彰盛德當更俟大筆淋漓
閶午徐立晁拜撰

癡生詩草一卷癡生詩草續集一卷

（清）王欽止 撰

清末稿本
民國六年（一九一七）王昭範鈔本

癡生詩草一卷癡生詩草續集一卷

清王欽止（一八五二—一九一二）撰。清末稿本。《癡生詩草續集》，民國六年（一九一七）王昭範鈔本。

壬辰春夏之際，山東高密流出水西王氏家集數種，皆爲清末民初鈔本，計有《王氏詩草》三册、王景祺《牧坡居士詩》一厚册、王紳旦《信可庵詩鈔》二册、王欽止《癡生詩草》一册等。因索值甚昂，余僅購得此本，重其爲稿本也。王欽止，字敬庵，號癡生，諸城水西（今屬高密柴溝鎮）人。水西王氏祖籍雲南大理，始祖於明初以軍功鎮守山東平度，遂家焉，後人遷居諸城水西村。家族興盛於清中葉，以科舉起家成爲望族。康熙、雍正間王度昭曾官浙江巡撫、兵部侍郎，乾隆二十五年（一七六〇）王中孚高中會元，爲其最著者。王紳旦，字寅夫，號莪園，中孚之子，歲貢生。王景祺，字伯壽，號秋疇，歲貢生，紳旦從叔，嘉慶十六年（一八一一）爲其《信可庵詩鈔》作序，自著有《牧坡居士詩》不分卷、《绿緺渌亭詩餘》一卷，稿本藏山東大學圖書館。然家族至晚清時已漸趨衰落，王欽止作於光緒四年之《戊寅秋呈玉生四叔祖》詩云：『近來門户自堪憐，鄉榜無人六十年。』自注：『嘉慶戊寅，和庭公舉於鄉後，至今無一貴者。』和庭爲王豫徵之號，嘉慶二十三年舉人，任觀城儒學訓導，以詩名於時。王欽止之父壁光，死於咸豐辛酉捻軍之亂，家境更是貧窮，母莊氏紡績供其讀書。幼師同邑劉橘亭夫子，肆力於詩古文詞，旁及文字故訓。年長後窘於家計，出爲童子師，如光緒五年己卯（一八七九），授館於郇村臺氏（《落花》詩自注），後又館於王梅村處（《雁》詩自注）。故王欽止之生平事迹不見於史志記載，其詩集亦僅有稿鈔本在家族内部流傳。

此本正文卷端題《癡生詩草》。無格，每半葉九行二十五字。集中《示屠牛者》一詩有删去記號，《哭劉橘亭夫子》詩句有多處修改痕迹，卷末鈐『王欽止印』朱文方印，據是定爲作者稿本。詩僅二十五葉，録詩一百三十七首，大致以編年排列。自《紙鳶》至《火筋》五十五首約作於光緒四年戊寅以前；《閨意》以下皆在天頭逐年標注寫作時間，起於光緒五年己卯，終於十年甲申。《三十一歲落一齒》詩作於光緒八年壬午，據是可推其生年爲咸豐二年壬子（一八五二）。

詩後又有《續集》一卷，行款相同，但字迹不同，末有民國六年丁巳（一九一七）三月堂侄王昭範後序，稱『先生卒以壬子九月初四日。没後三年，範檢其篋，得詩稿若干册。中歲詩嘗自選訂，今録晚年作，合以所自選，都爲二卷。』知《續集》爲王昭範編録鈔寫，收王欽止晚年之作。詩僅三十四首，約作於光緒十七年辛卯至二十九年癸卯間。王昭範，字叙卿，生於光緒十年。民國初師範學校畢業，精於文字學。從教三十餘年，先後在青島任禮賢中學教員，山東大學講師、青島建築工程學校教師，一九六二年尚在世。王昭範幼時家貧，嘗從欽止讀書習字，故爲其整理遺稿。《王氏詩草》卷首亦有王照範識語，略云：『《王氏詩草》二叔曾祖玉村輯録，從伯敬庵公復鈔。己未夏，四叔曾祖玉生先生以頗有誤字，令範校對。』己未爲民國八年，時移世變，王氏族人頗留心家族文獻之整理。玉村、玉生之名雖不可考，然亦見於此集中。《癡生詩草》有《戊寅秋呈玉生四叔祖》，《續集》有《辛卯秋呈玉村二叔祖》《再呈玉村二叔祖》《黄鶯呈玉村二叔祖》，可見二人皆能詩，故編録整理家集。自民國初距今百年，此數種詩集始從其家族散出，誠屬難得。惜余當時力有未逮，不能使之盡歸一廬，至今引以爲憾。

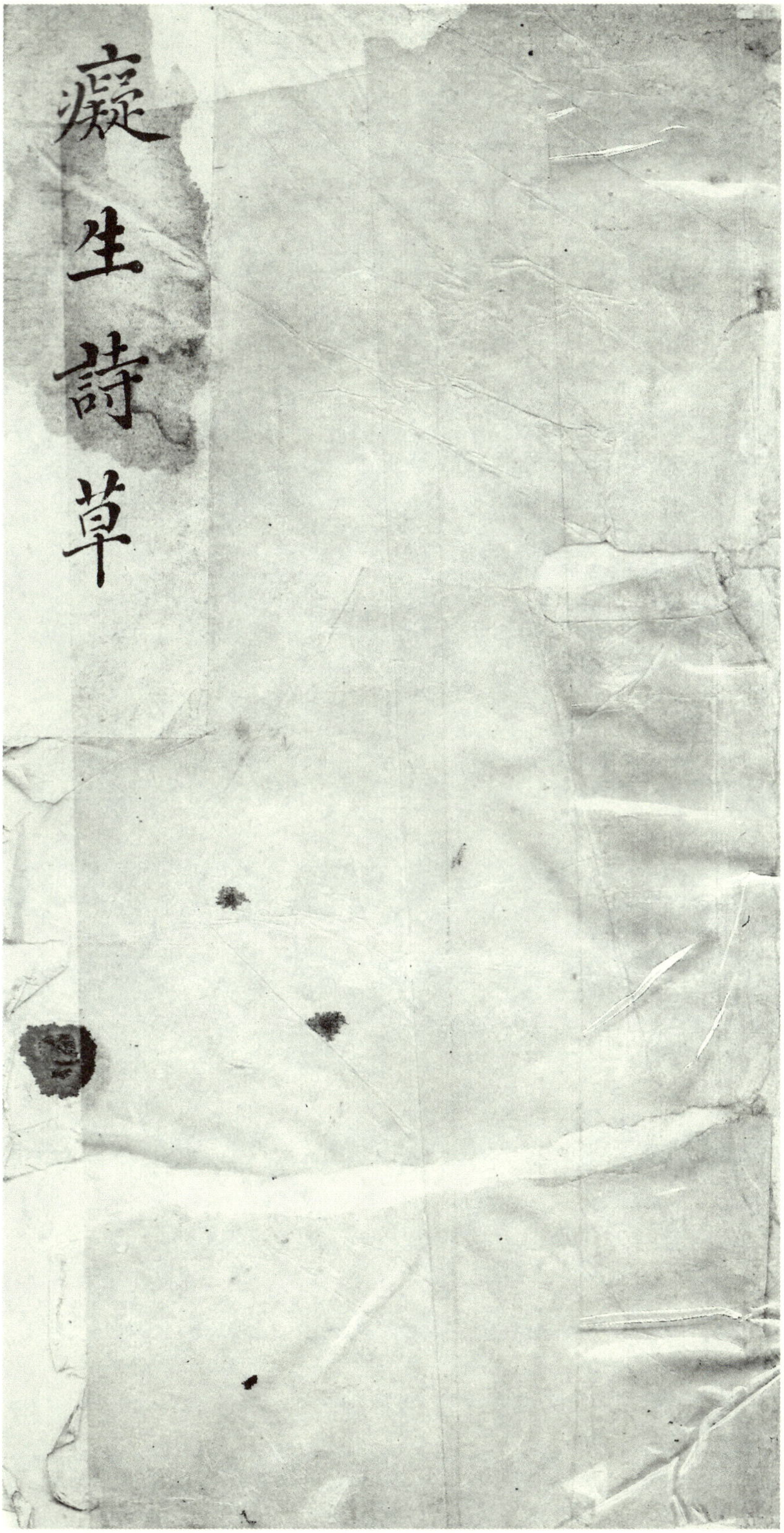
癡生詩草

癡生詩草

紙鳶

自識生來骨相窮飛騰敢望到蒼穹筠裁紙翦方離手鳳泊鸞飄竟遇風身賤敢期人顧盼線長一任爾西東何時得遂青雲志掌握從茲謝狡童

呈王雲帆先生

誰能醫我俗何幸識先生盡滌襟懷穢親瞻道範清談心多法語啓後有真情每令相逢際欣欣慶莫名

春柳八首 用杜工部秋興韻

草滿平原花滿林千條楊柳鬱森森暫教遊子歌金縷一任流鶯囀綠陰疇昔不維征馬足而今偏繫旅人心幾家少婦樓頭望懊悔封侯勸藁砧

裊裊依依映日斜要將弱質鬬春華橋邊漫訝條垂玉汴上應多客泛槎春到陌頭添旅思笛盈關外混征笳不知幾費東風力吹得柔枝始作花

風和日煖釀晴暉萬縷千條翠意微官道漸增清蔭滿沙隄常有淡烟飛拈毫枚叔才何爽遯世淵明興不違時值豔陽天氣好參差一帶綠光肥

百年世事一枰棋惹得桓温觸樹悲幾見烏鴉啼月夕敢思緑汁
染衣時眉描青黛難云巧腰折東風未敢遲轉瞬又看春意滿蘇
臺隋苑不堪思
何時好句遇香山千里旋移上苑間常伴舞腰依掖(左)不聞羌笛唱
陽關風流張緒騷人度嫋娜楊枝少婦顔從此離亭攀不得長門
侵曉點朝班
碧玉黄金古渡頭無邊生意勝三秋乍呈弱質猶無力新畫蛾眉
盡埽愁隄上從今牽曉夢江干到處綰浮鷗莫嫌生長絛如線搖
曳春光徧九州

賴得天公造化功同誇白下畫圖中永豐坊外溟濛雨蘇小門前
好嘴
淡蕩風時與水爭千尺碧敢同花鬪一時紅春風消受長江側不
伴詞人伴釣翁
毿毿夾岸自逶迤亂影參差印水陂嫩翠遥爭新草色長絛斜映
古松枝但拌栗里門前植不羨靈和殿上移弱質自慚無用處向
人脈脈且低垂
八詩用韻新穩造句工煉空靈典贍兼而有之在大稿中制
勝之作賀賀　劉樞亭夫子評
百年世木槿

生無豔骨亦名花那得人人秉筆誇菊圃藥欄難寄跡祇宜籬落
任橫斜
俗骨憎人枉號花開來猶覺自堪誇難要名士垂青賞好伴村娃
貼鬢斜

去

行尚陰私本性成逞能自忘一身輕直疑有力將山負幾欲成雷
到處(向)轟(夜)明地難伸多事嚮暗中常出刺人聲不知肆毒誠何意好
夢徒教結怨情

秋閨怨

鎮日深閨度寂寥難將情緒寫條條年輕夫戍兒還幼一陣涼風
心上挑

送別

送君萬里正斜陽橋上癡情注目望日暮歸來無所見滿堂明月
一空牀

結句有曲終人不見之妙 橘亭夫子評

戊寅秋呈　玉生四叔祖

近來門戶自堪憐鄉榜無人六十年（嘉慶戊寅和庭公舉陳篋於鄉後至今無一貴者）
未聞誰有志登龍豈盡命無緣花勤灌溉開常大樹厚封培發必
先再望賢書光吾族定應先著祖生鞭

家雀

檐牙牆角寄閒身風雨安居春復春不報主人猶道可翻將穿屋
日頻頻

客中作

年年蹤跡寄他鄉客況千般我盡嘗已是不堪羈旅思西風無賴
又生涼

人影

光明之地共閒行身外相隨似有情纔到暗中便不見知君更比
我還清

古意

秋風陣陣透身涼夫戍邊關妾斷腸總有夢魂無處覓誰知何地是遼陽

喜晴

雨陰連旬日今朝忽喜晴仰天千里碧積悶一時清頭上黑雲破空中新日生乾風吹到處多是愜農情

閨意

對鏡埽蛾眉晨妝欲為誰三年守空閣夫信幾時垂

天上月纖纖樓中人寂寂可恨無情風飛來送玉笛

宮詞

自從十五入昭陽秋月春風惹斷腸得幸諸姬皆已貴此生何日見君王

梁閒乳燕兩情長雙去雙來宿畫堂既是無心將妾妒不應飛入過宮牆

秋日館內憶臺御臣

轉瞬相離月有奇相思深處有誰知雨晴菊綻天涼候風急天高雁到時

問影

是我前身是後身今生 又結再生因起居已是常相守口角緣何
自不伸明處果真能立足暗中底事早拋人豈非斯世無知己畢
竟阿誰覺最親

影答

不喜幽陰是性成莫將他事詰生平長爲火伴心應識未話胷襟
志已傾非我好當明處立恐君浸向暗中行於今風氣無堪問何
必津津妄論評

惱

一事曾無得遂心幾回轉念覺酸辛難堪世味鹹兼淡每觸吁聲

舊接新冷雨淒涼惟自忍黃連寒苦向誰陳早知八字今如此那若前生不化人

夜半聞北風起喜而有作

中夜北風號知是晴可望枕上反復側頓覺喜心盪屏翳權勢衰巽二精神旺如彼戰場中羣兵逐奔將半空翻波濤聲勢何其壯鏖戰尚未歇紅日光明放

針

身短難盈寸於人有甚功若逢仲山甫補袞自精忠

石竹花

日日放新花骨格生來臬思與竹齊名那知節太小

火筒

自出竹林後虛心待熱心於人多少便曾不計功深

錢

外圓法天內方法地民之根苗國之寶器愚人傾生明人失智破窮之兵釣名之餌喜處合歡難中通使疎者以親缺者以備仗而行之無往不利

燈罩銘

挺寸身立五夜依書案檠傍文人舍輕將片紙一籠早收燄光四

射

單火筒銘

絕火熱交與金石結不抱二心惟憑一節

十月朔散學前夕鐙下作

歸來轉眄小陽初屈指明晨返故居喜見燈花開一點不知為兆果何如

讀蕭相國世家

平生明了莫能倫早有胷懷不仕秦莫怪行封居第一誠難功狗比功人

生子以慎命名

命名幾度費推尋願爾思名有警心成立莫論窮與達均期常以慎爲箴

凶終歎

古人結交貴結心今人結交貴金（結）爾我貴賤如不等雖稱莫逆非知音

讀淮陰侯傳

未達具雄襟甘承胯下侵南昌誰識己戲下莫知音寶劍光難沒英姿世不沈千金酬漂母足見一生心

生來肝膽本精忠説客終難信蒯通不識臣勳高則殆祇思漢德厚無窮酇侯爲國非知己吕后臨朝見忍衷狡免獲時為計晚齊中貞節悞英雄

火罐

鄙賤深知性本良不趨廣厦與高堂隆冬底事人偏愛滿腹騰騰盡熱腸

雪羅漢 用高南埠先生元韻

法像堂堂玉削成聽經西域久留名衡寒早已塵心絶落魄終無俗念生欲步上方知未得靜覲凡世本難行乾坤朗朗雖清白慧

眼看來總不明

水注

筆硯相依結弟兄文房四寶愧無名平生事業靡堪問祇有心同

白水清

塞上十詠

雁

朝飛遵黑水夜宿傍寒沙月冷鳴聲急風狂作字斜呼羣隨戰馬

結陣警胡笳寄語秋征士鄉書付莫差

月

同此當空月清光分外寒長城千里白征士萬心酸蘇武愁難說
昭君淚暗彈何年能照得中外共團欒

草

緣徧受降城連天一望平曾肥驃騎馬數苦亞夫兵風冷知春晚
陽回被化輕胡兒常出牧大澤喜初晴

花

日近長安遠花開別樣春態輸關外柳顏愧塞南人黑水澆宜足
胡兒賞任頻有時爭燦爛大漠盡紅塵

蛩

淒淒傍塞垣楚調信腔翻沙漠催寒早韋韝送響繁似傳征婦語
若話戰場言多少思鄉夢驚回在玉門

雲

一望黑雲合直疑天爲低霒空鵰怯冷暮薄馬爭嘶勢接陰山暗
垂將塞柳齊溶溶韋幕上朔氣四邊擠

山

崢嶸橫塞北極目勢無垠幾見單于獵曾迷李廣軍春回猶積雪
日冷每披雲絕頂斜陽望牛羊各自羣

泉

胡地易占蒙涓涓聽不窮源深飲戰馬瀑急響邊風汲去陰山近流
來黍谷通非貪亦非盜寄跡耐胡中

樹

一望鬱森森睟難入塞深胡兒憑繫馬征士賴休心大漠浮青靄
長城滿綠陰爭如當此地棲息少良禽

雨

天雨穹廬暗紛紛日欲曛長城迷萬里鐵甲洗三軍潤洒昭君塚
流添黑水瀆風晴雲散後斷雁正呼羣

火節

賦性剛而直爲能熱是因一　經人見用不憚火焚身

以下己卯作

閨意

老大徒嗟春復春黛眉頻蹙意難伸一生針黹無成就慚愧曾爲刺繡人

落花

自從搖落脱枝條蓬轉芳心苦欲焦到處溝渠難自主憑空鶯燕任相撩縱教薄命應如此未免東風太逞驕滚滚久經無定所那堪又向溷中飄是歲館鄭村臺氏

柳枝詞

生來骨格輭如綿人折鶯捎不自憐任是東風多少苦動（搖）順受只
怡然

短歌歎

有翼鳥能飛有足獸能走能飛無所拘能走動無咎胡乃我本人
更有足與手飛走兩不能動止多掣肘年年客作家日日窮為數
歎彼鳥獸流快處隨時有

燈花

青燈孤對暗悲嗟兆喜誰傳自莫差我已空齋傷冷落今宵何事
又開花是歲有令原之悲

十月館內燈下作

歲暮他鄉客燈前感寂寥窮途人莫問空館悶難消身似孤飛雁
心如久旱苗近來作何事終日只無聊

紀夢

有子未周歲步履尚未能忽焉入我夢歡舞來往行顧之怡然喜
感我長歎聲再逢春秋節拜乃叔之塋今汝能追逐庶以慰我情
悲喜正相感倏忽夢已醒雙眸淚如雨孤榻泣伶仃

孤雁

纔來碧落尚成行昆仲何堪剩獨翔遵渚泣殘連日雨呼羣聲徹

五更霜風寒獨自悲泥雪春煖同誰覓稻粱寂寂一身天地濶前途舉目正蒼茫

自顧翻教惹自憐雁行再序竟無緣嗷嗷指爪悲斯命咄咄江湖怨彼天秋冷影孤雲路上月明夢斷荻花前遙知人世摧荆者觸我情懷更愴然

因雪悼亡弟

自從我弟赴黃泉彈指聲中歲又殘最是不堪爲意處滿墳深雪不知寒

落葉四首 次王漁洋先生秋柳韻

何事西風動客魂蕭蕭落木打柴門回頭春色曾留跡轉轉瞬秋光
忽有痕碧蔭連朝皆脫籍綠雲何日再成村斜陽佇立寒郊外獨
對空林不忍論
心乎太忍是寒霜驟使凋零下野塘旅客閒愁看滿眼深宮紅怨
貯盈箱耳根綠竹宵經雨空外黃蜂午覲王人意多隨天意轉徑
塵兮落果園坊
映日翩翻碎錦衣園林放眼歎皆非風光憔悴猿啼切景物蕭條
鶴夢稀樵唱空山驚蟋蟀砧聲薄暮促紛飛千株枯樹憑誰賦庾
子當年興不違

片片飄揚落照前風中衝破洞庭烟隨來野竹隈青靄飛向蘆花襯白綿炫彩半空看映日供書古寺憶當年乾坤造化人難測又有梅開雪徑邊

示屠牛者

人人食粟盡牛功何安逞忍衷天理果能爲報應定教來世作冬烘

使屠者讀之必大屠特屠深悔操刀之不早使冬烘讀之必戒若子若孫世世勿屠牛也癡生自記

十六日見月

低徊正自審升沈忽見東牆上太陰纔到圓時旋復缺誰知天地是何心

以下庚辰作

哭　業師四曾祖

親炙無緣敢恨天及庭悔不謁窗前（初六日晚歸往謁寢矣未明而沒深悔昨夕不由窗外一聲致也）一朝駕鶴難回想厚德深恩十六年

當時屬纊意皇皇再接音容兩渺茫寸寸柔腸摧欲斷回頭一柩在中堂

再登絳帳歎無依朽木區區莫見知從此荒蕪誰問我春風化雨不堪思

四月回館　四曾祖柩前叩別

昔日別榻前歸期訂諄諄今日別柩前不聞一言親拜罷起而去

庭除回顧頻孺子戀親懷情況一味真徘徊足不前悲愴心酸辛
念到再歸來雨淚沾衣巾

治心歌

治心如治田耕耘在乎熟苗莠務精擇蒿萊宜速逐雨露得天時
秋成方可卜

秋閨怨

良人萬里征無信到邊城暑退風初峭更深月倍明關心勞夢想
入耳怯砧聲夜夜空閨裏燈花驗不成
征雁叫連聲深閨百感并階前桂花發檐下草蟲鳴心結關山思

目增刀尺情西風無賴甚陣陣撲人清

九日館居

終日無人到他鄉積客情有懷常自慰覓句向誰評懶（性）秋花少風
寒小院清龍山東咫尺兀坐孰邀行

冬日館内燈下作

客況冬彌覺清寒向夜增更深誰破寂孤對只青鐙

冬夜

空館偏深客子情夜寒常向五更生夢回孤榻衾如鐵聽盡金雞
報曉聲

以下辛巳作

紅梅

別具姿容壓衆芳一般骨格兩般妝酡顔且喜聊同俗玉貌翻嫌太異常庾嶺遠疑烘野火羅浮共訝鬬霞光神仙終是凡情在春煥瑤臺入醉鄉

墨

自顧周身黑人前愧問香相形活可醜見用短彌彰妄想功程遠閒磨歲月忙苟非知白少何幸列文房

蠶蛹 用章際唐先生元韻

小隱豈真洞內仙箇中變化歷年年藏身聊搆團圞室度日常居

混沌天錮閉盡皆前世債糾纏莫問此生緣難堪心緒抽都盡寸
地猶嫌頂未圓
不知塵世有閒忙動息惟憑自主張桑滿忽成新面目春回難忘
好風光此中丹訣誰傳法箇內金鍼莫度芒縮首類因別有得靜
居何必色容莊
吐盡情絲靜結幃那知人說是兼非一生未遇渾如蟄雨翅全拋
敢望飛剖腹難明心不黑縮身常恐貌揚威若教豹變施功用天
下皆令錦繡衣
牙爪全無孰若斯蠕蠕雖動竟何之非求避穀將人傲轉恐餐風

惹世嗤晝夜混居憑氣運春秋靜度待天時化生造物原難測莫以如丸歎我爲

藐爾深知命不猶漫言腹内有春秋絲成久識名難定功就何妨足早抽作繭幾曾能似蠶轉身任是等如毬須眉未具今休笑時至應看自出頭

莊斐亭見訪 並序

莊斐亭者曩時契友也中以細故疎五六年不復往來今忽見訪喜而爲此

膠漆五年前冰炭五年後忽焉入室來胸中知尚有君心我不知

我心君可剖親愛本天真情味依然厚雷陳與管鮑豈是凶終友

白牡丹

魏紫姚黃漫較量特超凡卉吐瑤芳亭前自此羞紅粉花裏從今有素王潔比晶毬倍鬆活色同白壁更穠香人間清品由來重富貴何須作豔妝

西施遊湖

報恩滅國本心無誰識諸公日夜圖已欲泛舟隨少伯那堪回首憶姑蘇綺羅隊裏今酬越歌舞聲中暗沼吳觸闘蠻爭何日了館娃宮裏任荒蕪

春柳 次王漁洋先生秋柳韻

多少韶華動客魂睛看白下綠盈門條垂玉線新留迹梭擲鶯金不見痕送别那知桃葉渡尋芳爭問小蠻村乍蘇曉夢開青眼眉樣新成仔細論

幾經風雪幾經霜依舊回青護野塘灞上征人初繫馬樓頭少婦正開箱風流度態誇張緒嫋娜腰肢憶楚王文杏夭桃爭弄色笑他爛漫果園坊

消受東風盡綠衣眠來好夢記還非淵明門外紅塵少蘇小家中赤羽稀官道陰濃人共憩蘇臺烟密鳥爭飛莫嫌骨相多柔媚漏

洩春光自不違

輕黄淺碧最堪憐萬縷千條盡帶烟客子光陰驚迅速離人情緒
觸纏綿章臺景物誇今日汴水風光盛昔年何幸伶（優）人歌一曲豊
城拔置禁城邊

再次前題第二首韻

日煖風和久斷霜短長翠帶映横塘齊歌金縷聞田陌爭倣蛾眉
啓鏡箱關外羌人方弄笛道中征士正勤王依依春色渾無限緑
徧長安左右坊

詠汗珠

作字吟詩久弗工案頭無日敢辭慵贏將炎帝垂青賞潤筆真珠注
滿胸

竹夫人

紅塵久識熱中難靜養冰肌徹體寒滿腹趨炎心莫有一生從衆
節常完人憐玉骨空相愛爾據尊名假合歡枕席情懷曾不染好
將清白笑勾欄
盛夏房中寵自專清涼體態惹人憐風情莫笑空空腹貞節何煩
步步蓮三伏慣諧新伉儷七賢曾結好因緣湘江姊妹休相憶仙
界凡塵各一天

自傷

歷徧窮途百事難伶仃暗悼恨翻添世風冷煖同誰語性格迂疎轉自嫌謀館謀家終歲累勞心勞力一身兼寒踰范叔憐應少更有何人訴苦甜

臨睡作

夜半無星斗陰雲合四邊閉門高枕卧風雨一憑天

聞　桐原大叔没

下壽猶遲二十年誰思一旦遽登仙空教納妾遺心事爭耐無兒奉紙錢老幼族人皆感痛淺深朋輩共傷憐竹林有路虛垂淚媿

以下壬午作

少生匐奠柩前

老女

朝對菱花惹自憐深閨老大嫁無緣最慚後起裙釵女出閣歸來坐比肩

妾薄命

在閣盼于歸于歸事事非姑心車軸轉郎性柳花飛對鏡眉增感無人淚暗揮紗窗同命薄似此世應稀

三十一歲落一齒

一齒落寸心灰三十方過血力摧動搖牙齒衰之媒歎經營羞創

作半世渾同籠內雀堂堂壯士寸長無空恨波臣輒水涸

觀緣索技

妙技憑空一索橫往來蓮步恣游行笑他世上諸男子大道翻皆怨不平

涉險惟憑立志堅繩頭一樣任盤桓衆中試看弓鞋穩誰道危途立腳難

宵深不寐感而為此

宵深兀坐豈親燈誰識冬烘苦不勝怕是夢回天未曙一身反側榻如冰

冬雪館內作

風雪敲窗響不休，有人先作隔宵愁。牀如水潑衾如鐵，誰問書房冷也不。

湯婆子

漫嗤玉貌不堪論，琴瑟情懷性最敦。寒夜每思深結愛，熱腸常想重酬恩。一生肺腹憐人冷，徧體肌膚比玉温。口角緣何緘不語，恐君多信枕邊言。

哭 族伯繼唐

孝儉忠誠富不驕，夢雞那識數難逃。生前未信宗祧絕（時雖無子猶不自以

以下癸未作

為絶病裏常懸母壽高命使閭閻人共憫德教老幼口齊褒蓋棺最是堪傷處不見當時一敝袍

纏松

徒假松爲號羣芳愧鬭華自知同小草敢望比名花細翠初生葉星紅乍放葩蔓延休笑我樓閣亦能加

風雨歎

秋稼將告成忽驚風雨作四野驟翻騰箇箇傷搖落一粒一真珠無地看稀薄箕畢爭鬭力鄉人亂手脚老幼御風行東西冒雨穫仰天浩然歎風雨胡乃惡莫言畎畝人易得田間樂

菊詩十二首次大觀園元韻

憶菊

紫豔金英寤寐思朝朝常盼九秋時情同望雨誰能解意切憐香我自知直擬可人懷不至每嫌荒徑晤來遲心頭契濶何時慰屈指重陽會有期

訪菊

嫋嫋西風任意遊黄花徧覔樂勾留幾番問訊容憐瘦到處尋求色愛秋荒徑久聞香馥馥石崖全忘路悠悠登山不憚征途遠爲有寒英在上頭

種菊

誰向柴桑覓種來年年晚節勝新栽寒香漫說三閭得妙法應從
曹昊開雨後暫勞埋玉手秋回好備賞花杯齊山自昔生華實出
地枝枝絕俗埃

對菊

新綻黃花色似金斜陽對我意殊深霜晴每喜迎人笑貌淡真宜
覿面吟把酒東籬如舊友傾心南圃似知音終朝相賞還相愛恨
不焚膏繼寸陰

供菊

閒把黃花置案頭供人清賞覺彌幽一堂金蘂當門馥四壁花光滿屋秋佳色不妨茅舍貯重陽何事遠山遊當年陶令如來此定拜多情盡日留

詠菊

珥筆東籬興倍深得來新句近陶音齊山風景揮毫寫壽客姿容信口吟秋徑細評敲字法騷人偏具惜花心西風幟豎詞壇冷社友題詩莫負今

畫菊

秋深磨墨寫寒芳握管臨箋細忖量繪出淡容真絕世描來傲骨

欲淩霜目中但覺饒佳色紙上渾疑帶冷香從此登高無事遠丹青手裏賞重陽

問菊

重陽歲歲爾偏知消息誰傳到短籬底事寒香生未早緣何冷豔綻多遲樊川風景真宜賞栗里人情果可思花草共爭春爛漫疇教獨放暮秋時

簪菊

經營老圃不嫌忙短鬢翻思巧樣妝人面近遮休笑瘦秋容斜戴漫稱狂直疑頂鑄黃金像更喜頭消白髮霜小杜歸來饒有興數

枝吟豔壓肩傍

菊影

一輪明月菊花叢小照枝枝繪眼中籬外芳魂看隱約徑前傲骨
寫玲瓏金英晚節方知幻佳色清宵始悟空天上姮娥欣見愛不
教秋豔隱朦朧

菊夢

幻夢秋深覺倍清空空色色說難明醉魂常作籬間友逸客新成
枕上盟女八山中欣蝶化黑甜鄉裏惱蛩鳴遙知子美南柯裏紫
豔高吟劇有情

殘菊

閒來無事訪東籬風景爭看異昔時傲骨惟餘迎面聳翠痕剩有向人披重來老圃吟詩嬾再訪齊山動興遲金盡西風堪太息名流幾箇說相思

秋夕

斜月入窗明新涼夜氣清秋蟲不解事盡向旅人鳴

以鐙烹蚊因成短句

一生善鑽刺忍性食人血贏得鐙上烹長喙終非哲

哭劉橘亭夫子

甲申作

一聞凶訃淚難禁十載春風痛最親請益每勞諄切切吟詩有賴

善循循方謀蒙館深憐我時方為我謀館那識仙鄉遽作賓從此不堪再

回首山頹木壞仰何人

著述全忘歲月催

東武儒宗人久仰一方大作共相推詩吟古調看奇筆文法前賢

文壇騷雅稱宗匠里巷貞廉

賴主裁

見逸才著有淩寒齋詩存文存口譽曾經陶太史陶太史任高密令嘗謂人曰劉橘亭可為讀書識字

心交祇有單蓬萊單伯平精駢體文素相師友有深交員廉節義表揚久更有誰司

餘年自喜藏修密每掩柴門

書畫不聞

風化來

未聞二豎害相加蝶夢那知醒日賒素無劇疾夜卧不起而終誰無復聲名為里

重一村文聲頓減空餘筆墨使人嘉男婚雖了向平債男婚方月餘壁立誰憐

以下甲申作

司馬家滿篋遺文傷莫序回瞻絳帳不勝嗟

題舊扇

疎樹長山人人莫讚（畫一樹甚疎一山甚長曾無一人稱之）伴我七載厥功獨冠歐蚊毆蠅晝夜不憚赤帝炎威亦憑汝扞新扇今來實難立換筆墨雖粗用非一旦如同舊友情何能斷書篋請休備不時玩免我情薄愛憎立判

贈王少甫扇股詩以寄之

送君西去赴龍山（由大仁和館中寄）高士同消夏日閒別後赤心（以汗養色赤故云）如憶我十年手澤認斑斑

贈夏百城 夏百城名書田以賣筆投宿自言家頗裕無事遊館因兄弟參商故出避之

兄弟同手足手足孰能割麻木總不仁護惜情難奪悍婦附骨疽未聽誰逃脫兄弟即豺狼友愛終宜潤此心印彼心心當忽然豁

世上誰如弟與兄從來友愛有真情脊令原上君垂想豈有同胞衅可成

荷擔逍遥任自由暴揚弟惡口無休全忘白髮雙親在日日心頭慰也不

甲申殘臘寄懷臺御臣

近世金蘭日日新誰如吾輩結情真肩齊早識交彌篤性合常教

憶轉頻忠厚久推深過我生 涯也是半依人自從孤雁吟成後卯歲

二弟役吟孤雁二首 倚作同胞覺更親

癡生詩草續集

硯鏡

持方時恐毁廉隅心地澄明誓不渝塵垢每欣勤拂拭墨痕深恨强沾濡花容入照雖常有風影追求到底無幻象任教千百出滿懷清澈豈容誣

辛卯秋呈 玉村二叔祖

債累重重百事難阮囊那得一文錢春衣典盡秋風急未識誰憐范叔寒

再呈 玉村二叔祖

平地濤翻妒水濱茫茫誰為指迷津撾翁盜嫂雖皆幻飛黑流黃定有因口衆直教金可鑠言多竟使虎成真無形明鏡難生影樹底風聲實嚇人

黃鶯呈玉村二叔祖

生平惟借一枝棲入谷遷喬盡自知新發綠楊陰總好豈堪久住不更移

四十一歲自壽

屈指旋過見惡年駒光虛度客窗前父書滿篋空遺我母殯終身愧對天餬口誤人佳子弟謀生仍予舊蹄筌緬懷疇昔懸孤日

歲月頻增覺黯然

懷臧丹廷

鴻爪同憐是異鄉相逢幾度話衷腸杏林乞藥春方午旅館生輝夏正長囊裏每饒驚世句枕中常貯活人方停雲三復心徒結匏繫深慚訪未遑

擦桌布

豈甘自織了終身造命爭如早有因總使華筵曾不棄難禁濁物竟成真非甘餘瀝寧污我盡拭遺羹為潔人賤役漫嗤灰垢累一番登案一番新

雁　時館王梅村府處有人千里騰書造讒者故賦雁詩以刺之範謹識

生平共説性隨陽南北回翔計自長月下銜蘆關暗度江干印爪跡難藏寄書不憚遠勞足結陣真看别有腸秋信一聲驚耳目人間從此識炎涼

哭星五大叔

託鉢儒冠裏萍漂三十年困無終歲粟身作一家天賣字固餬口離親為種田（自光緒元年佃居小仁和）生依同北阮號哭倍傷憐

舟人東東席王梅村

江頭鎮日苦營營持舵常思計遠程水面敢教輕放浪月中不憚

久淒清時加點撥看難進稍懈撐持便下行手把蘭橈深自愧何
時可望到蓬瀛

讀勸孝歌有感

孝親貴及時此心常拳拳竟見誰人親百年在時不能勤孝養
沒後徒致悔從前音容不得接夢莫到黃泉百計不可為回省
罪彌天夜半中腸痛似煎反側如何免罪愆偶經甘旨淚將漣春
露秋霜心警偏見人偎父母心羨淚覺欣然見人喪父母五內斗傷憐
雖悔何由及空使惡心田敬告奉親者孝敬心須專莫蹈我故轍不
孝日日懸

竹杖銘二章

虛心勁節扶人蹉跌任使龍行保無鳩噎
度期頤步欹崎與我扶持喜此君最宜

除胞叔降服

服盡心難盡餘哀反覆生公權羞莫及小阮愧無成因限先王禮
彌深我輩情幾番增感痛不禁淚將傾

攜恆兒出館有感

有兆誰知假與真辛勤先費此番心窮通漫說聽從後清濁尤難
保自今紅杏總教春有日靈椿未必壽如金笑啼眠食皆勞慮

作母他鄉苦實深
丁酉秋拜姑母墓
二十三年外荒郊冉一臨恩情猶宛在涕淚實難禁面恨幽明
隔心傷松柏森未知王父母近歲幾歸尋
溺愛者不明
碩石常看玉不如掌孼魚目作真珠無私心鏡光全晦顛倒妍媸
孰甚吾
戊戌漫成
家在洋溪二里東學書學劍總成空解經累世稱先德十世祖淮南公

著易詁十卷周易三註十卷十一世祖述仲公及十世三世叔祖文谷公皆有註解周易賣字於今媿腹窮數口家無田負郭半生身似鳥居籠萍漂蓬轉真難測賦命由來竟不同

自述

賦性如生混沌天高低蜀道運難堪靈椿棄世傷偏早壯歲謀家苦太憨諸子皆同不舞鶴一妻常似欲眠蠶總逢季主何勞卜日後升沈久自諳

二十生第四子有感

共道多男是福徵我今反被累平生一身每恨常屯蹇八口誠難計癸庚豚犬成羣惟費食鳳麟無影倍傷情眼看成立皆庸物

爾獨焉能勝乃兄

己亥春館内書懷

桃李寥寥淡曉暉他鄉觸目與心違蓬門慣閉春風少陳榻常懸舊雨稀鳥望引雛心眷眷牛思舐犢夢依依漸看日暖陽和轉誰為階庭布化機

幼子大憨殤

爾母方亡七十天爾今又已絶塵緣不須索乳啼深夜好去投懷入九泉惡報未周三百日孽根誰識幾多年毋思瘦骨難回首汝姊空勞著意憐

悼亡

恩怨從今了夙因，一生作我禦窮人。性雖强傲心堪閔，食苦推甘廿四春。

感白髮

三月悽慭兩鬢皤，駐顏無術感彌多。半生自笑癡難改，末歲常疑壯未過。覽鏡忽驚將似雪，傷心直覺欲成魔。茎茎不恤窮人苦，肆意欺淩奈若何。

題鍾澄齋新齋屋壁

英年肥遯圃爲鄰，鴨脚參天絶俗塵。槐影倒垂懸帳幔，山光遥

接樂昏晨教傳洙泗之間業身作羲皇以上人好養芝蘭供晤對
莫教雜卉亂天真

懷王聲甫

咫尺天涯遠疇能慰所思兩番緣分少五夜夢魂癡肺腑憑誰
想淒愁只自知停雲空三復再話定何時

蛺蝶

兩翅天生薄似紗春殘賸得歎無家名園既已經金谷何必重
尋陌上花

亡室三年忌日

永訣三年久吾今命尚存所羞成曠室可傲是生孫肺腑雖辛苦兒曹幸飽溫有知休笑我命定實難論

東臺禹臣

廿載常嗟雁影孤愁懷時賴故人舒敢嫌天壤知音少最恨雷陳晤面疎老驥空憐前路遠秋蟲難奈（耐）夜窓虛當年壯志消都盡那復還期遂厥初

漫述

寸心如亂絲何日是清時知己詳難盡衷腸結莫移鬚眉羞自負衣履倩誰治百歲已過半回頭難著思

乱

癸卯感懷

莫論恩愛與仇讎生死分離歲五周謀食未能拋筆硯訓兒已幸讀春秋庭除惹恨逼花眼衣履傷情催白頭回首戲言如在目而今轉念覺顏羞

九日偶成

佳節知音少出門何所之那堪孤客況正值九秋時人淡比黃菊心煩甚亂絲閉門成兀坐誰話異鄉思

養鶻

養鶻將幾二十春梳翎刷羽費辛勤饑餐渴飲常防缺返哺酬

恩自莫閑弱翮妄思三窟兔野心常想九霄雲解絛從此凌
颩（空）去看爾馬成搏擊動

有感

屈指萍漂五十春常思隨處結雷陳崎嶇世路看多險慷慨情
詞恐未真素忝知交八九輩不相輕侮兩三人須知義士由來少
稍弗肩齊自莫親

癡生詩草序

士敝於俗學久矣有學古人之學志古人之道者則羣非笑之以為非愚則妄弱植者引以為戒而學乃益敝其有立志卓然苟適吾志雖老死於蒼煙老屋之中而不悔者如堂伯敬菴先生非所謂遯世無悶者乎先生家故貧父諱璧光慷慨急義咸豐辛酉以糾衆防捻死母莊氏紡績供之讀及年稍長出為童子師每念先人死於難未嘗不流涕欲以未得事父者事母而貧遊四方不得朝夕侍左右又未嘗不以為憾也及母沒先生痛自責蔬食三年不履閨闥鄉人稱之久之聞同邑劉橘亭先生名往遊其門當是時科舉

術敝邑中知名士皆以聲律俳偶之文相矜炫先生承師傳獨肆力於
詩古文詞旁及文字故訓其學既與時背馳矣而意有所得稍復
自異世乃以為迂遠而濶於用相率鄙夷之而先生竟日困先生秉
素厚豐額方頤舉止安雅望之知為儒者中年喪弟年四十八
妻李氏又沒先生窘於家計出入拮据蓋自是而心力始瘁矣
範幼時家貧不能讀書先生歸家時輒教之讀嘗於暗中取莛
然其端目隨火光所至為之講誦範樂甚先生亦益喜出則常稱
於人範年既長常遊於外歲時歸家對先生如忘世事之艱今先生
沒矣而範竟亦敝棄於時不能自反殊可笑也先生卒以壬子九月

初四日没後三年範檢其篋得詩稿若干冊中歲詩嘗自選訂今
録晚年作合以所自選教都為二卷先生姓王氏諱欽止字敬菴别
號癡生丁巳春三月堂姪昭範謹序

（清）陳文新　撰

養氣齋詩記一卷

民國三年（一九一四）鈔本

養氣齋詩記一卷

清末民初陳文新（一八六一—？）撰。民國三年（一九一四）鈔本。

文新原名獻琛，字石森，晚號槎溪貞士，湖南邵東人。廪貢生，候補儒學正堂，終身以教授爲生，足不出鄉里而知天下事。善屬文，兼工詩。著述有《咸同中興名將傳》二卷，爲咸豐、同治間三十八位名將作傳，以湘軍將領爲多；又有《海國史》，述五大洲列國之史；自著詩集有《養氣齋詩集》五卷。以上諸書總名爲《養氣齋全集》，清光緒至宣統間木活字本，極爲罕見，公藏中僅見國家圖書館有藏。北京泰和嘉成拍賣公司二〇一〇年秋拍曾有拍賣，七册，竹紙，估價一萬二千至一萬五千元，可惜流拍。湖南圖書館藏有宣統元年（一九〇九）養氣齋木活字本《咸同中興名將傳》二卷，應當是全集之零本。北京大學圖書館藏《養氣齋詩集》五卷，爲光緒三十一年（一九〇五）刻本，《清代詩文集彙編》第七百八十八册影印出版。

此本封面手書《養氣齋詩記》，蓋收録詩與記文，故名爲『詩記』，然除記體文外，又有尺牘、哀辭、策論等文體，則『詩記』之名，實不足以概之。封葉背面書『民國甲寅年暮春録』，甲寅爲民國三年，卷末有佚名題跋：『民國三年冬，偶得陳石森老夫子之《養氣齋》壹册，故謄鈔録之，以誰（識）不忘。』知爲民國三年鈔本。無格，每半葉七行二十字至二十七字不等。行草書鈔寫，字體大小、濃淡不一。前有文十篇，題爲《九龍嶺奇杉記》《雙溪壩記》《北辰寺讀書記》《湖塘新居記》《仙槎礄憶舊記》《游龍山記》《貽厥堂記》《三希齋記》《與黄春江書》《趙君月巖哀辭》等。文中所記，皆爲本邑山水景物。陳文新所居之仙槎橋，北爲龍山，南曰九龍嶺，如雙龍對峙，捩背相望，故記述題咏甚多。邵東與吾邑新化接壤，龍山勝景，欣慕已久，不意竟於此集中見之，令人倍增思鄉之感。張陽松主編《邵東古文選集》曾選録陳文新古文五篇，多從族譜中輯録，蓋未見此集也。否則，《九龍嶺奇杉記》《游龍山記》當在必選之列。

集中詩僅六十二首，與光緒三十一年刻本《養氣齋詩集》相比，雖收詩數量較少，但内容互有出入，可資校勘。此本五言古詩十首，皆見於光緒刻本卷一，但有所删選，如《登九龍嶺》，光緒刻本作《游九龍嶺二首》，此爲其一；《獨坐吟四首》，光緒刻本作《獨坐吟六首》，僅録四首。然此本之七言絶句《消夏前韻五首》《續消夏八首》，七言律詩《重游雙清亭》《雨竹》《月竹》《風竹》《書凌波仙七言偶句後一首》《湖山别墅雜興四首再呈尚書》，五言律詩《賦得新秋得秋字》，總計二十三首，皆不見於光緒刻本。卷末雜鈔織錦回文詩《妻寄夫》二首、策論《漢初以黄老致治論》《漢七國成敗論》二篇。前者民間流傳版本甚多，非陳文新所作無疑。蓋爲其戲筆偶鈔，傳鈔者不察，遂誤入詩集歟？至於所鈔策論，是否爲陳文新所作，尚須進一步考證。舊鈔本之價值，於此可見一斑；然傳鈔亦易致誤，亦不可不慎察而詳考也。

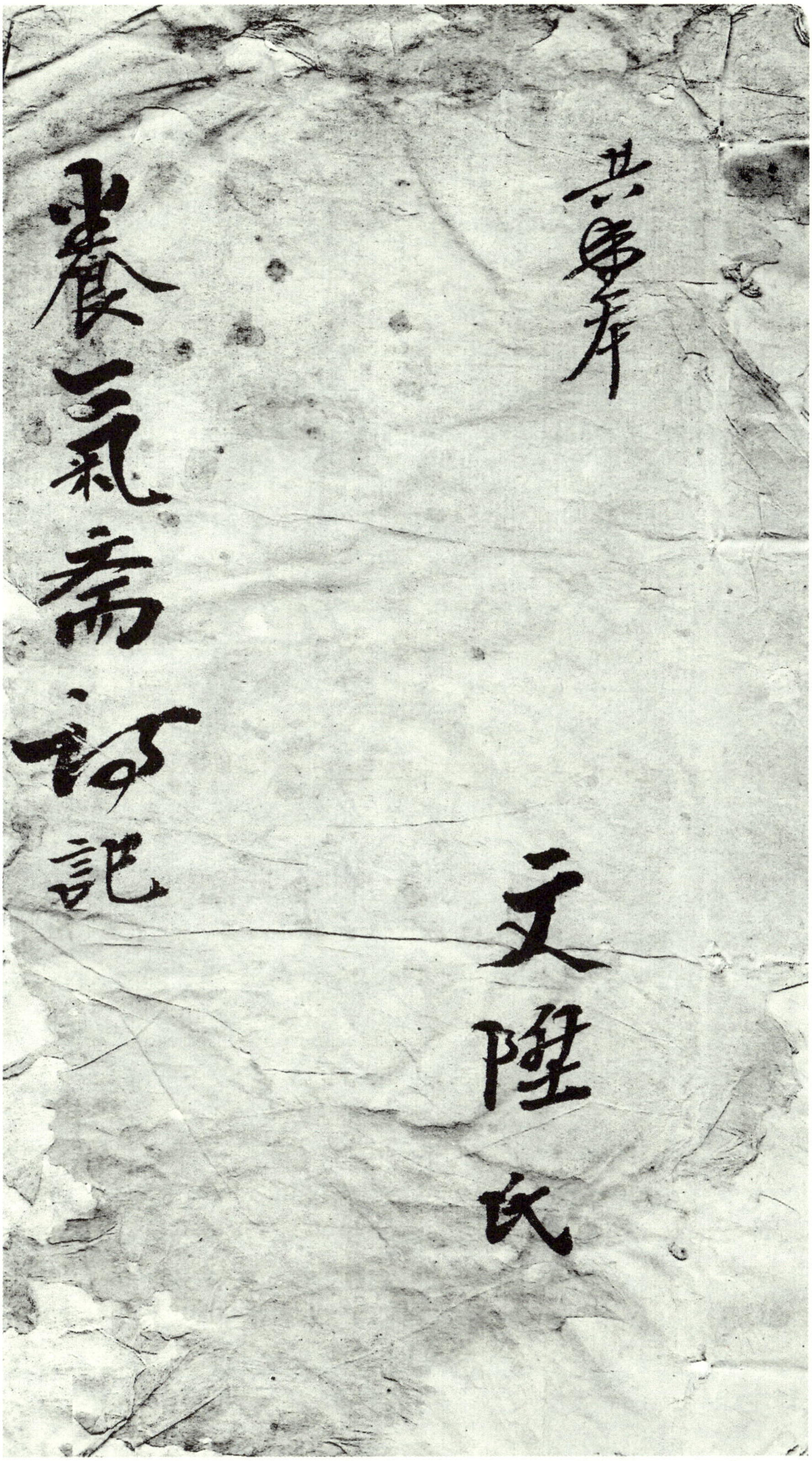
共壹本
文陞氏
養氣齋詩記

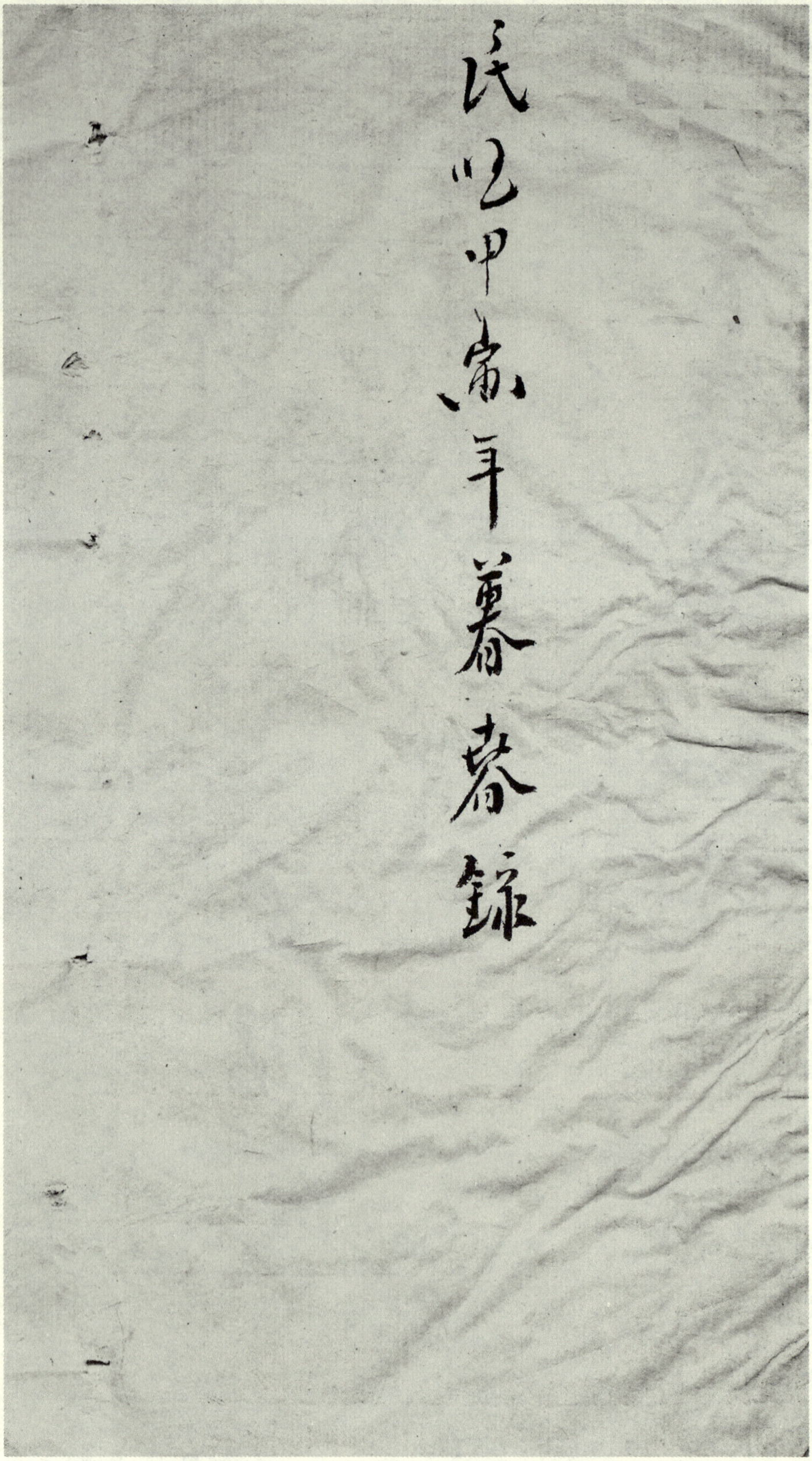
民國甲寅年暮春錄

九龍嶺奇杉記

黑甜古杉何鄧秀峯先生所題九龍嶺奇杉也立三株生西岩深壑常無恙株高出山脊長約數拾餘圍連抱有餘然如眾小之三如孫小又信之黑甜古杉僅見殊之比經前輩題詠歷久益彰此杉直幹鐵立積陰之中如伏波銅柱鎮壓百蠻絕世奇材宇宙所未有而參天之勢幽林潛穴方志不傳名士題詠不垂及邑處地最畢生我最晚又爲山障蔽終歲塵埋悠悠凡俗之目而無以自

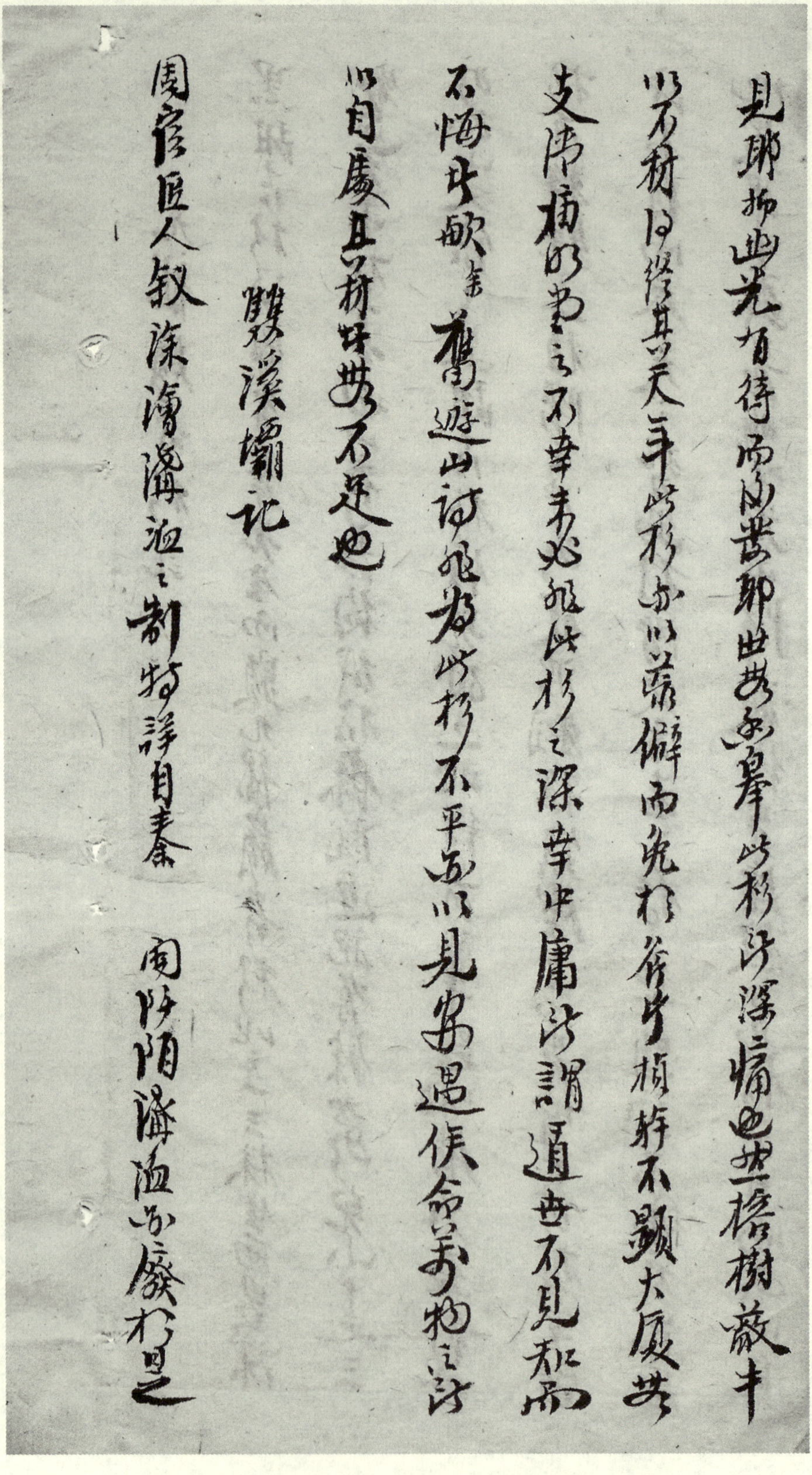
見鄉郁幽光有待而得出鄉出岫無皋峯此杉所深掃也無榛樹蔽中
以不材自保其天年此杉亦以蔭僻而免於斧斤櫃於不顯大廈其
支偉櫃明堂之不幸未必能此杉之深幸中庸所謂遁世不見知而
不悔者歟余舊遊此詩能為此杉不平亦以見安遇俟命吾物之詩
以自屬且有材者之不足也
雙溪墉記
周宦匠人敘濂濬海洫之制特詳自秦
周阡陌海洫亦廢於是之

旱乾潦水乾溢，民亦罹困。一二良有司憫民之勤，以農田水利爲急，若
西門豹、召信臣之流，一興作溉利，去之部劇邑也，訟煩俗痛，令下車
日　不遑理，況能巡省水利，以古循吏之跡爲農夫利，不興於上
興於下。今之農田水利，鄉有遠近也。余鄉數十里濱水而田，皆
寧資楮溪之灌輸，然其流急，下游受匯，上游易竭，每雨少滯則
仙楂橋以上十餘里田恒困不得水。自庚子以至戊申，旱饑荐臻，農
用御嗟。王君以邑之渭水利，固在憫夫人功之不至也，則均田規貫

榿在銅鼓營溢長灘之源舒屋橋之委滔洄瀨激上流暴齧
其崖若曰頭溪垻凡費錢千緡有餘繒灌田畝什餘頃工既竣成
謂百年之利吾之一勞而永逸暫費而永寧者也居讀書慕吉桃
難解紛於吾鄉甚居蘇茂不可以無記及文之石俾後來者有考乎

沘長寺讀書記

天下勝景不離寺寺不離溪金集居山崎於半奇巳並寺於山距於桄
遠独吾鄉植溪沘長寺依桃登潭永隆之北麓浮於西溪凡三遭

大约己巳之交沿岸数十里城牆欝密寺踞鷲嶺踈浪中形坐天上此境
内一奇也敞而平以二三子讀書寺中寺前山襟未為離行人外藏中有田
十餘畝而園且蒔蔬便垂釣南门見九龍巔尖簇雲霄嵐氣隨
煙雨隱晴為变幻對岸青山絡繹不絕形模侍景人夏犹奇日来
入二三子垂釣於離内人影溪之綠沈黛黑家余时獨步隄上观幾雨
度山断虹蒸而返四篷蝬西晦東明遠村返塢頃刻異狀低徊久
之乘暝循蒼藤以歸浪花匆忽列於眼底鷗鳥不尺許凉飈颯然

彷彿夕陽之面舟蓮湘晚泊忘其為盛日午背日之時拜岸已停二三

艘于荊藝午臥稍々之字吟哦呈詩即出之即詩金獨汲思盛梳

書臥嘯島時來喚人向牖則見面徠影山際浮嵐俱隨晴光

入〻帝艘乎頭奴以南風佛面當窗拂之穆然可遊華胥之

至明晚潭畫之暮佐以溪鮮悠意清談人以夏日為長余覺其

短而臥濤飛之上枕履掌弥清滯思躁處

艘自而入然其民形之人為學以有遊息之區斯可深

煩襟爽明也余讀書於是之意愈開識愈淨每三五月明時對
再覓嫦娥如幽出吟嘯嘟既寐復醒起視中庭如銀平瀉訝佛共
處蓬萊〻蓋若身在南天以上翻吟數年忽得詩三十餘首頗
可煩誦普寺景〻蓋余多矣是最遊首垣同福寺中船真西面
琉璃奇花入坐視蘇寺積垣收見奚曾瀟洒〻而余視居
山首坐舟中有江湖之思於中窮始將卜築於青山之麓西可望風
峰古寺僅半里青為鄉大吠遠出多僧視潯陽風景當何

郎長至氏書日記

湖塘新居記

据行南源諸田自九龍嶺而下迤北蜿蜒數十曲至朱潭澄潭半鋪嵯覺漣漪可愛又數十里曲會桐江趨霞殷屏山之嶢嶸橋折而西至湖塘龍山行清窗（涵）之區又稍折而北皆迴抱黄貞仙棲茂乃之新居之臨溪百餘步沿岸上下垂楊裸梅綠蔭沉涼陽行數里不通人跡惟聞行輪深之畫眉百囀夕陽打墮人飛俱

寂識古之所謂森源也仙槎故家青山橋之北朱家湾則其從昆弟廬于余姑猗宅於青山西岸斜对朱家湾此槎溪勝處也溪有橋過橋即小市行人往來不絕如縷其邊曼盛不遠湖塘新居經一奠梁蔽日田徑通幽一峯障市不啻去塵世萬里視武陵之源溪摩挲詰之輞川襄陽之鹿門未遑多讓以余之形跡遭世變而歸衛息偃蹇於此盲矣仙槎年方盛志方銳積之十年或可出於与時會戰倚筆而障狂瀾俟擷其季弟為龍眠之後居然山水消其

壯志似飛禽之戾壁於仙槎不知天下之類態躁士之所謂為也神

龍乘風雷薄日月不崇朝而偏天下其屈也藏鱗於一滴而人莫能

測其迹惟深也故能見天下之幾存至賾鍊筆變於沈靜之中一旦

翻飛雲雨不犯陰陽之忌以遺天下之患伊尚之徒其最蓋於此乎

丸多湖塘泓可潛可躍之境之清峭幽折乃可以驅俗慮滌性

靈他日能為柳文者安知非吾仙槎歸年鬢之霜矣憶丙

于釣遊二三子雨離星散每日鉏耒溪上烟飛茲立標如之沙

霞沈煙獨立蒼茫不知此身居何在宙似槎湖塘垂釣時祖

余青山景况奚似惜一衣帶水阻舟楫不速逮也自社之約似槎

急與諸子謀之余雖日暮途窮猶能登壇執牛耳肯居輩

蹀躞風雲也

似槎碕憶舊記

邑東鄉無山北曰龍山南曰九龍巖碕適當二山之中北距數十里

南十餘里奴龍对崎旋背相望宛似二華三峯蟠積太空差

肩兩角之立而槎牙蜿蜒一綫横貫挈以巨靈之掌超尺即合又似
海上浮萊每晴靄互睇上南北望一嶼之蒼蒼疑有真人
往來空際而數千年英奇士偉人誕應山川靈淑之氣而肩
相摩而轂相擊者與之攘之背市之人稍于嘆也余舊寓
蹊磻臨溪居市之東臾時讀戲每指鹿東之市摩肩西之市摩肩
作戲閱之暇入塾臥乃獨馴塾好斯西窗居東兩村溪壁前日度
与遊與出戲則負笈而歸時聽市人談古今戲曲每或隨長

青谿溪垂釣歲修陳久東西市競闤樓虎蕭街群臾往來玩聽以為
樂蓋時方中興民物殷阜猶有承平景象時極一幾忘帝力於
何有迄今垂三十年每過碕市舉目有山河之異農不暇耕商
不遑賈日出日入往青青不絕如縷絕無有嬉戲歡談
碕上則蕭蕭昔時無一隻獨立徘徊憶七八歲時花紅之突猶
扶頭端端不知此身之為何存也方行之至驟則潮眨夕上衛灯
上已盈尺餘市有遊行者有延跌為行力擊去余繇遊行不及

皆上樓惟徐翁世柏父子獨避橋上黎明視市門外高四尺頭潤

澎湃須臾滅頂雖善泅者不能渡全借滿架倚樓門壁以勢

橫漫數十丈陽溪閣至閣忽崩前楹驚卻足未止臨溪一楹劃

然落如暴雷之飛濺及中楹瓦垛次爆裂竹四分裂諸每呼天聲家倚

樓壁未崩乎僅一席自分同畫蛟角魚時橈有扇刀聲以刀抉

樓板視外已沒橋級舟浪陽數床獨蹲積方以高幾面外

齊橋上人以竹竿還引而上渡未竟餘樓屋隨足蹤而沒

回視中衛行勢益高決舟楫不能渡矣時已亡正夏雨勢自黎
明至日中不止諸母衣襟之余伏桴下從橋上伸手拾之句
行兮不沒趺尺餘長者雄胸慮行將并沒橋西南雅有小漁船
風濤擊烈力捲山岳人情惶不敢渡橋而行勢一噴一激卧中
時聞嘈吮鐘鞳之氣如天崩地壓人之股栗每為雜撞戲
疑隔與瞻俱到衣未卧而飛氣澎緩未久而行消盡其來也
如潮之勇退亦如潮之速以小溪淺洩忽成呂梁之險龍門

砥柱之雄，一胸間盈縮不測，天地災化，禍福呼吸，此固有防之不及防

者。天下固多，何獨不然。或云山蛟出穴，理或有之。方今眾口嚅門

口，數床榻，倏忽滅沒，群疑神物，而余至今尚未息。人間亦疑天

或未嘗無意。然自放顧縣之於造物，消滴之益，懷不啻日隨所

喜好解脫耳。余家自經行患難，移寓青山，嬌甲于隈，移居源公壤，去

嬌未里許，自少至壯，目未覩五嶽四瀆之奇，即此生龍山，咫尺不

及弌遊，而今此返還江湖目下，並有間關以來，跡未間翁望

論一市之興廢、一邦之盈縮，感無聊焉矣。舉過故山，徘徊鳴號。余生長於斯，他日或浪遊江湖，回首故鄉，不知更作何況。書數紙非特痛定思之，亦誌余首邱之思也。

遊龍山記

龍山鎮，仰臨湘，距余鄉七十里。遥望雲氣蒼蒼，蜿蜒數千丈，類仙人宅。約遊者屢矣。壬寅妹既招偕燕春江，尋前盟，過一丈園，邀賀道平母俱，不果。是夕宿焉。遲明，行數里，抵桐檀，折行合流其

霞屏山處綠竹寒蘆蕭騷入畫歷襟頫釋躁蹇二日始至
楊柳山山徑羊腸淺澗穿峽竹石激灘疑無人至山前接獅子岩派
石様溪亭園皆數丈方竹環栽嶄嶄峭絕根膚不藉寸
土而盈尺雜木叢生巔脊俗謂有千年采其上過石峽僅容人因
開圓洞以峯為牆周圍數里再穿峽竹是洞尤豁村民雞犬
絕類桃源為龍山境里矣秦芝廟舊祀中仙後改祀神農里
人猶嘆秦苦之予過李雲卿書齋主人風雅把臂竹舊適渺

隱園亦在遊遨同登主人辟以居窮據余先遊洞崖下寬

丈餘兩壁危削皆奇石鑱截石崖外渠潨潨濺玉洞中碎石

淺瀨間以蹤竹清漪淅絕是時鳴鳥共鷺追巡回峰蹇裳

徒涉景暇意促數百武崖背窦攬有詩自數十韻余謂

主人此上築屋數椽種竹萬本擬作陶通明移宅墨石塞

崖口勝海上三山人世不能往來曾為風引之去我主客

皆笑意自崖返余獨前安崖是見雖坦潭與武龍

潭細瓦巖為卿所三源集如窮其三而未竟其一亦悔於
我氏知廷之詞，昔次日隱園偕集登岳平頂，集卿以瀘盡
不良往，集傻屬主人贈廬杖，集為隱園所知一如鳥羽翼而
上足輕而氣不喘，勝隨園翁所謂海馬脊，峯千支萬脈
層層迴抱，同人皆而下，背上退行，以覽其勝，路或凸或凹或
平，時著杖之力，行數里，鐘精力未疲，已陟藥王宮，天藥王
宮背嶽平頂，俗謂南衡嶽者也，峯勢四垂，中高如蟠龍

伏虎如蹲獅群象如奔見如秀僧如禪徒之欽頭名士之角巾如

大海波濤洶湧萬頃如大將軍營大陣包小陣旌旗高下俯仰混茫

一氣前後數千里不見人物近睇漣漪大湘隱之約之島沿南條至此

盡矣遠眺蒼梧奧嶺南嶂直礙雲霄疑天地之際焉

時日已暮春風雨驟至主客倉皇奔顧循環繞周迴思此身在

萬峯之中覺天低野匯匣勢圍重疊飛走莫越塌然如坐

盤古未闢之天地不知有人世宇宙遑論滄海稊米然楚人

豪壯激烈狹隘之氣不於於森峯觀其極天晚宿森王宮
兩覓夜明日冒雨下峯疑天將雪玉宮乳趨似平民驚疑
挺廬之險極生平未有之善因思少陵漢陂之遊哀樂循
環有悟於武氏福禍倚伏之旨而隱園詩所謂天地青華
燼滅盡瀟山故用白雲遮其骨造物吝者以山水之樂已以物布
爲貴於賤人寶而重之而彼美人世之顯榮富貴之不甚愛惜
歟同行有肯領余言再宿雲卿書舍主家皆有詩歸過

霞屏山主人邀飲語以遊山之勝悔未偕出示撰致淘金一卷擬
敍未暇因先書以寄并寄道草傚以就求觀也

貽厥書記

昔伏生為秦博士適焚書之禁壁藏遺經以待桓榮當王莽
篡亂之際抱經奔竄須臾不離厥後伏氏顯於西京桓氏
盛於東都又高密侯子十三人使各占一經卒能自名家
詩曰貽厥孫謀以燕翼子三公者有焉吾鄉加賀君尊

德取詩語而以照厥名其里蓋守先孝廉恕齋先生之志也孝廉生於乾隆之末家席素封遇新選不就或異之曰吾斯之未能信且仕宦者發洩之氣也仕宦愈隆發洩愈盡吾所爲子孫葆元氣敢泰然任乎孝廉既語其鄉人無不耳熟焉尊法懼後代之易忘所余記之以示其侍嗚呼斯殆賀氏之私語也日中則昃月盈則虧聖人戒溢天道禍盈萬物盛於春夏之衰於秋冬循環倚伏之機

不爽八毫髮惟明達者見微而知著彼皆不知窮日力以奔華
逐艷人棄在前君笑在後矣吾獨怪夫曹子建華屋山邱
之痛不特局中昧之即高明者且覆轍相尋而不悟也賀
氏自孝廉以世以詩書名其家迄今百餘年不隕厥問厥
幾攸植鄰之風余慕孝廉之志並書其語以為世并警紈獨者
賀氏慶也。
他生未必無即立是此聯記左芳圖題
一死儘能副妄心中具文集
三希文齋記

大学是人而畧是天中庸是天而畧是人之々两天一而二之而一者也大学
處人道人之天而人之故曰以人治人改而止中庸處人離天之人之
人而天之故曰上天之載無聲無臭至矣大学下学之功人焉
而不見不及中庸上達之止境天焉而不過人耶無天之外無人焉
患学之陵節躐等其病三曰士曰賢曰聖天之者也聖之者賢也賢之
士也自愚者好学至学聖者而士道人之度詩書而來形器是也知者
蹈過聖過聖者有不賢矣所以篇之不倘義仲尼是也知自知其人知而

天不天圣不圣愚不自知其愚而有不有士不士天不天圣不圣而
天亂有不有士不士而人亂天亂人亂而学術大壞辯之曰不希
而已不求而希圣且在今日適越而首至也希圣而不士是航断港絕
潢以望至於海也於天何有於人何有容申甫激於学術之紛紜
非立實以基之而顧其斎曰三斎（希）条謂之曰道〻於中西擾攘
之間猶行遠者荊棘塞途陟高者嶮巇石削壁不厭艱者希
矣道其邇不遠其平不高是即而求時夜見彈而思鴞炙

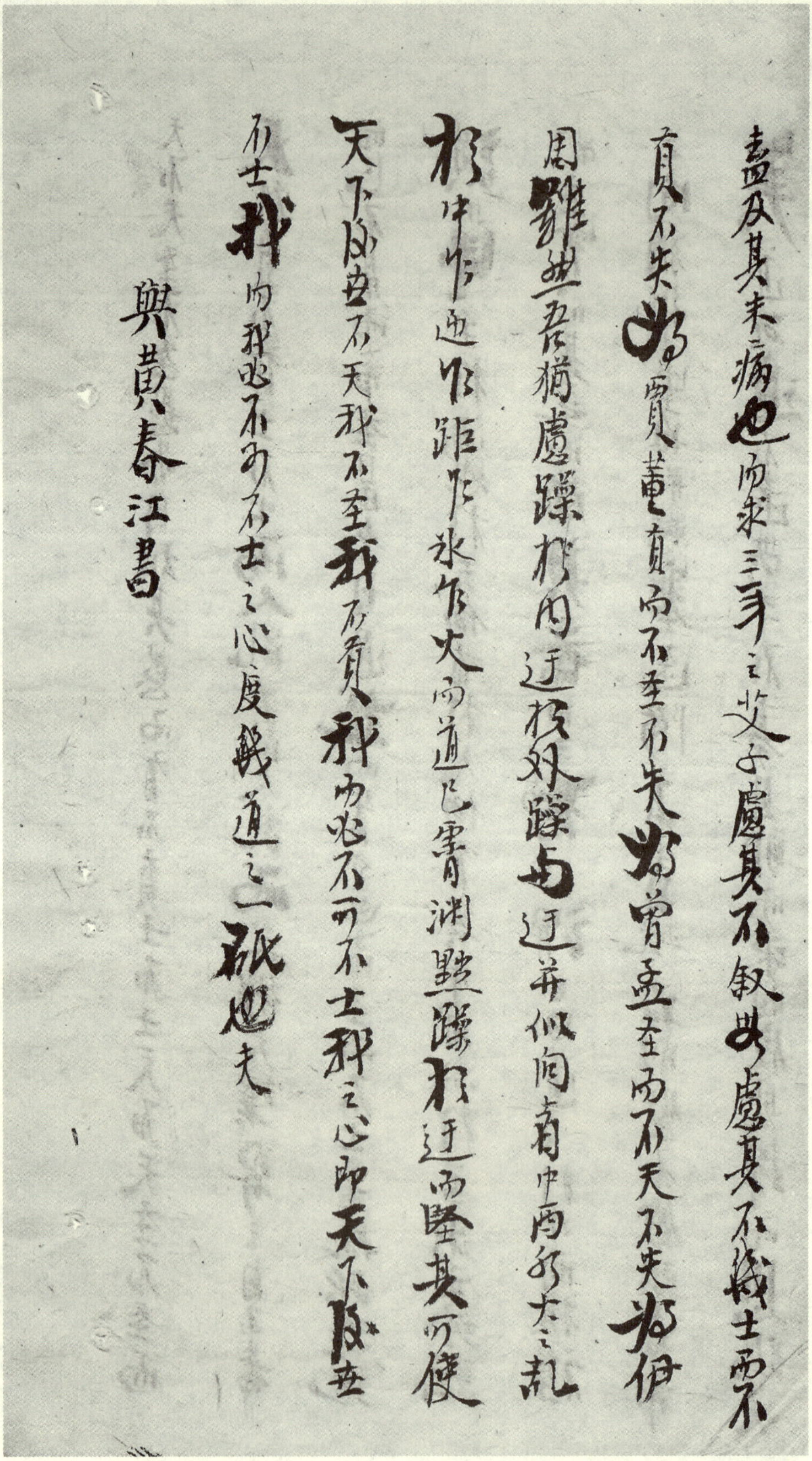
盡及其未病也而求三年之艾子處其不敘出處其不識士而不
負不失為賈董負而不至不失為曾孟至而不天不失為伊
周雖然吾猶處躁於內遷於外躁與遷并似陶者中丙所大之亂
於中作逈作距作冰作丈而道已霄淵與躁於遷而墜其可使
天下臥安不天我不至我不負我而必不可不士我之心即天下臥安
不士我而我必不可不士之心度幾道之一脈也夫
與黃春江書

前春晦雨猶積自僕適有家累天人交刺如魚骨梗喉格格不
適修禊之約遂成畫餅昨逢清霽溪光山影窺窗媚人中
霄不寐見月色如弄杖銀燭浸漾中麗心匆忽有所動慨起
黄鳥咬咬留鶯併作自來催詩而布穀鹿鹿之啼血又與傷心
人千感并觸僕於此乃拋塵累暫忘人世如得禊詠十餘首
讀之信楚不啻自蓄兩筆四天清生於鈔足下所寄茶
歎通体酣暢及兆辰寺次韻俱清麗有可存者僕於人

不談詩中所以之最動足下足下亦知古今賢之郡詩[討]在有意無意之
間哉七月鴟鴞周公借以抒憂盛危明之思鹿鳴以下或勞使臣或
勞還役大雅諸篇及清廟之[以下]頌或陳祖德神明皆[有]為而作凡
子蔽於季孫故有龜山操彼婦出走之歎倦遊於晉故有猗蘭操
二李有豈云自命為詩人哉無意乎以其有意所以工也微特
二李即曹王李杜於無數表見其志亦嘐嘐自異不肯以辭人
終曹王有求試之表李杜用世之志見於詩中者不一而足

使魏不禁錮庾郎不貶夔蜀不流徙三人者負其一往之志氣
安和不由高陳姚宋并功名又安和不由柳子厚劉夢得以狂
躁而致差跌得失之故蜀中茫茫之造物者一一為之位置或伸
或屈之或屢折之使悟此曹王李杜所不幸為詩人又幸而得
專爲詩人雖周孔之餘乃得其初志於詩尚可取也僕才不及三
子而志妄擬異周孔耻以辭人自命前所爲詩自取少情差有追
之而出今讀之始覺其真又於三子有抗行奪幟之意故書

免散拙滯之病，足下知此意，當不復多作。古人今恥居於詩人者
乃仍占詩人一席，李杜韓蘇之然也。雖然，今之世又安知僅自命爲
詩人者之很之，亦多恥自居於詩人者之非卑哉。舉國狂吠之際，獨
能卧不爲其志也，能抑騷愁詠枯槁離剝棘榛纖之厄，以造成
平之世，當窮天地亘古今而莫能易其所向，此古丈夫廉頑立
懦者之所爲也，周孔之憂患又何以異哉。僕前恥爲詩人
今又恥不得專爲詩人，造物之旨既以命李杜韓蘇者命僕之

詩以命足下，足下不可不知前之敗恥，更不可惑於邪說而不知改之

所恥。足下詩有以啓僕，僕之共以益足下，願益往復，務幸足下留可

來菴中吃我第茶也

趙君月岩之辭

嗚呼月岩，死幾逾壯耳。余束髮交，未有若月岩之久，人謂志亦

有若月岩之奇耳。雖墓誌未具，其人與日未嘗忘余，恒也。月岩

諱岸林，風顯悟，負笈遠近，輒軼其曹。余賀不敢借師月岩於过

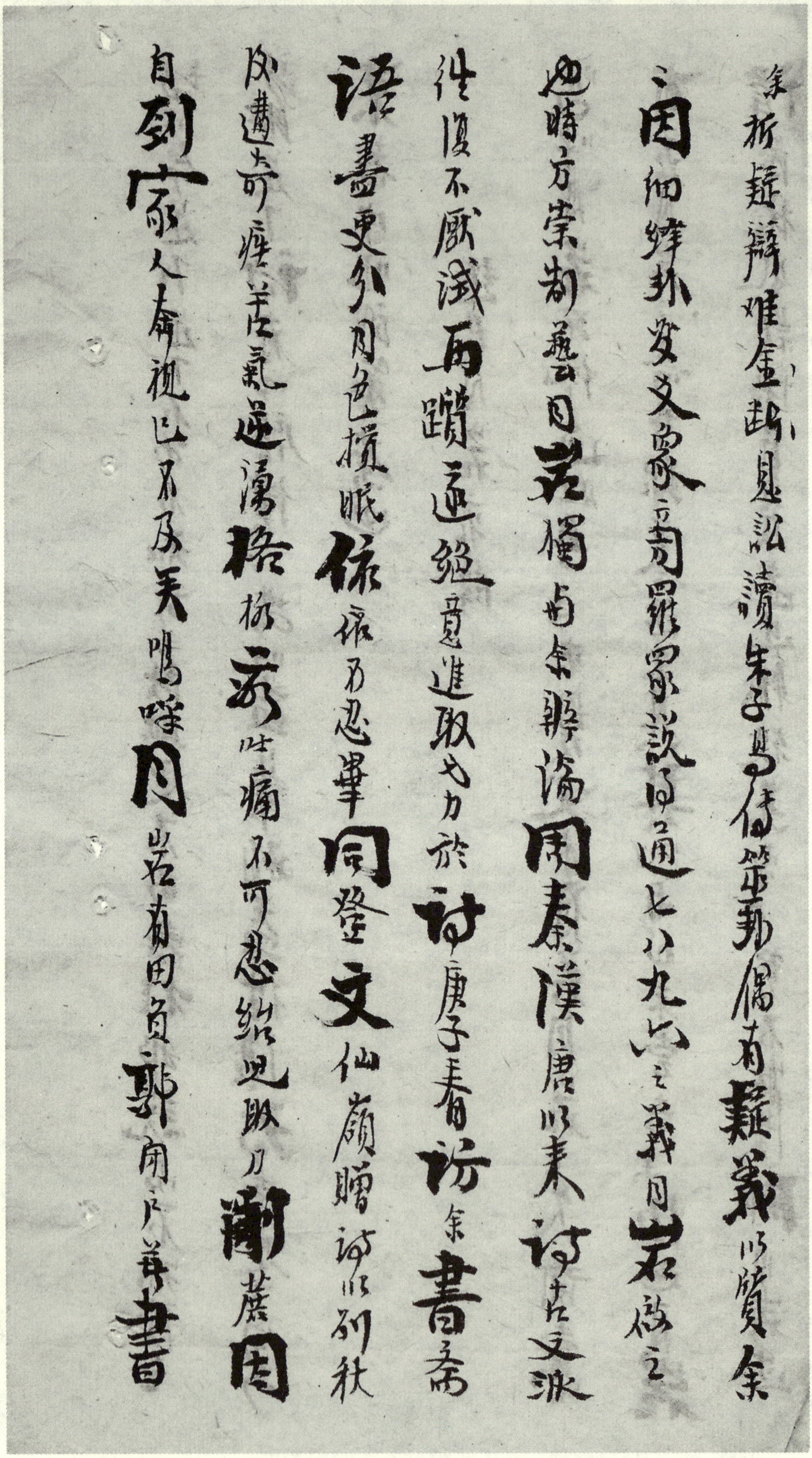

余析疑辯難全斷，見訟讀朱子易傳箋義，偶有疑義以質余。余因細繹卦爻文彖，與司羅彖說，得通七八九六之義，因君啟之也。時方崇制藝，因君獨與余辯論周秦漢唐以來詩古文派，往復不厭。識再蹭蹬，遂絕意進取，專力於詩。庚子春訪余書齋，語盡更分，月色橫眠，依依不忍舉。同登文仙嶺，贈詩以別。秋以遘奇疾，若氣逆，遂湯路極家，吐痛不可忍，紿見取刀，謝塵因。自到家人奔視，已不及矣。嗚呼！月岩有田負郭，閉戶著書

即終為方千亦非人士之厄遇强而摧折豈崔生不朱類士憤
澂之迂郎柳解脱
故繼組以天地為春秋祖
人吾為淮也目月若之俎配旋繼之嗣又繼之昊穹之不仁阿
壁雖閏而余国月若齒悟造物之意智圖俱灰終日兀坐
埋頭著見朔方人十年前曾與同蕪約春採勝同把臂
入林滿若剪燭對元嘉亭僧荒煙蹊雨中不復知有地球也
界中回首此景宛猶在耳聊續舊遊聊拾筆目益寂寥云爾

隻影飄徊錢度曲之纍美姜笛飛山陽雨鮑家墳上冰

蕭蕭月揚生美辭曰

叢蘭竟萎菊首同傷斯人斯疾美者蒼茫天奪吾

詩友忽焉美先行欲獨哭於野盡山崇思猶求詔憾不

穴居於徐文長之塚旁

五言古詩

擬美女篇

南國多佳人容色艷朝陽頭勝丙美釵腰垂明月璫瓏

氍羅袖舞春凡当悠昂一般居王青顧盼驕姬姜窈寵楚下妾十

載深宮藏朱粉淹顏色碧紗為屏障歎唾遺珠玉仙凡冉

冉象照陽千羅綺万般織七襄丑林花李折不如幽蘭芳鳩

鳥遮天言謠詠令名傳千金謝妝妬眉為時世粧肝膽對

明鏡顧影復獨徨遲來弄瑶琵歌唯對朱粱文彈為蛾眉

再彈為流光抱曲無人顧弃糟東西廂

登九兆顧

吾邑名山四，其二吾所觀。龍山峙吾前，龍巖擁吾臥。桂行一綫

聯雙龍行左右，度半危雷驚蟠空雄，對同吾家桂溪濱。龍巖

時延秀，遙連天聲雲，即祖平霞壬，絕頂一陵既甌，忽出宇宙溪

壤鑄堪拜丹爐散瓔豆窮，秋西北屏寥廓煙雲晉蒼催幽暮色

來昭陵，遙倚首非知有人大鳳千里振賓友反陛以子道者錯陸客歸

近究半遙步退及上達，乃驚驟一角鼓東南斷崖，祖更霞役古松生其

底蘇隱渾宵晝不歸。山勢高卅丈，挺堅瘦地僻甚，人知非且全

所愛不見幽棲人壽与天耆久

山齋獨坐

習靜懌秋詩澄悟鏡前史顏淵敬坐忘隱園睨元理忽〻風景移

春半花流外煙柳媚清明晴天淡雲靄緒微虫伏茎歌芳草緑不

止雙燕接我前喃〻催人起

雨臥晚歲

夏齋峭其聊積雨怵陰黙〻秋署春延霞晚晴係溢畝待徉蹤

雲蹊灑丈人靜奧雨池村窮衣胃柳飛鳥來原寺炊煙出茅簷徘徊

近四微蒼雲歸時回首

獨坐吟四首

落日急吟出空空庭切秋草蒼茫萬里日坐覺池荒秀寒鳥悲啾

林中羊腸遠道魯陽安回戈重陽風羽入青沈沈萬古心獨立仰蒼昊

東吞南齊景不知何為好醉枕頹然眠乾坤空浩浩

群動自擾擾惟自無我靜靜矣生時空中燭此光明性月遲燈花輝

燒滅月證經虛實來吉祥一日人天近步月臥復起悦離塵土淨山島

時為虎卯之條出應月燭為我色出鳥入我聽笑吉丹成色仙佛

非入定坐信向壁人寂滅得上乘

黄之師千載祀錢打石滿千中赤要童頭去之長生億三笑六千日

壽吾疇鮮全天生億笑人一人分一天日鑒乾坤老之氣癖

非瘧亦如人身中一亂有病癖精血目涸耗舌在齒不堅人中有

松鶴偶得氣之偏其餘一步中幾億與頭猶不知年年成赤

子孫權遷店人悲我生群生憑凶貧窮惡死不惡生愛惡生患而懼大呼

神全祖誰亲元天圓

慶應天福地榻上月一日書六經子史不惊三世眼同瓦諓有逆

駱列有儲妍義秘神宽君俎亲策迁世母經却厌琳瑚高

居真文妻不宝迄滿空虛漢宗儒者所得糟粕相餘

間居二首

逃以方坐言童春濟乐巴眉居偶与塵山屏理烹庐但咸藏暗榻

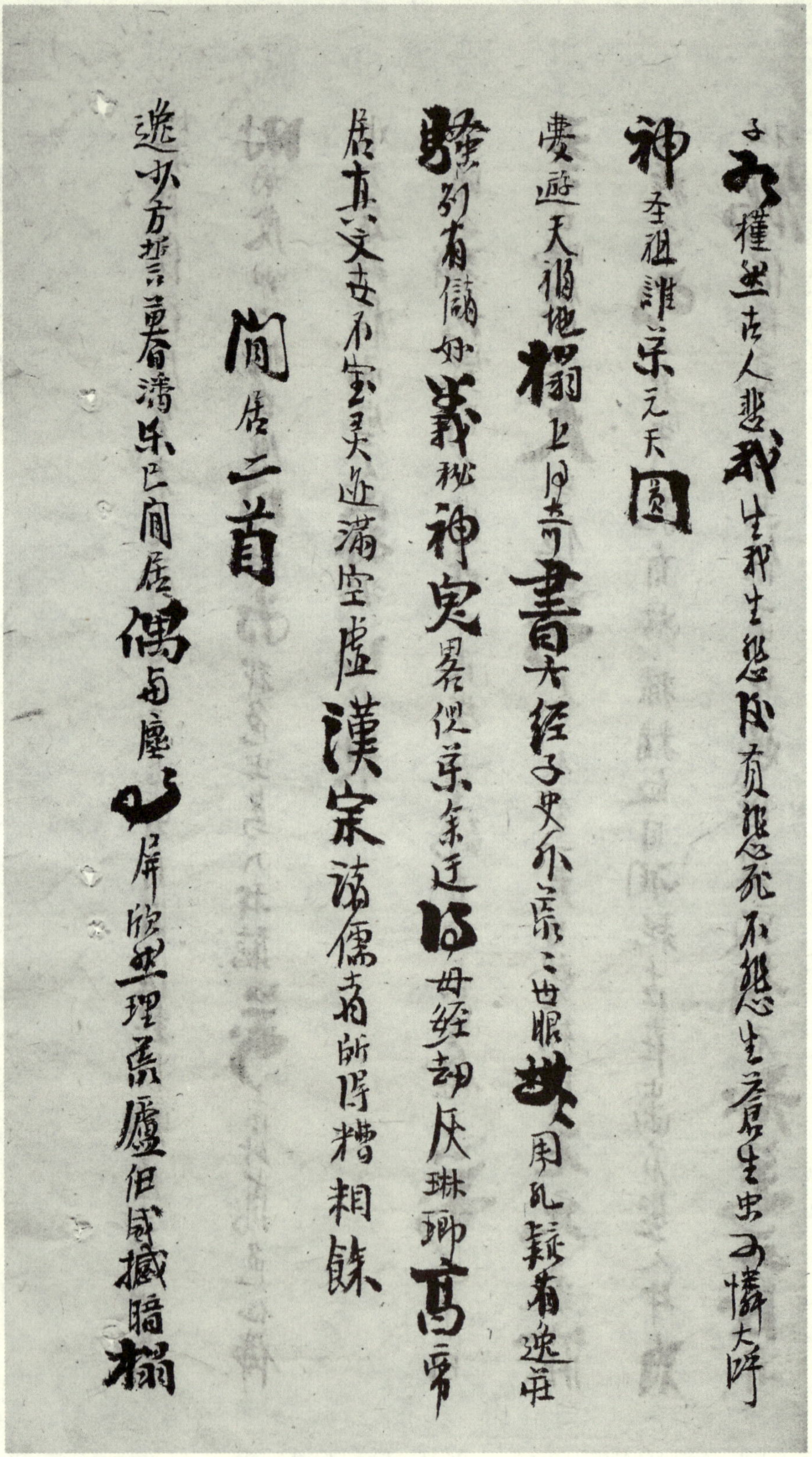

蟰蛸胃遺書微蟲剌叢野馬來于于推情放明月決活成清渠

楤我筐中紙掛我壁間圖圖中何所有弋一幽風詩誦詩自三復

花芸荊滿前階坐蕉嶌農山晚豐醒清陽徂時物感人情何乐復趍呼

嗟吁世古今弋醉返吾愚

豆麥熟生婡榴大條夏夏鳴蜩喪高枝晴嵐媚短樹出入客所

歡猶從會有藉高郎歸遠流芳日昕平野幽尋二三里

徑持一蘭正採葡代薇蕨攬麻沓桑根薜蘿伐文禽岩

樾閣催稼復草蟈趯躍隊巖鷹上下矣物各有適鸞鳥独

不化乾坤雖不啻危途其實跋情総理為儻感集慮鮮暇

歸詠疇占備新月上养食

七言近体

偶成二首

雨过新绿上幽窓風葉初驚午夢慢静裏不知春已去四梁飛入

雙双

單衫浮入晩几清蛛網牽絲半未成坐覚寒煙窓外暝山塘棋

唱答書感

消夏新韻五首

巡簷一步一依徊長日隱居物上苔獨坐荒〻羊脚熟空齋竊食鳥

頭來汗氣蒸雲雨作鷹月逢閏夏半炎天清如露涼立是來胸腹一夜

溪濤過枕風脫新衣裳六月時江村長夏與貧宜開窗不用平頭扇翁水

面南凡事逼白吹生愁紅影曝宮鄉那月涼衣寄到家占臟孫綠篁凡蕭

屋早時清曉干時茶避蚊共計起蛛網獨立中階待月明風定銀河星

三十志戲試肯

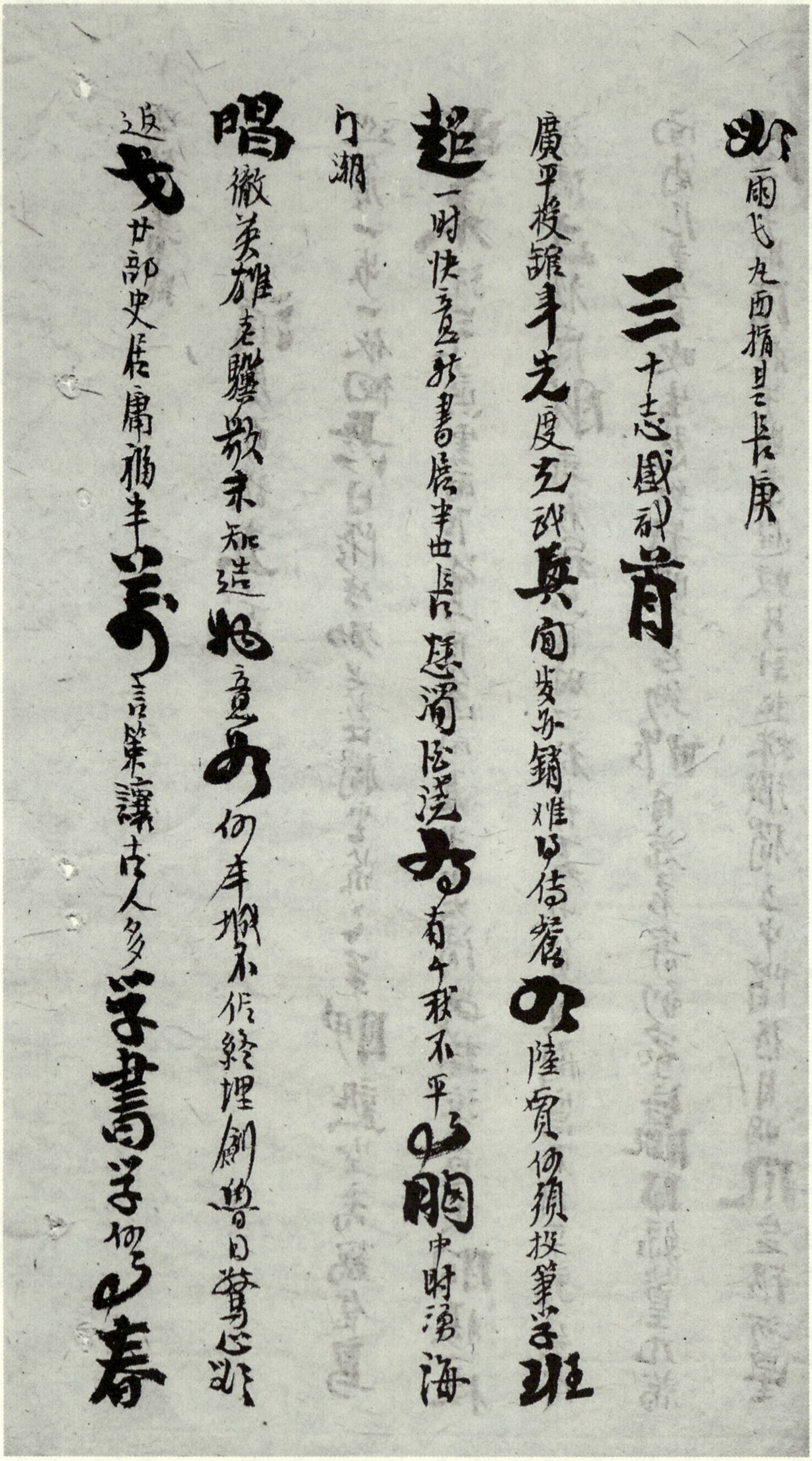

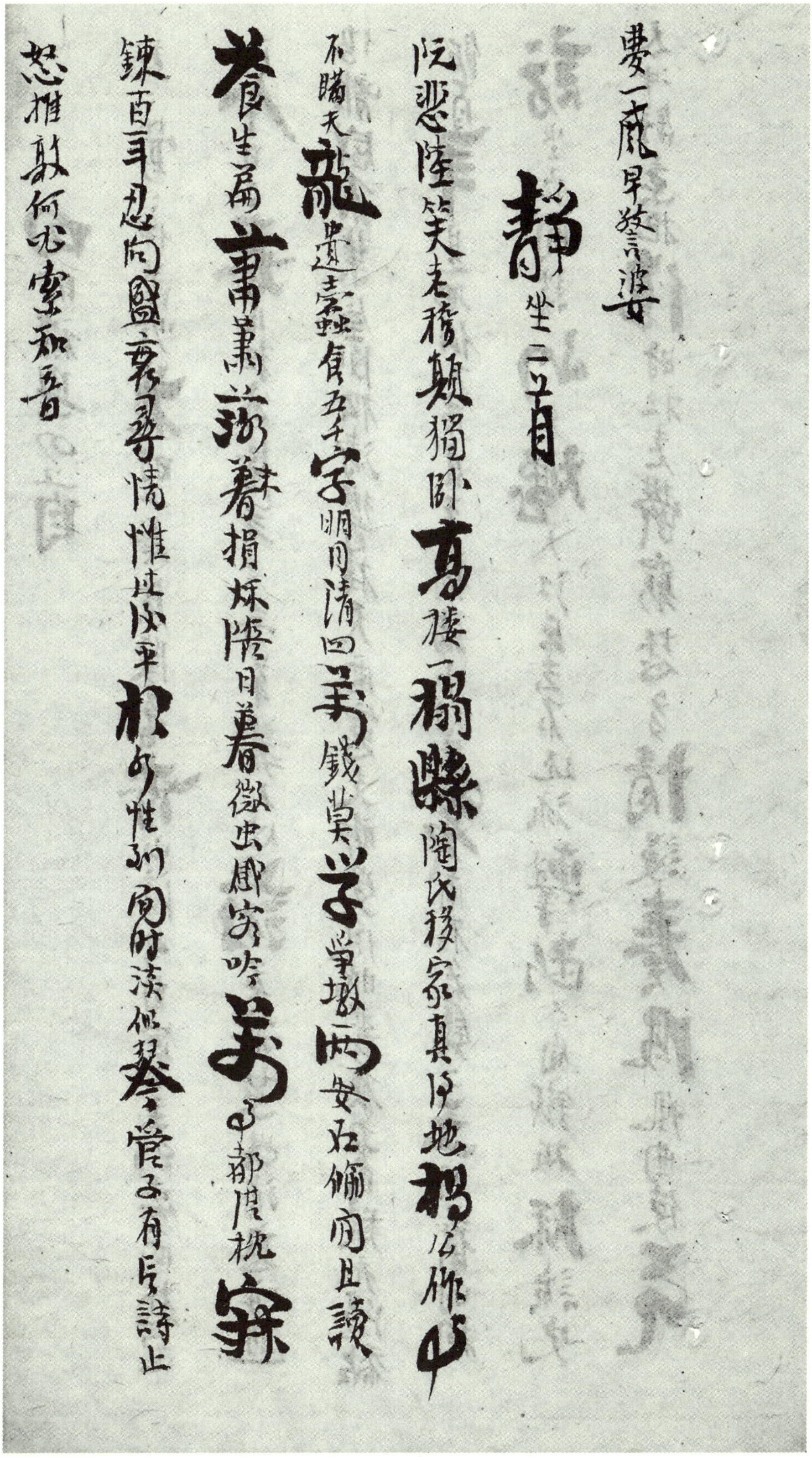

婁一鹿早發譽婆

靜坐二首

阮悲陸笑老移題獨卧高樓一榻懸陶氏移家真隱地楊公作山

不瞞天龍貴遠熹蝕食五千字明月清回美錢莫學掌墩雨安石偏閒且讀

養生篇蕭蕭游藉暮損坏隨日暮春微出感安吟美乎郝居枕寐

錬百年忽向盛衰尋情惟且從平林外性列間時読似琴管子有足詩止

恕推敲何必索知音

四時禮興の首

盖三驚三伴莫吟花時一奏廣陵音

青山滿句目宜責主幻妻同怒忽

令日三春見狂句陵爭三芳草美人心

傷離國不禁屋內松濤響格天西窗支脚受風眠坐老夜五月疑元隱靄

訪坐臥閑談山又煙大江東去不還流擊斷人間鐵板秣讀史

飯百年是地仙入市居平猶說小對床夢南不名錢三三明舊時相

太沖靜素抱傷時杜老攀齊窮愁多情護奏鳳鳳曲使元

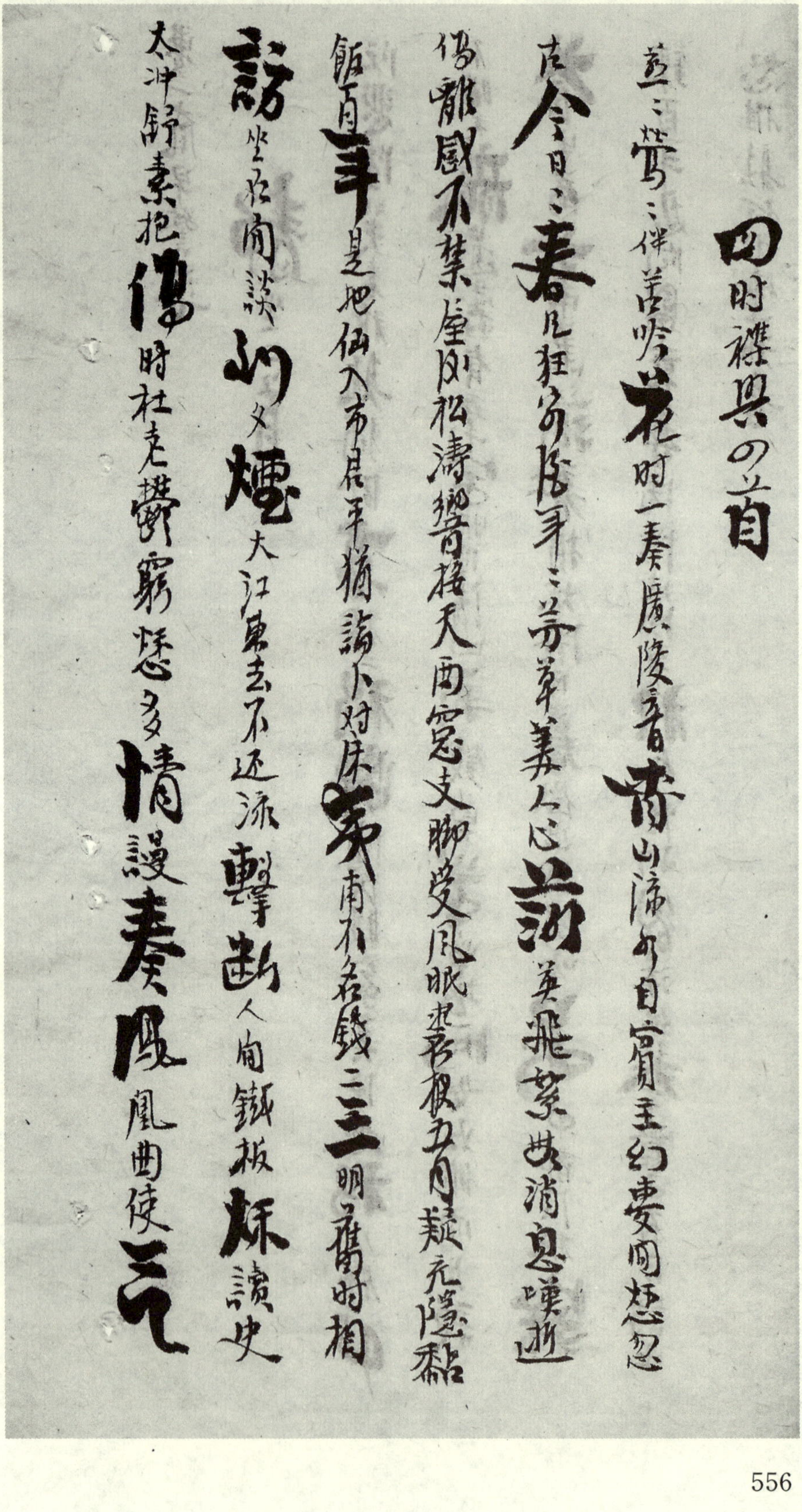

頻翻鸚鵡洲明斷偃植天美里蒼迸風雨走龍蚪朔風翻樹

響音奔雷疑是隱山美馬未醉鳳紅梅入屏帳飢尋黃獨廟草

萊夜驚犬吠積山思朝看鷹飛呼將才天半神兵驅雨過

河山戰罷玉龍堆

四格 志感

一手春雯一回斜春雨青山作比鄰賦有少陵慚獻主來皇

勇不為賓鄙雲生月餘詩史救燕英雄即華民萬八向千

秋壑上謀乾嘉氣筆骨仍塵

尧瑞圖二首

天上人間境偶達田園村上茆
家容千手港却迎飛塲十里
迷津守毒就宕笑山中與漢朧地唐垂外遠去封婁曾遊屬多明

記綠句卷花路几重花径東西曲陵通永冠裳乐古皇尼環
凉自長忘半華道立吼却上壽翁天地鷙香就战外山
川渾老犢遊中勇人未訓藏書地但記桑麻屬二同

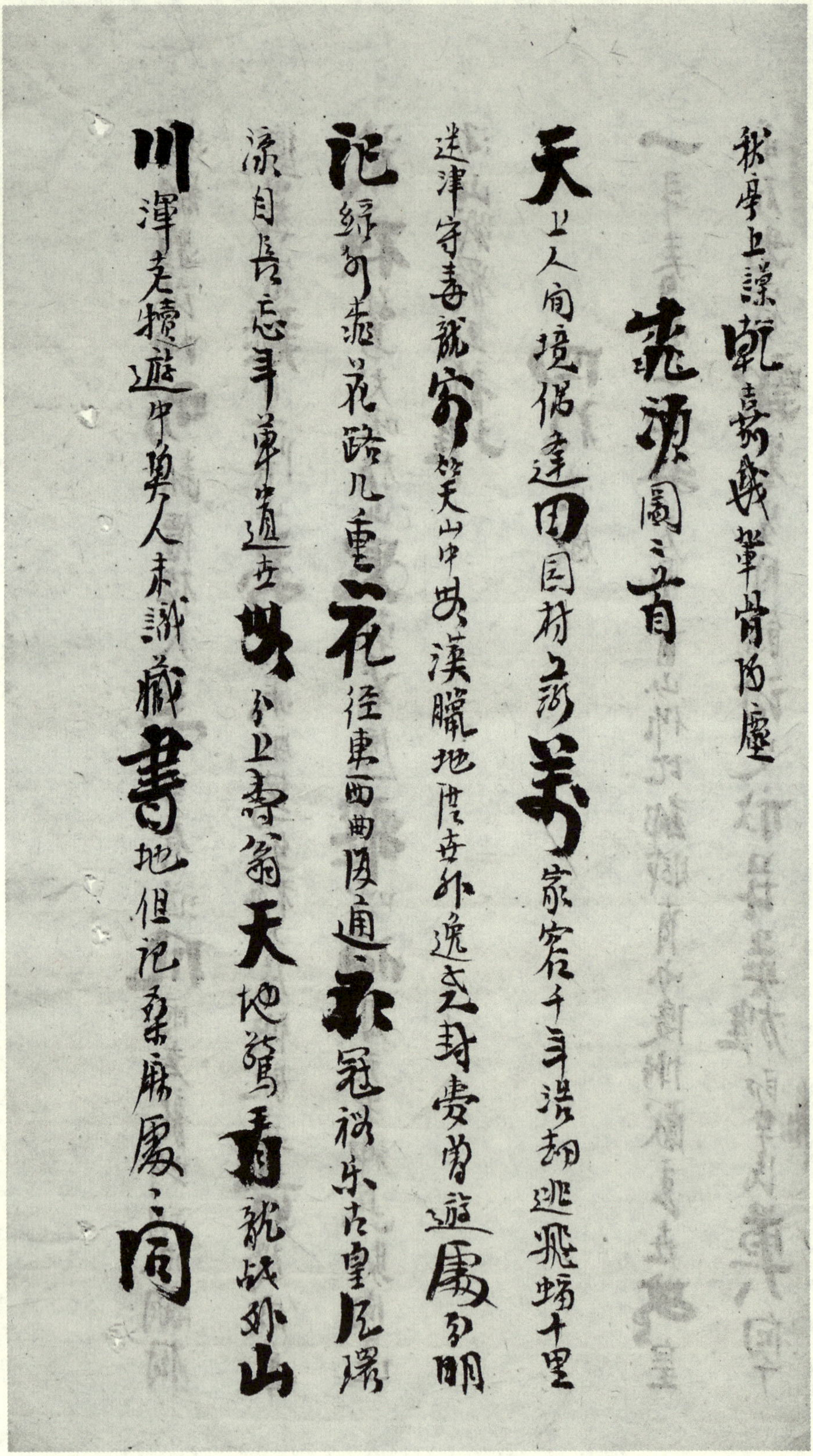

菊葉神首

滿目斜陽蝙蝠遊翠梧飛散一庭秋寒處下減濤驚虛蹤

態羞隨月出溝涼夜有情寄往外孤禽要力散枝頭憑居

攫

攫起旋甄放翻霞狂尾高未休

力盡高飛垂綠塵難住柳絮子輕身亂鴉繞樹啼偏急細

雨鼓空吟未真歲月冰霜陷浩劫文章天地積饑二射升沈不

入冬青盛老出峯頭冥古春

初冬二首

卧雪爭如蟄户幽圍爐婦子襍啁啾風生大澤蛟龍

渴大皿荒泉豺虎愁名士既吟東閣地將軍遺箭北平

旗綮頭漸涷南極筆半臂生肩目侍裘

續消夏八首

倚竹閑窗卧月多人生村月几嵩欹科頭顧影猶手少兵

把烜撚渡絳河藤蘿曲屈界壓纓萬樹黃鸝唤晚晴

背立蒼隄忽回首浪花風打衣鰈魚飛生愁紅影瞑窗紗昨日涼衣

寄打家昌暁月綠篁風滿屋早時清睡干時茶西山清氣近黃昏一徑

僧歸綠到門別有襄陽高士跡奠梁前日泊前村晚署衣冠六月

時江村長夏與貧宜開窗不用平頭扇竹南南風盡日吹避蚊無計

起蛛網獨立中階待月明風定銀河星斗雨一丸兩指是長庚衣晴

豆雨近秋涼人坐蕭齋屋似舟更向南皮思往事竹邁家墳上浪東流

潮回夏汛打平阡月練風編送楊前那渺孩家家有約過橋山色似

龍眠

重遊雙清亭

星移物换廿年遊危石依然障上流草色下迎南浦雨山光進接泒

岩秋 皇石岩 五台僧去以溪孫六嶺煙生萬古愁殘照一帆天在可芦

花吹滿狀之洲

賦得新妹得妹子

蝶悄尋花晚双双繞畫樓棋風灯影淡詩思草虫幽藥去人千里眠荒

月一洲桐窓疎雨过短夢寤驚与妹

卧病居禪興八首

移居將十載作計老郎園敗笠塵書生蠹頹牆樹作々溝竹虎疑雨滴

山翠午近簾昏々底々鶯春曉變々趣別行

曷起婦人々相陽候挽前詩陵雨射憂文誦北篇空簾喧翕聲射

流迍石骨着長埋烟雨暮綠樹一半眠

病々催耕急遲々春已歸鳥恆周遭遠道乐惠莊飛書罷詠花

滿天低綠陰園蹊々幽路蕭衰因感爾音徽

學圃樊遲獨問鞋庚比讀風扶遺蘅果月令記黃灰乳液滿盂

民釵頭步而菜更啟添食譜筍蘭佐種芽

一卷幽風譜齋羽弟處樵護蔬檜熠燿驅蚋啄蠓蛸勤懷蟄陂

爾慈傷羽墮巢吉凶隨物化食鳥色三文

謝了茂君將千金買一間斜晴初上市餘日孤看山亂草以人去逑庭

恣女禎些算天地龘造物綴難刪

那去仙樣剩鬼遊蹤已空民家逢又書豆以話感同訴舊多秋思

浮生一寓公國帝吾猶謂前日大江東

疊疊風桃屋叢叢竹上樓星飛河漢漢帙螢過紙窗幽畫畫夜編詩

養明物理鈞鈞浣花水千葉移近郊西頭

籌原詩 此詩為郑介卿捌掛攝又弟助四百金以救貧民

天運逢陽九兵荒屢見饑饉還方國兵夏患及儒生髮為窮

黎白心期大呂清博施雅病金陛井必深情

家學期攀郑时鄰洞一垣好名發下式家宮笑王孫謫 由仁心

見通经致用各儒林兼任使中行最公门

悲清明

黄鸝呾哑鹧鸪語嘴嘴夜泣清明雨首郎肚斷黑雨雲百步鬢魂王痛文

既痛王文叟王母桑餘避呼故山阻阻月子蜚明明語見悲不聞汝父失怙時王母

中夜不停御汝父伶偶背母啼啼咸楓咸嘈禖見痛苦父母能見孤灯

血泣雙眼枯見向阿父母何辞防墓誰人掌の足天涯共伴鬼見歸阿那

長大祖骨有見有孫空尔省鳴呼父墓墓本枝如此一門三墓永千

里當時離生隨鄰死

雨竹

午風蒼穩野馬逸千竿蒼翠濕々情々被離有迴凌霄氣灑濯龍徽出世心緣

意態天々亦潤涼痕侵骨々々如陰何人能解虛中益百尺由崇花雨深

月竹

荷花池畔畫樓西倚檻誰人翠袖依濕地刃銀翻綠浪摩天鶴翅下

幽蹊平步美里舍光遠非翡翠千條顧影奇一曲瑤琴清雲飄

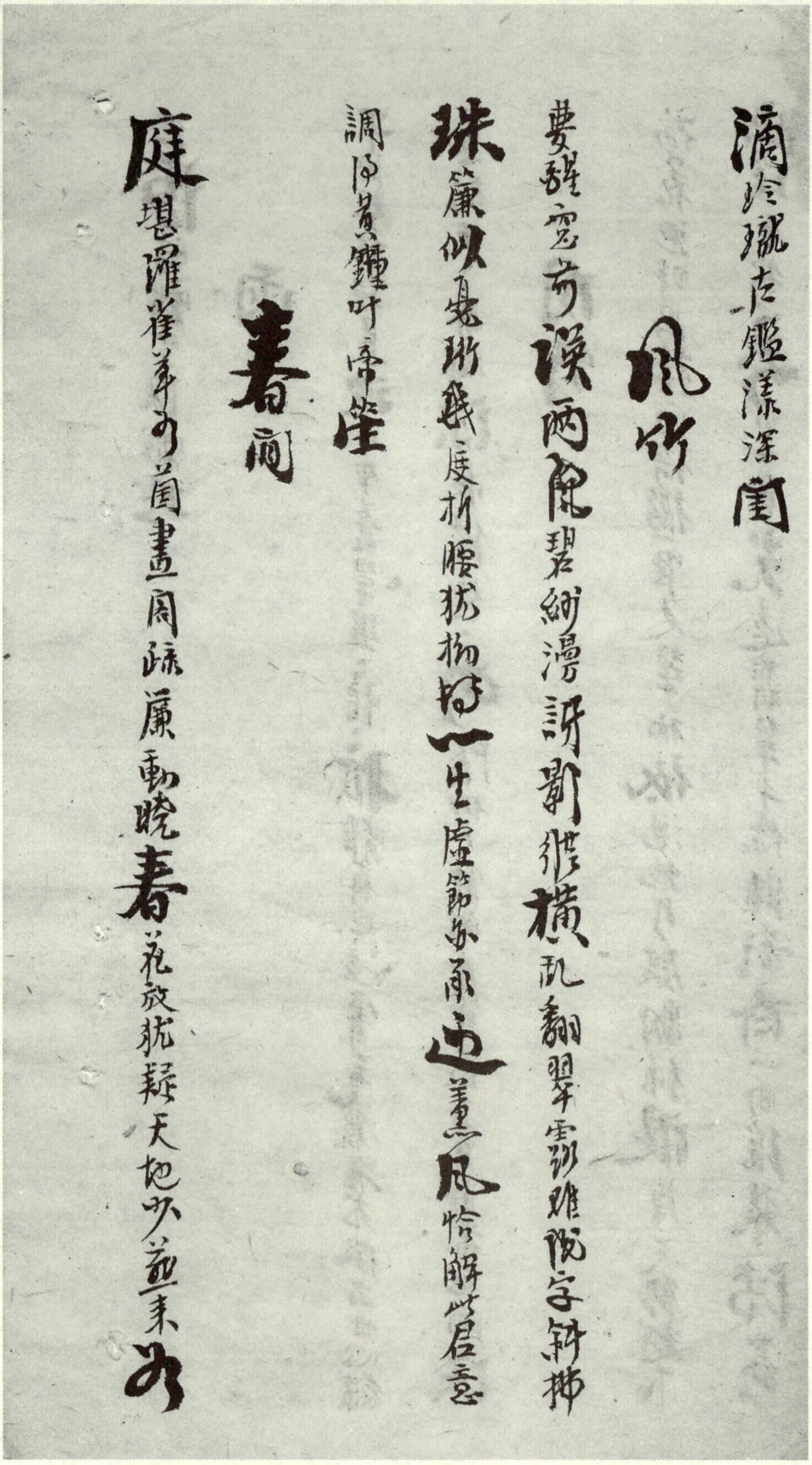
滴玲瓏古鑑漾深閨

風竹

要醒窗前溪雨聽翠綃漫訴剪綵橫亂翻翠雲翎雖隔字斜拂

珠簾似見琳瓏度折腰猶物好一生虛節亦承迎薰風恰解此君意

調侶黃鍾叶帝堂

春閨

庭堪羅雀草可茵晝閒疏簾動曉春花放猶疑天地以並來哉

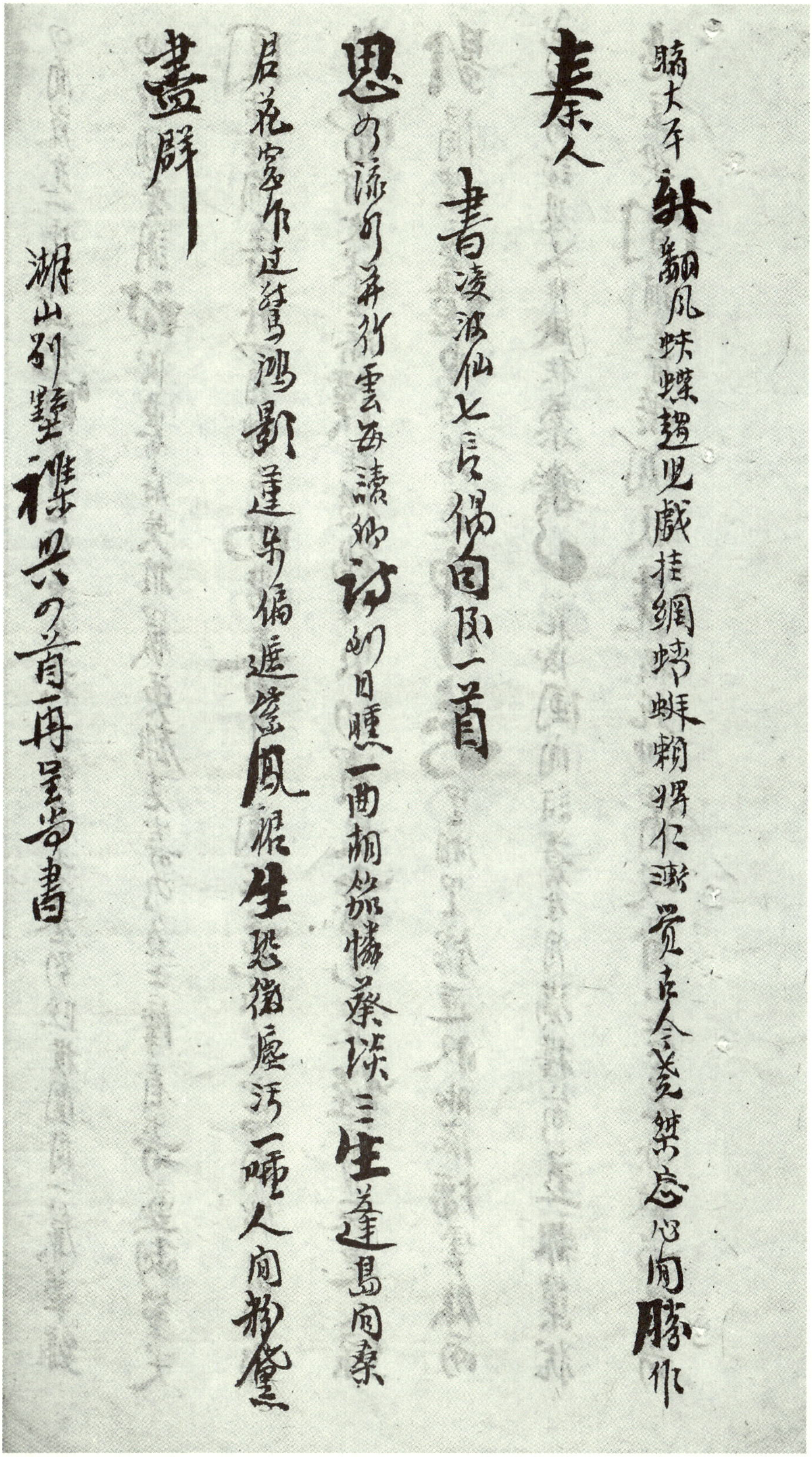
騎大年秋翻風蛺蝶趨兒戲挂網蜘蛛翱翔仁澍覺古人今老禁忘心間勝作

秦人書凌波仙七言偶句及一首

恩如流行并行雲海讀奶詩如日暖一两相邀憐發談三生逢島開來

居花室作述鸞鴻影蓬萊偏遮鶯鳳裾生怨微塵污一噓人間都盡

盡辟

湖山別墅樸菴只此首再呈尚書

四面嵐光一座秋山林富貴古難兼名花香絕書千卷別院棋圍月一簾華綠

池塘頻要潤詩興重壽府英雄最英雄老壽乃名士摩看壽動筆尖

園林樓閣迎時秋四月鸝声尚常春井合蘭招花作友窓開竹引月來

鄰當階犬吠生涯僕挂檻鸚啼作客賓更處邑進經雨長連天綠

影滴襟塵憶曾持節遍神洲華里湖里錦連收脚底煙雲藏雨

我眼前詩思又中秋秩泰樂也花開團圓話蒼生月滿樓前益離巢猶

感主梁間朝暮語咽啾洗眼乾坤看峻骨山容老亦斂尊蒼前

溪涷合神灘渡孤月寒亟翻余寺霜陉醒双魚辨濱御風生美

馬憶甘涼與來快閑尖以韻次有重裘蓋河陽

燕來巢

春晴門外鶯花亂差々雙影傍塘綠東家西家女之履呢々紫々梁

聞語日々喃泥真辛苦我勸我舊屋毀我窩我營我射雀争我室雀來

齒牙鼠叔我子我子我肉我肉我子目々育子育子直々辛苦我子齒牙汝

子汝肉鴟來洶々攫其肉汝肉汝子牙吾子

妻寄夫

別某○汝及我之良人也。君夫自到之後，經朔累暮春之期，堂上雙親倚門而望。古人云：送兒抱嬰兒，一去不復來。孔子云：父母在，不遠遊，遊必有方。想君夫詩書廣覽，能忘此禮？且夫臨行之際，三回四顧，囑附辭了遠別之時，近別半年，妻已切記在心。夫意忘卻，枕邊之哭，出去之後，意不恩歸。雖無買賣多之以利，何須苦之貪求。況且在外，初商其多之少之，初官其策之年之，初官其忠則以事君，初商其孝則以事親。此

乃大夫夫ゝ之立乃也想吾夫朋之入柳巷夜ゝ宿花街貪現恣色目然
其極快楽雖無眼下快楽恐春不久倘若疾病臥床謂之求何人為送
父母妻子何亦能相見生作忘恩負義之人死作無祀祭之鬼身棄他郷骨
埋別地乃万代之遺臭實千古之怨鬼昔日王重而王祥孝感于天
留侍佛去揚名天下此所謂大孝者也畧叟願読書賢遺羔羊有跪乳
之恩烏有反哺之義何況於人乎回想結髪之時願共偕老之壽
生昨同衾死則同穴今不思帰也奉覧親良田変作荒坵屋宇

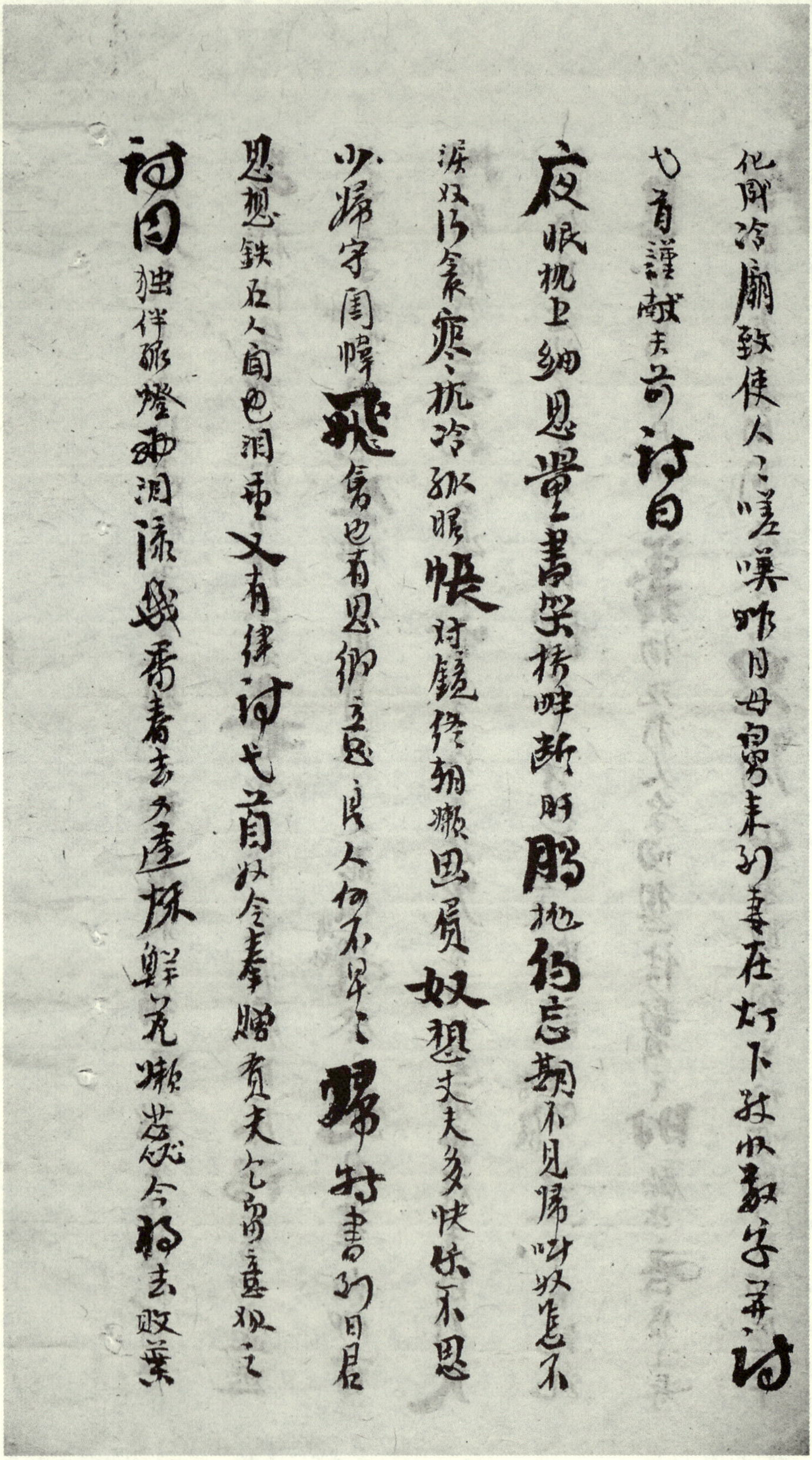
化用冷廟致使人人嗟嘆昨日母舅来到妻在灯下裁衣数字弄詩
七首謹献夫前詩曰
夜眠枕上細思量書架構畔斷肝腸抛悔忘期不見歸叫奴怎不
淚雙雙衾寒寒枕冷孤眠恨對鏡侵朝懶思貫奴想丈夫多快妖不思
少歸守閨幃飛鳥也有思鄉意良人何不早早歸封書到日君
思想鉄石人間也淚垂又有律詩七首奴今奉贈賢夫乞留意奴之
詩曰獨伴孤燈兩淚漣幾番春去又逢秋鮮花嫩蕊今將去敗葉

碑枝詎復收迅速光明能幾度回首至嘗祖家墓堂上双親尽白髮在

使双親日夜愁

漢初以黃老致治論

雖民識於史公論其道先黃老而後六經似矣然觀歷史自春秋之末百家繁興天下大亂以致於秦迨曹參用蓋公之術守法無為而民休息於[illegible]鄉清數百年之積毒繼之以文景幾致刑錯而成古如東漢之光武北宋之仁宗明其黃老之説但称大治普羊於明黃

老之術不急功不盡民近民必成功而無後禍獨武帝王莽及二蘇綽王安石之徒皆好儒術而致以亂何也豈六經果不如黃老耶蓋以儒因班氏之訛言乃分六經黃老為二道又因魏晉之清談遂賓擯黃老於六經之外是不惟不知黃老并不知六經者也書曰欽明文思安安詩曰不識不知順帝之則論語曰居敬而行簡中庸曰上天之載無聲無臭孟子曰行其所無事是皆黃老之精意黃老所未述者特六經之典章文物耳并六經諸言斷作者不載

黄老之精。盖以高祖文帝曹相国以下，虽制作未备，但得六经之精意，以
胜残致治。善在武帝之雄伟，不出乎六经之迹，以窃归治其人。王莽安石
之徒，并六经之迹而失之，故以大乱。至魏晋间，王何嵇阮辈，浮华相
竞，正与黄老相反，安得归咎于黄老。且得出仙佛，以议离动以为静，
故为异端。黄帝践阼，毕诛蚩尤，老子称以正治国，以奇用兵，
正有弥天之雅，所谓不动声色而措天下于泰山之安者，初无离
动以为静也。使本人并出周孔以用黄老，黄老以用周孔，故易待黄帝

与堯舜并稱祖戴記述册之言有賢智之道指以莊生放誕一流而亦不斥為
異端即班氏識太史先黃老而古今人表亦列老子於上上与孔子同位
爲甚闢仙佛者莫如韓退之然其本政篇曰古之君天下者化之不示其
所以化之之道及其弊也易之以不示其所以易之之道逆乎天違宵
爾神化此与宋儒之主靜皆黃老之術也既取其實何必又避其名蓋退
之因唐人之妄尊仙佛激而有原道之作而后不遑擇於宋儒以致叟
周其道偏而疑黃老之与六經有別又歷觀古今盛衰之原然黃

老不足以致治故用其實而避其名使知六經之意旣黄老黄老之道旣六經則尊崇之不盡伊避之有雖然黄老祇其精如酒之取汁而去糟六經兼言精粗如酒之由糟而得汁取精遺粗祇可爲上智言由粗得精則上中下之資皆不可言耳此則其階入之途也先六經而後人知六經於黄則誤矣

漢七國成敗論

東南文弱風氣不逮西北之勁悍時自宋臣以言之耳若唐以前江

淮之子弟勁鋭摧鋒率豪雄之將倚以起項羽之自戰無敵乎僅吳會八千人厥後謝玄以之破苻堅之衆王世充以之摧李密之強吳王濞擅山海銅卝之富士為之用收其勁旅數十萬合齊趙諸國之衆長驅而西其勢宜莫當乃不三月而潰何也說者謂頓兵堅城兵家所忌使吳當日不與爭車騎平原之利過城勿攻直疾西據成皋之險而奇兵出潁川塞轘轅伊闕又令將循江淮而上收淮南併荊楚西會大軍於武關亞夫即持

重兵已扼其吭而拊其背，勢若之疾雷不及掩耳，雖關中不乃北以河陽以東可割而有也。雖然，言之甚易，行之甚難。以高祖之方用羣集羣策肆力，且數敗於滎陽、京索間，使非彭越、黥布數擾楚之師，漢不特不能據成皋，關中亦不能守矣。況區區一田祿伯、桓將軍哉！諸葛武侯不用魏延子午谷之策，亦慮此之不能守耳。無則七國徒據形勢，不過遷延歲月之間計吳奇士獨七國即耳，不假於兵以弋節下城邑，兵八至十餘萬使許策行七國雖不能固而周鄭得以馳騁揚兗青徐爲東方之漢有矣乃吴不能付以精兵又還灞叢背以死此天之不與敗亂不血漢其危矣是故秦非不強也一耕夫揭竿而秦已亡天亡之然以勝人也吴楚七國非不盛也漢以一梁障七國郡郡之暴溢而旋消人亡之亡之然以勝天也此非景帝與亞夫之勝也而賈生有文帝謀舉淮陽於梁之起新郪以北著之河淮陽包陳以南揵之江使梁足以捍齊趙淮陽足以禁吴楚漢亦賴終哉

山東之憂矣及變起西夷卒恃梁以敵七國夫孰知賈生曲突徙
薪之功哉抑文帝之德隆有以凝天命而祚卬劉也而漢諸王
章已惡終獨文帝嫡嗣延慶故曰言天子而有聰於人臣人者
必有聰慮於夫七國之愚而以亂賊民勝御俾於天下一哉世胄
惡吳宗帝之殘忍昌不止為梁孝王不知文帝與賈生預制
之術梁存繼孝子景帝之孝弗教弟之名耳

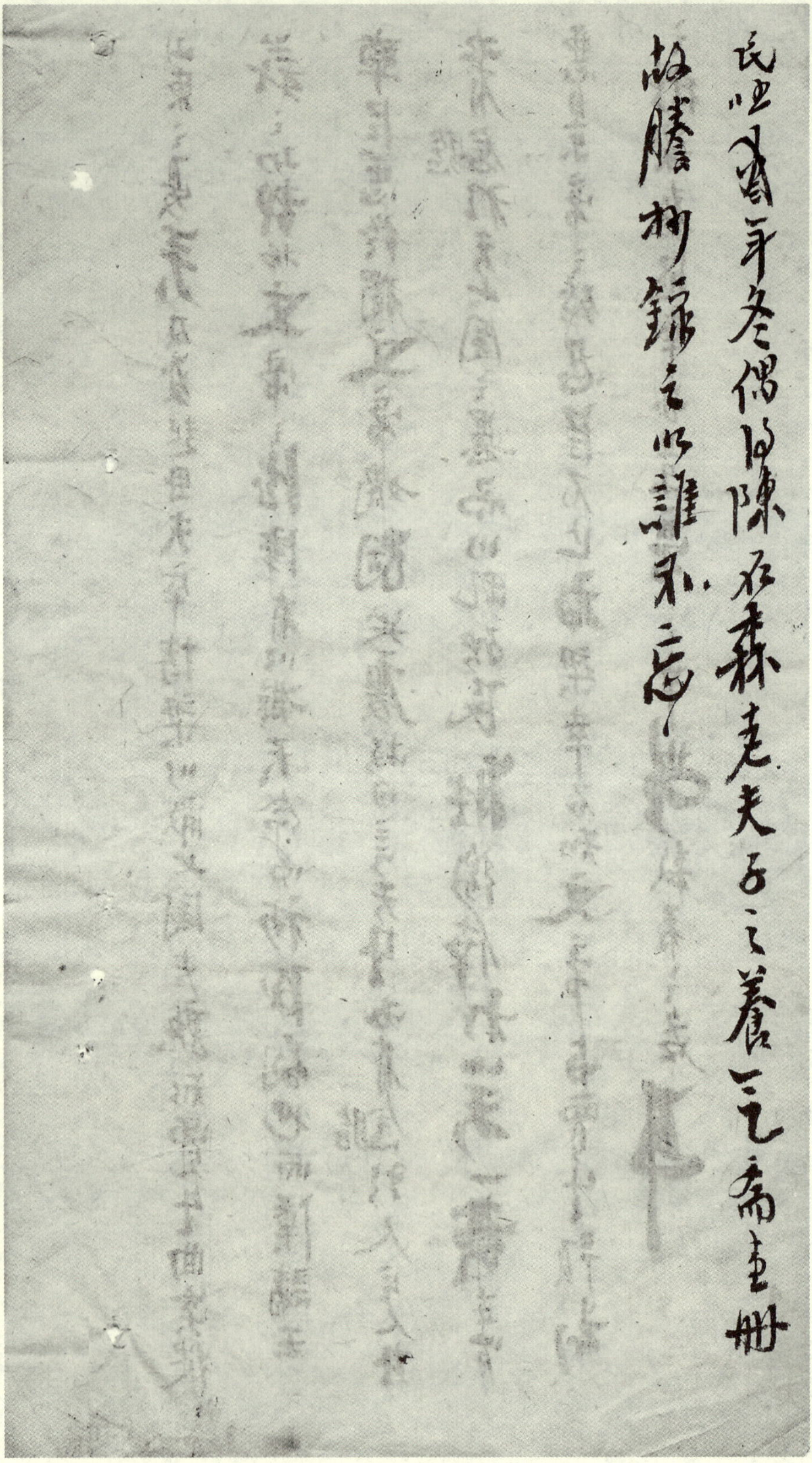

民廿八年冬偶得陳存森老夫子之蒼乙齋書冊
故謄抄錄之以誌不忘

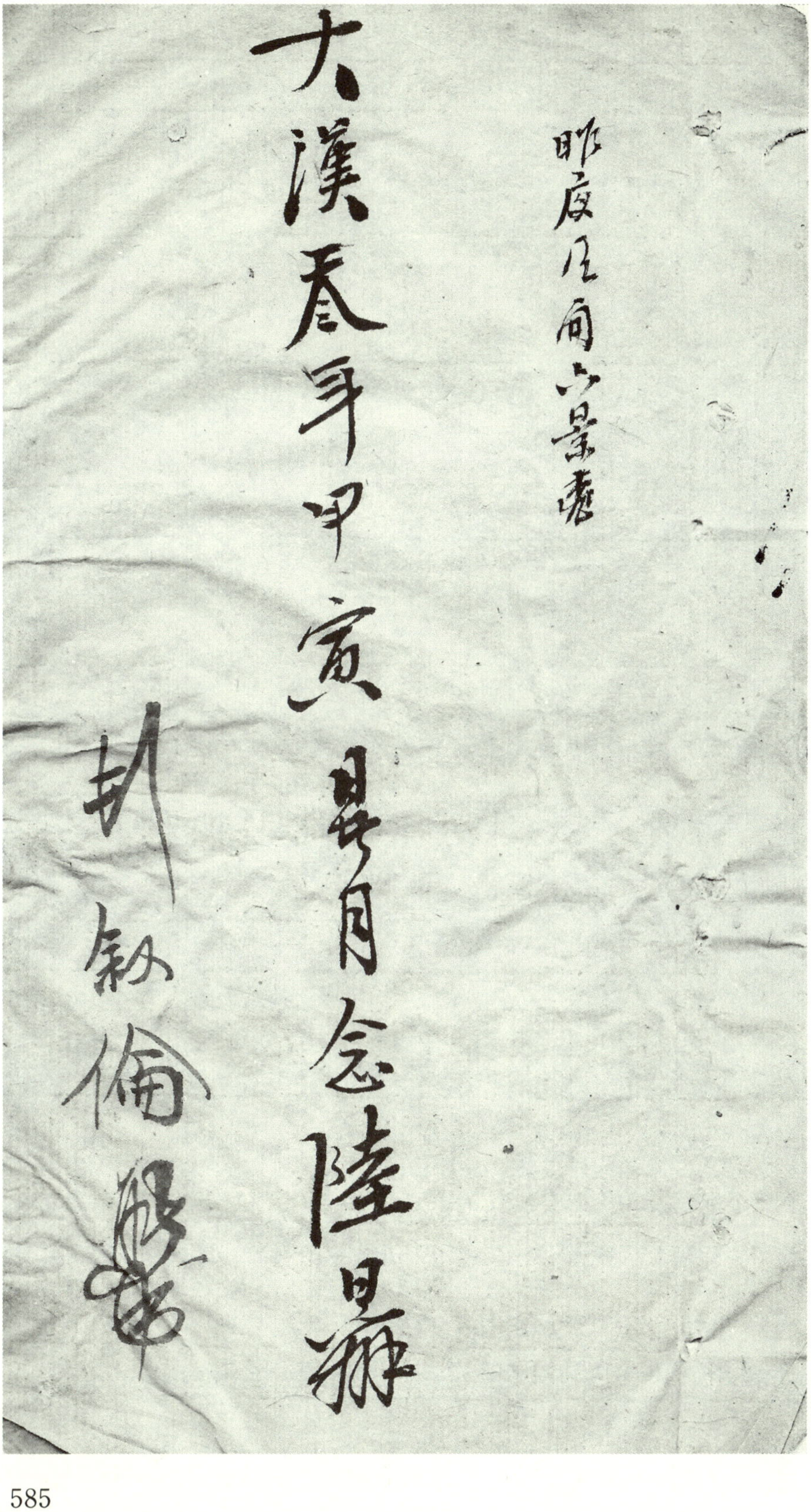
大漢天奉年甲寅長月念陸日

王思衍 撰

嚼雪齋志學草一卷

民國十九年（一九三〇）前後鈔本

嚼雪齋志學草一卷

清末民初王思衍（一八六六——一九三八）撰。民國十九年（一九三〇）前後鈔本。

辛卯孟夏，余以廉值從舊書網站購得鈔本《嚼雪齋志學草》一卷。此書之奇特，爲其原本裝訂在清代坊刻本《春秋左傳》二厚册中間，且雜鈔《通鑒綱目》數葉，遂未引人注目，而爲余所得。本年入夏以來，余書緣匪淺，先是從清鈔本《牧民要略》襯紙中檢出乾隆刻本《約亭文稿》，該書作者孫人龍，字端人，號約亭，又號頤齋，烏程（今浙江湖州）人。雍正八年（一七三〇）進士，授翰林編修。雍正十三年任雲南學政，乾隆九年視學廣東，任滿回京後充《續文獻通考》纂修官。十九年任會試同考官，所取皆知名士，包括紀昀、錢大昕、王鳴盛、王昶等。據［同治］《湖州府志》，孫人龍著有《約亭未定稿》《頤齋未定稿》《杜工部詩選初學讀本》《陶公詩評注初學讀本》等。今其所輯評之選詩、陶詩、杜詩皆有乾隆刻本傳世，而本人詩文集未見公私書目著録，當時是否刊行，亦無從知曉。不意二百多年後，竟於舊書襯紙中發現殘本實物，行款與乾隆二十三年（一七五八）刻本《杜工部詩選初學讀本》同，雖僅存二十葉、文章十篇，亦天壤間罕見之秘籍，孰可因其殘缺不全而輕視哉！後又得此書，誠爲快事！

王思衍，字仲蕃，號源亭、用虛、亦囂子、老窳，山東蘭陵（今屬臨沂市）人。二十歲即以詩名爲沂州府『四才子』之首。清光緒二十年甲午（一八九四）舉人、二十四年戊戌登進士第，官至刑部主事。宣統二年（一九一〇）

告病回鄉，終老於蘭陵附近之插柳口村。一九三八年二月，日軍飛機轟炸蘭陵，兵屯棗莊，王思衍恥作亡國奴，憤而自縊。王思衍擅長書法篆刻，相傳八國聯軍撤離北京後，慈禧太后令人補寫皇宮中被搗毀之匾額，屢不滿意，唯有王思衍補寫者博得太后歡心，隨口説了句『鐵筆王思衍』，遂令其書法名聲大盛。

王思衍詩集，一九七九年，蒼山縣文史工作者從王思衍好友王天乙之孫、蒼山縣人民醫院中醫師、蒼山縣政協副主席王建東家中發現了其《亦囂詩存》下册手稿和《木石居印存》手稿兩册（劉開《王思衍和他的遺著》，載《蒼山文史資料》第一輯）。原稿目前下落不明，不知是否仍在王建東先生後人手中。余近來購得《亦囂詩存》下册手稿之早期復印本，可略窺其詩集編纂之過程。稿本無格，每半葉八行二十四字，正文大字楷書精寫，注釋小字楷書，校改文字小字行草。此本分若干小集，首爲《拙笑軒草》，下署『老窳手校』，共二十七葉，録詩七十八首，末葉中縫題『《嚼雪齋》卷六』。據《拙笑軒歌》詩可知，嚼雪齋於民國三年廢棄，在原址擴建爲拙笑軒。故《拙笑軒草》所收詩作，起於民國三年，止於十四年。次爲《時噫》，下題『用虛自訂稿』，皆爲針砭時弊之作，如《河防行》《新錢法》《民國》等，始於光緒十六年，終於民國初年，共三十三葉，録詩七十首，末葉中縫題『《嚼雪齋》卷七』。最後爲《隨筆》一卷，共二十六葉，録詩、詞、文等雜著八十篇，末葉中縫題『《嚼雪齋》卷八』。由此可知作者自定集名當作《嚼雪齋集》，所謂《亦囂詩存》疑爲封面題簽。此手稿殘存卷六至卷八，前缺五卷。卷末有王思衍手書題跋，迻録如下：

乙丑五月，足疾不可離床。檢舊稿，思謄之以排悶。指硬如桒，若不可屈。三四日後，少可勉强，終不能如欲。四册謄竟，已將兩月，仍不能無斜行也。文衡山八十，尚能燈下作蠅頭恭楷，是何等精力。予鈔注字，皆是任手漫畫，不惟手無準則，目亦不能分明也。壬戌己未，心牽唐喪，甚以詩文爲無謂，以故輟著三年。近因謄稿，又時作寒蟲之號，然味實嚼蠟，不得一快意也！嗜好盡矣，不死何爲？去年病中，以爲今年必死，而今年又覺欲死無由，不知將來尚號幾許。或竟無號，留此爲賓以覆瓿，且遣一時爾。六月晦日六十翁老寙記。

乙丑爲民國十四年（一九二五），其時作者六十歲，整理謄録舊稿，編爲《嚼雪齋集》八卷、四册。每卷爲一小集，前六卷應當是編年排列，第六卷爲《拙笑軒草》，收録民國三年至十四年詩作，與時事有關之作又別爲一卷，名爲《時噫》。可知手稿殘缺部分爲民國三年以前之編年詩。而此《嚼雪齋志學草》，當是《嚼雪齋集》遺失之第一卷，正可彌補稿本之缺佚。

此書後接鈔本《通鑒綱目》若干葉，審其字體紙張，爲同一人所鈔。拆開裝訂綫，於書腦上方見第一葉鈔寫日期爲『庚午後六月十八』。庚午爲民國十九年（一九三〇），《志學草》當鈔於同年前後，其時作者尚在世，疑爲其子嗣門生據民國十四年自定稿本傳鈔，書法勁健，深得王思衍真傳。卷首題《嚼雪齋志學草》，無格，十四葉，每半葉十行三十字，與稿本字體、行款不同。卷端未署作者姓名，卷末有光緒三十四年戊申十月識語：『以上七十五首，皆甲午前作，亦有後來補改，間以類附者。』可知《志學草》是作者二十八歲中舉以前作品，『有志於學』，故名《志學草》，是集中最早之作，爲全集第一卷。次爲《嚼雪齋乙甲草》，下署『源渟自訂稿』『第二卷』。所謂《乙甲草》，應當是指光緒二十一年乙未（一八九五）至光緒三十年甲申（一九〇四）十年間之作品。惜僅殘存二葉，詩作六首。所幸第一卷《志學草》完整無缺，合手稿之六、七、八卷，尚可得全集之半。而所缺之中間四卷，不知尚存於天壤間乎？百年興替，文獻散亡，撫卷思此，能不太息？我輩生於今日，猶欲抱殘守缺，非關名利，但恐古人精神命脉，由此斷絶耳。

嚼雪齋志學草

早行

僕人促早起蒼茫犯曉霧日出山漸多雨久沓當路仆木卧作橋攢石叢如樹
九月山潦渾莫測深淺處徘徊樹下立行人夜問渡

赴郡試

蒼然野色遠生煙劣蹇驚嘶路不前屋角殘陽明入水樹頭纖月暗浮天落霞
才艷滕王閣擊楫風雄士雅鞭予亦何人勞僕僕十年成事自青氊

忙歌并序

足不出庭户口不絶詩書目不見紛華耳不入世事我之所樂而人苦
之足無寧趾口無停齒目無凝視耳無遺聽我則畏途而人自若也好

而安焉習而性焉一彼一此何必我是于是作忙歌

日月迭代天左旋草木榮枯時循環天地無為尚如此世上能有幾人閒尼山忙道七十載希夷忙睡終長年逃爾苦吟老採藥勞蓬島我佛說法冥悟奇一個了字忙不了萬古竟如何浮雲東去波王参差金巨羅一曲一飲朱顏酡執鞭亦曠達荷鍤徒蹉跎今我歌此識此意識得忙處即閑地

雪齋

吠響驚尨集啼巢凍羽飢牧童閑雪逕夜犢飲氷溪山勢平於掌林容遠似堤姓窗無畫本閒步覓詩題

漁父 三首

西塞山前泛宅武陵源裏安家正苦無錢貰酒慵魚爭唼落花

賣魚歸來沉醉偶然隨意高歌身外他無長物釣竿雨笠煙蓑

日日閒閒散散風風雨雨年年一自湘魂葬後不開笑口入前　不

散金臺懷古

二疏祠廢碑刻在散金城荒草木深爾日揮金應似土後人惜土勝於金散金臺土

人謂之散金城又于城外累石為臺附會可笑

當時父老傳相語皆曰賢哉二大夫唯問風流石衛尉黃金賸有幾多無祠在城中

石刻有石季倫詩

早秋苦熱夜偕諸友散步明湖仿冬郎體

居囂步厭塵古汲修停綆清遊水榭開賭戰詩旗螢乘月看泉聲待風聽樹影

會有紫綃携敢煩青鳥請

山长

泇塾雜興

石隙積水花山頭活春雨煙深不見人時聽扶犁語

柳條垂碧麥苗青漠漠輕陰落滿庭行止無心隨屐去春衫約畧水邊亭

鱗層紅板小沙隄信步行吟日易西歸去便歸莫回首梨桃百樹柳千畦

庭花都未開春在誰家樹時睨杏片飛因風來復去

莫道今年閏二月春光較似去年多花開只有三日艷過却三日春奈何

春日猶未寄鄉路能幾許砧聲滿橋頭沙煖雙浣女

李花零盡梨花稀燕子銜泥著草飛寄語故園三兩樹少留春色待余歸

過雨溪雲却倒行莎泥淘盡浪痕清柳條如蓑荻芽長坐聽春禽自在聲

飛絮飛著遊人衣燕子樓頭尚未歸才知今朝是寒食酒痕濕草紙錢飛

學仙作佛何事也茂陵臺城草已萋終古誰出天地外萬枷只在春風西
門掩來人盡庭移午日斜廬蝸宿辟蘚野雀啄盆花閒罷詩貧酒慵還困破茶
胡然琴劍友一一渺天涯

有寄

懵騰夜半酒力醒空床膠角雞初鳴惡夢驚人披衣起隙門孤月微如星氣蒸
臟熱急苦茗寒泉快盡一杯冷呼童張火復烹鼎默坐沈思醉後事狂態剩有
七尺影爾來壯志半蹉跎拔劍對酒猶能歌興來須浮三大盃醉後何辭一卮
多世人但被詩書縛功名不遂頭皆皤僕之長劍藏亦久俗塵昨日為君磨君
家清泉口蒙頂石花應須有僕家蘭陵石琥珀春色浮瓿甎重陽菊花秋月高
與君更鬥詩茶酒

逍遥吟・

老友哦皴善胡琴請君為我一彈逍遥吟山蒼蒼兮波耿耿迴曠朗兮吾身春旎旎以弄色酒拂拂以入唇淺淺青草深深白沙酒力漸兮風力加意怦怦而欲動思纍纍兮如瓜目怨兮天涯幾枝垂楊百舌一竿残照飛花

逍遥吟適我心我欲乘飛車訪赤松不知蓬萊淥水幾千重我欲歸東山學謝公未能小草拾揶揄遠志窮我欲看花枝已空我欲繫日月在東我痴無盡樂有終不須咨嗟怨天翁

逍遥吟日已暮長生殿圯漢武仙銅雀臺空阿瞞墓南家歡笑北家哭桃花亂落春歸路春歸路北邙壓隋堤樹

逍遥吟高歌一曲春水深浮游曠世求知音不見飛李之長林中有雌雄飛鳴

之微禽禽鳴花開兩相得花落鳥散春風沉何如無花無鳥無天無地無古無今無我逍遥吟歡歇悲來涕濕襟

二十許人何故頹放若此今閱之自不能鮮盖無拘無憂嗜酒所致暮年之病基此矣存以為戒

與諸友登高

落葉秋邊不盡秋看山愁畔轉勝愁風前漠漠雲生樹水外聲聲笛倚樓枯木餘陰爭宿鳥黃河無處問清流等閑且共尊中酒醉把霜花插滿頭

西行 二首

早飯鳴征鐸春回望望閑煖風纔碧樹宿雨逺青山土活耕牛健林深寄鳥閑書窗枯坐久高興一時還

前程何處是蒼翠有無間遠樹如浮水歸雲未盡山木支橋影重水畬杵聲閑

漸見炊煙起村村牧犢還

還叠前韻

妨誤昨來處踟蹰歧路間徑通猶藉草石聚欲皴山旭日迎人近歸雲肖我閒
往來茅店熟含笑候聲還

忽忽僕馬去衫影夕陽間古表危行客長林續斷山形緣俗偶役詩與意俱閒
料得冬烘者高談待我還

絶句

安排古鼎試新茶坐聽暝鐘催夜漏書味淡於秋菜香詩心峭比寒山瘦

讀明詩

高談過夜半客睡月沉朗籟寂領妙音慮靜澄心賞擁衾臥檢詩殘鐙寒秋

幌悠然古與會時趣觸相長寂寂紙窗外雨雨小蟲響

書劉又詩後

氷柱雪車索和難槎枒渴筆獨登壇枯春古木膚猶在鑠夏寒氷氣自寒

對酒

年年折楊柳忽忽老梧桐高樹半庭月長蕉一丈風遣將浮累去除却聖賢中
一醉齊收拾新離舊感叢

懟獄篇

辛卯赴泗垣雨宿岱陽屋漏如注晨行見太半雪日晃目山腰如界亂
雲上翳隱若有物山靈不為我埽去詩以懟之

山上飛雪山下雨東峯歸雲西峰吐天風舞雲山欲動氷花冷朶千峰重扶桑

老烏高啄煙豐隆笑授羲和鞭千年白帝白雲裏妖魂孽魄沈不死天壇神人擅衣裘手柄赤蛇坐悠悠

會稽碑

沕厲夏謁鄭夫子立談檢示會稽碑或豐使臣得紙本刋石識跋窮源委碑字如斗完可讀墨花晃目光離奇戈戟森比洪鑪鑄宮牆傾崩玉柱支掣空金蛇排元氣狻猊搏象百獸躄祖龍壹六勤遠略勒銘詔咨丞相斯詞質義夸他刻類類頌功德耀後茲焚坑巡省無暇日後儒文字差秦師漢魏晉唐迄五季黄庭真本浸淩夷申屠銅勒千葉繼亦復零落湮荒畬姚江星槎浮博望學在四夷信有之日本博雅石谷子拓本貺別抵縞綦歸來重鋟廣傳播摹神肖氣何淋漓土花散漫無尋跡精光水底蟠生螭石鼓裂缺造物忌岣嶁蝌蚪傳聞疑

泰山繹山多俗本對此須顛神支離當塗祖述稱繩武矍鑠老翁携孫兒我生好奇嗟苦晚古蹟日微徒長噫權量世藏多偃鼎錢摹孫刻何痿痺願乞久假棄故步鉛刀布鼓將焉爲整巾肅衣謝夫子長歌媿無昌黎辭

禱雨迎神曲

巀巖巖東之主滌滌復蟲蟲灑酒望山下忽兮雲翻兮雨靈其來醉清醑滌滌蟲蟲兮知不知酒滴滴兮民心苦

送神曲

無苦兮無憂神享我兮意娛揚雲車兮奄奄返旆兮徐徐恍兮惚兮悄寂寂兮無言悵冉冉兮悠悠

陟屺箴

陟彼屺兮瞻望母兮母曰嗟哉予兒愚癡汝兄沍弟惟弟惟兄汝惟二人無忝所生長者辭勝幼者病拙寒不知熱飢不處渴起居不節孰與調攝塵纓垢褻孰濘孰潔惟汝二人各敬爾身游勿廢學讀勿勞神廢學辱我勞神傷人濟源混混遊士芸芸見聞本本聲色引引躋之斯僅隨之斯泯學寧無進交切勿損遠哉遙遙若何綢繆鴻飛冥冥孰為丁寧兒如聞聲兒 如面示兒雖愚癡敢勿識之

出門行

燕處樂朋友他鄉見弟兄願將鬩牆者試與出門行

釣蟹

病起散清游湯叟金泉步（尚志書院額曰金泉精舍院有金綫泉也）泉澈見底清流曲環廊注小蟹

窟其中折竹撩使怒提攜近水面手掇無或誤約略十餘匡青赤盈巾錮（蟹有赤者）

（色如出沸）一蟹不中機螯跪半不具撓之唯退藏數四莫一顧想爾遭不虞倖脫凡

幾度投竿歎莊辛舍爾為我懼

濟南席上客有談近事者為賦此章

君宦遊妾樂戶（妓名郎五）不解栢舟詩生小劍器舞獨抱耿耿一寸鐵銷作燕子樓

前土樓前土知妾心識君許君請自令君家主婦規妾深日日鞭頭血一一紫

羅襟主視不忍移籍吏隱北堂別鶴操南海宿鴛穩何知薄命妾累君恩情中

道等灰塵主死妾不死主無子歸訴主婦翕復訾貸金還柩妾事止妾賤敢望

主婦攜還桑梓生隨死相倚含涕上北堂不語祇自傷主婦抱妾轉妾商但使

羈魂有日得妥故鄉妾敢斛珠惜紅妝還珠報主義難守從主歸葬謝主婦把

鴆思君心痛酸死别孰與生離難昔君為妾故敗官妾為復今妾自鬻身無能復妾贖九原長弔山頭石百年如此風中獨君死不悲妾死不悲但悲主君北堂上笙歌猶如主在時

明湖禊興

桃花三月春水長漁家曬煖新罾網老妻促促舂餘糧小兒軋軋鳴雙槳徒徒沿湖二三里去年朽葉積生葦老漁船頭睡未醒赬尾潑刺雙鳧起飛舟繞綠抱城迴鼎足三山界眼開七十二泉關不住盡隨春色出城來湖水由匯波門出匯外城諸水為小清河參差湖上盡人居妝閣柴門畫不如行過小滄浪畔去綠楊深處看叉魚街頭細雨聚湖沙溟漠空濛三五尺許胡童纔兒逗語吒吒篛笠賣蘆芽

八

廻廊曲曲抱層臺水道纔通一棹開簫鼓漸聞鐙火近蘆花深處轉船來

桔槔響動落月有依廻百鳥聲中走潺湲一點兩點雲蕭疎三株五株柳

山頭青青入山足白雲一線山晋束獨立蒼茫日未上樓臺烟水一時緑滄浪亭南望千佛山足予寓慈林禪院比曉步往臨眺

夜聞斷燕

北来雁多少過續天路黑重帳竟無寐輾側心怵惻戛然孤聲遠驚疾若有追錯參三五羣呼應或雙翼後者但肅肅露重羽聲澀前雁漸不聞急遂恐無力知爾過此去倉皇各南北網羅滿四野迴翔下不得蒼茫造物意顛倒寧可識鴟鴞竟嚇生孰云免以直想爾初飛時聯翩青冥翮嘯群呼爾雛棲騫每相索湘水香稻肥心計飲啄適秋期守古信鳩鵠羞與逼遨樂遠何央悲喜忽反側

金丸起草中一擊復再擊縱有機警心暗變無時測歘斜奈舊序零亂餘驚魄
陰風慘透骨星斗寒漆色壞雲堆眼厚毒霧摩翅滴哀哀群雛呼不知畏荊棘
舊侶導以行遲速屢相失死者固已矣生者嗚何感雉膏棄於鼎猶足備翬翟
鷸為啄蚌傷雞殺供客食胡然輕鴻毛下為豺狼喫淵淵古井水腥血安足滌
聖門公冶氏抵衣坐歎息修短固有常胡獨促於鏑雁雁將何之此方多宿弋
梁繳雙鴛鴦鶺鴒原中踣產禽行射盡贊汝壽牧伯感汝今昔同且為汝籌策
吁嗟策安籌天下何樂國及須整舊行莫誤暫分磔煮膠能續弦磨箭能没石
不聞養虎人終為虎所齕開軒酌美酒酒多我心獲殘月曉茫茫夜氣兼霜白

登日觀

店主失時夜半促登山風殷雷中腦成痼白雲壅谷溶溶不動彌望千

里時陰岨絶磴隱現星星若漁燈若燐火峰有　御碑京伏堦禦風遲

久見天邊一綫頃刻萬里辨色矣汶沙如帶郡城若圖赤輪漸升若几

削隅浮涌半出始覘圓象而峯雲横飛樸面腥穢咫尺無睹矣

蟄潤雲堆絮抽風谷怒濤寶光生夜肅天氣入秋高漸喜川原辨遐觀海日濤

濃烟不作雨憎然爾何勞

病鷹懷古

鐵甲十萬嘶邊風將軍十萬却犀雄颯然騰突來雲中雙拳攫鋏落蒼鴻寥廓

睥睨萬類空北風獵獵霜草紅虞羅一絆青骹索野圍時逐飛鏃掠域西野烏

啄人腸淮南妖狐生封狼左抄老烏右妖狐封狼殺盡及貔貙灑空毛血紛糢

糊藏埋伏窟不敢出鴟鴞仆地不敢嚇爾雛血肉狼藉塞道塗獵犬狋吽為刀

俎爾輩坐飽鷹待哺祅禽四野無完命嗟嗟禽盡蒼鷹病皇天運物寧終已古來萬事都如此雄心坐受籠鳥欺跳梁狡兎爰爰起洞庭南北瘴煙開撐天八桂風拉推蘄王罷歸汾陽死誰是當年老將才

緬文詞

相如消渴更離家賣賦餘金枉歲華藕斷無心空繫思楊枯何意竟生花明難自遁方諸性堅尚可磨界尺瑕為問鄰牆誰寄諷爭傳橋柱有籠紗

憶匯波門

徒倚高樓睇落暉半城半郭半村扉平林帀地雙峰兀春水如天一鷺飛浪跡飄蕭成往是柴關跼蹐悔今非何時乘便移家去管領湖山老不歸

續舊句

春陰偏與嬾相宜晴滿東窗夢未知斜日烘殘新雨後好花開向捲簾時蝸紋
曲折摹秦篆鳥語繙蠻學楚詞檢得卷中舊蕉葉裁將一半寫陶詩

望敎山

亂山雜沓不可收土封蟻聚難名求蒙陰西出崇岡望一螺高泫荒天秋叢篠
枯盡孤怒筍孑然北向纖指傴驅車策衛窮高下亭午一飯敎陽投敎陽俗稱青雲山自
蒙陰至此山行五十里青雲俗呼豈無謂武公諱改令遺留傖父疑猶混齊魯場畫殊為
名山嶘出村仰瞻近尺咫磊砢孤據蹲兜鍪連巘西行儼舒纛人傳絕頂仙蹤
幽閟迴環列皆冀壤太華小睨孰能傳揮鞭西上頻回顧嵚奇變相等雲流巒
重嶺複不得敘如拔夷狄輝宗周馳迹科目幸一覽忘勞身蹇釋天囚幽勝多
淪窮荒裏拔奇者誰莫厭搜

短短三尺牆

短短三尺牆相望徒𠬝𠬝我思豈曰遥自爾限南北下有連理樹一夕成分磔同根不同榮夫誰為戕賊女蘿本異性緣施附松栢北堂有萱草芬馨傷秋色天地信悠悠念此長太息太息徒為爾輾轉理自得蟻穴朽木心草因不刈積仰彼鴻雁行尚有雙飛翼古來兩地分只此一牆隔

君山謡

余生頗有烟霞癖往往李杖阮公屐自恨僻居陋不異跛與聾君山之高高不十里以為一覽勝未直足音跫讀餘村外時矯首遥於亂山峰鉄屬半天孤落青芙蓉今春羣季游謡歌發幽清三兄爍花出耳目豁聰明如見奇石怪木之森橕如聞陰噎萬籟之争鳴刹宇閬寥鬼嘯神號山精語白晝夜月吽鵂鶹岭

十一

岈巨磴灰徑投披棘縈木行攀糾鑿石著手足半抽手移足換背反傴旋折蹉跌削壁無盤路僧雛前道寸學升猱孤亭翼闢少憩留天門蟻工爲蒼愁絕頂方塘不竭不流抱犢道士今何在石佛緒面古燒剝漆縣危石橫插百尺是為望海之樓相將石頭步虛眺瀛洲若子若孫拱揖如培塿目眩昏暈神難收但聞耳鳴聾鐸振振風颼颼其險也若此令我聞之直若乘風飛到君山頭噫嘻乎君山咫尺有若隔天河奇觀况期遍搜羅此身已往此身縶何者誤我塵情多繹敎鵲華游躅冷陳跡閒此憶彼酒且歌歌成酒酣不稱意意欲須行亦即騎

物慨

猿劇

馴猿蒙假面真面人不見悲哉猿也人面猿心面况假

橡

漁人上山斫紅葉布護冷淵待春獵魚子魚子樂𡁜喋

蝨

瘠者噆其膚肥者飽其脂擾擾盡如此天下無完肌秋来冉𤅢多儲積將奈何

塵

狂塵翳天日萬古吹不盡吹不盡天可問天可問吹不盡

黄瓜

黄瓜本蔓生厥味爰應土如何摘取来菹葉着即苦物性固有然離本成齟齬

寧能種瓜人永永無摘取

騾

古人聞尚馬通變唯其宜驟其無神駿左性遭病嗤平時馴駕馭觀瞻壯黃驪
千金裝茵轂百金飾勒羈軒車華鑾閒軀幹何憩儀如何遇豺虎蹲伏不能馳
雖有千里足無所用其奇反不若駑駘當路敢一嘶通人無泥古取材在救時
但恐市駿者皮骨別妍媸慨自御龍没俗尚日流移伯樂非至相通德在天倪
虎皮而羊質勿用麗然為

短劍行

當庭一揮風冷冷神光剡日烏血腥蛟龍不合窪潦物會看掉尾江湖青此劍
公從何處得盈盈秋水不盈尺珷瑁為匣玉裝首北斗粒粒鉎頭積我聞純鈎
與太阿斬蛇監酒慨當歌寔作豐城獄下土不直剸諸將荊軻方今太平無事
日大弛武備崇文術善藏且看鉛刀割時時磨厲勿輕出

楚秋新婚書賀不果

家世名琴鶴厩櫪識騏驎近聞漢帝子下嫁松雪門趙郎弱冠秀繆彤天行敦
投我桃李好託我蘇程親窗加差以長面侮不為嗔恩告敢自韙戇鄙性所存
傷哉叔世澤遁矣三代民流風沫古處嘻嗚來我鄰大婦詬敝帚中婦怨尸飧
新人猶赧赧含譽亦申申將伯適憤入攸婦各爭喧寧甘骨肉仇莫辨枕席言
涓流闊巨浸千章萌微根初託物寄怒滋對面反唇是非各自智愚賢那齊倫
宴居孰免告纖累即為因我姑良早棄叔季悼童昏趙郎友于篤引麃和吹壎
新婦邱嫂依宜家襄采蘋蠶書少游趣女誡大家論紫荊鄂韡韡夭桃葉蓁蓁
虞姚古所豔鴻光今何人賀君遥自愧愧非聖賢身
訑訑樂少喜詞藻騖于聲調既無希逸之流媚又乏義山之蘊藉四十以後漸厭此種棄而後錄此聊存少年意氣

昨夜薄寒入夢裏枕頭日高春不起阿母喚呼若相催小鬟盥水金盆来扶嬌
轉嗔嗔婢子倩人著衣上妝臺妝臺高高大路傍青雲挽髻明月璫少年公子
驚回顧繾綣妾心登妾床長生宮殿醉絲竹廣寒仙子飛霓裳如此朝朝復夜
夜明珠寶玉爭無價更起金屋貯阿嬌飛甍十二摩雲下雀屏綈几幔流蘇象
牀錦裀猩氍毹三雲香重瑞英箔九子燈錯大齊珠朝乘油壁歸鴛鴦擘麟烹
鳳還開宴太真荔支萬里來夜光葡萄雙杯亂豪華意氣輕王侯古來富貴填
荒邱莫惜錙銖一揮盡願作膠漆百年投公子翩翩絕塵想賤妾皎皎懸心頭
心頭飛作天邊月雲鬟憑肩眺層闉迤迤錦段隣家女天明夜半空軋軋

十里泉

取道嶧城北山水多可樂十里得清泉仰出絕泥淖疊石成數池題碣各名號

迤東跨格彴通步園竹造上有荀子祠遺址無梦相傳是乾隆間張公新營兆

遺愛百年餘父老猶能道昇平樂粉飾興學先賢報頹辟歸猶存勿敗甘棠邵

我來何栖栖莫禁風物笑作詩告後來豈獨愴然矜蘭陵書院於此（張公名玉樹創建）

繹山

繹山弱千仞繼體具岱宗南來萬峰沓靈秀此獨鍾八面絕纖累萬象藹春風

萄石插劍槊洞道穿虛空朝陽麗天宇輝光發溫恭所由鄒魯地弦歌稱熙雍

奈何山陝俗自古帝王宮秦法一破碎百世復無從披髮卒有嘆吾道有污隆

人謀豈不賴斯山無改容生儻足自了與爾意何窮

歷下曲

里巷歌謠昔人不廢記歲時誌異俗大抵以方土事實形諸吟咏法小

山明湖竹枝詞云兒女也知忠烈好下船先拜鐵公祠王蘭昇云親製並頭花一朶會泉寺裏供彌陀見智見仁唯所裁取桑間濮上亦足鑒得失覘世風也

私攜小粉團野祭城南路畫得跖眉無莫教同伴妬歷城南有盜跖廟如鄉村社公祠三月三日青樓人上塚以指粉塗泥像眉上以祈利市號曰白眉神

何處輕薄兒昨夜盂蘭會懊惱不成雙繡履爭舟墜

佛號匯泉寺饒歌古歷亭隨緣結善果莫惜放河燈七月十五夜盂蘭盆會士女雲集湖中晦夜復然以赤紙為圈中燃膏炷浮之水面謂之河燈

令節罷秋闈折花倚門盼逢人莫誤簪仔細檀郎面秋闈例以十六歲事濟南獨以八月十五日暮開闈婦人俟門折桂花一枝簪夫首以取吉時或有誤得者以為幸云

甲午題號舍

虛堂名額呈公存三試重闈氣未吞柵管棘垣昭慎典盂糜寸脯見皇恩寧無肝膽酬知己且把功名託斯文一曲巴人留與和酒殘招月不盈尊

以上七十五首皆甲午前作亦有後來補改間以類附者

戊申十月識

乙

嚼雪齋乙甲草　源渟自訂稿　第二卷

雲中游

駭雲須洞呑天立出没時見峯岌岌風吹不動日不熠欲雨不雨行人急安車推挽奔之入夫力竭蹶軸鳴澀衣物著手潮如濕霾氣鬱蒸腥呼吸塞鼻掩口心悒悒迷茫四遠萬象戢步睇跲躓妨旹級世人求仙何汲汲升騰雲霧誇飛習解脫未必先蠖蟄伊古億萬不一十縱或億化釋羈縶我抱凡骨今來集得識此味悔無及若見洪崖謝長揖

驛亭書壁

野曠雲高款段行亂山週匝暮天青世途縱橫無經緯人海風濤易洞庭運極終知吾道大醉深直擬後來醒飛烏走兔悠悠甚激宕鯨波氣尚腥

十月荒菊

當庭植白菊愈晚色愈鮮未識霜雪後若何顯頳痕肯將人養力傷彼自然神

杜子莫須嘆憐花凋滿盃

憶當東趙二楚秋王大天乙

憶當我童提敦篤人皆可讀書二十年胡然不識我空花迷罔象騷憤轉堆垛

相古先民作譬則杯救火每下愈自況佻達行彼佐先疇尺寸基非富猶稱名

頹然甘頹冥逸宴戒則那顧惟初服在迷覺今乃頗縱之濟世材忍使立身左

行將終無聞去者亦已夥丈夫貴自强後獲猶種果換飲得真一神舍天魔鎖

斯酒願分嘗道非還童叵

光緒丙申授童子於邳州寓舍人檍園家冬十一月大雨霖以震訖於臘

弍

日時中東搆釁三載去歲公車北上各直省條議紛如對酒書懷成四

百六十二字

廿有二載月建子我来圯上求童蒙主人爱客無强飲每辭對雪寬余胸渴懷棖觸莫遣處時時迴首當北風數日煖和多春氣蟄蟲啟户珠盤空朝来喜見密雲布坐擬盈尺古年豐雨師承乏翳帝聰敢詠滕六要天工後部列缺前豐隆陰黨交構走橫縱淩襍弦管笙乘鏞桴革橫武鏗黃鐘萬弩齊射兵交鋒間緣髮散惺鬆轉復飛瀑千丈峯天旲倒海來天中連日騎月無休歇時聞蛙鼓鳴牆東沂沭汶泗泇淮洪千流萬瀨合洶洶田父蹙頞走相告麥苗病瘠秋無功虔潔祈晴訖不應數已歲歉風旱蝕我聞此語益惆悵開筵淒交歡難終食為民天民所命下情孰與達深宫主人好古博百代經祥史禍徵占同行沴氣

逆咎極應寧丁 聖德之方崇蠲租卹刑眷天顧稠疊 温詔彰九重有司奉
宣舞文柄不職致譴理則通吾聞覆餗戒調鼎此事又或職三公胥戚方面恣
跋扈前鑒炯炯番無窮只令六馬索非朽朝不援北肅雝雝胡乃方災亟訓示
苦雨仍復行嚴冬運變不恆今殊古天或偶尔稽何從置郵傳喧邊釁叢 詔
書起廢出和戎蕞爾小醜逞蠆蠭豕蛇上國莫懲膺禱天莫田媢竈力念此髮
怒上為衛上叩天閽請長纓誰其古者終與宗號召風伯挾雙龍為移禍敗殲
頑兇瀦厥邑居罔敢恫洗兵一雨永無庸消我塊壘壯氣充奔觥一吸累千鍾
丈夫當為投筆吏誰堪伊唔傳經翁

塾中作

欲繫長繩日又斜送春無物餞天涯主人意趣蕭閑甚灑酒空庭弔落花

一
庚午波六月十八

東漢

孝獻皇帝

庚辰五年春正月操殺車騎將軍董承遂擊備破之備奔冀州

董承謀洩操殺承等皆夷三族操欲自討劉備諸將皆曰與公爭天下者袁紹也今紹方來而棄之東紹乘公後若何操曰劉備人傑也今不擊必為後患郭嘉曰紹性遲而多疑來必不速備新起衆心未附急擊之必敗操師遂東田豐說袁紹曰曹劉連兵未可卒解公舉軍而襲其後可一往而定紹辭以子疾豐舉杖擊地曰嗟乎遭難遇之時而以嬰兒病失其會惜哉事去矣操擊劉備破之獲其妻子進拔下邳禽關羽備奔冀州歸袁紹紹去鄴二百里迎之駐月餘亡卒稍歸

二月曹操還官渡袁紹進軍黎陽紹遣顔良攻白馬操擊破之

（清）曹彬孫 撰

寄傲軒詩鈔一卷

民國二十六年（一九三七）鉛印本

寄傲軒詩鈔一卷

清曹彬孫（一八六八—一九一一）撰。民國二十六年（一九三七）鉛印本。

彬孫字藹臣，順天武清（今屬天津）人。生於同治七年（一八六八），光緒十九年恩科領鄉薦。二十六年，義和團起事，倡辦鄉團，地方賴以安寧。二十九年，佐北洋陸軍第二鎮工兵營戎幕，時永定河决口，隨營前往搶工築堤，有勞績。後科舉停罷，又捐資籌辦鄉學，以培植人才爲己任。邑宰以其事上聞，經直督奏獎，以揀選知縣用。光緒三十四年（一九〇八）分發四川，先委任巴州經徵局，宣統二年七月署理夔州府奉節知縣。辛亥七月，聞省城争路構衅，練鄉團以自保。十月六日遭襲殉難，年僅四十四。事聞，入祀忠義祠，宣付史館立傳。事迹詳見《清史稿》卷四百九十六《列傳》二百八十三《忠義十》。

此本卷首有民國二十六年丁丑季冬郭則澐《重印寄傲軒詩鈔序》，民國十三年甲子三月袁大化、周雲序，姻弟趙芾撰《清四川奉節縣知縣曹君殉難碑記并銘》《聞曹藹臣姻兄祀鄉賢有感》詩，民國十九年庚午馬鴻翺撰《表弟曹藹臣像贊》，叔雲《題曹藹臣舅兄手書詩箋》，民國七年戊午三月次子用傑序。根據序言，曹彬孫所著《寄傲軒詩稿》，生前正待梓行，殉難後遂蕩然無存。次子用傑於民國七年三月歸里祭掃，從舊篋中得遺詩手稿數十首，至民國十三年始雕板問世，分贈親友，久之殆盡。民國二十六年，長子用倓謀求重印，并請郭則澐作序，即此本。民國十三年刻本久已不見著録，此本爲鉛印本，亦罕見流傳。蓋時逢戰亂，僅於親友中傳閱，故存世不多也。

此本正文僅八葉，存詩四十七首，附録友人詩一首。每半葉十一行二十七字，白口，四周雙邊，單黑魚尾。曹彬孫有經濟之才，非以詩見稱，然郭則澐序云：『余觀先生所作，詞旨清遠，出入有唐中晚之間，殆不類搆難者。』可謂評價極高。曹彬孫生性孝友，集中詩皆吟咏性情，平和中正，雖時有感慨悲歌之句、離愁別緒之情，大抵不失温柔敦厚之旨。光緒三十四年，離家赴蜀，作《戊申春赴蜀别家中人》：『潦倒平生半苦征，千言難訴别離情。倚門老母扶鳩坐，病女癡兒盼緩行。』臨行前一一勉勵妻子事親教子，勉勵長子支撑門户，更有幼子三歲即知不欲離父，依戀不已。《臨行勉妻》中有『莫慮西行蜀道難』之句，然在當時，蜀道之難，非關地理，惟與政事宦途相關。甫到四川，即被委任巴州經徵局，奉檄前往，途中作詩云：『横刀倚馬萬峰頭，嘯傲長歌際暮秋。仗劍從行惟子僕，多經山路少平疇。』可見時局已不太平，須横刀仗劍而行。然時事之艱險，集中著筆不多，或因詩稿散佚故也。在巴州，接家中郵寄像片，喜而賦詩：『日望萱幃眼欲穿，忽於萬里睹慈顔。笑看膝下重孫戲，咫尺家庭不隔山。』作者睹親人像片之情景，至今歷歷如在目前。集中最末之詩爲《步曹君鑒明中秋日原韻》：『家家瓜果夜三更，忽動關山旅客情。今日錦江城上月，月光不是故鄉明。』當是自巴州返還成都後所作。錦城之月雖好，然終究不如故鄉明。作者臨終前之最後四年，飄泊西南，關山路遠，思鄉之情難以斷絶，惟有夢魂歸故里，讀之使人垂涕！彬孫早已名垂青史，其詩亦能與其人并傳於後乎？

重印寄傲軒詩鈔序

人以詩傳詩亦以人重如武穆文山不以詩名而滿江紅詞正氣歌獨傳誦千古蓋忠義之士偶有所作雖零章斷句後人得之如覩異珍況訂成一集足以流布後世者乎辛亥之際倉卒發難遂變國體實異歷代興亡之局故當時文臣以殉節聞者罕見其人惟陸文忠之死爲最烈而曹讌臣先生以百里之宰見危授命其落落大節與文忠埒蓋亦難矣先生早年舉孝廉值拳匪之亂籌練鄉團塡撫閭里厥功甚偉嗣以揀選授知縣分四川歷宰大邑尤有惠政先生蓋抱經濟之才非徒以詩見也不必以詩見而人景先生之氣節愈重其詩吉光片羽皆足珍已嗣君用傑既歸先生之櫬取先生所爲詩梓爲一集數年來分餉殆盡先生長子用倓謀重印之而督序於余余觀先生所作詞旨清遠

出入有唐中晚之間殆不類搆難者然或天之厄先生者正所以彰先生使人與詩俱傳余既仰先生之生平又嘉嗣君之能食舊德誦先芬也乃重爲之序丁丑季冬郭則雲澐拜序

台壖地方鄧孫諸匪突施槍彈傷君墜馬匪黨亂刃交加遂及於難年四十有四次子用傑倉皇收殮寄殯白馬寺窮居旅邸歸櫬無資十一月鄂軍過境始白其事顛末鄂軍憐之飭商會醵資千緡由君子用傑扶柩回籍安葬准入祀忠義祠宣付史館立傳嗚呼慘矣謹具事略以備當世之採覽焉

歲次甲子春三月渦陽袁大化序於津門寄廬

君姓曹氏名彬孫字藹臣京兆武清縣王慶坨人光緒癸巳恩科領鄉薦庚子歲拳匪肇亂盜賊蠭起君倡辦鄉團悉心和衆地方賴以安堵科舉停罷籌辦鄉學兩堂以培植人才爲己任募捐鉅欵涓滴歸公旋經直督奏獎以揀選知縣分發四川捧檄而喜親在故也宣統二年七月署理奉節縣事勵精圖治創辦利民局貧民工廠蠶桑習藝各所利民之政知無不爲甫及期月風化肅然矣護督王公人文嘉君政績三年五月以才優守潔勤政愛民奏補清溪縣知縣部議改補開縣是年秋川路事起武昌革命君尚在奉節任內不逞之徒乘間竊發其著名匪黨鄧伯先孫楫五高丕臣陳海清卜吉庭及土豪鮑立貴等暗結黨徒煽誘城團假名獨立而地方劣衿惡棍平日受君懲創者因圖戕官以應外寇十月初六夜造言匪黨入城君立帶團勇前往彈壓行至協

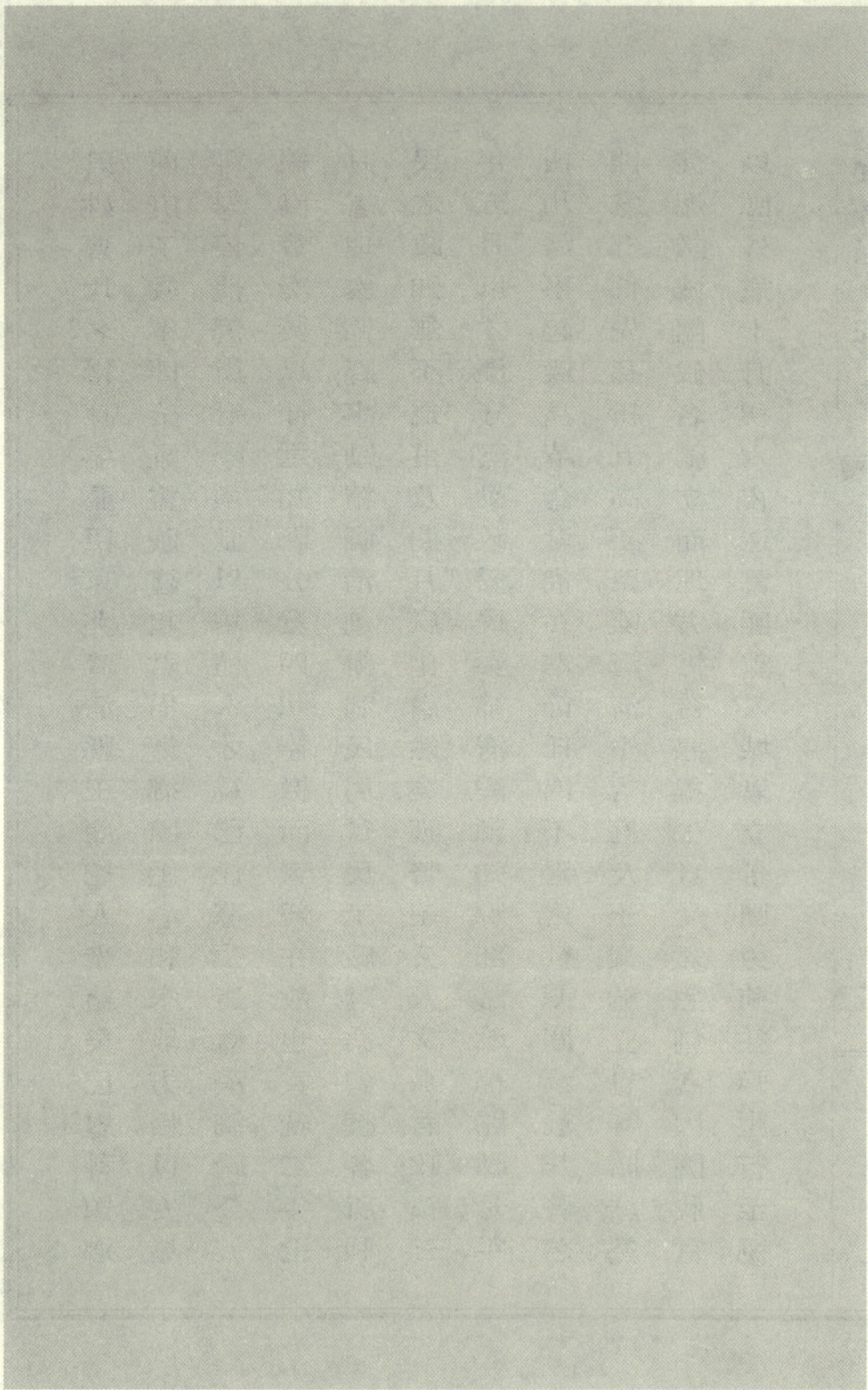

寄傲軒詩集序

武清曹藹臣先生被難之十三年子用傑集其詩爲一卷將雕板傳諸世屬雲爲之序雲寥落無聞方役役塵壒中何足爲先生重顧推用傑爲先人之心又不敢辭昔張中丞當安史之亂以千百就盡之卒死守睢陽蔽遮江淮沮遏賊勢史稱其圍困之日人相食且盡猶賦詩見志而聞笛一吟聲滿天地今先生馳驅戎馬之間亦復從容揮翰何古今忠勇之士之整暇相同也鼎革之變非一朝一夕使先生聞其微託故以去則身全而禍免孰有責之者乃蕲然奮結纓之志率衆擊賊以死蓋仁人志士犯難而不辭者求心之安而已苟其心之無憾則視死猶生耳惟中丞死守而唐室安先生死難而無救於垂亡此則令人撫卷太息而不能已焉者也悲夫深夜篝燈序先生詩俯仰今昔益愴然不

知涕之隕落也甲子春三月建德周雲序

紐風聲所馳猜禍利亂者皆懷溲渫惡覦隙乘虛將相因並起奉節故傴楚疆傾仄之徒日思有以中君君不爲動鄧伯先孫楫五者故邑中大猾君嘗藉事痛懲艾之咸憾君刺骨至是結遊兵逋士約期戕官略城或走告君且語以委印越境冀可避免君艴然曰不艷於利不怵於害此彬孫曩志也今老矣詎可差忒以渝夙志乎且奉命守城亂則死此耳避險席夷將何之焉縱免禍非彬孫平日志也言者語塞會亂作君將出君夫人嚴宜人尼君行君不聽顧視幼子病臥牀隅無憐惜之色君遂出單騎往鎮撫行到邑協台壩伏環起萃君馬首彈丸猝落刃戟攢刺君殞焉糜膚斷脰血殷殘骸時宣統三年十月六日也春秋四十有四事聞入祀忠義祠宣付史館立傳近世於殉國者或多所異同余維君子亦激於時動於誠而已豈役於其名哉矧士大夫生值季世

清四川奉節縣知縣曹君殉難碑記并銘

姻愚弟趙　芾頓首拜撰

嗚呼自清失其道亘難猝發於武昌歲不逮朞而海內名城莫相完保守土吏習爲逃遁間有一二抗節死義者或闇鬱而不章以日即滅沒茲非深可爲悼惜者歟若余戚曹君之殉職奉節其事尤至痛不忍聞蓋自古良吏得禍未有如君之酷者也君諱彬孫字藹臣順天武清縣人光緒癸巳舉於鄉清季以興學著勞勩分發四川以知縣用宣統初到官權奉節縣事奉節爲邊腹要地君力弭川楚交壤之盜務盡奸蠹根株於職事咸辦治日倡工藝課蠶桑甫逾年政化大著護督王公人文最君績入告請調補知清溪縣事部議改補開縣未行仍留奉節任而禍作方是時清政不綱蜀中大吏敓奪權利相鬨義軍既興宇內解

不爲蠱之高尚不事則宜爲蹇之匪躬馴至大過滅頂以致命遂志斯自其分爾欲浮沉於二者之中以自解免也難矣然則如君者固天下之通義古今之極則君其又奚恨君身長玉立儀觀甚偉自少能不囿於世俗之學與余以文章誼氣相推許君女弟余冢嫂也以以是相得益懽甚往來恒蠲賓主禮清光緒庚子之難余里當兵衝君既夙戒所親毋得染拳匪之教自是團鄉人自保余挈家依君以居無何寇訊愈逼余將遠之深州君聽焉余傫然遂車馬去黯然獨與君別自是遂不復繼見君嗚呼患難之間忍爾相捐棄者衆矣君獨拳拳於故舊若此此余每念君之死輒愴然不能自已也君曾祖諱文田祖諱長齡考諱星奎皆贈如君官妻嚴氏封宜人有嬍行嘗勸君不仕君既被禍宜人羈逆旅中日謀所以歸君匶者不可得則仰天泣血哀動行人民軍自

資州返聞而義之佽以金宜人乃攜家下瞿塘峽道武昌穿兵戎數千里之地卒致君骨歸故鄉後君六年以憂卒子四用倓用傑用僑用侁俱英邁有父風自君之殉世益洶潏汨亂余遂淒落四方民國元年余客松花江上聞君定問既爲詩七章哭之其後又嘗欲爲文以志君墓而人事乖忤久不就民國十三年春三月君次子用傑持渦陽袁中丞大化狀來請銘余比歲多疾居恒恐不克踐夙願乃亟爲之銘曰

巖巖蜀疆無道先強値時棘難睢盱豺貙仡仡曹君秉榦於剛思靖一邑抑桀扶尫世亂方亟卒膏凶鋩文武道盡天固難詳靡遠弗屆靡幽弗光千秋萬禩令聞不亡

聞曹藹臣姻兄祀鄉賢有感

姻愚弟趙芾拜識

津亭積雨曉含煙鄉訊臨風意惘然秋士何心經世難故人幾輩祀鄉賢翻新我歷循蜚記竺舊君歸忉利天即欲買舟弔祠下一叢寒菊薦明筵

表弟曹藹臣像贊

余表弟曹藹臣武清烈士也光緒癸巳舉於鄉士林咸引重之辛丑國家變法廢科舉建學校一時風氣未開人多觀望藹臣熱心教育提倡捐貲圯鎮諸紳繼之初高兩校先後成立可謂功在鄉邰矣適福建周公登皡爲邑宰以其事上聞得獎以知縣用清末分發四川署理夔州府奉節縣辛亥革命軍起守城殉難烈矣哉迄今二十餘年鄉人懷之懸遺像於學校以示後學歲已巳秋漢文教員缺席余承乏其間次年暑假旋里其哲嗣子英請於余爲之像贊贊曰

儀表堂堂書生本色振興鄉校多士之則我瞻遺像如侍君側謹贊數言以美懿德

庚午季夏安次馬鴻翺謹撰

題曹藹臣舅兄手書詩箋

宣統末季君知四川奉節縣事書來未逾月而殉節信至今檢閱舊稿爲之慨然

浩氣照太古謦欬如當前書不必歐趙詩不必青蓮傳之千百載光燄高雲天當時君提割雞刀澄清有志人中豪白帝城頭供嘯傲兜鍪頭載學六韜蜩螗聒耳不介意培塿爭及泰山高豈知天定勝人力紅羊劫到殊難逃豺狼入室肆貪吻楚歌四面聲嘵嘵挺而走險身是膽其如孤掌難縱操同城更有賢太守親見逍遙河上走（夔州某太守知事不可爲竟潛逃）畢竟達官能解事小臣忠愛甘授首公也冀北一書生戎馬紛騰印懸肘鯨呑鼉咋天地翻龍泉寶劍韜中吼掉頭單騎入虎穴邉計一身飽虎口頭可擲兮心可宣碧血千年恥功狗山河改局公騎箕片羽吉光我在

手斯文未墜繫斯人紙上雲烟遂不朽君不見當時梁棟材文望出公
右領袖兩朝新中山餘老叟至今楮墨壓街頭他日不知誰覆瓿
叔雲未是草

先君藹臣公生性孝友讀書尚氣節與人交恒以肝膽相照餘暇輒以詩酒自娛因頻遭困阨抑鬱不舒故詩中多感慨悲歌之句蓋境遇使然也光緒癸巳舉於鄉旋以科舉停罷於戊申春以揀選知縣分發入蜀到省後深爲大府所嘉許宣統庚戌七月委署奉節縣事辛亥之變守正不阿突遭狙擊以身殉國可勝痛哉著有寄傲軒詩稿正待剞劂猝遭大變蕩然無存戊午暮春次男用傑供差京師祭掃回里檢點舊篋得遺詩數十首綜計生平所作百不存一嗟夫光陰荏苒追憶 先君殉難於茲已九年矣幸手澤之猶存痛音容之已渺迴環繹誦不禁潸潸然爰亟按次校錄裝付印池匪敢云闡揚先德聊以分贈戚好藉知先君生平梗概并以傳之子孫俾作紀念以示不忘云爾

歲次戊午春三月既望 男用傑敬誌

寄傲軒詩鈔

己亥新正月廿一日由勝芳赴蘇家橋舟中作

一旅行裝一客舟櫓聲湍激浪中流三篙細溜縈漁舍幾點寒雲落雁洲波影倒分隄畔樹春光先到水邊樓滄浪歌罷人聲渺十里煙光觸別愁

其二

偶泊清溪上春風欲著衣雁聲隨櫓至人醉賣魚歸遠樹浮晴靄孤篷戀夕暉蒼茫明月裏烟景認依稀

二月十日舘中聞雁聲作

獨坐寒燈思悄然隔窗明月又重圓宵深未畢歸家夢旅雁聲淒警客眠

二月十六日偶步東郊溪邊瞻眺

一日離家一日思春寒客邸發花遲東流引領遙相望嘹唳淒聲雁過時

清明前一日舟中作

危檣燕語聽呢喃插柳人多白袷衫屈指清明佳節至青山綠水趁歸帆

蘇公祠

古渡殘碑夕照中河流東向古今同蘇公遺址今猶在農圃桑麻播惠風

見樹思友人

遠望隄邊樹婆娑係所思故園花柳發攀折已愆期

贈淨然和尚

古刹雲深處，蕭然萬籟休。種聽蕉葉雨，以其好書鋤愛菊花秋。以其愛菊松月禪房曲，烟波野壑幽。寺東門外有壑莫言相別久，尊酒慰離愁。

思親二首

舉頭南望白雲深，憶到鄉關思不禁。長願薄田三兩頃，承歡菽水慰親心。

親老家貧託異鄉，功名富貴兩相忘。萱堂庇蔭階前樹，後起誰爲奕葉光。

己亥春日偶作

頻年作客怕逢春，幾度春光笑旅人。信步行吟江水曲，榆錢滿地莫言貧。

春閨怨

晨起開簾幙春風吹我裳顰眉羞攬鏡輕衾尚擁牀歡樂忘時促憂思苦夜長鉛華憶年少深閨且自傷

端陽後三日作

課畢兒童意自慵拋書偃臥夢惺忪含情欲把離懷訴隔院笙歌野寺鐘

端陽後五日雨後晚晴

雨後濃雲擁樹歸苔痕小院戀芳暉翛然自得閒無事靜辨蝸牛篆字稀

五月廿四日終夜大雨不止有感

閒作

世事茫茫一夢存豈眞因果有靈源人生飲啄皆前定得失窮通莫細論

午夜不寐

小院陰陰樹影深霏微冷露溼衣襟舉頭南望惟明月一夜磓聲碎客心

其二

寂寞空庭感不禁隔牆燈火入花陰只因旅館無知己窗外蟲聲伴客吟

其三

寂寞深宵靜倚牀小庭月色近秋光不知何處吹羌笛一夜遊人盡望鄉

六月六日思家偶作

雨霽空山後晴光淡夕暉蟲聲時在壁熒火欲霑衣懷友開樽待思親覺信稀夜長愁不寐松月入窗幃

六月二十日徐藹村孝廉邀余到十汊海遊並在慶雲樓小飲余登樓遠望遙見樹木陰翳荷花盛開茅屋鱗次月明似晝人靜酒闌而後杯盤狼藉二三佳客傾談往事不啻古人秉燭夜遊之樂遂拈筆以寫其景句之工拙不計也

綠樹陰濃隔短牆參差萬戶露燈光登樓共賞新秋月十里荷風送晚香

步藹村原韻

十里荷花一色新相逢盡是賞荷人與君恍入桃源境應有漁郎來問

津

與藹村留別

雨後遙山翠色新柳橋分袂別離人一聲驪唱燕關路君寄京華我向津

閒作

柴扉無客靜常關竹榻長眠夢亦閒醒後遲遲牕外步孤雲一片落遙山

壬寅四月用愚姪隨余赴保陽余喜其英姿卓犖拈此以勉之

初上朝暾曙氣清春風習習撼行旌舉杯欲飲離懷醉倚棹長歌客感生一水東流豐利路片帆西向保陽城百年家學傳衣鉢勉爾青雲遠到程

五月十七日用愚赴北京余作此以贈

片帆西向保陽遊敢謂從戎筆竟投自古英雄多困頓何人不作別離愁

其二

每到傾談夜漏殘曠懷不道別離難乘風送爾登車去跋涉雖勞勝宴安

癸卯春闈赴汴歸泊舟濬縣城下晚登大伾山樓閣夕陽樹林陰翳俯視曠野一碧萬頃洵佳境也拈此以寄興

孤帆遠掛白雲間蒼翠宜人雨後山日暖逢聰堪一醉溪鷗清夢兩閒閒

臨清晚泊聽琵琶有感

欲將杯酒滌愁腸，夜月移舟泊異鄉。一曲琵琶聲慘烈，恍同司馬墮潯陽。

柳園口渡黃河見波浪怒號水流似箭感而賦此

人情閱盡感炎涼，富貴浮雲夢一場。萬里黃河流不轉，何須搔首問蒼蒼。

舟中自感

少壯輕狂不怨貧，年來奔走困風塵。生平自問無長策，徒爲虛名絆此身。

癸卯春闈赴汴歸與信雲樵表兄同舟相契不啻胞也雲兄期望甚高以此相勉余愧而賦此

試罷歸來自汴京，逢聰相對話生平。年來屢作他鄉客，徒負相期遠到

程

癸卯秋北平防次中秋感賦

長城萬里抱山河邊塞寒催水復波一夜笳聲驚客夢月明分照旅人多

其二

秋色平分景物和鄉關不遠邈山河月明一夜難成寐旅館愁添舊日多

癸卯秋余佐北洋陸軍第二鎮工兵營戎幕永定河永固一帶決口奉直督憲飭營前往搶工築堤余亦隨往數日之間幸獲安瀾歸途賦此

星馳捧檄赴桑乾（永定河一名桑乾河）迅速何虞蜀道難莫謂中流存砥柱仍從既

倒挽狂瀾涼秋木葉微風脫霜夜笳聲入幕寒但願鯨波長順軌澄清
共仰
聖恩寬

甲辰十月和用愚姪元韵

山河迢遞隔慈幃岐路踟躕與願違但自立身行我是無妨冷眼看人
非

其二

來牋驚報歲將除荒落田園歸去無富貴浮雲不足慕陶然吾自見眞
吾

戊申春赴蜀別家中人

潦倒平生半苦征千言難訴別離情倚門老母扶鳩坐病女癡兒盼綏

行

臨行勉妻

結髮夫妻義命安廿年藜藿與同餐事親教子惟卿責莫慮西行蜀道難

勉子用倓

少年涉世本無知諸事留心學習之勉爾莫忘勤儉訓敦行孝友慰重慈

寅生兒三歲即知不欲離父臨行依戀感而賦此

不識不知三歲兒承歡繞膝肯相離夢中忽作喃喃語問父登車何所之

戊申春赴蜀道出漢陽舟中作

一帆風雨滿江飛到眼雲山故里非旅况凄凉方欲寐夢中慈母作征衣

其二

大江東去浪悠悠江上斜陽古壘秋倘此不留天塹險周郎無自逞雄謀

出巫山峽口作

驛路巫山一線通崎嶇蜀道說蠶叢千章古栢參天綠兩岸山花映日紅峭石凌空雲影外懸崖飛瀑雨聲中黃昏欲宿投何處隱約鐘聲送晚風

戊申秋奉委巴州經征局奉檄前往途中作

橫刀倚馬萬峯頭嘯傲長歌際暮秋仗劍從行惟子僕（時次子用傑隨行）多經山

路少平疇

南部縣建林驛謁桓侯祠

當年西蜀擁旌旄，橫掃千軍義氣豪。今日建林祠下祀，君臣（內祠並祀昭烈帝像）一體繡征袍。

巴州接家郵寄像片喜而賦此

日望萱幃眼欲穿，忽於萬里覩慈顏。笑看膝下重孫戲（長子用倓已生子），咫尺家庭不隔山（言一家團聚無山川阻隔也）。

步曹君鑑明中秋日原韻

家家瓜果夜三更，忽動關山旅客情。今日錦江城上月，月光不是故鄉明。

附曹君鑑明原韻

家家絲管夜三更忽動關山萬里情今日錦江城上月也應分外向人明

中華古籍保護計劃

ZHONG HUA GU JI BAO HU JI HUA CHENG GUO

·成果·

采山樓藏稀見清人別集叢刊

第一册

羅鷺 編

國家圖書館出版社

圖書在版編目(CIP)數據

采山樓藏稀見清人别集叢刊:全二册/羅鷺編. -- 北京:國家圖書館出版社,2019.5
ISBN 978-7-5013-6574-6

Ⅰ.①采… Ⅱ.①羅… Ⅲ.①古籍-彙編-中國-清代 Ⅳ.①Z424.9

中國版本圖書館 CIP 數據核字(2018)第 217516 號

書　　名　采山樓藏稀見清人别集叢刊(全二册)
著　　者　羅鷺　編
責任編輯　苗文葉
編輯助理　王哲
封面設計　翁涌

出　　版　國家圖書館出版社(100034　北京市西城區文津街 7 號)
(原書目文獻出版社　北京圖書館出版社)
發　　行　010-66114536　66126153　66151313　66175620
66121706(傳真)　66126156(門市部)
E-mail　nlcpress@nlc.cn(郵購)
Website　www.nlcpress.com→投稿中心
經　　銷　新華書店
印　　裝　河北三河弘翰印務有限公司
版　　次　2019 年 5 月第 1 版　2019 年 5 月第 1 次印刷

開　　本　787×1092(毫米)　1/16
印　　張　85

書　　號　ISBN 978-7-5013-6574-6
定　　價　1500.00 圓

序

從上世紀八十年代開始，國内藏書風氣再度興起，就整體而言，可分爲古書、舊書、新書三大主要收藏群體，當然古書中還包括碑帖、手札等等，而後兩類收藏群體也會關注到現當代人的手札。如果以人數多寡論，顯然這三個門類的排列順序完全可以倒過來，但若以市場影響力以及歷史價值而言，古籍綫裝書更加受人矚目。

如果做時代上的細分，古書收藏能够延展出許多的專題，就傳統藏書而言，宋元本乃是所有藏家追求的目標，而這樣的追求并非情緒上的佞古。版刻藝術發明於唐代，但到了宋代纔得到普及與成熟。宋以前的著作，今日能够見到的祖本，基本上都是宋刻本。然而宋元刻本經過幾百年的孜孜以求，尚能在市面流通者稀若星鳳，雖然晚清民國間還有一些大藏書家能够收到數量不少的宋元本，但隨著歷史的變遷，這些大藏書家架上之物基本都歸了如今的公共圖書館，塵埃落定後，若某位大力者欲以宋元本爲唯一追求目標，其情可感，其志可嘉，但能够達到一定的質與量，顯然是難以完成的夢想。

鑒於此，近三十餘年來的古籍收藏者，基本上是以明清刻本爲收藏主體，當然這祇是以時代論，就專題而言，又可細分爲明白綿紙本、明嘉靖本、明閔凌刻本、清三代精刻本、紅藍印本、影刻本等等多個專題。就目前情況來看，如今的藏書界在每個專題的收藏上，都已經有人做出了不小的成就。面對這種局面，想要在收藏古籍方面有自己的特色，顯然很不容易。然而，翻閲羅鷺主編的《采山樓藏稀見清人别集叢刊》，却令人耳目一新。

采山樓乃是羅鷺先生的堂號，故本書中所收録的稀見清人别集均爲他個人的珍藏。清人别集也屬近百年來的藏書熱門，以數量論，著録於今的清人詩文集多達四萬餘種，若將此囊括，當然會蔚爲大觀，但就我有限的所知，雖然收集清人别集者不乏大藏書家，但無一人能超過萬種。清代是封建社會距今最近的一個朝代，該時代的清人别集收藏尚且如此之難，若向前追溯，則更加困難。而即便以清人别集爲主要收藏目標，同樣難與海量的公藏相并提。

在這種狀況下，是否清人别集已經很難作爲一個專題來進行系統收藏了呢？在民國年間，大總統徐世昌所藏清人别集二千七百餘種，此有《晚晴簃所藏清人别集目録》爲證。而羅鷺在本書的前言中提到，上海圖書館藏有倫明的《東莞倫氏續書樓藏書目録》殘本，雖然是殘本，該書却著録清人别集近五千種之多，此爲已知收藏清人别集最多的藏書家。時至今日，若以此爲奮鬥目標，估計能藏一千種已是極難之事，但即便有這樣的量，跟清人别集的存世量比起來，亦屬滄海一粟。

顯然，以數量爲目標的清人别集收藏，不符當前的現實，但這并不等於説，清人别集收藏已屬明日黄花，如果能深挖下去，仍然能有意想不到的成果，如《采山樓藏稀見清人别集叢刊》所收數量雖僅二十種，然而每一種都有其獨特的價值，而這樣的收藏正好能够完整地展現書樓主人的藏書理念。

我從該書《前言》中得知，羅鷺曾在南京求學六年，在此期間他常到南京圖書館和南京大學圖書館查閲古籍，後來在北京訪學期間，也常到國家圖書館和北京大學圖書館去翻閲他所感興趣的古籍。博士畢業後，他前往四川大學工作，恰好趕上四川省圖書館因搬遷新館，而將綫裝書打包，使得有嗜古之好的羅鷺頗難解饞，也正因爲如此，使得他決定量力而行地靠個人收入來購買古書。因爲偶然的機會，他買得一册稀見的明人別集，經過查閱公共圖書館所藏，讓他瞭解到明清別集亦有很高的收藏價值，故其決定以此爲收藏專題。

因爲羅鷺對公共圖書館比較熟悉，使得他能够確認所見之本究竟是否罕覯；又因爲網絡交易的興起，羅鷺能够通過網絡來競買欲得之本。經過十餘年的努力，他收藏到了一些公共圖書館未見著録的清人別集，即便有些清人別集已於他處著録，然而羅鷺所得之本必在内容上與公藏之本有所區別，由此可知，他爲了得到一部書，不止是查證哪家公藏機構有藏，他還會用自己的辦法做逐字核對，以此來確認欲得之本超於公藏的妙處，而後再將其拿下，漸漸形成了獨具特色的收藏。

對於『稀見』二字，羅鷺在參考很多同類叢刊的基礎上作出界定，認爲能够榮膺此詞者，需要滿足三個條件：一是不見於《清人別集總目》《清人詩文集總目提要》和《中國古籍總目》著録；二爲在廣泛調查後，發現同一版本的存世量在三部以内；三是在此前未經任何出版社影印出版。

從以上三點來看，羅鷺的懸格可謂不低。但他在《前言》中也講到，公私藏書還有未經編目者。以公共圖書館爲例，北京大學圖書館和上海圖書館分別還有幾十萬册古籍未曾編目，也就是説，如此數量衆多的古籍中，一旦編目公布，很可能會使一些孤本不孤，而一些稀見本的數量也會超過三部，更何況私人藏書大多未編目，故其所得是否符合三部的稀見條件，確實是個未知數。然而就目前情況來説，能够做到此三點已然不容易。

而羅鷺的難得之處，在於他能够與衆樂，他整理出二十種稀見清人別集，而後編成該叢刊影印出版，以供相應學者研究，這種與衆樂的做法當然值得贊賞。

對於這二十種典籍，羅鷺寫出了二十篇相應的跋文，從這些跋文可以看出，羅鷺試圖將黃丕烈跋語的書寫風格以及現代版本目録著録方法融匯在一起。喜藏新文學版本者，大多喜歡唐弢的一句話：『書話的散文因素需要包括一點事實，一點掌故，一點觀點，一點抒情的氣息。』然以我的愚見，唐弢的這句名言不過就是將黃丕烈跋語做了提綱挈領式的總結，這種寫法使得書跋突破了繁瑣考證的藩籬，成爲了一篇篇雋永的散文，而這種寫法正爲黃裳先生所尊崇，衹是黃裳的書跋突破了抒情味道，同時也幾乎脱離了考證。

與之相反，黃永年先生的書跋則以考證爲主，掌故爲輔，這種寫法應當是學者式書跋的典範。黃永年藏書關注的是版本的代表性，而黃裳藏書更注重珍稀性。從羅鷺所藏的這二十種清人别集情况看，他的藏書路數應當接近於黃裳，而黃裳藏書偏重珍稀而又不棄殘叢，這一點也被羅鷺所秉持。但羅鷺在寫書跋時，則有著黃永年式的謹嚴，他不但要考證出該書的難得之處，更重要者，他將所藏一一與公藏相核對，以此來確認自己所得之本的妙處。雖然如此，但羅鷺同樣也喜愛刊刻精妙之本，比如他在談到《戹中况詩集》時，認爲『此本字體清雋，刻印俱佳，允爲乾隆家刻本中之白眉』，頗具黃裳跋語之風，然而他接下來又説：『然遍檢《中國古籍善本書目》《中國古籍總目》《清人别集總目》《清人詩文集總目提要》《山西文獻總目提要》等書，皆不見著録，亦爲罕見流傳之秘籍。』而這些話是黃裳跋語中絶不可見者。

可見，羅鷺的書跋有著融匯黃裳和黃永年兩家風格之勢，他似乎是想將有趣的書跋學術化，而這樣左右采之的寫法，料想會受到讀者的喜愛。同時我也期待著羅鷺能够將他這個愛好繼續下去，以便讓世人看到更多的稀見清人別集。説不定哪天，某部書所公布的内容就會改變以往學界的定論，而這也正是我的期待所在。

韋　力

二〇一八年七月三十日書於芷蘭齋

前言

一

在四部典籍中，别集是數量最多的一種文獻類型，而清人别集的數量超過明代以前别集的總和。但存世清人别集究竟有多少種，迄今無法作出準確的統計。李靈年、楊忠先生主編《清人别集總目》（安徽教育出版社二〇〇〇年版）著録二萬名作者的約四萬多種别集，柯愈春先生所著《清人詩文集總目提要》（北京古籍出版社二〇〇一年版）著録一萬九千七百餘名作者的四萬多種别集，《中國古籍總目》著録清人别集二萬八千六百七十六種，三種書目去除重複，總計著録二萬三千餘名作家的四萬四千多種别集。但這三種書目，主要反映的是公藏情况，而且是以舊編藏書目録爲基礎進行的著録，并不能全面準確地反映公藏機構的實際收藏數量。例如，華東師範大學圖書館新編目的古籍中，與《清人别集總目》相比，可增補著作七十五種，增補版本五十種，訂正訛誤十二條；天津圖書館也將《清人别集總目》未著録的清人别集彙爲一編，名爲《天津圖書館藏清人别集善本叢刊》，共收録六十二種；此外，《北京師範大學圖書館藏稀見清人别集叢刊》和《南開大學圖書館藏稀見清人别集叢刊》也有不少未見著録的稀見清人别集。隨著全國古籍普查登記工作的開展，更多的稀見清人別集將陸續進入人們的視野。

除了公藏，私家收藏的清人別集也不容忽視。民國時期的著名藏書家徐世昌、倫明、鄧之誠、鄭振鐸等，都在清人別集的收藏與文獻整理方面作出了較大貢獻。徐世昌《晚晴簃所藏清人別集目録》著録清人別集二千七百餘種，以自身藏書爲基礎，在門客、幕僚的協助下編成《晚晴簃詩匯》二百卷，收録六千一百餘家的二萬七千多首詩；倫明有志於續修《四庫全書》，將藏書樓命名爲『續書樓』，并在北京琉璃廠開設書肆通學齋，聘孫殿起主持店務，網羅清代文獻甚夥，其《東莞倫氏續書樓藏書目録》殘本（上海圖書館藏）著録清人別集近五千種，應當是私人收藏清人別集數量最多的藏書家；鄧之誠收藏清初詩文集七百餘種，其中多有罕見的清代禁書，後編成《清詩紀事初編》八卷，收作者六百人、詩作二千多首；鄭振鐸則致力於收藏清代文集，多達八百三十六種，溢出北平圖書館編印《清代文集篇目分類索引》者在四百八十種以上，計劃編纂《索引續編》。當代已故藏書家中，留意清人別集與清刻本收藏且影響較大的有黄裳、黄永年二先生。黄裳先生的《清代版刻一隅》取材以自藏清刻本爲主，多有罕見清人別集，并側重其版刻藝術價值；黄永年、賈二强先生所編《清代版本圖録》以反映清代版本全貌爲宗旨，雖多通行本和具有代表性的版本，但也不乏自藏稀見清人別集。二書皆可在一定程度上補充上述三種公藏書目之缺。

清亡距今衹有百餘年，流散在民間的清人別集尤其是晚清別集數量衆多，無論公藏機構還是私人藏書愛好者，都應努力加以訪求和搜集。以成都市下屬的都江堰市（舊稱灌縣）爲例，一九二五年至一九三二年編纂縣志時曾采訪本縣人士詩文集刊刻情況，計有『已刊』詩文集十八家二十種，分别是：朱霽軒《忠孝詩鈔》、馬光型《小海岳樓詩》、周澤溥《餘事吟》《西溪餘咏》、李芳《春珊詩草》《行餘偶録》、尹清臣《朋簪雜録》、陳桂林《釋來軒詩》、田廷楝《芸香閣詩草》、馬繼華《片羽集》、劉炳琦《咏史詩》、朱谷暘《勸孝存》、趙金鑑《青城游草》、陳炳魁《黼廷文存》、王昌麟《惜齋文録》、羅鳳藻《燼餘集》、徐昱《藕園詩文稿》、羅世勳《逸園集》、師表《闇齋集》和李延伯《墨居殘稿》。從理論上説，這些詩文集應當都現存於世。但查考《清人别集總目》《清人詩文集總目提要》和《清代蜀人著述總目》，衹著録有陳桂林、馬繼華、王昌麟、羅鳳藻、羅世勳和師表等六家；而上述書目没有引用的《成都市古籍聯合目録》又著録有劉炳琦和陳炳魁二家詩文集藏於灌縣文管所；根據最新的『全國古籍普查登記基本數據庫』，重慶圖書館藏有馬光型《小海岳樓存稿》四卷，爲咸豐二年（一八五二）刻本，寒齋亦藏有是本。至於剩下的九家，是存是佚，還有待進一步尋訪。有心人即目求書，當有所得。

二

我曾在南京求學六年，有機會查閲南京圖書館和南京大學圖書館的古籍善本，期間又到北京大學訪學半年，是國家圖書館和北京大學圖書館古籍部的常客，積纍了較豐富的版本目録學知識。二〇〇八年，我博士畢業後到四川大學工作，本想充分利用四川省圖書館的古籍資源，但由於地震及搬遷新館的原因，大多數綫裝書都打包封存在庫房，無法提供閲覽。對於酷嗜珍本秘籍的我而言，一下子遭遇了難以忍受的書荒，轉而開始購買自己喜愛的綫裝古籍。但我深知，在書價日漲的今天，以一名大學青年教師的微薄薪水，無法滿足大規模購書的願望，祇能選擇某一類型文獻形成專藏。我的主攻方向是宋元文學文獻，似乎理所當然地應該以宋元别集作爲專項收藏。但清代以來藏書家對宋元別集的搜藏幾乎已經到了竭澤而漁的程度，今人實在難以爲繼，且絶大多數宋元別集都有了影印本和整理本，從讀書治學的角度來看收藏意義不大。一次偶然的機會，我得到了元末明初學者羅子理的《羅德安先生詩集》三卷，可惜牌記缺失，版本不明，於是進一步查考資料，發現天津圖書館藏有明隆慶四年（一五七〇）刻本《羅德安先生文集》三卷，是海内外孤本，收入《天津圖書館孤本秘籍叢書》。明刻本僅存文集，缺失詩集。此外，國家圖書館也有該書的清鈔本，但同樣没有詩集。因此，無論此本刊刻於何時，均具有重要的文獻價值。後來，幾經努力，我終於查到中國科學院文獻情報中心藏有完整的《羅德安先生詩集》三卷、《文集》三卷，内封牌記完好無缺，是光緒七年（一八八一）嗣孫羅冠仕等重刻本，與羅璟《羅冰玉先生集》合刻。這次發現讓我明白，即使是光緒刻本，其中也不乏明清別集的稀見品種，具有較高的收藏價值。從此以後，我就決定將明清別集作爲自己的主要收藏方向。雖屬不務正業，但也自得其樂。

明清別集浩如烟海，以個人的能力，無論如何也比不上公共圖書館的收藏。因此，我進一步縮減範圍，以《明別集版本志》和《清人別集總目》《清代詩文集總目提要》等爲參照，凡是不見於這些書目著録、公藏機構罕見收藏的明清別集，則盡可能地予以搜集，并在網上呼籲：『漢唐逸籍、宋元舊本，自古以來，莫不珍重。明代喜刊唐集，清人篤好宋元。民國初年，學者搜羅清代禁毁文獻，蔚然成風。百年滄桑，迭經動亂，新學日盛，舊籍漸亡。宋元善本，公家網羅殆盡；明清佚籍，民間所存尚夥。有志文獻學者，倘能注意於此，必當有所成就。』十年來，通過網絡、拍賣、古舊書店、書友交流等途徑，筆者經眼的稀見明清別集多達數百種，但限於財力，基本上衹能采取人棄我取的策略，收藏那些名氣不大、品相不佳、殘缺不全的文獻。例如，明人王應翼，是湖北京山黄玉詩社的主要成員之一，其詩集久已亡佚，僅見［康熙］《安陸府志》卷二十著録所著《采山樓詩文》十數種。筆者偶然在孔夫子舊書網見到《采山樓集》明刻本殘葉，背面粘貼新中國成立前後石家莊一家餅干公司的廣告，目測屬於糊窗覆瓿之物，以廉值收歸寒齋所有。儘管衹是一紙殘葉，却足足讓我興奮了好幾天。［康熙］《安陸府志》著録的《采山樓詩文》衹能供人遐想，而這張殘紙則是可以感知和觸摸的實物，能够爲明人别集的版本著録與考訂提供更爲具體的信息：王應翼《采山樓集》，明末刻本，每半葉八行十七字，白口四周單邊。至於我素來信服顧炎武『采銅於山』的治學方法，得到此書後，就毫不猶豫地將自己的書齋命名爲『采山樓』。至於能够采到的究竟是傳世之寶還是廢銅爛鐵，則衹能順其自然了。

鄭振鐸先生在《清代文集目録跋》中説：『夫清集之收集，似易而實難。』普通的清集自然容易見到，但未見著録的稀見品種則難以獲得。有時候苦等數月，瀏覽大量書目信息，也見不到一部心儀的清集；有時候偶然疏忽，數日没有上網，纔發現某部孤本秘籍已被他人廉值買去。爲了彌補心中的遺憾，衹好花重金請求書友割讓，或者托店主復印副本見寄。這樣積纍下來，符合自己收藏標準的清人别集倒也日益豐富。原計劃聚集百餘種再整理問世，但最近獲得四川大學雙一流學科建設經費的資助，就優先選取二十種罕見流傳、内容較完整、有較高文獻價值的稀見清人别集先行出版。

三

『稀見本』作爲一個模糊的版本學術語，向來難以準確界定其含義。從存世數量來看，目前藏書界和出版界普遍以收藏單位在三家或四家以内作爲收録標準。如二〇〇六年北京圖書館出版社（今國家圖書館出版社）出版的《陝西省圖書館藏稀見方志叢刊》在序言中明確説：『這裏所説的稀見，是指所收録的方志根據《中國地方志聯合目録》核查比對，在全國衹有三家以下收藏單位。』二〇一一年國家圖書館出版社出版的《中國人民大學圖書館藏稀見方志叢刊》在序中也説：『「稀見」標準指同一版本收藏單位在三家以下。』而二〇〇九年學苑出版社出版的《北京師範大學圖書館藏稀見方志叢刊續編》則説：『每種方志在中國大陸地區的收藏機構一般不超過四家。』可見存世數量在三、四部以内可作爲判斷一部古籍是否稀見的通行標準。從著録情況看，《稀見方志叢刊》一般以《中國地方志聯合目録》是否著録或著録稀少作爲收録標準，而各種《稀見清人别集叢刊》則以《清人别集總目》《清代詩文集總目提要》等專題書目是否著録作爲收録標準，如二〇〇七年廣西師範大學出版社出版的《北京師範大學圖書館藏稀見清人别集叢刊》確定的選目原則之一是：『據《清人别集總目》及各館古籍書目數據庫的著録情況，選録未見著録，或雖有著録，但收藏單位較少的清别集品種。』二〇〇九年天津古籍出版社出版的《天津圖書館珍藏清人别集善本叢刊》在《編印説明》中也説：『本編所録清集，以《清人别集總目》爲據，凡其未載者，即以「稀見」目之，予以收録。』參考上述標準，收録在本書中的稀見清人别集，基本上須同時滿足以下條件：一是不見於《清人别集總目》《清代詩文集總目提要》和《中國古籍總目》三大書目著録；二是廣泛調查後發現同一版本的存世數量在三部以内，甚至可能是孤本；三是在此之前未經任何出版社影印出版。以此爲標準，庶幾可以稱得上稀見了。但由於公私藏書没有編目，不爲人所知的尚多，如有疏漏和不準確之處，衹能祈求讀者的原諒了！

黄永年先生在《古籍版本學》一書中指出，清刻本中真正難得、堪稱爲文物的版本，一部分在清初，一部分在道光、咸豐時。這一觀點對於清人别集而言同樣適用。但清初版本絶大多數已成善本，未見著録的極少，故本書所收以道光以後爲主：計有清初本二種、乾隆本二種、清中葉本一種、道光本二種、咸豐本一種、同治本二種、光緒本三種、清末本一種、民國本六種。從版本類型看，共有稿鈔本十種，約占一半的比重，另有刻本六種、木活字本二種、石印本和鉛印本各一種，在取捨時兼顧了版本的豐富性。至於作者地域的分布，根據藏書的多寡，不能不有所側重，計有湖南、安徽各四人，山東、山西各三人，四川、陝西、江西、福建、浙江、天津各一人。關注地方文獻的人士可分别留意本地鄉賢的著述及其版本。

相比於大部頭的同類叢書而言，本書規模較小，衹不過是嘗鼎一臠罷了，但其中也不乏重要的文獻發現，可彌補大型叢書之缺漏。例如，《清代詩文集彙編》第六百三十三册收録山西王錫綸《怡青堂詩集》八卷、《怡青堂文集》六卷，爲民國鉛印本；又收録《怡青堂詩二刻》八卷，清咸豐刻本。本書則收録了難得一見的清同治十三年（一八七四）刻本《怡青堂詩四刻》，雖僅爲殘本，存同治元年壬戌詩，但與民國本《怡青堂詩集》卷四壬戌稿相比，多出九十五首詩。又如湖南陳文新詩文集，《清代詩文集彙編》第七百八十八册收録北京大學圖書館藏清光緒三十一年刻本《養氣齋詩集》五卷，本書則收録了民國三年鈔本《養氣齋詩記》不分卷，雖收詩較少，但内容互有出入，可資校勘，且多出詩二十三首、古文十篇。此外如道光間山東商人姜文球《怡真齋詩稿》、咸同間安徽良吏范杞《忠恕堂詩草》、光宣間湘軍幕僚李大鵬《蓮峰齋詩草》、名列《清史稿·忠義傳》的辛亥殉難者曹彬孫《寄傲軒詩鈔》、民國初元代理峨眉知縣的徐玉照《深柳堂未定草》、抗日戰爭時誓死不做亡國奴的山東沂州才子王思衍的早年詩集《嚼雪齋志學草》等，無論其人其詩，皆各有特色，有可稱道之處。讀者各取所需，想必不致空手而歸。

四

本書的編輯出版，有幸得到諸位師友的指点幫助。導師程章燦先生撥冗爲本書題寫書名，著名藏書家、學者韋力先生慨然應允撰序，令本書增色不少，也是對我莫大的鼓勵。選題形成之初，國家圖書館出版社南江濤先生曾對出版策劃多有支持，南京大學徐雁平教授就叢書選目給了非常中肯的建議。成書過程中，四川大學李瑄教授在資料查閱方面協力不少。本書的責任編輯苗文葉女士不辭勞苦，逐一查核原始文獻，辛勤校對，保證了本書的出版質量。在此一并謹致謝忱。書中可能存在的不足與錯誤，敬祈高明不吝賜教。

羅鷺

二〇一八年五月二十日書於四川大學中國俗文化研究所

總目録

第一册

第二册

第一册目録

（清）張逵 撰

梅林詩集一卷

清初鈔本

梅林詩集一卷

清張逵撰，清初鈔本。

辛卯暮春，余見舊書網站拍賣無名氏詩集鈔本一册。拍賣書影首葉中有詩二首，一爲《朱字緑徵刻詩在賦贈》，一爲《兄元夫同龍理侯皖江舟次》。朱字緑即朱書（一六五四—一七〇七），亦名世文，字字緑，號杜溪，安徽宿松人。早年有文名，與戴名世、方苞等友善。清康熙四十二年（一七〇三）進士，授翰林院庶吉士、編修，入武英殿纂修《佩文韻府》《淵鑑類函》等。朱書著述豐富，然去世後受戴名世《南山集》案牽連，文集被禁，多有散佚。朱書留心整理皖江文獻，曾編《仙田詩在》八卷，專收宿松一邑之詩。由詩題《朱字緑徵刻詩在賦贈》可知，朱書編刻《仙田詩在》時曾向作者徵稿，因可確定作者爲清初安徽宿松人。第二首詩中，龍理侯即龍燮（一六四〇—一六九七），字理侯，安徽望江人。康熙十八年中博學鴻儒科，授翰林院檢討，與修《明史》。纍官至工部屯田員外郎。作者之兄元夫能與龍燮交游，必非無名之輩，因檢［道光］《宿松縣志》，知該縣康熙年間字元夫而知名者有張遇，爲張兆孔之子，『善吟咏，精思險緒，頗類長吉，學博王御序其詩行世』（參見［道光］《宿松縣志》卷二十一《人物志・文學》）。其父張兆孔，字一儒，明末諸生，善詩古文辭，明亡後不仕，事迹見於同書卷二十一《人物志・隱逸》，志引《仙田詩在》云：『子遇、逵皆有名。』至此，本書作者之名已經呼之欲出了。胡適先生説做考證要『大膽假設，小心求證』，余因大膽假設此書作者爲張逵，待將詩集競拍入手，再慢慢小心求證。

好在這種詩集没有書名、作者，且品相不佳，自然是無人問津，而爲吾以底價購得。

數日後，收到并閲畢全書，余之假設得到確證，此書之作者即張逵，理由有三：其一，集中有《侄星右館中贈劉謹庸西序兼示諸子》詩，張星右爲張遇之子，與朱書同時入邑庠，康熙四十四年，請朱書爲其父張遇《漪園詩二刻》（康熙刻本僅存天津圖書館，亦極其罕見）作序。作者稱元夫爲兄、星右爲侄，似可推斷爲張逵。其二，集中《瀑壁》一詩，見載［道光］《宿松縣志》卷二十七《藝文志》，詩云：『影瀉高峰勢不凡，洗紅拖碧下松杉。梯崖停磴千層浪，漱雪穿雲百尺巖。摇曳天花霏玉屑，飄零仙霰濺珠函。魚龍倒捲晴空雨，灑向高人白練衫。』題下署作者名爲：『張逵，邑人。』邑志中所載詩句文字與本集差异較大，或可判斷爲同一首詩初稿與改稿之不同。其三，［民國］《宿松縣志》卷六十七《宿松文徵續編》卷四引《仙田詩在》録張逵詩《和王學博歸舟賦別》一首，并録其小傳云：『羽儀，一儒子，元夫弟，廪生。』此詩雖不見於本集，但詩後注云：『次篇即《晚秋山中寄兄元夫》作也，美不勝收，姑次其目。』翻檢本集，此處所云之次篇赫然在列，故張逵爲本集作者已無可置疑。

張逵，字羽儀，安徽宿松人，張兆孔子，張遇弟。康熙三十五年歲貢。張逵詩集久佚，［康熙］《宿松縣志》僅有其兄張遇之傳，而無張逵之名；［道光］《宿松縣志》選舉志、藝文志皆有其名，并録其《瀑壁》詩一首，但未著録其詩集名稱；［民國］《宿松縣志》卷三十三下《藝文志》始從《同治志稿·藝文志》書目内得其詩集名爲《梅林詩集》，并云：『惟前稿著録從嚴，述作一門所綴續於道光志書目後者寥寥數人，雖有無刻本未詳，固知非濫竽家數已。』據是可知，從康熙末至今三百年中，張逵《梅林詩集》之名僅於同治年間修縣志時驚鴻一現，至民國年間已無從徵訪原書，可見其稀見。

此本每葉左邊書腦内書頁碼，起自第六葉，終於第二十七葉，可知卷首缺五葉，故無書名、作者、序跋、目録等。無格，每半葉八行二十二字。現存詩一百零四首，計有五律五十二首、七古二首、七律三十三首、五絶十五首、七絶二首，所缺部分爲五古與五律。集中有《歲暮别張聯御、方人一、徐卓人諸友》，徐卓人即徐焯，與張逵同爲宿松人，其詩集《邃園集古》亦與此本合鈔爲一册，知本書爲留意宿松文獻者傳鈔。書中玄、弦字避諱，丘、寧字不避，弘字未出現，『曆』字僅出現一次，作『厯』，爲曆字之异體字，但并不一定是避乾隆諱。而且既然丘字未避，當不晚於雍正時期，故定爲清初鈔本。

故園留別業淩最有餘情酒泛春烟滿絃揮夜氣清蕉心
含雨長蘭舌嘯風生新帙閑將編光芒起赤城
朱字緑徵刻詩在賦贈
為蘭幽芳寂楓林情倩句收烟塵憐斷簡贈答喜輕郵鶴夢
閱生韻鶯聲緩更柔玉山諸本在歷歷待君搜
兄元夫同龍理侯皖江舟次
系艤蒼溪泊敲奇秉碧霞江峰青入格野店白生花些
賓蕙主同舟客似家晴嵐醮百子春色　奢

村中十聲

蛙聲

綠野春烟動空堦聒有聲閙中爲意淡閑處得音清水部

高吹頷泥丁細作鳴夜聲譁轉劇聞者自添情

蟬聲

競噪高枝上幽窓霧莫遮潛身抱樹穩鼓腋吸風譁暑溽

聲先燥秋清咽轉遐陽溪吟斷續聽到夕陽斜

雁聲

爭報蘆花信羣飛昨晚風冲寒驚夜影矯翮動秋空陣陣
摹書巧嗸嗸入耳同遥知羈旅客歸思暗相攻

蟋蟀聲

凄凄流細響聲近屋根生微物偏爭勝因時漸改名紛華
誰着意淺莫獨攖情乍聽鳴何戚羈人夢早驚

葉聲

空山黄落滿時捲過東鄰凉夜輕生韻霜風疾點塵變了
高士屐慣撲老人巾飄泊知何定閒聽冷意新

紡線聲

寒〻息縈人意車音比屋通紜紜聲斷續淡淡火朦朧紀言

飄絃外纖縷貫耳中憐他工作苦豈但得衣豐

讀書聲

山陽（隅）通曉閣喜遞誦聲來雅韻琅琅孤（徹）情咄咄徊風生流

水峽琴操猗蘭臺未識何人許幽吟大可推

舂聲

年來收薄稔句杵動村墟細響踈蘺落輕揄淡野居聲惟

靜處須力在閙中舒戶戶營生切喧閙月出初

砧聲

地僻經營早征人意自愴關山月一片玉腕淚千行杵激

秋皆碎砧寒响獨忙靜山吹到耳空抱浣紗傷

漁聲

水落漁歌起潮平自遠通乘風撒網急趂浪合篙從棹鼓

波翻響舟穠語怪訌蘆汀燈火夜和析更冲冲

冬夜同兄友張及諸弟途中

猝爾催呼至深宵迫我興遠村寒閉户孤店寂無燈
籬根影鴉棲樹杪冰蹇驢聯轡策霜霧不堪勝

杜日飲秋庄

濁酒通村熟牲拴獻野炭松窓雲出岫竹屋水盈池雨陣
覘新景風檐詠舊詩秋田酬作苦促席歡盡期

是昨

看來猶是昨只在閙中忙為絆他年俗因餘此日狂飛花
如過客把酒獨迴腸淡泊憑琴素翱翔許自陽

近日

近日故人火花開笑未拈彈冠羞貢禹漉酒憶陶潛落落
晨星曉荒荒白晝炎親朋强半坐醉飲又呼添

巖恭山

佳景牽遊客松梁畫色荒雲消花燦艷樹含月沉光高濶
低天影虛空露佛藏清風隨袖至只許道人當山有石道士

草堂

松林函日影亭午照垣苺烟水南湖接晴雲北岫佪

除、徑草醮筆問仙才竹閣山嫌、寂池蛙送響來

家園

日吐峰烟淨燒花樹散泉覔方多種竹取興自移蓮石乱胎瘦素松鱗滴翠妍恰逢端茗蟄鳥語數聲圓

侄星石館中贈劉謹庸西序兼示、諸子

方塘雲樹匝尋勝憶關西烟水蒸寒谷薰風拂秀堤攤書花共賞坐塌鶴同棲料有芳園與芸孫、待雨滋

水仙

氷心消世艶名曰水仙宜羽士冠加素湘娥面掃脂光疑
含玉潤色喜傍燈窺應是凌波出天香月下時

鴈來紅

麗質天然異無花錦作供錦一名莧分明秋色暮忽改少時儂
又名老夜月霜猶錯霞光晚更濃臙脂新鴈寄妬殺美人
少年
容

紫薇

無香偏有色搖映出籬邊書幌騰丹字茶瓶瀉〻

五月後綺秀半窓前名應天台宿栽培豈偶然

梧桐

清姿凝碧葉長浸一廷陰雨滴愁人夢風敲孤客吟午炎遮最客涼月照偏深為報飄零後凄其奈到心

牡丹

名園春色富天亦愛情奢日照仙葩麗烟籠彩萼霞花堪稱絕錦艷可奪畫紋紅紫從來羨誰居第一家

雞冠花

細喙臙脂片金風剪綵時養成箕鬬力空憶報更期斂翼
情何摯踈冠雄亦痴祗今秋圃内獨立晥茅茨

妓

雲鴈層皐落多因戀玉簫箏聲遲月影琴韻寫心苗紅雪
凝花面清風曳柳腰爐頭青眼客雅意候相招

黄鶯

聲聞嬌樹外春到野禽鳴吭轉歌杓滑陽舒羽漸輕滚烟
棲古木長夜弄新情枝上愁啼曉偏鶯鶯在五更

百舌

幻出花枝鬧閒情聽更幽宮商隨意發高下逐風流一片翻空舌千船善囀喉翩然如碎錦欵欵上心頭

畵眉

總緣音肆好深閉在雕籠碧眼青猶別嬌眉畫欲同花前姿帶媚雨過韻飄空豈必能言語和鳴聽亦聰

錦雞

文禽學武巧奈作祝需名繡鎖千翎細金飄兩尾輕雖無

苞翥色亦肖鳳凰聲五德擒華藻天機訝爾呈

山雉

性骨元言耿何為雉鼓搖飛潛差欵欵飲啄自陶陶柔翼風中振幽情物外調縈求曾不偶隴樹似道遙

黄鸝

破寂荒岑下長松出没深纖翻微有調點翠惜知金梅曲和殘譜竹枝學短吟料因催好興故故弄疎林

江維則山堂夜話

野堂人事靜欹坐聽鶯聲折柳培殘圃澆花艤酒數斗吟盡月三更但得幽居樂何須別識荊

桑落洲重訪蔡星宅

吾友潯江族耆英出世才偶從深柳下忽訝遠人來樽酒開新釀盤飧具夙培廿年今一問坐立起徘徊

訪劉奐若幽居

飛花輕帶濕幾片點青氈時物春方好清風意甚便但藏書數卷肯種稼盈阡泄泄閒桑裡園陰任客還

高亦山歸閣

華簪非不貴偏愛是林泉客路風塵古清樽夜月妍埽花開舊圃對酒剖新鯿松菊猶三徑丘園好自便

熒光

腐草猶能照宵行自斷連飛時星欲亂到處火初燃熠燿青山冷依微綠野妍曾誇勤學者亦借爾光傳

蜻蜓

飄緲情何着依廻意幾猜雙眸光燦爛疊翼巧

風前舞多從 雨後來晴空貪戲水一點 便支開

捉月亭

問月月獨存先生並月生江枯山突兀岸濶水和平雲影
荒仙蹟漁罾繫客情騎鯨何所據浪費後人評

舟泊金陵陳少尹顒翁招飲酒肆

携手維舟處終宵不靜聲京華風仍古旅況與偏清酒向
冰壺貫詩惟稚子賡此時同買醉停棹且留行

燕子磯

名區多絶徑擊楫不勝嘉雲集烟封樹山空洞引霞江花迷釣艇石壁嵌僧家亭聳危巒上峰廻路轉斜

夜泊瓜州

暮泊維揚地羈情薄作豪隣舟愁絮語市肆喜酕醄夜静將杯不倦談深月漸高金山如在望携酒一遊敖

句容飲李子静宅上

画閣藏深巷幽人在彼阿品花隨徑植鳳草給隣談偏熱情因俠轉多高風吹滿座序别如訂何

禪房晤馮蓼菴先生

乍接喬松範書窓靜展題高談舒片緒雅晤勝多

星猶棨春雲樹若齊六橋烟景在曾帶過吳溪

歲暮別張聯御方人一徐阜人諸友

歲改情偏篤新懷又別生風恬花有信雪淨鳥頻鳴拂袂

知塵擾醫狂得渴（濁）酒平春遊堪話故為叩舊時荆

仲冬與吉鴻賓叙曹若勍葉汝翼邸次

繩床促膝坐勝覽古人奇凍合花粧樹霜嚴霧解冰舒懷

無俗累屣足絕塵思好友談心處空庭日已移

金山寺

碧柱凌虛起芰荷水面浮波心撑怪石山腳抱層樓絕頂惟亭立懸梯任客遊鄣公何處弔行古一江秋

北固山遊甘露寺

鳥道樞衣上緣登第一峰潭邊月色全（題有秋月潭亭下 張叟德觀之）水聲空絕壁輕調馬（相傳關公試馬處）平陂遠戲鴻鵠之載酒過城東

題焦山

得挹焦山勝青峰抵碧霄生來橫截岸怒欲直
憑烟沒狂瀾吸石驕東吳多異景爾亦獨飄飄

丹陽道上喜晤陳畧生

離羈千里遠何幸客星隨酒住呼朋攜茶棚認主移寫心
空谷處聞笑領雲時不揣風塵外同鄉晤在茲

太白荒臺弔古

殘巒賸水一溪橫昔有謫仙駐此研皓魄當空人不見萋

蔞荒草意獨猶生先時唱和知誰應聞携盧丘頻訪贈曽

過汶塘誇業賢蓮衣竹影供詩興至今逸曠仍瀟颯烟高

孤鶴豈難求香含石齒吟如在酒蒲花腮優若蛩臺畔佳

景雖湮沒往來客莫愁鬱勃逢僧話勝憶詞壇偃仰東山

峰突兀南閣參差樹影披仙才莫作等閒窺遺扎歸然琴

韻遠騷魂夜夜聽子規爽氣西飛嵐光耀樹邊雨社堪

調清風明月兩依依千古搜奇逸相留

秋水散

八月南湖秋水盈瀲灩太虛一色清波牽荇菖
雲合處杳無程霎時村翁還驚告昨夜湘流尺
連朝潮又添稻禾半黃旋嗟滂但着小小艦意悠悠[illegible]
沒水上浮日浴汝汀幾迴遍任吹短笛聽來游莫謂溪淺
憎艨艟漁舠約綽競相角晝起鼓斟夜織叢[illegible]溪童野叟
留真樂極目菱荷荻葉新紅蓼青莪縮遠瀕家家活潑隨
時見猶喜鷗鳧近益親一碧萬頃漣漪多濯懷堪咏白露
歌白露洲中伊人出須取滄浪趣若何

清明日拜先君墓

久罷承歡守儆帷頻翻手澤苦瞻隨草堂（父手建）暗濺花時
淚杜宇愁吟月夜恐寒到松林風不定辛沾蓼花苦難支
清醥一滴春山露莫莫泉臺慟遠追

彌勒寺初度思母兼述所感

慈母情牽月色涼回思業苦問空王纔憐癸父千秋恨那
意居孀數載亡半菽豈能酬罔極一經況未補 癸亥[illegible]
自檢浮生事差勝令威化鶴翔

旅懷

壯氣久隨出雲岫蒼蒼涼色變氤氳數枝金菊
片舟蕖白未分蘆折西風憐葉短鴻鳴秋月帶
暗計前程事何故桃溪更問津

歸舟

忙整孤帆放小舟飛蓬日夕借東流微霞棲片依山樹輕
櫓雙搖倚汎棲入夢不關秋到鬢文頤還藉酒消愁溯洄
遙憶寧蒙處會向風前訊舊遊

和東澤鍾老師西齋落成

紘誦聲聲韻壁間奇書鐫得石生斑新添紫氣隣高閣滿挹春風坐秘關荷點敬亭亭香出水簾開暮雨画成山秀活南繞烟光細栁浪牽帷未易攀

又

彩貢東園復邁西堂開秀奕、任風扎洛中白雪[illegible]下青梧鳳可棲鐸響遠聞傳道氣芸籤初展展、問月頻傾座南麓參差到眼齊

邑侯朱何思行取
水泊秋湖唱蒲溪河陽佳景復離離花飛百[illegible]
帯千年特著奇白雪依然留舊譜光風幾度想
應是御舟入佇看仙霞點御碑
和閨怨限字併韻應製題
峰高十二水盈溪一日腸迴九曲西三五良宵半臂枕萬
千愁夢四隣雞尺箋遥望雙鴻寄丈室誰容兩鬢齊時數
歸期纔七八陽關百六聽烏啼

舟中贈姚維昭之張雪岑署同金公俞小飲

漫栖烟水似浮家習習和風興亦奢江上啣杯、畄楚客生中吹笛聽梅花福星近照山前月曉露新亨、醉後茶

齋安輕棹好重遊赤壁勝仙槎

壽石翁文唐臺

峻節天下山碧松飄然琴鶴互相從桃花放、懿芳時絳祝濃愛普仙田畄雨露尊開粉署快取椒為頌生見明霞上玉峰

春日贈顏翁陳中尊

曉日融融色熳爛春光遐被翠雲間風清綺、
没陳簾、製錦閒變客儘教樽不竭吟詩自覺韻
雅意成蕭灑直引湘波映玉山

小孤山 載小孤志

勁骨嶙峋鎖碧流奔濤拍石海門收僧從曲磴穿雲、
向廻瀾瞰月浮掘起旁分三楚水長空屹立九江秋蒼然
峭壁堆層翠砥柱波心作上游

祝開翁方太老師八十

甘泉醁酒碧秋初彩拂斑衣玥滿襟五桂香飄分國色三山華祝映圖書丹還紫閣容成筆星燦東溪處士盧細聽雲璈頻憲頌欣加寵錫步天除

殷子牧讀書靈泉觀

翠門鎖前溪古堞秋興酣聊借彩毫收三更鐘梵夜篝燈照閣幽旅館頻來供異茗涼風漸覺買酒花間醉笑傲詩成画底遊

晚秋山中寄兄元夫

軒前坐斷雨千聲即事愁牽無限情作客久時人深處又凉生月斜燈地遲歸夢露滴窗空懷去敲詩分寄後漫調竹火剪茶烹

夏日同諸友遊資福寺

陶公酒熟笑開顔盤谷風回暑欲刪花發清亭供客賞觴流夏月放杯閑尋僧説偈能消刼結伴看山喜破頹坐息空堂遊履靜禪心不染俗人慳

時楚水居此

雨夜答董蘭友寄懷得睽字元韻

寒烟漠漠雨凄凄擬盡殘燈乞好題羈夢添愁欹枕碎飛花帶緒逐風遲那堪砌語咿唔訴誰耐隣雞遮笑啼搔首屋梁深見月佳篇索贈豈為睽

春日過鑾山

苔痕石跡想前踪竹樹參差入眼同十里村烟通佛國千秋山左護龍宮晴鳩喚婦藏松翠舊燕尋巢前看花幽興遠雲霞猶照古來楓

夏六月祝賀石門適闡避客資福寺

雲山緲矣托詩裁遊屐遥傳避暑催林外若此

中何事獻圖來秋期旦晚須呈彩夏日芳辰倦舉杯臺旦

祇園輸一祝溪光樹色紫雲堆

過小孤

天柱頽年悵所思批風抹月幾來遲當前高插臨川筆對

坐低欹彭澤詩劃破長江波滾滾醮磯青冥樹離離艇帆

掠得香亭韻祇事穿崖一探奇

同友人赴江南

秋情無限水萍輕共泛仙槎下石城月影清時懷庾亮菊花放處想淵明雲收紫塢燈光吐雨過丹峰黛色生最愛長干嘉氣迴詩筒酒椀聽簫笙

早春席上答楊元啟用他韻

古幹舒梅氣自鮮客星仍照舊時賢燈花敲落棋聲後泉酒斟殘野色前出谿曉嵐清入茗穿林碎月送圭田同是憐春意相對御杯似去年

重陽後二日吳以極見訪

溶溶湖水映東籬楓捲霜紅落酒卮鱸膾肥於三夏

香斟隔雨宵期非緣異地寬鄉思喜共深秋論舊舊詩也已

迷津探不着勞君指點百年迷

靈泉觀訪宣行孺

疎樹靈泉烟水徊筆椐清磬出塵埃舟邊訊客帆為使溪

外尋詩雪可媒柳汁彈香和露染松公種夢喜花開春宵

欲訂鶯鳴好為倩山光泛酒杯

廿二

高亦山園亭

繞徑松篁曲巷傳幽軒名画伴詩箋論心午夜琴如水肆業青春研可田席與窓公延客坐檻從罄折 花編斯須得入閒情隊骨醉熏風七縷弦

答馮蓼菴先生以詩見寄步元韻

翠鎖清溪下柳陰陽春召我露霑襟花辰香到知前節月色凉生照古心放鶴林間浩氣遠秉槎天外野風雨多愁隔幸惠雙鱗肆好音

又

久憶胸訇藏異書清風霽色宛相如觴酬雨後澧

起詩成沒有餘數瓣荷香消暑結半庭梧碧惜陰冥降濾

得遂高飛與剪破春愁兩翅舒

又

仙斗文光注鯉箋新裁佳景自天然閒將夜月綢三五賸

得東風解萬千書幌開時茶正熟酒船搖出浪生烟情深

無論歡多少一夕同人話共傳

廿三

和石九叙山居原韻

松崖

風動青繚繡雨烟靈岩撐破粉花天心貞不改春秋節地
古馬知晋魏年琥魄沉來蘿月隱龍鱗老去鶴巢墜崖前
白晝凉雲起勝似匡廬箇樹禪

瀑壁

濁出高溪石莫御懸危拖碧下松杉梯崖躍磴々
雪穿雲十丈杉搖曳天花開玉匣飄零仙酒注

吸盡無潮汐萬斛斛珠光四壁金

梅塢

傍松婧質拂流霞鶩送香浮雪五花山放晴痕大庾嶺戶
開春色野人家枝懸峭壁和烟瘦影落沉潭伴月斜清[illegible]
莫憐芬馥早雀喧應雜遠村笳

楓橋

高谿鎖斷路潛通雲碧遙天樹閒紅酒貰前村香浸菊詩
吟別浦句敲楓檣燈襯月驚山寺杜鼓撾霜玉驄繫艇斜

廿四

楊秋事淡清顏留得竹間松

竹坪

籜隕平原骨格蒼排成烟錦出松行新梢曝日龍孫長亂葉篩風鳳尾翔猥箏儘教醫俗態題詩亦可代奚囊桃琴漫着筆頭力緑褪牕前露粉香

冬夜月望

碧天涼若洗清影半橫斜烏落烟空處楓林有酒家

漫興

緑砌苔成錦微縑破有瑕無將遊客屐來說看[illegible]

寒食節哭幼兒

人皆欣薦祖慈反哭黃口匹獨我情傷還憐爾不偶

對鏡

空明懸一片坐照偶然深覿面寧須問憐君即我心

自耐

不知何所感痴絕意難鳴惟有情深處東林看竹行

春晴

[illegible]

連日春光好和風拂面開漫言有客至且去踏青來

古松

虬枝多古意根植自何年疑是龍鱗化濤聲夜有泉

紅梅

芳名世外驕扮作紅顏許碧榦露濃香春魁還是汝

香橙

羨爾經霜美秋香第一清摘來供画几意向淡中生

杏

色並佳人麗遥看二月天酒村偏有况借爾作詩仁

海棠

花裡神仙品清英迥絕塵誰誇西府艷色色有精神

紫荊

祗嫌遮綠葉秃榦蕊先華綠有丹砂性珠光徧體霞

柳

寒堤微着色忽見綠烟生豈待東風面年年送客行

石榴

鮫綃灼欲燃爭看紅裙妬洵有火燒空天宮不肯素

薔薇

踈葉穿欄出依墻任所培恠他莖有刺只合看花開

叢竹

種竹編籬護木瓜層層蒼翠比君誇凌霄直上天然譜嘯

月圍風處士家

鴈字

滲烟摩寫似爭妍任爾縱橫類米顛染翰[翰]臨也天[illegible]

疎幾画映秋田

邃園集古

存卷一至二

（清）徐焯 撰

清初鈔本

邃園集古存卷一至二

清徐焯（約一六三三—？）撰，清初鈔本。

徐焯《邃園集古》，與張逵《梅林詩集》合鈔爲一册，行款亦同爲八行二十二字，蓋爲同時人所鈔。《梅林詩集》首殘尾全，此書則首全尾殘，無須考索書名作者，而原本卷數多寡，又無從考證。據卷首徐焯自撰《暫庵會心録》，作者『鱗集唐宋元及女才子香艷之句，爲《美人閨怨》《美人逃禪》，合爲一帙』，然今存者僅《美人閨怨》三卷，不標卷次，前爲《春閨》《秋閨》七律各十首；中爲《美人怨》七絶二十七首，包括《正月怨》至《十二月怨》十二首，除夕、元日、人日、元宵、寒食、清明、上巳、重午、七夕、中秋、重九、立春、立夏、立秋、立冬等節日、節氣怨十五首；後爲《美人雜詩》七言絶句，僅殘存一葉，爲自序與《春游》詩一首。而所謂《美人逃禪》者，不知原本有幾卷。

此本卷首有序跋題識十一葉，首爲《徐嚴山集美人詩序》，題『康熙乙亥孟春人日韶陽自謨一癡道人題於雨花丈室』，不知何人所作，乙亥爲康熙三十四年（一六九五），序云『可壽諸梨棗』，亦不知當時是否付梓。次爲康熙三十七年戊寅張延世《美人詩集題詞》。張延世，字子尉，號鈍庵，宣城人，工詩善古文詞，康熙十五年歲貢，授宿松訓導，事迹詳見［嘉慶］《宣城縣志》卷十七《文苑傳》。次爲康熙三十四年乙亥石龐《徐先生美人詩序》。石龐（一六七一—一七〇三），字天外，號晦村，安徽太湖人。工詩賦詞曲，嘗著《雪賦》《春賦》，皆迴文，爲自古所無之體，一時以爲驚才絶艷。所著有《天外談》四卷，著録於《四庫全書總目》卷一百八十三集部存目類，又有

《晦村初集》四卷行世，後皆被列入禁毁書目。《天外談》康熙刻本今僅存三卷，《四庫全書存目叢書》據北京大學圖書館藏本影印；《晦村初集》有康熙三十五年刻本，《四庫禁毁書叢刊》據清華大學圖書館藏本影印，其中卷三即有本序，題作《徐卓人集唐美人詩序》，文字略异，可資校勘。其餘詩文皆爲徐焯自撰，包括《暫庵略識》《暫庵會心録》《會心詩》《自叙》《自照》等。自叙署「歲甲戌孟冬中浣三日暫庵徐焯題於二積居」，甲戌爲康熙三十三年，與一癡道人序中所言時間相合，而《暫庵會心録》云「甲申冬十月中浣」，「申」字當是「戌」字之訛。《自照》作於康熙三十六年丁丑中秋，前當有作者小照一幀，已爲人撕去。

正文卷端下署「仙田徐焯暫庵輯，東山釋超吕洞如較」，「校」作「較」字，猶存明末風氣。徐焯（約一六三三—？），字卓人，又字嚴山，號暫庵，安徽宿松人。據《宿松徐氏宗譜》（遷松始祖爲細二公），徐焯爲徐廷樞（一五九九—一六七九）三子、徐文舉之孫。徐文舉爲鄉里富人，多有慈善之舉。據［康熙］《宿松縣志》卷二十七，萬曆三十六年（一六〇八）大水、崇禎二年（一六二九）歲歉，徐文舉都出錢穀救濟鄉民，受到邑令嘉奬，兩舉賓飲。故徐焯家境富裕，以捐資獲例監、候選教諭。徐焯好文章詩酒，性情瀟灑磊落，不喜於涑毫涑鐵中討生活，又耽於禪悦，故於康熙三十三年冬，主持募工建橋之閑暇，集古人風流香艷之句而成美人詩，以期橋之速成，寓色即是空、空即是色之意。《暫庵略識》末署「時年六十有二」，如果此文作於康熙三十三年，則徐焯當生於崇禎六年。由於功名未盛，［康熙］《宿松縣志》未予立傳，僅於卷十八《選舉志》録其姓名，又於卷三十三《藝文志》録其《登小孤山》詩一首。至［民國］《宿松縣志》卷二，又增其《小孤山志跋》文一篇。該志搜羅宿松歷代藝文書目備至，也未能羅列此集之名，可知亦爲近三百年罕見流傳之秘籍，可補史志之缺。

徐巖山集美人詩序

夫李杜之詩。自昔並推。唐山人獨有杜不如李之論。憶詩之為道難矣哉。不惟作之者難。而讀之者悉其奥義為尤難。如陶彭澤嗜酒。抒詞縹緲。阮嗣宗善憂。落筆淒零。太白以氣韵雄。少陵以研深勝。蓋詩以道性情也。性情不同。而體裁自異。無得妄高下焉。巖山徐先生。秋月在胸。春風在面。熏熏雅雅。以詩書為寢食。以求友為性命。而望風景慕者。皆知其有道人也。甲戌冬。招予於二精居茗香之餘。出其所集美人篇屬予序○余讀之○是採取唐宋元人雜詠融貫賀而作之○其風味蘊藉○以新霄月○以鮮語花○以西子之額○以美愁之歌○如轉秋波于瀟古○如弄琴聲於酒讌○余歡讀是篇者○內心不起○外息諸緣○靜悟二祖調心○布袋叉手○摩登伽女之梵呪○樓子酒仙之遊戲○三昧洞徹無疑○咸(或)可採其萬一○若夫情塵不斷○作綺語會呈心不悉陶阮李杜之雅致○亦不讓嚴山先生之胸次矣○可壽諸梨棗○與天下有道者讀之一印耳○

省

康熙乙亥孟春人日韶陽自謨一痴道人題於雨花丈室

美人詩集題詞

掃眉才子。金荃播以芳聲。點額佳人。玉壺標其逸韵。珮垂琥珀。媚溢麗娟。筆架珊瑚。藻飛宋玉。斯彤管於以云貽。而芍藥為之折贈矣。嚴山徐先生、冰雪作肝。雲霞鏤骨。恣於懷風雅。流連歌扇酒旗。酬意圖書。旖旎隱囊紗幌。久矣小鬟畫壁。帳為宮娩呵毫。而且家住高唐。地隣湘浦。黃陵帝子。淚洒晴筠。巫岨神姬。夢迷暮雨。快望天寒之倚脩竹。纏綿風起之曳留僊。豪氣難除。深情一往。于是裒稱集翠詠擬比紅綃約春葩。寫愁思於綠肥紅瘦。蕭瑟秋氣譜幽恨於腸斷魂離。分香藝圃剪綠詞林。碧蕙畫閒即有絳樹下而腰折。雲和夜靜。恍聞宋鵲倚以吉吟。拍遍闌干恨恨何極。竊窺簾幌。珊珊欲求。思公子兮不言。盼伊人其宛在。嗟乎。僕本恨人。今逢愁侶。盈盈獨立。倩揾淚以何從。霏霏滿堂。期目成而未許。信知詞客貌真雅。遜名流奪席窺搜月露。君已登壇。點染黛纖。余甘閣筆。

戊寅春日宛漁年家眷弟張延世鈍菴氏題於儋田學署

徐先生美人詩序
僕至佗田、得親徐子、相於視而笑、遂拉忘年、輞水唱酬、掃殘
雞鉦、墨莊笑傲、刻就螭膏、結白社之盟、分青樽於座、展新
奇而共賞、誠以事雖與俗人言、置老少、而不論、籍云札岂
為我輩設、徐子聲聞湖海、性癖詩敲、潦火分文、玉山頹醉
縹囊緗帙、綠搓蕉葉、綺緫、錦爲繡衣、紅破蒼苔石道、丙魚
作饌、座蒲縉紳、亥豕析疑、譚惟風月、汲鮮川之飲、老不減
狂、眷蜂紙之禪、儒而兼、釋衆不可違、而獨行一意自為明

塵當作
麈

哲孤衷德寧望報而數擲千金或亦英雄本色逍遥泉石
撫掩聾盲畢尺地之袈裟樂輸精舍等千秋于夢電名以
暫庵問字午庭時揮衍塵論文戌夜競羨蘇髯逐蠅斗室
之間君當拔劍沽酒平原之道我欲買絲一樹周瑯寧慚
孺子十年邊讓每憶蔡邕澤號桃花依舊十尋之水洲名
桑落分來一葉之陰荒臺索醉烏逕謫仙古墅譚枰人稱
橘叟增滋滋九畹香生待女之花市秀三芝瑞接宜男之草
日豪曰俠惟德惟文俱能兼之可以風矣蘭秋云暇華萱

爰揮驅使三唐酣歌百韻假麗人之佳致舒文士之雅懷夫楚澤行吟托思公子湘波作賦寄意神妃是皆有忠厚之思存于中斯有和平之詞達于外也於是低徊三艷髣髴十香半展鵶青飛來鬟影微勻螺綠想見眉痕擬張京兆之彩毫全神寫出倣王羅郎之集体慧性同鍾爛熳片霞結珊臺而炫色零星寸錦入隨苑以稱花蜀姬濯浪之箋須臾艷絕蘇氏迴文之字頃刻詞成紅雪聲聞親憐窈窕白雲鄉在不換溫柔寬之蓬子性貽藕花絲絕窓前賦倡

絮已沾泥湖上參宗詩勝引悟此蓬間迷化倩來仙子深
情羨紙上因緣足供文人法論描寫生艷負云神女重逢
閒叅同憐犹咒彭殊莫怪双攀小小孤語真真使精神忽
下屏間達夫雅名以通浮子全說愛時避月下應棋世界
以謝作郎

背

康熙歲乙在吳蘭甦皖湖石厓梅山孝人天外氏譔

暫庵畧識

余字卑人、一字巖山、暫庵之名、以橋之初建而名也、美為人

詩之集、以橋之未遠來而集也、記影一助、橋乃未及徹拙

橋未也、即余之名之集、借橋之未而未也、然則胡為而名

暫也、蓋見夫天運之循環、人事之往復、古今之代遷、皆其

暫焉者也、易文曰太曰復曰升曰益、其义恆也、傳曰、恆久也、

即久而即暫也、曰否曰剝、曰困曰損、其义革也、傳曰、革去

故也、即故而新、即暫也、故蘇子云、自其不變者而觀之、物

与我皆無尽藏、自其已变者而观之、则天地曾不能以一瞬、此泡暫也、況也、又[illegible]為而言泡影也、世人之見為實也、而本物於虚無也、而究流於幻、彼盖滞於物也中、而未遊於物外也、如橋之建也、金募以序、（序戟利 郭藝文）撫以御、（御不是託公竹之寫本偶 心於同書未識口不輕聞渋）（巨手不濡手而濡口寔我 之未為航不能）名以暫納、（納而曰暫渉流佛教也往於幽冥王 政此為暫納之名取以為意耳）于虞令公毅然稍之、（寻 也）諸君子慨然共勸之、（白識 己而）浮雲居主人、旋影一泡落果之、（穗工走渡逢逢道乎、其以 黄有泡影不相逢之卧）泡而曰影、人以為靈也、余則以為靈也、人以為幻也、余則以為真也、是泡也可以藏乾坤、可以園

萬象與知與能之理、出其中至聖至誠之道、出其、中無声
無臭、化矣神矣、卦象離中虛、艮覆碗、金剛經云、如夢幻泡
影、應化非真分第三十二　職是也、謂誰謂泡影而虛幻乎哉、獨是
建橋也、而集、以美人詩、何也、昔唐宋之間、作浣紗篇贈陸
上人云、始覺冶容妄。方悟聲心邪。文云、達本知空寂。棄彼
獨泥沙。夫以美色點化上人、是從來佛祖第一好法门、况
士人讀於、可惜美人以怡情、更可惜美人詩以取益、橋成
矣、余故以集禪美人詩結之、知色即是空、空即是色也、虛

耶實耶幻耶眞耶易家人卦彖辭女正位乎內男正位乎
外歸妹卦彖辭天地不交萬物不興陰陽之理固如是也
嗟乎余竊嘆夫好義者之不如好利也亦獨好德者之不
不如好色也儻能破慳囊而樂布施舉天下之人盡皆好
義者則亦盡皆好德如好色者余又何必集美人詩於建
橋之後也哉暫栩也美人也集美人詩也才人文人一癡
道人而序以集人詩也合衆之皆一泡影中得之焉余之
名余之集非無見而云然也恍乎其有會也故畧識之一

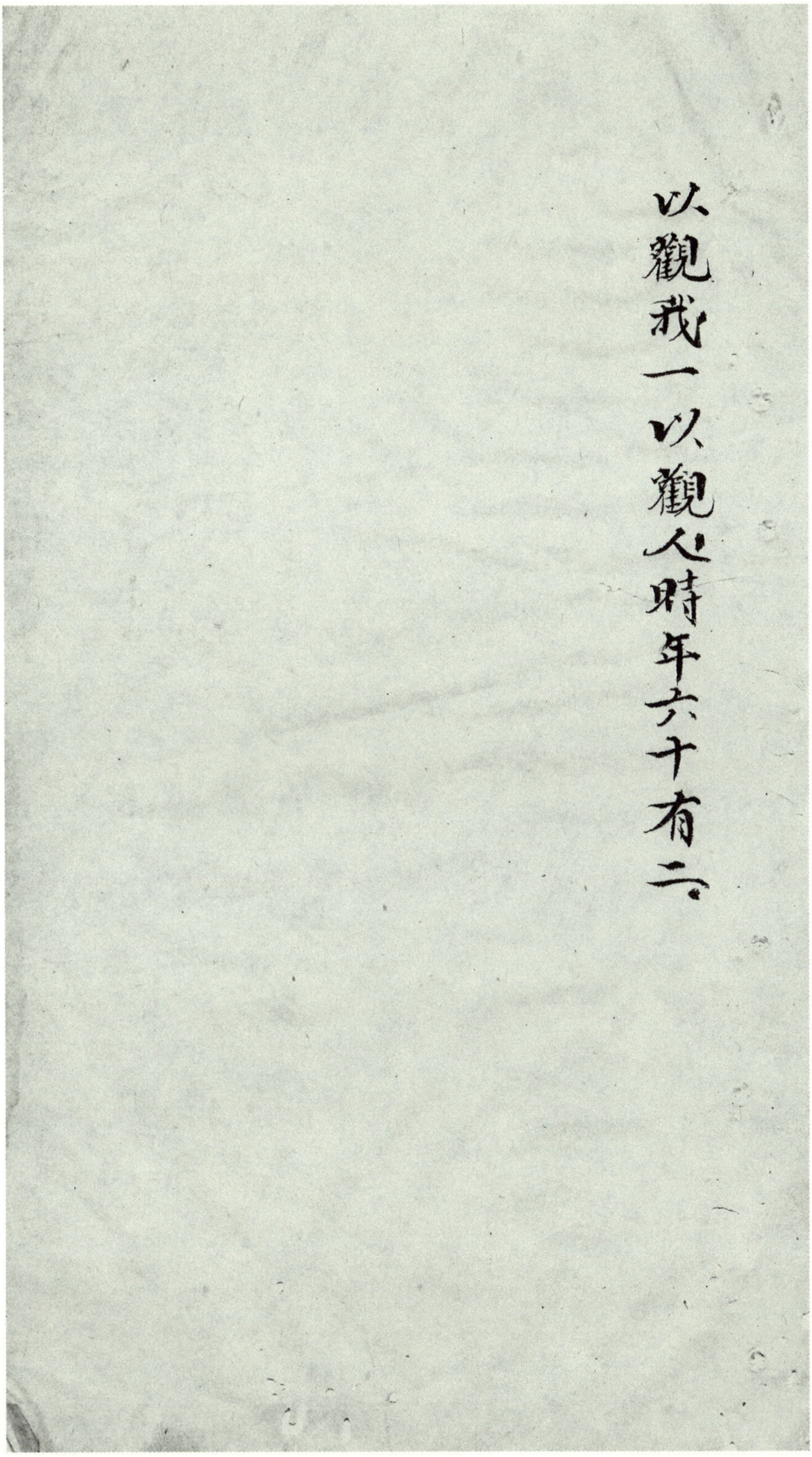

以觀我一以觀人時年六十有二

暫庵會心録

甲申冬十月中浣，暫庵山人危坐靜軒，金鴨篆香，拂洛陽紙，潑藏烟墨，揺鼠鬚筆，鱗集唐宋元及女才子香艷之句，為美人閨怨、美人逃禪，合為一帙。維時風動簾帷，紅閒粉襟之馥；月明林下，疑見羅襪之移。把酒狂歌，樂與悔并。有客携是卷過石室，見道者，問曰：石此暫庵集詩也，第美人也，而以禪也。繡屏歌金縷，正欲魂消；素襪舞婆娑，堪令腸斷。香懷賈女，徒致嘆於遺環；心病西施，爭貽羞於嫫姆。嬌盈掌上只知金屋生春翠黛眉横獨向瑶池暗點寒崖枯木自致燒庵緑樹青山誰能執斧豈會道之無人抑悔心之難得道者曰予不觀夫日月乎盈則虧中則昃久而不可恃也人於其間跼蹐而居蜉蝣是托曾不知天空地濶有可以容我者嗟乎亦已愚矣況復以有窮之身逞無窮之欲功名動其心貨財攖其慮清歌妙舞顛倒其精神汩沒日深鈍根日熾譬之苦海茫茫竟不知彼岸所在不幾嘆接引之無人慈航之不可見哉故夫人苟能反觀者

明月清風皆足供其取携雖日上秦樓夜夢巫山而亦不病於理否則縱聞如來說法目擊寶花亦癡人在夢中耳奚益哉今美人從事脂粉日夕花晨多所爲怨一旦翻然勃然撒手懸崖回頭便了是色是禪遂不令人作前後兩觀也美人如此則美人可知暫菴可知即暫菴之集美人詩也更可知矣又何疑乎客唯而遂去

會心詩

人生天地一傀儡。說到頭來謾自悔。三教九流同此身。蓮花瓣瓣隨香採。文章詩酒逸予意。予意瀟踈多磊磊。亘古亘今成泡影。乾坤袖裏放空腿。

二

自叙

士人讀書，胸中須有一種活潑潑地，然後落葉（筆）揮灑，可以撼山岳而振江河。若一里哥、寞，何異守雌枯木陵夢子燒菴乎。昔李禿老撚手稗說，而手評王實甫傳奇，以起吾又以說文法。夫一部情緣，而以之說文，蓋情能生文，文生情，情復生文。才子佳人，真是千古大文章。善讀者，又何必拘拘於凍毫凍鐵，討生活耶？須天地靈氣鍾（經）之士人，使士人無此等尤物點綴，其靈氣必不勃發而兩間之色澤，亦蔚然索矣。間嘗獵風流香艷之句，彙為一帙，酒酣耳熱，取而歌之，可已一石。是亦色食啟脾之意，而借為下酒之漢書也。識者然乎否？歲甲戌孟夏之中浣之三日，暫庵徐焯題于二積居

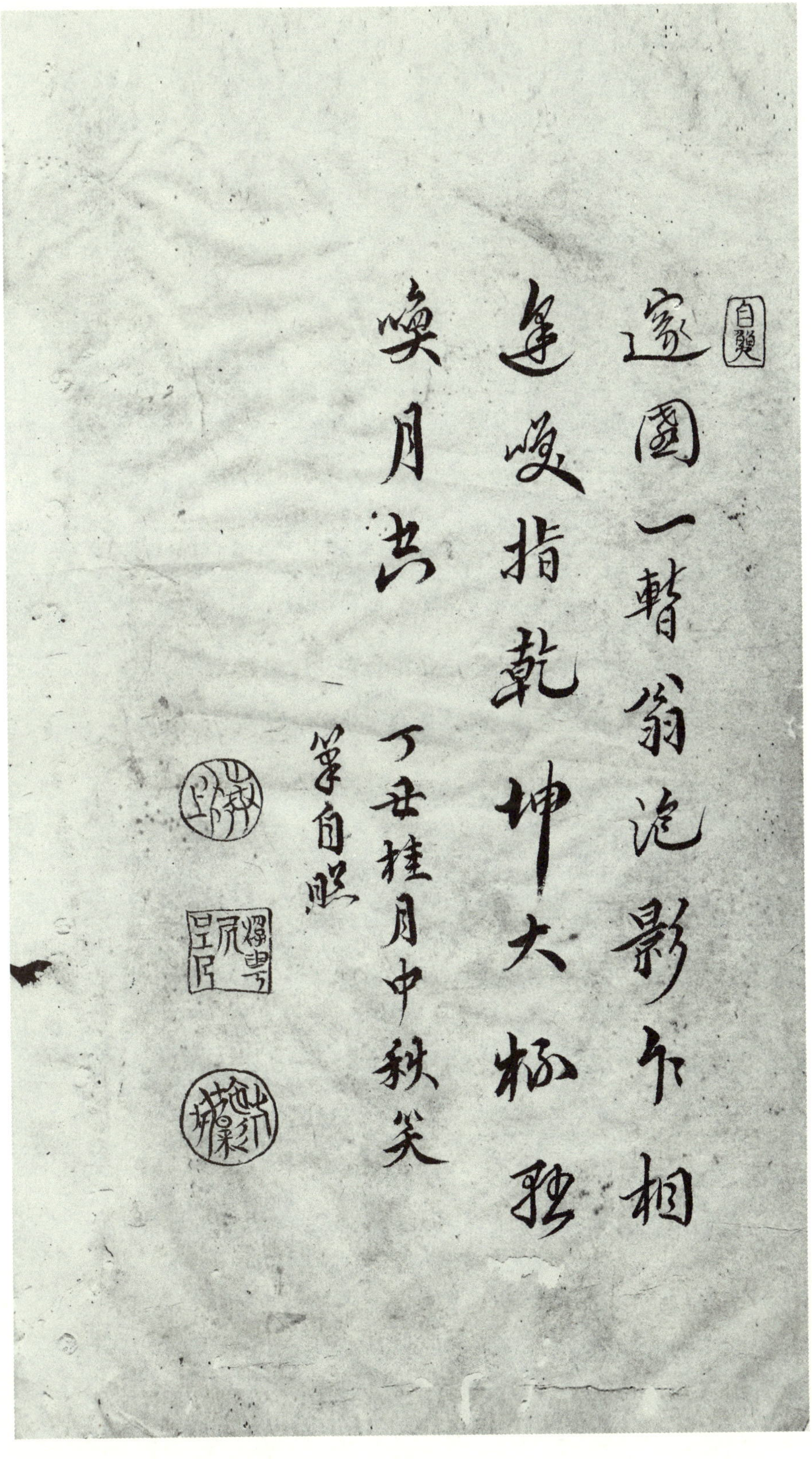
自題
邃園一轉翁滄影尔相
逢嘆指乾坤大極獨
嘆月共
丁丑桂月中秋笑
自照

遂園集 台

偎田徐　焯　暫菴　輯
東山釋　超石　洞知　較

七言律

春閨十首

夜來煙雨滿池塘雨霽凭高只自傷望眼盡窮千里
目相思應斷九迴腸柳搖臺榭東風軟花壓欄杆春
晝長蓬首不梳心歷乱為郎憔悴卻羞郎

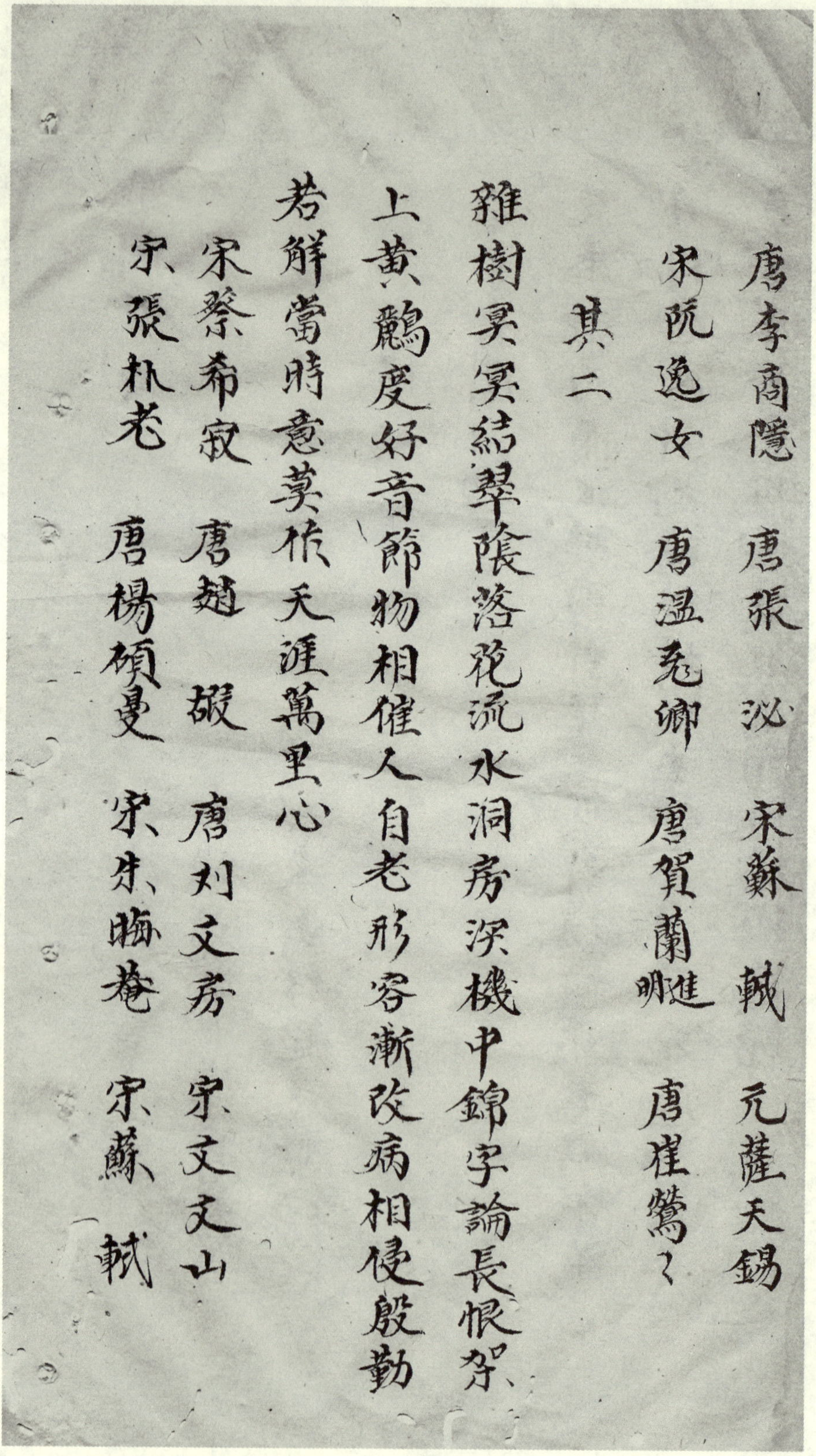
唐李商隱　唐張泌　宋蘇軾　元薩天錫
宋阮逸女　唐温飛卿　唐賀蘭進明　唐崔鶯鶯
其二
雜樹冥冥結翠陰落花流水洞房深機中錦字論長恨樓
上黄鸝度好音節物相催人自老形容漸改病相侵殷勤
若解當時意莫依天涯萬里心
宋蔡希寂　唐趙嘏　唐刘文房　宋文文山
宋張朴老　唐楊碩叟　宋朱晦菴　宋蘇軾

其三

傷春心事正無聊斜倚雕欄拂翠翹小院迴廊春寂寂淚

簾飛絮〻晝寥寥何因得拵陽臺夢幾度難尋織女橋漢水楚

雲千萬里相思魂斷欲誰招

宋王魯齋　唐韋蟾　唐杜甫　元虞伯生

唐譚澓　宋趙元鎮　唐劉文房　元〻遺山

其四

多情長是昔年華目擊因躋四望賒綠遍汀洲生杜若紅

隨遠浪汎桃花自憐哀颯慵開鏡恨殺王孫不到家流水

飄香人漸遠憶君魂夢去無涯

唐陶雍　宋王介甫　宋張仲宗　宋僧了明

唐司空曙　元萬石法躬　宋沈公述　宋趙靖獻

其五

十二重鐶閃洞房珍珠簾捲閉蘭堂一庭芳草宵陰薄滿

地花開春晝長怨別自驚千里外睽違已是十年強深情

厚意知多少說與流鶯也斷腸

宋晏元叔　唐李白　元梁彥中　宋王隨

唐高適　宋張蔡妻侯氏　唐施肩吾　無名氏

其六

離腸百結解無由懷古傷心共白頭鄉國動成經歲別韶

華不為少年留春隨流水三分盡日帶殘雲一片愁光景

潛消惆悵在珍珠高捲對簾鉤

唐魚元機　唐李商隱　元倪瓚　宋秦少游

唐盧篆篆　唐孟郊　唐韓偓　宋滕白

其七

日日悲傷未有圖幾多紅淚泣姑蘇池邊綠樹香歸夢江上青山日欲晡何處不歸芳草節此時還恨薄情無眼前多少閑心事怕向春風聽鷓鴣

宋王福娘　唐薛昭蘊　唐刘瑶　唐潘純

唐顧璠　唐歐陽炯　元孫存真　唐戎昱

其八

眼前珠翠與心違壺柳陰陰晝掩扉狂客謾教金縷曲愁

心忍撿越羅衣須知身在情常在可是春歸人未歸追憶
當年知一夢離魂猶傍故園飛

唐刘文房　宋蘇軾　宋陳上美　唐許渾

唐李商隱　宋歐陽修　元吳草廬　唐李易山

其九

飄零遊子恨離橋離別河邊綰柳絛香減繡幃人悄悄雲
連江館雨蕭蕭攀援卻恨王孫遠次第行看別路遙此意
別人應未覺倚樓無語欲魂消

唐獨孤及　唐張喬　唐顧璘　唐武元衡

宋朱晦庵　唐柳子厚　唐韓偓　宋寇準

其十

一聲哀角銷愁城遥莫隣雞（鷄）下五更香篆暗消金鴨冷窓燈欲滅夜寒生光陰自旦還將暮河漢從昏又徹明到惜許多時過了此中多恨恨難平

唐曹唐　唐杜甫　唐李峋　唐雍陶

唐許渾　唐薛逢　元譚安石　唐羅鄴

秋閨十首

枕中春夢不多時恩愛方深奈別離旅夢乱隨蝴蝶散愁腸莫付塞鴻知含情脉脉知誰怨閣淚汪汪不敢垂却憶短亭回首處秋風落葉更堪悲

宋蘇軾　宋朱淑貞　唐譚用之　元黄溍夫

元元遺山　古詞　唐李義山　唐劉文房

其二

別後空閨白板扉綠窗寂寞夜燈微有情何何似無情好夢

見雖多相見稀銀漢影斜涼露下玉笛聲斷彩雲飛寒衣
處處催刀尺魂冷青霄寄遠衣
元年献之　唐刘　瑶　元元遺山　南唐馮延巳
元傅子初　元薩天錫　唐杜　甫　唐胡　宿
其三
小閣醒時月照杯手持香帕悶聲腮雁飛南浦砧初斷門
掩西風夢正回獨宿自然堪下淚寸心爭奈成灰不眠時
地地相憶滿薰燈花落花又開梅

宋蘇軾　元薩天錫　宋夏宝松　宋文同公

唐賀蘭進明　唐李隱商　宋歐陽修　元張仲舉

其四

鵲歸鶯去恨悠悠每到斜陽怕倚樓八字懶勻眉鎖黛雙

鬟慵整玉搔頭花閒舊淚啼紅拂雲裘新聲是莫愁歸信

幾番勞遠夢知君兩地結離憂

唐溫庭筠　元周老山　唐丁瑞　唐元的約

唐賈牟　唐曹松　元高夢玉　唐權德輿

其五

漢宮題柱憶仙郎錦句新翻欲斷腸星斗寥寥波脉脉寒蛩寂寂樹蒼蒼玉關此去三千里鴻雁應來一兩行帶恨不知禽鳥樂飛來飛去到君旁

唐李頎　宋蘇軾　唐温飛卿　唐李郢

唐李白　唐黄鵠　宋陸放翁　秦竇滔妻蘇蕙

其六

短笛橫吹獨倚樓白雲一片去悠悠香閨月冷衾裯薄淚

九六

夜風清枕簟秋妾夢不離江上水君顏知隔隴西州汀洲

更有南回雁不見人來竹葉舟

宋黃魯直 唐張若虛 唐韋卜中 唐許渾

唐張潮 唐崔塗 唐歐煒 宋朱淑貞

其七

殘粧滿眼淚闌干抱得秦箏不忍彈閬苑有書難寄鶴碧

霄何日共乘鸞為雲為雨徒虛語傷別傷離更雨般繫得

王孫歸意切故人東望路漫漫

唐薛逢　唐張碣　宋刘李基　元陸景暘

唐唐彥謙　宋石曼卿　唐溫庭筠　唐高適

其八

捲簾孤坐獨氤氳手摘秋眉八字分雨岍蘆花飛晚雪幾行書信隔江濱殘英點點雜邊見歸雁背背枕上聞祇有幽懷誰付托匿擬神女鮮行雲

唐溫飛卿　宋刘靜穆　唐韋蟾　宋顏暄

宋歐陽律調　宋李易安　宋楊立中　唐傅與礪

七

其九

玉簫哀怨弄新涼半是思郎半恨郎山色遥連秦樹晚雁聲欲度楚城霄(霜)雨風到夢秋無際萬感縈心夜更長欲寄征夫書一紙不應無雁到衡陽

宋蘇軾　唐太原妓　唐陳羽　元余廷心

元貫雲石　宋魏舒　唐劉禹錫　宋朱晦菴

其十

樓上黃昏望欲收當年七日笑牽牛碧雲信遠惟勞夢白

雁天邊不見愁滿眼波濤終古事百年風雨幾番秋相思

瘦得肌膚小只有癡腸貯百憂

唐李商隱　宋張世傑　宋朱洲貞　元元明善

唐薛逢　元吳草廬　雪齋廣錄　元徐魯齋

唐

遂園集古 美人怨

僊田徐焯暫菴輯

東山釋超呂洞如較

美人怨者閨閣之辭也而非閨閣之辭也惟其美人之真美人而不得為美人是以怨抑惟美人之非美人而有似乎美人之不得為美人是以怨昔者榛苓之思美人楚詞之惜美人赤壁之望美人所謂美人是耶非耶且夫思(斯)飢之季女空嗟婉戀不字之女貞

抗節十年、未免有情、誰能堪此、廿一史中有不堪多讀者矣、他如王僧虔技錄五曲、（長门怨、婕妤怨、蛾眉怨、玉階怨、雜怨）遺聲之怨思二十五曲、（怨辭、青樓怨、春女怨、秋閨怨、寒夜怨、征夫怨、綠珠怨、鳳樓怨、湘妃怨、猖樓怨、西宮秋怨、西宮春怨等曲）及别離十九曲、（怨别、離怨等曲）或質辭焉、或托辭焉、古之人欲寫其幽憂隱思、或不必有其人而直謂有其人、或不必有其事而直謂有其事、但借之以引其所寓云耳、尼父論詩曰可以怨、怨求其可集什伯才人而代美人、亦聞集美人而代美人、窮極物情、怨而非怨、是為美人怨

七言絶句

正月怨

長取新年續舊年暫留歡賞寄春前歌臺舞榭宜正月虛度良宵亦可憐

唐張說　唐杜審言　唐蔡孚　宋劉勛

二月怨

自慚辜負好年華二月山城未見花紅杏枝頭春意鬧卻疑春色在隣家

宋朱淑貞　宋歐陽修　宋宋子京　宋王　駕

三月怨

點點楊花入硯池百般紅紫正芳菲花開花謝常如此不見人歸見燕歸

唐葉平巖　唐韓　愈　唐羅　隱　唐崔　魯

四月怨

四月清和雨乍晴豈知已自過清明日長睡起無情思闌得黃鸝第一聲

宋司馬光　宋林季謙　宋楊誠齋　宋蘇　軾

五月怨

清杏園林煮酒香風乾微汗粉襟涼石榴半吐紅巾蹙對景無時不斷腸

宋秦　觀　宋周美成　宋蘇　軾　宋朱淑貞

六月怨

沉李浮瓜氷雪涼凭欄十里芰荷香南風不用蒲葵扇杲日應憐淡冶粧

宋周美成　宋王安石　宋李加祐　宋李易安

七月怨

夜來秋氣入銀屏十二樓中月自明坐待不來來不去輕
羅小扇撲流螢　十二

文

汪彥章　唐溫庭筠　宋李知几　唐杜牧

八月怨

鴻雁悲鳴紅蓼風玉門山嶂幾千重而今誤我秦樓約尺
素空瞻八月鴻

宋戴石屏　唐王昌齡　宋王安石　元達兼善

九月怨

黃菊枝頭破曉寒天亮好梦忽驚殘東園載酒西園醉醉

把茱萸仔細看

宋黃庭堅　明楊慎　宋王安石　唐杜甫

十月怨

殘菊猶有傲霜枝不是悲秋也歛眉十月小陽梅蕊綻擾

毫一寫斷腸詩

宋蘇軾　宋李易安　宋歐陽修　元詹玉

十一月怨

竹爐湯沸火初紅欲贈芳懷怨不逢風急雁行吹字斷玉書無斷托鱗鴻

唐杜小山　唐劉希夷　宋歐陽修　元雅正卿

十二月怨

檢盡曆頭冬又残菱花堪老鏡中鸞紅樓煖閣新粧遍半似羞人半耐寒

宋朱希真　宋陳　賀　宋歐陽修　唐韓　偓

除夕怨

中間消息两茫然不使愁人半夜眠欲問歸期何日是更
邀明日説明年

唐杜　甫　唐薛　濤　宋王安石　宋蘇　軾

元日怨

艷歌淺笑拜嫣然不念離人繡閣前誰向椒盤簪綵勝今
年年似去年年

宋賀方回　元薩天錫　宋辛棄疾　宋趙忭

人日怨

七日為人慶賞隆欲蠶心事向天公年年春事關心事水

遠山長處〻同

唐李乂　明楊愼　宋趙德麟　宋晏同叔

元宵怨

珍珠簾捲玉樓空紫禁烟花一萬重卻傍下樓凝望久夜

深搔首嘆飛蓬

宋范希文　宋向叅伯　宋歐陽修　唐杜甫

寒食怨

恨人何事苦離家寒食初開百五花共籍梨花作寒食也

教揷柳記年華

宋張子野　宋范禎　宋蘇軾　唐趙元鎮

清明怨

淚血染成紅杜鵑人生何處是樽前啼痕只恨清明雨風

景依稀似去年

宋高菊礀　宋歐陽修　宋趙令德　唐趙嘏

上巳怨

朱朱粉粉野蒿開紫陌紅塵拂面來袚禊春遊羞贈芍紅
羅先繡踏青鞋

宋辛棄疾　唐劉禹錫　宋梁允升　宋李漢老

重午怨

柳礙春風一向斜紅裙妒殺石榴花龍舟噀水飛相逐獨
上江楼四望賒

宋李山甫　唐萬　楚　宋刘芳叔　宋趙令畤

七夕怨

人間清影夜悠悠月出東南露氣秋記得當年同乞巧眼

穿腸斷為牽牛

唐劉　基　唐溫庭筠　唐李　崆　唐宋　邕

中秋怨

暮雲收盡溢清寒桂樹吹香出寶欄海月空驚人兩處可

憐辜負月團圓

唐杜牧　元陳正仲　宋歐陽修　唐李益

重九怨

笑倩傍人為正冠留連光景惜朱顏黄花白髪相牽挽對此空令掩淚看

唐杜甫　南唐李後生　宋黃庭堅　元什蒦国

立春怨

欲整雲鬟又卻休併知春色上釵頭為花長把新春恨殘夢闌心懶下樓

宋朱淑貞　宋鄭毅夫　宋辛幼安　明許景樊

立夏怨

青春已過亂離中二十四番花信風手弄生綃白團扇語聲只在小池東

唐李益　宋徐師川　宋蘇軾　宋蔣子雲

立秋怨

火雲猶未斂奇峰妙態狂香昔已空一派秋聲入廖廓滿堦梧葉月明中

唐杜甫 宋韓愈 宋王安石 宋刘武子

立冬怨

去年天氣舊荒臺冬至陽生春又來知向瑶堦添幾線相

看有似夢初回

宋李景 唐杜甫 宋毛澤氏 唐秦觀

邃園集古美人雜詩

偎田徐　焯晢菴輯

東山釋超呂洞如較

余所集古美人詩、大率多怨辭也、其不盡怨者、既以春閨秋閨列於前、而又以雜詩繫於後、蓋以美人之朝夕、起居、坐臥遊衍、對景即事、不一其情、而失意者在其中、得志者亦在其中、其得志者、豈盡效顰之東鄰、匋美人絕不相似、耶又豈無能隱之無益、匋美人不相似而実

當美人耶然女無妍嫫遇愛則覲士無藏否得時則

寵而況庸庸之福天若厚之傾衰之子數寔憑之安保其

不得志耶以此而言美人亦鄙取其不出於怨者怡我情

焉已矣而他何知焉

七言絶句

春遊

春到長門春草青斜陽路上短長亭落花踏盡遊何

看溝求滿玉餅

厄中況詩集一卷

（清）郭匡 撰

清乾隆十八年（一七五三）刻本

厄中況詩集一卷

清山西絳縣郭匡步衡撰。清乾隆十八年（一七五三）刻本。

余初怪其集名不同尋常，亦不曉其意，及讀卷首林達序，始知郭匡任福建沙縣知縣期間，因流言四起而去職，故自名詩集爲《厄中況》。林達稱贊其『雖處窮厄，自別具一種況味』，可爲此集書名之注脚。郭匡被迫解任之原因，序與詩中皆未明言。郭匡爲雍正十年（一七三二）舉人、乾隆四年進士，於乾隆十五年任沙縣知縣。據［民國］《沙縣志》卷十一記載，郭匡爲官清廉，禁止賄賂私謁之風，曾在門外榜一楹聯：『受百姓一文錢非吾徒也，虐下民一個命其無後乎。』如此違時絶俗之舉，自然難免遭人疾恨，於是『貪墨者惡之，毀其楹』。所謂流言，想必就是貪墨者誣蔑之辭。從乾隆十五年至十七年，郭匡任期未滿三年就倏忽離職，令時人爲之扼腕嘆息。林達序中言其『飄然遠去，徙居延城，無愠怒言』，『於禄位去留，略無容心』。實則郭匡心中不平之鳴，皆發於詩。集中第一首詩爲離任後第二年，即乾隆十八年春，就編成詩集，請林達評點作序，并在同時或稍後付梓印行。《壬申解任自沙徙延舟中作》：『比年作吏在沙林，清夜時堪自問心。全副清操天可表，一腔血性鬼來欽。覆盆睹日無冤抑，巨棍聞風少横侵。堪訝流言忽地起，霎時白晝嘆遮陰。』正是詩人蒙冤受屈後自證清白之辭。徙居延平第二年，詩人心緒漸漸平復，寫了近二十首咏物詩，委婉含蓄地表明心志。《尺》云：『倩卿明白評論定，流俗免争短與長。』《秤》云：『願從公道扶持定，莫遺人間抒憤聲。』詩人借助題咏尺和秤等度量工具，倡言公道自在人心。［光緒］《絳縣志》卷一三載有郭匡《姜嫄行祠創建饗殿碑記》一文：『余倦於宦，閒與客歷游晋野，山川都會，古刹名院蔑不遍及。抵柳莊，烟火三百餘家，偉哉巨族也！莊之西首宏敞壯麗者爲姜嫄祠，古矣！續造饗殿，雕楹刻桷，甃砌黝堊，靡弗備具。肇癸酉，竣乙亥，歷三載告成焉。』乙亥爲乾隆二十年，碑記當作於此年之後。據是可知詩人在延平短暫滯留後，即返回山西游歷，借山水以忘憂。而他從沙縣解任後，身處窮厄，遭際體驗無不凝煉在這本詩册中。乾隆十八年距今二百六十六年，此書罕見著録，幸爲吾所得而重爲世人知曉。正如詩人所咏《木炭》『已抒光芒復被湮』，但總有『神采發揚復見新』之時。

此本封皮後裝，無内封牌記，卷首林達序缺第一葉之前半葉，末署『大清乾隆十八年歲次癸酉季春上浣之吉閩中年家眷晚生林達雲簾氏謹撰。』集當刻於此時。正文卷端題《厄中况詩集》，下署『晋絳郭匡步衡氏手著，閩中林達雲簾氏評點』。據［乾隆］《福州府志》卷四十三，林達爲雍正十三年舉人，沙縣教諭。又，［民國］《閩侯縣志》卷四十八載林達姓名字號甚詳：林達，字奕上，號雲簾，福建侯官人，乾隆二年明通進士。清代雍乾年間，在會試落卷内選文理明通之舉人，於正榜外另出一榜，稱爲明通榜，可補授教職、知縣、内閣中書等，亦可再次參加科考。此項制度，最初爲照顧雲貴川、兩廣與福建考生，後推廣及全國。林達以明通進士而授沙縣教諭，遂與沙縣知縣郭匡交往密切，爲之評點詩集并作序。書中除原刻圈點符號外，另有墨筆手書批點，雖不詳爲何人所評，但序後有『清新庾開府，俊逸鮑參軍，久堪移贈』之語，出自杜甫《春日憶李白》詩，用來移贈郭匡，似屬推獎過當，倒也可據此判斷評語乃作者友人所論，亦爲之增色不少。

此本字體清雋，刻印俱佳，允爲乾隆家刻本中之白眉。然遍檢《中國古籍善本書目》《中國古籍總目》《清人別集總目》《清人詩文集總目提要》《山西文獻總目提要》等書，皆不見著録，亦爲罕見流傳之秘籍。每半葉九行二十五字，白口，單黑魚尾，四周單邊。正文僅十七葉，存詩七十四首，以七律爲主，間雜五言排律。第十七葉最末一首《清明日感懷作》内容完整，不知其下是否有缺葉。因無目録可證，亦無别本可校，姑存疑俟考。

人地得宜。涉邑食福正事艾。越辛亥泊壬申
端流言四起。倏忽解任。旁觀咸慨太息。代
為拒腕。○父臺飄然遠去。徙居延城。之愠怒。
越明年癸酉春。以所作詩稿遺余。自顏曰厄中
況憶。功。名世俗所重。得失人情難忘他人當此。
鮮不憂愀抑鬱。感憤無聊。○父臺朝夕。惟以

吟咏養其性情，雖處窮厄，自别具一種況味。其於祿位去留，略無容心，庶幾有不怨不憫風。觀所作詩，辭清新雅俊，無俗庸餖飣氣，時多出人意表句。學富才雋，時下罕有匹。余欽其人，更賞其詩，妄掇數言，弁其首云。

旨 音 旨

旨

大清乾隆十八年歲次癸酉季春上浣之吉

閩中年家眷晚生林達雲篁氏謹撰

林達之印

雲篁氏

清新慶使南府修復鮑參軍文

塘務贈

厄中况詩集

晋絳郭　匡步衢氏手著

閩中林　達雲籬氏評點

壬申解任、自沙徙延舟中作、

比年作吏在沙林清夜時堪自問心全副清操天可表一腔血性鬼来欽覆盆覩日無冤抓巨棍聞風少横侵堪訝流言忽地起霎時白晝嘆遮陰

江城五月落梅花

黄隺楼中笛調清落梅一曲遍江城漫云幽響驚塵舞恐是素芳

隔雪生縹緲何須香撲鼻孤高自覺冷敲精林逋不必衡寒覓造
化已將氣候更

因風想玉珂

瞥然颼颼起深宮忽憶聲來玉珮中方悼明妃沙漠北恍聞子孟
鳳池東皐財思譜重華操鳴玉倏傳簡子風每飯不忘鉅鹿意應
共此日想珂同

萬物靜觀皆自得

萬物從來皆自得覓時須向靜中觀鳶魚不解海天濶蜉蝣自欣
歲月寬觸處天機通潑潑認來物理盡安安愚人率爾談長短還

去凝神仔細看

四時佳興與人同

父母乾坤處藐躬莫教鄙吝害虛公阜康未去及民物浴詠先來

偕冠童身外輕肥何足羨眼前風月儘堪同笑他絕物悠游者洗

耳掛瓢識未通

笑而不答心自閒

吾心自得口終艱意趣只留一笑間澹泊已同枯木寂逍遙還比

岫雲閒口頭難透爲禪訣笑裏已開覺世關一片婆心悲絕物願

人着意苦心攀

桃花流水杳然去

水花遭處亦人忘緣欲覓去踪已杳然花謝故園疑遠遁水邊樂國

豈知旋乔辭飛蝶佛來趂信寄浮萍好去傳若問水花何處去青

山漠漠草芊芊

別有天地非人間

離卻紅塵鬪一闋俗氛一切已經刪匪云只在羲皇上直覺不斷

高厚間踪跡雖同流俗伍精神自與化工班箇中意趣云何似默

默自知苦說艱

遠上寒山石徑斜

後句有遠神

天高風急翠微寒乘興攜壺遶徑盤山卻繁華標面目徑橫古木
作欄干力綿拂石須留憩眼豁倚松且遠觀尋徑不行別處去石
橋渡過任盤桓

白雲深處有人家

深山深處有人家頂上白雲掛影斜茅屋簷頭生綠草竹籬腳下
繞殘花兒童澗底挑新水老婦竈前煮舊茶漫笑山中風俗樸葛
天世界必繁華

有陸游詩

停車坐看楓林晚

丹楓切莫悲時晚遲暮風光自起觀萬物均虧衰老方生人未詳

有激而名成之意

少年觀柔姿發甲彫還早大器成難敗亦難入眼輝煌寧易得停車道左任君看

霜葉紅於二月花

凌霜紅葉傲奇花不借陽和色自賒嫩杏徒爭春富貴老楓自享晚榮華天真渾樸何須飾充實光輝少得遮少小漫矜年度美老當益壯正無涯

無不落空渾是有

甚啥佛老詡高風說法談經盡落空錫杖磨殘寧有濟蒲團坐透總無功那知天不出人外誰曉理還在氣中不及儒家多實用身

心内外一齊融

有非滯物寂如無

紛紛俗學號名儒摘句尋章有若無剜月覓光光怎覓剥形圖影影難圖盡知雨自雲中落那曉香從花外敷惟有先賢多妙悟神遊象外自堪娛

認取沙頭第一關

世宙最難任去還眼前便是鬼人關細心認去休遺誤猛力取來莫苦艱異日却懸千萬倍此時只隔忽微間曾無空地能容足不向高明即冥頑

傍花依柳過前川

籬花岸柳並流川大塊文章在眼前照日嫩花疑欲語迎風弱柳似登仙曠懷欲寄高山上逸興先飛流水邊若問此行何所往石橋渡過訪真傳

時人不識余心樂

樂至勝於獲萬金此中意趣苦難尋時来不必大開口撥動差堪默問心寂寂時歌無韻曲洋洋常操沒絃琴時人可惜非同調流水高山自賞音

露和玉屑金盤冷

欲得延年餐玉屑，仙人掌上把膏和。金盤開處金丹轉，玉露結時玉汁多。明月賦形光掩映，慶雲涵氣液滂沱。君王漫作輪臺悔，得飲瓊漿有幾何。

月射珠光貝闕寒

珠光月射照金鑾，甲乙帳中暮夜寒。臺閣不聞烟火氣，宮庭渾是玉珠壇。雞人忽訝曦光曉，虎衞盡驚御燎殘。盛世三光能獻瑞，盡傳不夜是長安。

天襯楼臺籠苑外

九天閶闔不虛猜，宮殿盡從碧落開。月向面前迎衮冕，雲從脚下

捧樓臺漫夸萬國分星列還看千官傍日迴試問雍熙成俗處誰

知世宙是塵埃

風鳴絃管下雲端

獸舞麟遊雅樂難偕然風送下雲端地天交泰常鳴豫民物咸熙

自暢歡羽曲忽從月殿奏雲璈恍自碧霄彈優人譜入梨園曲擬

與君王獻壽看

橋畔月来清見底

洛陽一鑑自天開最喜橋頭月影来氷梳瑩瑩呈玉案金毬爍爍

舞銀臺飛鳶忽伴魚同躍列宿常隨石並堆應屬銀河分泒絡長

橋疑是鵲填廻。

謂有源頭活水来

盡道觀瀾方識水。而今好去覓源頭。甲苞拆處觀徐長。繭緒引時看漸抽。浩浩有藏能不盡。綿綿一發自難收。看来如轂還如沸。元化無端着意求。

雪滿山中高士卧

高人何故隱蒿蓬。只為六花蔽太空。北溟方施玄帝令。東山高卧黒頭公。他年交泰寧無飽。此日嘘寒却少功。笑看三陽應候起。彈冠齊喜出山中。

真從以致方入手處近最真

月明林下美人来 △

當空静色耀三白林下美人冉冉来雲路已欣瞻復旦彼姝豈患乏良媒觀光盡逞謳羹手喜照各殫補衮才大德光天能燭隱幽人誰復作徘徊

若教解語應傾國

名花不嗇喚卿卿輸與佳人得占龐熏骨已能成國色調音何不吐嬌聲露華濃處把容想妃子醉時肖睡情假若吳宮花解語雖無西子國能傾

延館元旦作 △

初換桃符日韶光漸漸来殘寒猶未去新煖已徐催櫛笑風添色
氷嗟日解胎臘歸梅失伴春至雪成灰爆響傳雷信燈輝作電媒
蟄龍眠未醒喜燕夢將廻鳥語催花發魚游慶凍開從今除否運
瑞氣耀三台

是元旦詩不是延[illegible]詩詞曲甚佳有詩意

元宵作

言詩情

履端既望慶元宵喧鬧亦難解寂寥燈蓮含愁羞對月火毬抱憤
怒衝霄春風過處盆宽散爆竹焰時雄網燒寄語金吾司值者前
途導我聽仙韶

借景寫意情詞俱佳

兒童戲以空橋注油為燈燃時光輝奪目偶見有作

[illegible]中[illegible]詩集

賽紅燈光彩

賽唐句法

兒童剪橘作紅燈，思狀情形苦未能。羲轡御山光灼灼，冰輪出海色凌凌。繞空流火還堪擬，没水驪珠亦合稱。處處高挑風送起，金毬亂舞瑞光騰。

松老無風韻亦長

呂秦膺錫爵，騁意在羲皇。頂上雲為屋，根間茘作裳。柯踈無俗韻，貌古繞奇光。皮展龍鱗聳，根盤豹尾藏。吟風常帯酎，嘯雨自生香。澹寂應難老，堅貞不可戕。花飄僧未掃，子落鶴先嘗。遇雪姿彌潔，無風韻亦長。

春水滿四澤

點染妙
合
結有餘暉
冊仍猶天
工

冬来知水旺更喜遇三春冰解河源潤時和氣化醇黃鸝鳴古渡紫燕戲江濱風颭波翻玉日曛浪點銀沙明鴛睡穩波漾蚌胎新海上觀飛閣龍門看化鱗楊花游水國鶯語送波臣青帝陽和令應先到水濱

颶風吹浪動

夏雲多奇峰

靆靉氣

榴花爭艷日靉靆倍饒奇滃氣蒸蒸上霏光漸漸移油然離岫頃邈矣揷天時勢渟青冥窅影遮白晝迷碧空排五嶽天半列三峗萬疊疑仙隐千尋謫日卑為霖欣有望作覩喜先期寄語如焚者舉頭看散絲

靉靆從雲以不明義如雲颶從風迅速義如風

賽唐句結句妙藏喻人意

秋月揚明輝

幾時明月好，朗朗在三秋。碧落清如水，明河皎似球。未來懸趙璧，先去掛吳鉤。蟾彀疑初蚗，兔毫詠乍修。滿輪冰彩耀，匝地水光流。清露盈山掌，朱霞落玉甌。明皇遊廣闕，庾亮上高樓。終歲常如此，嬋娥那得愁。

冬嶺秀孤松

莫嫌枝幹老，秀色向冬鋪。立雪姿尚異，吟風韻自殊。知希非衒貴，和寡豈悲孤。滿徑無紅葉，盈枝帶綠珠。調同新甫柏，情別卷阿梧。天際瞻威鳳，峰頭看藐姑。消閒惟皓鶴，破悶有祥烏。高翺觀無盡。

[illegible]松韻
流長
有子[illegible]河
上風味

還堪繪畫圖

明月印萬川

誰將天上月，分洒在前川。自古川成萬，到今月獨懸。因川能識月，有月印敷川。月靜川常動，川分月自全。月來川莫攫，川去月還圓。無月川皆暗，離川月怎傳。萬川從月貫，一月任川還。明月居心者，臨川自豁然。

月到天心處

欲識蟾蜍探月窟，何如徐待到天心。漫言恰當無偏倚，還看虛明少翳陰。頂上圓光只此是，箇中全象莫他尋。天心與月相忘處，消

息無端深又深

風來水面時

風自飄兮水自瀰相遭饒有會心時水隨風去鮫綃織風旋水廻鳳尾移已過空明無滯礙方來投契少遲疑欲從此處問消息風去水流忽自迷

天衢夜色亮如冰

夜色幾時亮似冰看來喜遇到秋天初疑銀漢瀾光澗更訝鵲橋羽彩宣道是金星朝玉座猜成白帝趁池筵三秋夜色差堪賞休把良宵錯眼前

雨洗梨花玉有香

氷姿皎潔渾如玉戴雨馨馨自異常青帝巳殫鏤刻巧雨師更著琢磨光和成玉屑堪尋味洗浄瓊花可齅香温潤曾同君子德芝蘭臭味益流芳

風飄柳線金成穗

春日獨行過柳陰依依披拂忽成吟絮爲謝女歌中雪線是郭家穴裡金煩日巳施鎔冶意和風還費鏤錘心灞橋折送行人處還比贈金意更深

素質標霜和澹月

寫和字和
亂字融

雲冷天空誰和月寒梅皎皎自標霜含苞不異朏生朔卻辨還同魄過望剩月作梅梅有彩攢梅成月月添香最宜雪霽夜中看梅月均饒分外光

春融只恐乾坤醉

大塊有時作醞翁年年喜遇到春融陽從甕底醍醐早日向壚頭點麴充八表雍熙欣浹洽一時否塞盡和通頂催造化釀春酒二老介眉嘗取豊

小院迴廊春寂寂

小院曾無名利客迴廊無處不逢春紛紛壁上多名筆寂寂堦前

絕俗塵燕啄香泥遺歷歷蛛菴絲網掛頻頻朱絃彈罷斟桑落自號羲皇以上人

去路超卓

春將國色熏花骨

畫道名花同國色熏來誰解是陽春粧成西子丰離俗睡足東風骨出塵嬝娜非關濃砌色嬌嬈全在澹摹神春工君有畫眉筆借些秋波好點真

筆具化工絕妙點綴

鳥吐花聲寄樹間

花神最怕洩機關倩鳥啣聲寄樹間道是鳥奏翎皎潔却成花說貌幽媚遺花追鳥花無翼責鳥返花鳥妬顏惟有木仙羞得意聽

筆底遂妙

花看鳥致鬧鬧

秋色老梧桐

萬物逢秋悲景暮羣推先覺有梧桐方鋪翠色留鸞鳳忽繞蒼顏引羽蝨風色淒淒銷氣魄霜威凜凜促疲癃先彫一葉疑搖落造化預催作老翁

日照新妝水底明

絕代佳人倚水旁天懸明鏡照新妝忽驚仙子凌波至還訝洛神出水望如赭天桃溪底湧似鈎新月水堤藏娘行知是採蓮女是女是蓮儂忽忘

白露垂珠滴秋月

甘露傾來萬斛珠，誰云秋月一輪孤。銀蟾棲芷慵留韻，玉兎依蘭喜匿軀。散彩凝同魄已缺，凝胎還似朏初敷。金盤漫道堪承露，仙掌自能繪月圖。

寄天寧寺老僧

當年悔不把禅逃，誤向儒門整羽毛。愧我事功成畫餅，羨師禅訣妙添毫。佛門更比侯門大，鞅掌何如合掌高。今世預推來世事，再生定擬着僧袍。

寄孫糧廳

協恭未久倏分開和淚特將拙句裁愧我空撑當輸臂知君自具濟川才太阿暫爲徵鮮用大木原因巨室培予不負丞丞負予徵書指顧日邊來

寄沙邑儒學林

比年周旋頃成灰渭樹江雲費溯洄愧我櫟樗無地植羨君桃李滿門栽鉛刀慚遜牛刀利外翰逼真內翰才遥謝故人今去矣臨行猶自數徘徊

寄儒學陳

方親模範倏分開道貌時形夢寐來化雨霈時桃李潤春風颱處

擢 直角切，音濁，拔也，抽也，舉也，用也。

酥

棫蕤裁作師堪比作君重敷教自饒敷政才馬帳程門君盡閫
綸指日案前堆

鏡

菱花一綻幾春秋歷遍歲寒蕚不收乍繞曦光鸞電掣偶臨水面
疑冰淨流螢過去星臨屋白雪映來玉滿樓有日擢遷能照膽而
令且俾美人遊

紙

皎如霜雪膩如酥會向洛陽易萬銖丹匠用來圖物像文人攜去
洒璣珠龍楼鳳閣承綸綍錦軸牙籤載典謨玉質霞光稱貴重怕

粘墻壁惹泥汚

邸舍旁植桂一株閒咏

奇卉疑從天上至清芬遠播壓羣芳漣溪抹煞愛蓮說陶令拋離醞藉觴予落月中肥玉兎香飄雲外引鸞凰年來欲訪浮槎客今日喜逢客邸旁

咏座間蘭

幽巖深谷產叢蘭譜入焦桐意未殫臭味羞從籓作伴芳姿喜與桂同壇含香何必當風列零露只宜戴月看遥想當年尼父語祥麟彩鳳擬同觀

雺音衫、小雨也、

組音祖、印綬又綫也、

吻音刎、口脣邊曰吻、

傘

當頭霖雨苦濛濛借汝特來作帡幪私覆誰憂干帝怒獨操未肯與人同臨雺漫羡如張幕遇颶還驚作轉蓬零雨徂東千萬士恐難箇箇握從戎

繭

披得蠶叢繭一盤迎眸鮮色炳琅玕吐從腹内脂猶染組向吻邊嚼未乾緒出風搖雲影亂繅成雪映月光寒賢王臨佩悲紅女何獨忘蠶結織難

剪刀

玫音梅

巧匠鍛金作剪刀古來聲價并州高剪裁黼黻成龍袞截割貔貅造戰袍錦繡遺來蛟斷水綵絲逢處鳳零毛從來賢母成名處截髮斷機是汝曹

脫有詩書共自棄

針

衣裳會裡汝先臨運出佳人一片心拈去掌中親玉指揷來頭上傍玫簪出經似電慓雲顯入緯如魚走水深漫道似錐能見末必時脫穎恐難尋

情兼如生並稚猶尋

線

出身君莫嫌微細一線直通古與今經緯布來圍萬物絲綸引去

壓千尋縹揚虹繞天邊遠盤曲龍眠水底深最喜分離懸絕處蜘
能聯合結同心

尺

倩卿明白評論定流俗免爭短與長徑寸無私名曰直一毫不屈
號為剛加岑寸木難蒙混納芥須彌免受戕寄語匠師操柄者請
將朽梓再加量

秤

世宙茫茫慨不平遇君軒輊自分明千鈞悶悶悲屯蹇一羽翩翩
慶泰亨世俗盼顏娥與艷獨君衡骨重共輕願從公道扶持定莫

龕音堪龍貌一曰受盛也又浮圖塔一曰塔下室

谹音橫谷中響音徐一曰鏗谹谷中声

大方六六雅

遣人間抒憤聲

筆架

應是為山已慶成，案頭巒嶂自崢嶸。筆毫濡處苔痕纈，池水映時靄翠明。燈影斜曛迎曙色，書聲餘響繞龕谹。鍾靈毓秀人文啟，山不在高巴得名。

人之意中所有人之筆下所無

床

棲身何事資他物，自已攜來有穩床。心正炭塗成凳篤，意危茵褥有鋒鋩。垢塵拂去還祛妄，簀笫陳來在蓐良。學得尼山穩睡訣，曲肱枕處樂偏長。

抒 音暑，挹也，又渫水也，又除也。

木炭

巳抒光芒復被湮，旋遭提扳慶兜伸。面顏黧黑非同舊，神采發揚復見新。魄冷骨寒誰過問，眉揚氣吐各爭親。出身雖在山林内，舍我誰敷有脚春。

炮

一震春雷萬象開，無雲無電起浮埃。蟄龍聞處搖鱗角，棲鳥聽時驚翼懸。曠野一聲山壑應，戟門三爆馬車催。聲聞一旦馳

宸座，引入禁廷吐玉璣。

眼鏡

沉着高華　抑揚有律

覷 音娶伺視也

一結高超

劈破玉山靈炬出從來不近黑頭公不資犀照幽微徹無假藜光
纖細融齒缺骨教明不缺顏童能使目還童更饒別樣生奇處覷
遠惟明近覷翁

秀利

雞

栖塒栖爍號晨雞美德無煩細細題戰隊鷙催臨漠北幽閨怕破
夢遼西大鵬常笑飛無力鳴鶴亦嗔韻與齊說與聽鳴思起者聖
狂分處莫教迷

高超典雅別具一副肚腸

犬

詩美盧令訓紀獒禦防宵小有微勞最宜待月眠花下亦喜伴鷹

寫景

鼾音翰 鼾睡卧息也

走坂高靈處繫書通遠信懵時附佞嚙忠耄吠聲只許聞東海且

莫逢莞妄作嗥

猪

天垣列宿曾聞紀生子漫夸有白頭眠處茅薪成莞篳吠時糟粕

是珍羞齊襄漫駭逢妖豕衛子堪悲嘲定豮二母冥宜供老叟肥

鮮付與宰夫收

貓

狀形似虎還同豹只住家闌不住郊日眠床頭鳴鼾息夜窺穴隙

肆咆哮目睛變幻能占刻肌腹充肥不進庖為汝能防鼷鼠害冊

書載處絕迹貓

鼠

無牙禍世有餘辜堪與宵人並類誅食角東邦干上帝穿墉南國
已狂夫察幽明懼離婁並營穴巧唵王衍殊笑汝飲河窮滿腹糗
糧何故日遭餔

清明日感懷作

草色青青柳色鮮看來已是暮春天榮恩未去加三代祀典先來
曠四年春水掬時愁莫洗楊花飛處恨長牽此身不肖非關命辜
負蓼莪詩一篇

（清）鄭棠 撰 （清）黃占濟 批點并題跋

鄭山人詩録一卷

清乾隆四十八年（一七八三）黃占濟手稿本

鄭山人詩録一卷

清鄭棠撰，黄占濟批點并題跋。清乾隆四十八年(一七八三)黄占濟手稿本。

原書未題作者姓名，卷中《感泣詩并序》云：『壬寅度歲，萬狀艱難，賴二三同人通財，然後有祭詩之樂，此棠至死所不忘也，敬成一律，名之曰《感泣詩》。』據是知爲鄭棠所著。集中詩多作於乾隆四十七年壬寅前後，蓋作者於是年喪妻，愁苦不堪，故發而爲詩，除《感泣詩并序》外，又有《壬寅除夕哭亡妻作二首》《斜山看梅感作并叙》《夢見亡妻作》《不寐悼亡》等，皆悼亡之作。集中又有《懷家柯珊叔以詩附柬》《家柯珊叔曾有登金焦之訂爰懷舊游快然成咏附柬》二詩，柯珊爲鄭南珍字，歙縣長齡橋人，年少有義行，後入杭州府學，爲名諸生，事迹詳見[民國]《歙縣志》卷九《人物志·義行》。長齡鄭氏爲明清時期著名鹽商，自萬曆四年(一五七六)鄭景濂至揚州經商後，家族興盛不衰，子孫多占籍揚州，尤以鄭俠如一脉最有文名，所建休園爲清代揚州著名私家園林。乾隆中後期，占籍儀真一支科名甚盛。據[民國]《歙縣志》卷四《選舉志》，除鄭棠於乾隆四十五年中舉外，又有鄭文明，乾隆三十九年舉人、五十二年進士；鄭光圻，乾隆四十八年舉人、五十五年進士；鄭柏，乾隆五十三年舉人，嘉慶十四年(一八〇九)進士；鄭槐，乾隆五十四年舉人；鄭光珏，乾隆六十年舉人。然鄭棠事迹不彰，蓋未步入仕途，以山人終其身也。

此本爲紙捻裝，無格，每半葉七行十六字。封面題書名《鄭山人詩録》，下署『昭陽單閼孟陬上浣』，知爲癸卯年正月上旬題簽』，卷末有黄占濟跋，署『癸卯孟春中浣一日同學弟黄占濟拜注』，蓋爲黄占濟編録鄭棠之詩并予以批點題跋。正文僅十四葉，存詩四十一首，故數日而畢其功。癸卯爲乾隆四十八年，其時鄭棠已考中舉人。黄占濟，字槎山，歙縣人，旅居揚州，《揚州畫舫録》卷十四稱其『工詩，書法各體備具，爲人慷爽』。封葉背面又有手書題跋一則：『諸作擲地可作金石聲，《孔方》一首，千手争鈔，比諸洛陽紙貴。密庵注。』密庵是方輔之號，字君任，歙縣巖鎮人，流寓揚州，《揚州畫舫録》稱其與黄占濟皆寄住於同邑鹽商徐贊侯家。方輔工書法，與金農友善。又爲乾嘉時製墨名家，設墨肆『茹古齋』。著有《茹古齋稿》《隸八分辨》等書傳世。此則題跋與方輔傳世書法作品筆迹相似，審爲真迹無疑。一書而兼具二位書畫名家手迹，誠爲難得之佳本！

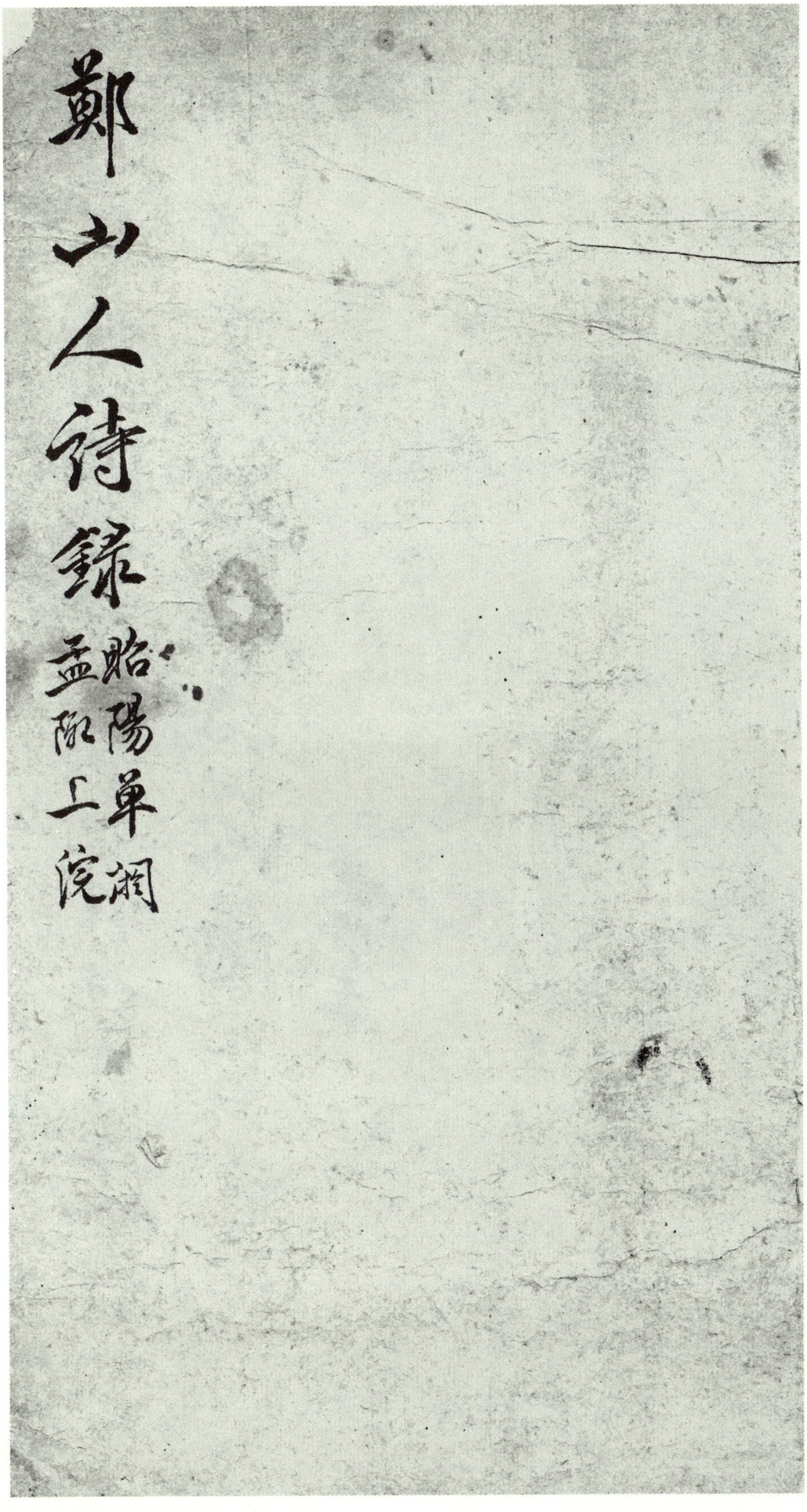
鄭山人詩錄

貽陽單潤

孟陬上浣

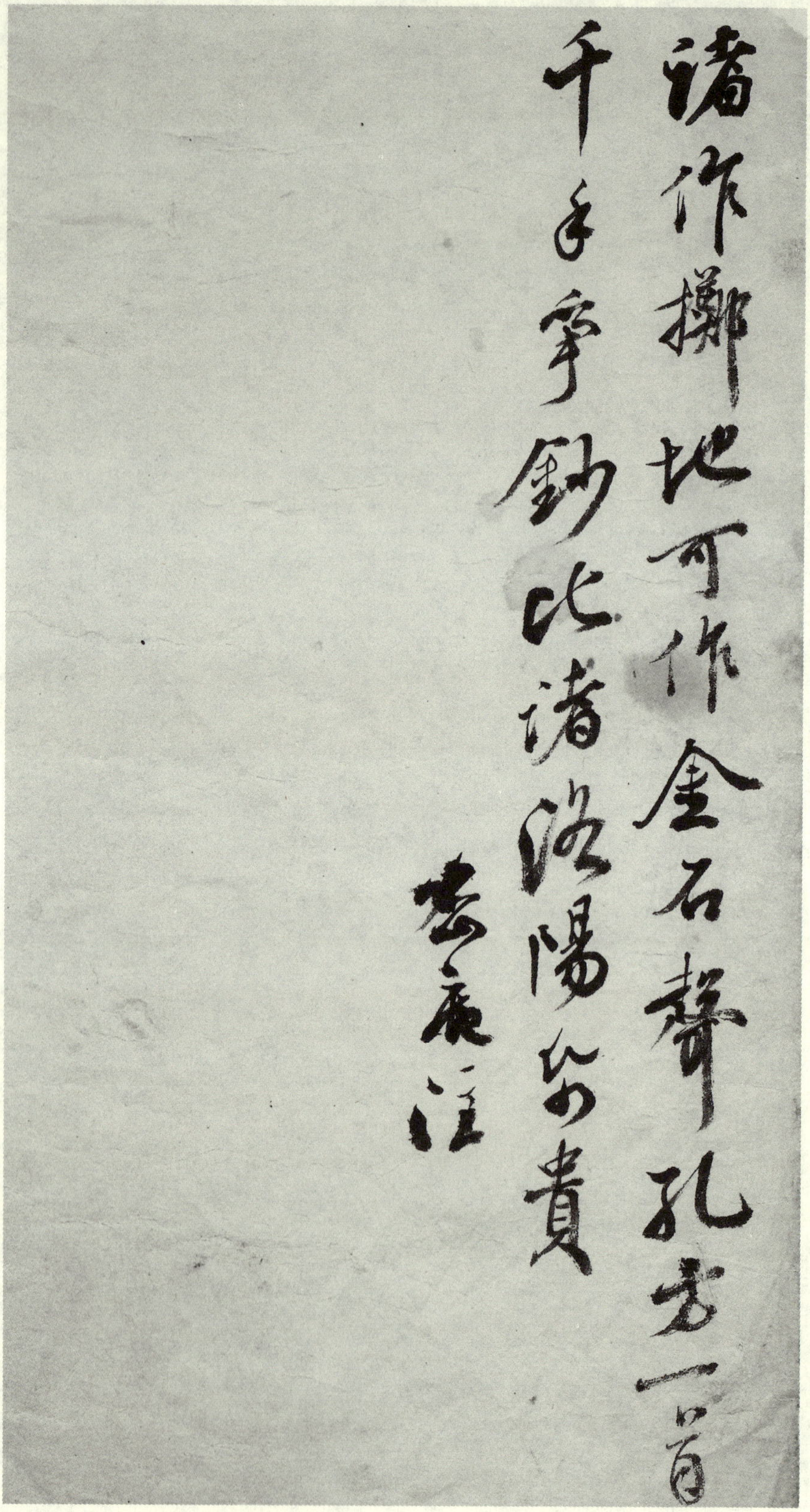
諸作擲地可作金石聲孔先一首
千手爭鈔比諸洛陽紙貴

草補造 祀

元旦途中遇雨

元日雞鳴躍行〻麗日新忽逢一天雨遍
潤萬方春椒酒問村店梅花濕水筠祭詩
追昨夜天上指星辰

壬寅除夕哭亡妻作二首

去年此夕卿猶在今夕卿〻淚未乾燈下
祭詩光黯淡誰將酒脯勸加餐

才調集

〇繞牀兒女夜悠悠。十八年來只此愁。猶憶五更春色裏，影搖紅燭看梳頭。

情至語寫得淒而已豔語寫出之愈豔絕愈寫得淒

元旦二日待曹蘿臼不至

歲朝之二日。君訂駕過臨。變食因其設。迎門負此心。西來科照没。東望水雪深。自恨居韋布。無人訪延音。

元旦三日立春

銀旛賜後綵旛迎萬象肄光共履新長命

盃銜曾幾日黃柑又釀洞庭春

東孔方兄

孔方兄吾與汝何讐汝不來兮我欲死汝

若來兮我何憂孔方兄名且美西堂不云

予有之則生不得則死自生物以來未有

盛於孔方子孔方兄吾怪汝汝令富者豪

孔方有云

宣庭昨云

汝合貧者苦貧者苦兮淚滂沱孔兮孔兮

奈爾何（怨而不怒）

立春日雨

生菜堆盤綵飛霞照燭紅春晴不一日屐

响雨聲中

斜山看梅感作并叙

余賦悼亡詩有相攜女伴斜山上

采〻梅花翠袖寒之句今来斜山看梅
追傷往事繫之以詩

。昔過潭湖路。斜山恣放梅。滿。腮。晴。雪。照。一。磴。冷。雪。堆。枝上春風扇。花間翠袖來。祇今卿不見。淚滴古莓苔。

篇佳完善

感泣詩并序

壬寅度歲萬狀艱難賴二三同人

通財然後有祭詩之舉此棠至死所不忘也敬成一律名之曰感泣

詩

臘殘除夕近到愁絕黯銷魂舉目艱知己違言恥受恩梅花應笑客柏葉尚開樽七尺留天地區區手自捫

英雄語

○

初春登三元殿最上層作

飛瀑出重霄，下瞰水如練。秀甲豐溪邨，絶頂有額曰豐溪甲秀為黄白山先生得意之筆芳辰愈堪羨。佳麗日眺眼，微和風吹面。櫻花發故枝，遠近皆可見。凭欄望黄山，煙景金碧眩。把酒酹長空，酣歌恣游宴。

盛唐格韻

逸韵精潔

咏祭詩儀并序

胡鑑餘每歲歲暮贈余一金謂余

曰聊為山人祭詩酒脯敬耳余直

謂之祭詩儀

△君餽祭詩儀。余作祭詩文。設此祭詩筵。因

君傳異聞。余作祭詩文。君餽祭詩儀。設此

祭詩筵。因君傳新題。長江主簿今不復作。祭

詩禮古誰頌畧。不。贈。是。葦。舟。贈。酒。錢。以。人。

那。忍。此。慳。樂。紅。箋。細。字。一。番。新。欲。得。君。為。

與祭人愧余却少瓊瑤報信手詩成寫贈君

題此詩結語又不稱百答詩耶矣又為知己典一新

聖泉寺晤竗衍上人兼懷黃槎山

溪水寺前流鐘聲雲際浮（氣充注唐人真句格）踏青依隔岸喚渡上孤舟鳥性都非俗禪心總是秋（似）譚元供茗飲坐久憶同游

渾成

元日偶成二十字

李白宫词

綺閣紅梅艷金鑪翠柏香陽年詩滿案殘臘酒浮觴

立春日書懷

△萬象更新歲月催誰能不負酒盈杯身與一浮老將至梅放數枝春又來

語語老氣

懷家輯五案頭素心蘭訂以茗飲賞之用壬寅賞花元韻

幷序

凡賞花皆宜酒惟賞蘭宜以茗況
素心予苟賞此花亦猶凡花〻其
有知不堪耐此一遇

素○心○高○賞○霧○香○泛○茗○旗○開○冰○雪○生○幽○映○江○
皋○抱○潔○來○名超腮外州○價重嶺頭梅○寄語
花居士○提壺戲蕙娭○

潭上即目

美石題

一坐情肆好携樽潭上来暖風薰翠袖春
色報紅梅雁齒長橋列魚鱗細浪開天都
遥仰止兀坐最高臺

花雲仙館翁

范叔

誰能戀戀故人前風雪輕裘自洒然范叔
綈袍非不幸一寒至此有人憐

歲朝五日富溪橋亭坐雨

高步九如橋兀坐一亭雨人日前後前西
讀南宮譜借問酒人家釀飲集三五去程
濕煙雲茫〻迷村隝
東浙西宋暨田
一别輙十春素心濶如許尚憶對床眠同
聽山中雨

一往情深

唐人絶句

絶句

春山句

春水鷺鷗白春山艸木香呼朋歸緩緩把

更妙

酒送斜陽

人日

典麗

盃泛椒花七日紅坐僊高會醉春風幾人

思去向花前發不愧當年魏鄭公

喜晤友人

晚唐佳句

溪邨山雨晴晦忽喜故人來綠剪春初逆紅

詩話中句

攀屋角梅新詩都入詒美酒數入銜盃戴

笠持漁具臨流釣未回 意字做得遠

溪漲寄湘漁

高渾似。出盛、唐人手

水自黃山落沙邊鷺作逃春流兩岸潤濁

浪一溪高闔容人爭下舟輕孰學捺煙雲

浸村樹西手屬吾曹 詩中有畫

東休寧黃甘泉

似前明七子中七律

昔在長干寺裏居，對床風雨夜牕虛。論心煮茗挑燈飲，信口成詩索紙書。縞紵賡酬今尚在，芝蘭入久復何如。秋来白下相携手，努力青雲意氣舒。

信陽懷李北地一律不与真匹

一氣盤旋筆底宕住

懷家柯珊叔以詩附東

去冬别我湘漢遊，振衣直上黃鶴楼。黃崔楼中席不煖，乘風又破長江流。春来天際

浩氣流行 望雲樹懷人懷古居潤州待我書劍過白

一結更具 下訪我金焦橫清秋感君河潤賞心遇青

纏綿情致 眼一諾趁季布別後相思練水頭我亦春

風塵結雲好樹

乃俟年後逸

家柯珊林會有登金焦之訪爰懷舊

遊快然成詠附柬

烟波盪我胷楊子江邊路昔時訪名山古

寺登甘露更拏一葉舟直上金焦去北望
佛貍城隱隱瓜州樹懷古俱茫然詩臨江
流賦新秋訶觴咏隨君入鷗鷺舊蹤不可
湮十載尚留句

一起得勢全篇便如破竹

獨夜作

茗飲何須泛濁醪空閨不寐首重搔吹燈
月到虛牕白雨後溪聲夜更高

真

梦見亡妻作

板閣高眠梦有無依稀守歳尚相娱高〻 春

燭影揺紅下細點茶湯進阿姑

癸卯三月廿三日作

初春久雨戲作

晝夜雨不歇溪流欲到門惱梅落紅雪一

半點苔痕浸墻根 亦可

洋筆

歳朝八日戲作

妙语解颐

新歲堆盤菜。雨多人未來。几筵不自坐。改作為醉酬。

積雨將經旬。四方未到一。嵒谿虀臼翁。誤我待三日。（虀臼有元旦二日枉駕之約，余待至初四日而猶未至，曰誤我待三日者，三日間未嘗他適也）

茗飲誌愧并序

余近不喜飲酒，惟嗜茗飲，一飲可

九椀自謂勝於玉川子矣不謂里人湲有勝余者余為之詠且歎桑梓間已不乏人而何況天下之大也嗟乎凡事皆然豈獨茗飲已哉

爰作詩以自儆

獻豕過河東。茗飲亦微細。澀茲有他長。不敢自滿意。

通體渾成大歷人有此魄力

送友人之富陽

昔我登孤城浩然見江面春潮天際生到此猶瀲灔君今掛輕帆快矣乘風便錦繡富春山蕭洒桐廬縣注見富陽江孤城半隱現

詠者之遺

送程貢廷之官劍南清溪縣

清溪捧檄遞神依游釣相逢自此稀棧道

直是查言

盤空千萬丈白雲看向馬頭飛　第三句呼后收

不寐悼亡

古人悼亡

春不到空閨況聽瀟瀟雨白髮數莖生新　神韻

未有到此

愁裊如縷夜長曙色難作囑欲起舞悠悠

地下人淚濕咽無語　収句點然

宮怨

花閒淺鳥啼良時不可擲玉階無人行苔

落落稽是唐人遺意

色年年碧

溪上與黃檖山觀打魚黃買魚沽酒
歇我于垂泉寺

寫活魚恍然在目

沿溪觀打魚悠悠江湖風為買雪鱗白因
沽邨醪紅寶刀微試身作曲躍出空階不
馴服素手捕魚飛細鱗釜中報急烹初熟
盃泛村醪紅且香如入江湖風味長高談

氣足

雄辯不知曉門前溪上俱斜陽斜陽古寺拂衣起喚渡一聲清磬裡回首湖情伴老僧滌盡塵心付春水

筆筆周到

叔伏乾挂號乎慧二席

春曉

殘夢杳如何東風吹綠波曉光看日上春色渡江多不斷千門啓遥聞衆鳥歌蘇隄湖水上尚憶昔年過

初唐學六朝佳句

盛唐聲調

三四十字千古

凡我同人
敬而誌之

程雨涵招茗飲

茶得聖之清香闌更觧醒百年昏處惜萬事醒中成詩有盧仝作經傳陸羽名見招余輒至何必酒同傾

元白後生

春遊竟日作

江春梅柳放日晚馬裘歸回首經行處煙籠錦繡園

題樓間壁

新歲繁文每自刪，居然消受此身閒。爇香把卷樓頭坐，日對青青溪上山。

元人潔淨之筆

絶句妙不經之矣

山人詩氣體高華，神韻飄逸，具有富貴神仙風度，知必不以山人終其身也。余往

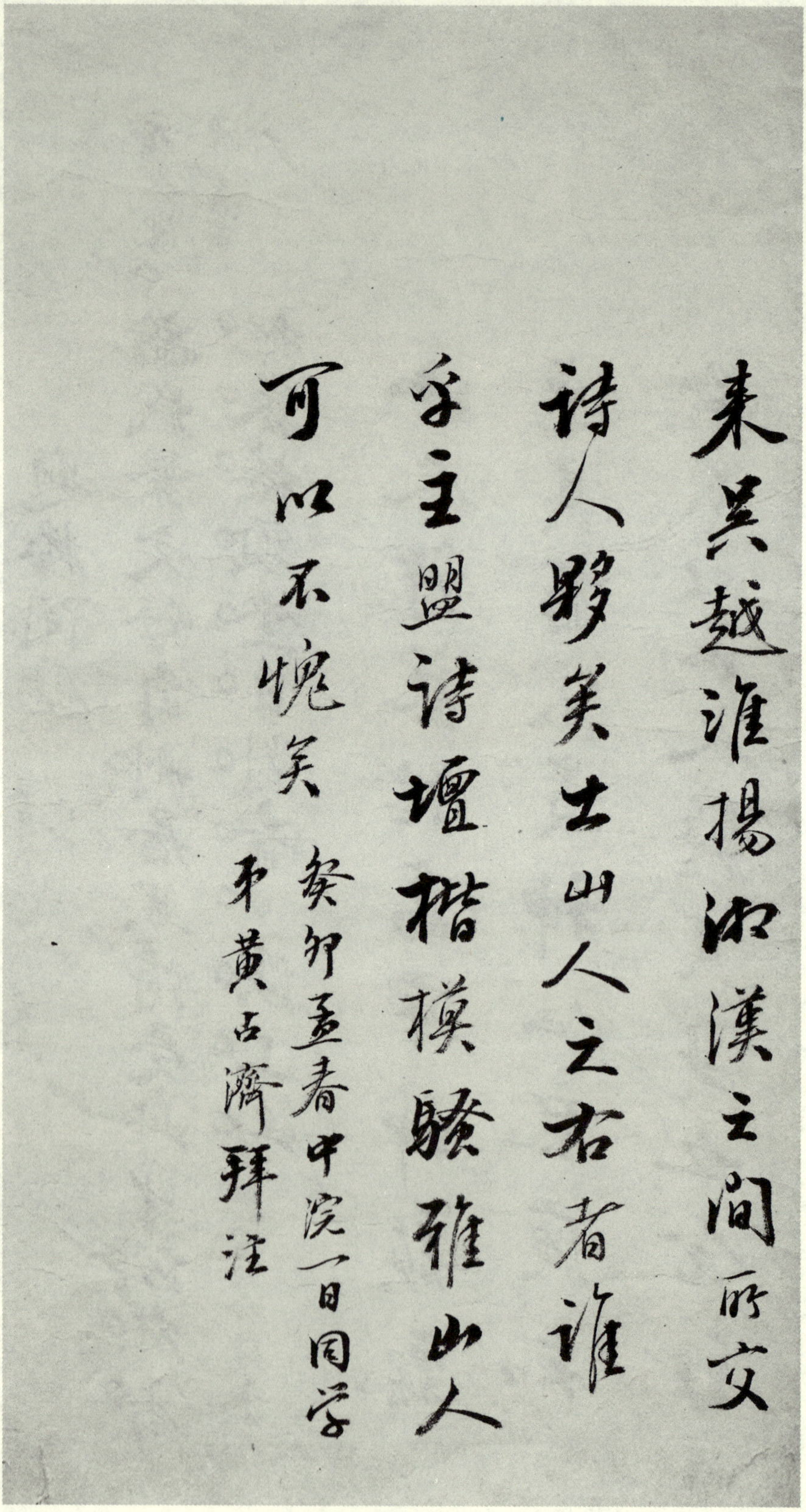
来吴越淮扬湘漢之間所交
詩人騷美士山人之右者誰
乎主盟詩壇楷模騷雅山人
可以不愧矣
癸卯孟春中浣一日同学
弟黄古濟拜注

(清)楊念昔 撰

金滸詩草一卷

清中葉鈔本

金湁詩草一卷

清楊念昔（一七二二—？）撰。清中葉鈔本。

《金湁詩草》一卷，前無序跋目録，首葉卷端上題書名，下署『古洽楊念昔著』。『古洽』即郃陽（今陝西合陽縣），縣東臨黄河，縣西有金水河，故以『金湁』名其集。楊念昔，字紹先，歲貢生，曾任邠州淳化縣儒學訓導，生平事迹僅見［光緒］《同州府續志》卷十一，然何年爲歲貢生，何年任儒學訓導，皆語焉不詳。一九八五年三月，淳化縣文物部門在縣屬固賢鄉下常社村發現一塊碑，名爲《常實村重修真人祠并增修五聖祠獻殿樂樓碑記》，作者署『淳化縣儒學訓導洽陽楊念昔撰』，立石於『乾隆六十年歲次乙卯九月上浣之吉日』（參見姚生民編著《淳化縣文物志》），可知楊念昔爲乾隆時人。［光緒］《同州府續志》云：『性聰穎，學問博洽，尤喜吟詩。嘗游諸郡邑，緣白水江、劍門山川而下，及成都憑弔古迹，詩章殆滿行笈。著有《六書分類》二十卷、《見聞新書》二卷、《金湁詩稿》二卷、《注釋李巨山一字詩》四卷。』所謂《金湁詩稿》二卷，今不見著録。此本題《金湁詩草》，卷數亦不同。然集中有在成都所作詩二十四首，可知府志所云蓋有所本，不知當時尚能及見《金湁詩稿》否？

此本無格，每半葉九行二十二字，行楷書精鈔。集中『玄』作『元』、『歷』作『歴』，然『寧』作『寕』，不作『甯』，可知當鈔寫於清中葉（乾嘉道）。全書僅二十葉，不知卷末是否缺葉，現存詩七十七首、散曲六首。詩不分體，前半部分大致編年排列，自《寄舍甥秦二官恩》以下後半部分則略顯雜亂，除《村溪八咏》《莫憂曲》《仿古體爲烈女楊于氏作》三首組詩或長詩外，其他作品字迹行款皆不同，疑爲後來增補續鈔，故將《寄舍甥秦二官恩》鈔於《寄諸子》後，《賦得秋月如珪》《賦得江涵秋影雁初飛》二詩鈔於《村溪八咏》之後空白葉，《題蘆雁圖》《挽咸陽蕭孝廉》《己亥中秋書館對月》三詩鈔於《莫憂曲》後之空白處，《代河東姚二哭硯友張七》以下九首鈔於卷末。這些作品，多爲試帖詩及挽詩、壽詩等應酬之作，或原爲作者所删落，而爲同時或後來人所拾補歟？

根據是集編年詩，可以略知作者生平與行迹。《寄舍弟》五首之四有『爾我年何許，乃成百歲人』之句，自注云：『我是年五十二，弟四十八。』此詩作於乾隆三十八年癸巳（一七七三），據是可知作者生於康熙六十一年（一七二二）。集中寫作時間最早之詩爲《夜夢舍弟（戊寅江南）》，作於乾隆二十三年。據詩可知作者與其弟三十歲以後離家外出謀生，作者往江南，其弟在西蜀，相隔萬里。二人數十年未見，但兄弟情誼不減，故集中多有寄弟詩，且時常化用二蘇典故。楊念昔在江南，曾隨其姨兄寓居常州荆溪（集有《荆溪封院秋海棠》詩），但不知以何事營生。數年後，乾隆二十九年前後，楊念昔又赴河東授館教徒（見《過胡大孟星莊時游京師未歸》詩自注）。乾隆三十七年前後，楊念昔在陜西涇陽坐館授徒，作《送王二照千任中衛廣文（壬辰涇陽作）》詩。乾隆四十四年又有《感興（己亥涇陽）》《己亥中秋書館對月（是年即科）》二詩，可知楊念昔多年滯留在涇陽。其時作者已年過半百，而科舉屢試不第，故有『老闞生事切，儒誤一身輕』『爲慚老去無能折，甘讓姮娥愛少年』之感慨。乾隆四十八年前後，作者回到家鄉郃陽，作有《華雲臺懷古（癸卯秋）》詩。乾隆四十九年，楊念昔至成都探訪其弟，游覽杜甫草堂、昭烈廟、都江堰、薛濤井等，寫下了大量咏懷古迹之詩。但集中最有價值者當是作者親歷千年難遇之成都大火，所寫紀實長詩《成都記灾》。詩中開篇即云：『乾隆四十有九年，入夏四月之初吉。成都城中被火灾，此灾千古寔無匹。』點明了此次火灾之時間與灾情，可與相關史志相印證。［同治］《重修成都縣志》卷十六《祥异志》云：『乾隆四十九年，成都大火，由三義廟起，延燒一千餘家。』《清史稿》卷四十一《志》十六《灾异二》云：『四十九年四月朔，成都大火，延燒官署、民舍殆盡。』蜀人張邦伸《錦里新編》卷十四《异聞》『成都火灾』條亦云：

乾隆四十九年四月初一日，成都省内三義廟側火起，延燒居民無算。由署襪街南望，直抵城根，人家屋宇無一存者。學院、衙門、驛鹽道署俱被延燒。火發時，有人從鐘鼓樓上眺望，見火光中有似飛鴉無數散落人家，落處火烟即起；又有似赤龍穿巷而過，火彈隨之。其時烈風大作，烟氣彌天，勢若燎原，撲救者束手無策，經一晝夜始息，城市一空。總督奏稱：成都縣屬被燒左營游擊衙門三十二間、民房共九百三十九間，拆毁房共二百五十四間；華陽縣屬被燒學政、鹽茶道及督標、都司、守備等衙門共二百三十四間、民房共八百二十六間，拆毁房共二百四十三間。蜀人房屋多編竹爲壁，上加灰泥，延燒較易，故至一(二)千六百餘間之多。其實所燒之數十倍於此，不能悉記也。

官方統計燒毁房屋數量不管是一千餘間還是二千餘間，都可能與實際數量有很大差异，張邦伸云『所燒之數十倍於此』，庶幾近實。楊念昔作爲外鄉來訪者，應當更能客觀地記録此次灾情：『起自巳時中夜停，三十餘街無一楹。城内主客十萬户，可憐四萬消炳靈。』關於人員傷亡，史志皆未記載，而詩云：『天明一望慘心目，赤瓦滿地烙雙足。更有百餘燒死人，焦枯縻爛不忍矚。』更加形象生動地描述了火灾之慘烈。詩史可互證，此亦典型之一例也。

金許詩艸

金滸詩草

古滄 楊念筲 著

夜夢舍弟 戊寅江南作

夜來夢舍弟。蚩蚩方弱時。讀書怕識字。誑言將我欺。氣急欲夏楚。旋醒竟何之。憶當廿年前。同氣長相依。有弟肯承教。有兄敢為師。行則列雁序。坐共吹塤篪。遠各三十後。往事難可追。饑寒驅遠去。萬里相睽離。一在西蜀郡。一羈東海湄。欲見兩不得。夢寬欣遇之。夢遇豈能常。將安慰我思。

荆溪封院秋海棠 有序

荆溪徐氏以事查封其家予姨兄解任後寓此余

亦随處焉余所居楼五間其西間當東偏院之上
而院則仍鎖不開可望而不可即時當秋氣蕭索
蛛塵滿地而南墻下海棠數叢猶然盛開感而作
此

荒院重門鎖不開高楼遥望積塵埃何緣寂寂秋堦冷猶
有情花伴緑苔

秋夜

露冷江南夜客愁寐不成起坐看明月秋蛩四壁鳴

送王二照千任中衛廣文 壬辰涇陽作

君家原有舊青氈此日先生比鄭虔匹馬曉追邊塞月一
樽夕話咢州煙官早尚許存吾道學富何難啓後賢聞說
河魚中衛廣佇看堂上躍三鱣

寄舍弟 五首有小序 癸巳

花楼冷落對風景以奚堪姜被孤寒伴宵燈而莫
訴是以覩天邊之鴻雁斷陣驚心憩原上之鶺鴒
急難共患詩以代信情見乎詞

雁序長分散○於今二七春○（藐予由有不見兄七年之語）羣兒應慰汝○垂
老倍思親○錦麗江城接○花殘渭涘頻○音書曾許我○何日竟

歸秦。依舊蠶叢路。崎嶇莫謾嗟。昔曾騰劒閣。今竟阻褒斜。快適終為客。寂寥捻是家。歸來重聚首。甘苦共生涯。去住誠難定。家園許暫投。莫將風雨夜。韋蘇州有寧知風雨夜復此對床眠之句專為稻粱謀。覽鏡鬢庸鑷。攤書暈早淨。桑榆催已急。偶觸汗長流。爾我年何許。乃成百歲人。我是年五十二弟四十八壯心全欲歇。老態亦應臻。草踏南溪軟。雲招西嶺春。髫年曾憶否。那更滯風塵。竟欲來看汝。相思惹夢魂。即從雲棧道。旋度錦城門。衙拙艱生事。年衰困足跟。所期終不遂。翹首日黃昏。

又絶句一首

欲知垂老近行藏，二載棲遲涇水陽。他日歸來須問訊，石橋西畔第三莊。

又間遠姪自雲南歸否

滇池有似桑乾水，蜀郡并州無不殊。前載曾聞南更去，試詢今返故鄉無。

寄諸姪

頗憶家鄉有伯無，雖禁老眼望天隅。去時面貌應全改，長就高低定各殊。好博腰纏歸故里，休誇意快戀成都。提携

自分知恩淺須念東頭墓塚孤大姪為先五伯寄嗣少時撫育家殷

華雲臺懷古 癸卯秋作

運入深秋景物荒華雲臺上意蒼涼極天望處無芳草訪古來時有夕陽道接横渠高帍座風開洽水奮龍驤百年世事空多感坐見陰雲接混茫

冬日菴陽道中

北風吹鬢冷颼颼步挈書囊倦未休棲斷霜枝憐凍鵲囓殘麥隴見羸牛傳经劉向違心事躡屩虞卿豈壯遊何日茅堂安坐穩黃虀餐飽即瀛洲

大雲禪院

浮圖猶聳白雲間，寺踞重邱望自環。錯落野田開渭涘，蒼茫浩氣接潼關。塵埋古佛爐煙罕，梵歇清音法鼓閒。家是前朝遺碣在，糢糊空認蘚花斑。

自溝洫村底菴陽逆風大阻抵平正劉友學館不遇而返

步出溝洫道，西返菴陽郝。石尤大作梗，颸颸向我奔。塵沙迷雙眼，寒氣摧心兔。欲進轉退却，背面聊復蹲。衰年乃值此，老命何由存。倦鳥入林息，況今成窮猿。傳經劉子政，藜閤望猶真平生稱好友足可慰寒暄堅忍莽趨赴忽覺忘艱辛入門問師在則云赴芳樽獻酬正未已客且候南軒遇合那可定瞬息幻羽毛羽者登天上毛者墮荊榛想應一日内造化操緣因君非值宴會我竟不出門尹邢兩相似妍媸誰許論然皆不可强而復何所言慷慨拂衣去旋已近北原

感興 己亥涇陽

華髮悲遊子他鄉歲月更老閱生事切儒誤一身輕帶水環新夢西山負舊盟遂初竟何日空自羨吳瑛

戲題籠中畫眉

憐爾多靈變樊籠誤入機空教千舌囀不見一身肥夜伴幽簷寂朝懸画閣輝何時雙翼展却向故山飛

成都記災

乾隆四十有九年入夏四月之初吉成都城中被火災此災千古寔無匹是日更兼鳴大風奔騰萬馬嘶長空火得風力勢愈猛高樓大厦如蒿蓬九處煙頭一次起火鴉無數空中指紅焰高騰炫碧霄千家轉瞬剩空址携兒負女齊奔逃道途迷失亂呼騰那管草叢並水側荒祠破宇皆

安巢到得安巢正欲哭火從背後復追逐不惜家貲燃通
盡但期今宵有處宿火能炎上是尋常惟底今來無定方
或從水竇入深屋能飛層城延外廂更復尋物到井底藏
之河中忽爾飛過去却回寧可知留遺摟絕乃肯已起自
巳時中夜停三十餘街無一楹城内主客十萬戶可憐四
萬消炳盡天明一望慘心目赤尾滿地烙雙足更有百餘
燒死人焦枯糜爛不忍矚我聞春秋鄭衛灾預知天象賴
賢才先爲戒備救還力何嘗一半成塵埃即今是處有回
祿多極千間萬間屋獨此通城元氣傷必世之久恐難復

我欲高〻問彼蒼仁覆下土何摧戕想因人事干天怒故使風火懲國狂

贈成都茂才王二佐商五首

我愛王夫子風流蜀郡稱心期銀漢月神湛玉壺冰儉素如中立清高似右丞性天饒樂事返己愧難能 尚有高堂在承歡意不違宵將康樂展暫易老萊衣孟筍無時缺姜魚出井肥耆年神孝養洵足報春暉 曾無城市繞家在水雲鄉古柏千章暗叢篁萬箇長門開蔣詡徑客醉孔融觴大雅真堪仰非関足稻粱 雅志黃金淡高情邁古

人醫年竊俊品委巷拔孤貧既竭鮮推力還施教惠仁至今受恩者頌禱每津々　但得燕山教騰芳定不誣青箱傳舊業絳帳肅名儒庭樹三槐茂門堪駟馬俱即今看大令已自躍天衢

遊草堂寺遂謁杜工部祠

萬里橋西寺千秋一草堂羈臣愁有緒故址任留香樹擬雙林茂金輝七祖莊逃禪曾結念祠宇共綿長　擬向孤忠拜來尋工部祠荒階青草合靡室畫簾垂憂國老參幕思君長詠詩故園歸未得神尚此棲遲

謁昭烈廟 內有諸葛丞相祠

一體君臣在當年魚水和擊將蜀日月留照漢山河顧命
雄圖在盡鞠躬遺恨多廟庭瞻拜處慷慨動悲歌

遊灌口都江堰二首

灌口羣山闢江濤滾滾來導經神禹績分見李公才 公諱冰秦時蜀郡太守
都堰洪流判千鄉水利開巍巍崇廟祀長倚鬪雞
臺 蜀守佳公子秦時李二郎象賢高著績食廟並封王 李公至我 朝敕封敷澤通佑王子二郎封廣惠顯英王
鑿石離堆斷 離堆當大江之北二郎鑿之以開水道而水始分乃于下流作堰焉
伏龍水孽藏 相傳孽龍為患堰弗成二郎伏而鎖之水中至今鉄

椿猶現上流遺碑傳六字深淘灘低作堰六字石勒猶存為千秋治堰真訣萬古利農桑

贈湖廣杜秀才景范

老弟踈狂滯益州萍蹤何幸識名流驚人句自淵源得遺世心偕古昔遊春色曾叅開府幕月明常憶庾公樓来年看奪蜀江錦復入成都文學三峽輕歸綠鷁舟

訪花蘂夫人故宮

宮詞百首效唐賢花蘂香名自昔傳欲訪故宮在何處王城重見草芊芊

遊薛濤井

枇杷無復隱瑤宮故井深深萬竹叢聽得遊人還似織何疑當日管春風

詠懷古蹟

支機石 石在滿城高三尺許寬厚十數圍滑潤可喜土人立廟祀之婦人時向祈嗣焉

磈礧千斤似玉瑩乘槎客帶一毛輕天孫用此支機足怪底星房太不平

駟馬橋

題橋一去賦淩雲漢武憐才正好文推轂不逢楊得意當

罏仍負卓文君

君平市

成都市上日營營浪竊遺榮賣卜名若箇垂簾仍一刻處愚還恐笑君平

子雲亭 亭在華陽縣署

二千石不動中情獨對羲文有至榮歲歲年年守寥寂何緣投閣喪高名

洗墨池

一泓池水氣清芬洗墨遺蹤屬子雲聞說太元曾此著如

何又播美新文

諸葛井在諸葛井街

丞相勳名萬古垂一泓碧井動人思福民豈為寒泉冽燮理深心那得知

薛濤井在東门外五里萬竹中

自造雲箋女校書精同蜀錦竟誰如只今唯有寒泉碧萬竹叢中守故居

狀元街

鴻才直節並無雙豈苐龍頭重華陽憶昔宜興街下過高

坊遺笑說周郎宜興縣有周延儁會狀坊

畱別舍弟二首

歷盡崎嶇峻復深明朝見弟遂初心却闕牛馬餘生事頓歇塤篪共氣音路阻三千鄉國遠年過六十病衰侵我來汝返知徒說臨別難收淚滿襟

錦城忽漫動歸思待定歸期怕到期聚首片時猶見弟分顏長此竟離親空牀好在人偏遠匹馬歡騰意轉遲別後兩情相念處蜀雲秦樹總迷離

初出城都道中

乍出江城暖淒涼北又東白雲遮暮日黃葉下秋風見弟愁雖再思家望遠空晚投茅店宿夢斷此宵中

書道中所見

川北堪憐有婦人無分老多與新姻閑曾跣足翻人手不鮮阿儂是女身

又

儼是莽男子却看花滿頭破衫兼跣足負重不知愁

山行

蜀山佳景在初冬下〻高〻密樹封望去都成雲錦色紅

黄碧緑繡千峰

轉斗舖 俗名轉頭舖

轉斗何年舖訛傳作轉頭似言離别客回首換新愁

龍洞背

曉行龍洞背深壑満白雲洞口在何處淙淙水得聞

過胡大孟星莊時遊京師未歸 二首 甲申秋

近覩室廬在其人正遠遊親朋疎故國鞍馬繫幽州霜落金臺曉風寒易水秋遥思千里客應是苦淹留

廿載荒蕪圃征途老歲華謁言矜壯志我見廹生涯風雨心徒切閑

河興轉睞 時予將赴河東館 悲君多逆旅行無問東家

妾薄命

夢裏逢君醒却難曉粧還向鏡中看平心試擬六宮艷骨
相原来太覺寒
嬌姿欲效可人憐買得眉圖又棄捐不是自矜羞黛粉性
情真不似嬋娟

寄諸子

家書非漫報平安幾度尋思下筆難萬慮糾牽從底說千
籌無補任長歎荐饑誰返天心怒重負還當老骨殘寄語

諸郎應恕我一杯聊且漱脣乾

ミ寄舍甥秦乙官恩

憶汝齠齡時頭角嶄然異出語能驚人對句抽奇思不見六七年經史滿腹
笥昨覽所為文誠哉廊廟器不獨暢敘言並饒古人致稍加醞釀功隨
法益不利吾邑文派分秦氏綠負粹五精及阿甥其袠詢可繼乃舅繡
牢之似者美益忌顧我久奔忙一生作底事自覺形穢獨更（歎）家學替
海之中衰兄三十窮蒙稚居業未能通立身在何地一龍与一豬既喜
却生愧

溪郡八詠

桃源春爛 李向若先生鼎革後隱居手植桃數十株自名小桃花源乃吾邑八高士之一也

桃源重歸碧溪隈萬樹蟠根手自栽人去百年風未歇春花猶似武陵開

石門夏漲 金水自北而來經一石峽峽開處懸崖數仞下有碧潭頗深險水飛流而下直瀉潭中

石門百尺俯層淵界道飛流瀉急泉最是漲生霖雨後霆雷砰訇氣吞天

驛道羊腸 金水區當孔道溝深二三里許頗有陡絶處夏雨泥濘行者苦之

深溝驛路接長安九折真成蜀道難千古王遵誰似得一

般絡繹縛征鞍

東崖古洞 沿流而下三里許亂石嶙峋有自然石洞頂三尖深邃莫敢穷其所至焉

亂峯十里夾潺湲石洞何年闢自天六月陰寒窺不得多應來往是飛仙

西壑雲湧 村西南大壑深数十仞朝雲時起頃刻即平誠巨觀也

此身不向黃山住眼底常親黃海雲五里谽谺百尺壑等閒潮湧氣氤氳

羅山暮雨 羅山在金水之西寺有浮圖凡高十三級当夏雨時行時雲封其頂頃刻即至矣

柴門正對亂羅峯隔岸遥聞古寺鐘更喜西風來暮雨先

教塔頂白雲封

澗畔石鯨（南下五里水中有石數段壯皆十餘圍天然紋毬宛似龍鱗洵可異也）

石鯨已斷傍溪橫段段文鱗自在生萬古秋風扇動處猶逾鑿置溪昆明

清明社鼓（南下四里許有后土祠每歲清明三村輪流報賽鑼鼓声震岩谷）

溪山名勝祀高禖花柳年年社鼓催雜沓聲聞岩谷震恍疑龍卧起春雷

賦得秋月如珪 得圓字

皓魄當空照清秋信可憐冰輪超下土玉質曜中天渣滓渾消美瑕玼豈富唇晶瑩

光皎〻潔滌貌娟〻雕鏤憑誰造凝成本自然卻雖親摸索只許望虧圓欲擢頓

宜露含輝誰有田若言能鑒物水鏡仰高懸

賦得江涵秋影雁初飛 得初字

秋色連江淨波澄雁過初遥知霜已信俯見羽樗〻影共雲霞亂翩翻荇藻虛

廻旋驚宿鷺斜鶩下游魚已覺寒光逼寧留暑氣餘蘆花將稍老次第陣徐〻

莫憂曲

拜相封侯紫閣丹墀對冕旒羨殺群僚首何不争馳驟 嗏

李廣老無由甘羅却少暗地升沉豈在眉尖皺請將位未

崇高且莫憂

雁榜鰲頭杏苑瓊林桂子秋本是人間有頗我偏後居 嗏

且自勵藏修休言必售下第劉蕡豈盡文章疚請將未遂

科名且莫憂

銀甕金溝千畝竹同萬戶侯意想登時有始算家緣就 嗏

如願果能求執鞭恐後車子錢財載避還難受請將未極

豐盈且莫憂

困頓窮愁藿食鶉衣寔可羞自反無他疚竟不蒙天佑嗏莫謾鎖眉頭還須安受原憲當年曾望誰援救請將貧窶身家且莫憂

拜禱祈求玉燕石麟何日投邁種誠非偶豚犬寧雞靚嗏此事豈人謀無庸着躁嗣緒應昌商瞿終延後請將膝下蕭條且莫憂

握筭持籌甘為兒孫作馬牛萬事謀長久隙補百年漏嗏浪子總難留齊奴自有分外焦勞空使形骸瘦請將身後

家緣且莫憂

右調駐雲飛

昔布袋和尚有七筆勾尤展成先生廣之為十空曲雖皆足以開悟癡迷然予嫌其近於虛無似非吾儒所應道爰效其體而意稍更之祇欲人安於天命且時以之自警云

題蘆鴈圖

七尺素練生煙浦蘆葦蕭蕭錯雜舞羣雁鼓從塞北來宛見欣欣得處所或飲或啄一任天飛鳴上下均自然戲水沒頭露兩爪匹偶交頸還安眠異態

奇蹤極不一紛紛妙寫物情出試問當年畫者誰八千老人姓字失嗟乎此老若得今尚存倩他遍寫緯繣之羣倫

輓咸陽蕭孝廉

一代稱騷雅千秋足典型有才攀桂籍無命趋彤庭士寶金銀管家傳孝友經誰堪歸地下丹旐拂雲軿

己亥中秋書館對月 是年下科

今夜清光倍可憐桂花香滿碧遥天为懶老去無能折甘讓姮娥愛少年

傚古體為烈女楊于氏作

幽蘭在空谷當春艳葳蕤無人自脩飾甘心委芳菲托地
有美女名闕本姓于小字曰鈿花聰慧世間無爺娘乏嗣
息愛若掌上珠匆字楊氏子門當戶不殊年至十三四佳
麗更難圖秋水比其目遠山方其眉肌膚若冰雪纖手似
柔荑頭上芙蓉髻耳後明月璫足下雙絲履行步爛生光
十五工織素十六會裁衣織成鴛鴦被裁就合歡褆男子
四方志刀頭信久稀合歡訖未遂鴛鴦徒爾為命途多乖
舛椿萱嗟永辭季父愛女急謂郎候無期芙蓉生兩岸那

有並蒂時委禽得吉士莫負青春妾女聞自忖度此事胡可為父在有成命父死棄如灰室中既閴寂有語對阿誰窈窕一弱女那能固爭持鴻鵠避羅網盍急雲際翔鹿斯避陷阱盍思奔高岡吾與外氏謀庶得適所藏不用擇良日不用理紅粧不用百子燈車駕來相迎但與一老嫗徒步登夫堂既已登夫堂便即拜姑嫜姑嫜昏黑見不禁詫且驚古今寧有此恐非計久常女聞前致詞此亦奚難處二老無須煩兒心自有主那許誣私奔將銅鑄華盖到底無翩翾自甘為新婦獨身充後房雖則充後房雀角誰能

怠所賴賢明寧竟謂足型方從此中門內還致孝名彰甘
旨何能具妾親奉酒漿煖衣何能得妾自織流黃問視兒
久疏妾將代之行日月復日月歲序屢遷移三春黃鳥鳴
九秋旅雁飛寒衾與孤枕夜夜守空帷八載又將盡藁砧
杳天涯翁姑心憐恤好語時周旋伯叔心憐恤備物致其
懽妯娌心憐恤并向常爭先女則每當此中懷反不安命
也無如何烏容遏相看早嬌多苦況寧肯親投焉乾隆甲
午秋風聞頗不佳閭家俱有戒毋令新婦知新婦口不言
暗中早已窺本期天上月終當補殘缺還望水中萍不遇

却相迎今應長已矣妾身敢辭死入我孤棲門上我孤棲
床殘針與斷帛一一納篋箱納畢入廚下談笑若平常持
刀切生菜轉瞬倒且僵不聞口有聲但見血飛揚妯娌急
起視喉斷深且長喉斷深且長女已歸泉鄉舉家皆來哭
哭痛割肝腸隣里皆来哭〻罷嗟無雙親戚皆来哭〻聲
達穹蒼旋即報官府報者聚如林在後跪鄉里向前列華
簪官府匪有他猶是舊賢明聞之驚且快髣髴記前因即
謂衆報者此女昔曾異今果成其仁不用着緋衣不用爪
牙隨祇用單車去吾將覩光儀由来相驗者故事爇魚異香

長官叱令去此女定芬芳維時亢旱久炎威留秋陽死已
兩三日毒氣不能傷速令洗其面〻洗貌如生儼然婦女
子況睡猶未醒納棺且正棺正棺官即拜扶之不背林直
云無庸恠如此烈義人享祀應百代況余藐爾躬起居奚
足介回衙報上官上官皆稱快不意鄙壤中乃見奇節槩
便當達九重定許榮旌速人生誰不死〻却人所難死亦
非所難所難重泰山果決而堅忍慷慨以從容乃能有其
始還克有其終余與其伯友此事知最悉當其未死時久
已生感激感激作此詞寔屬不自已畫水難畫清畫山難

亟峙千秋萬歲後人當觀青史

代河東姬二哭硯友張七

人生不相見動如參與商昔賢為此、語生、離、猶慘、傷況乃我與尒終古永難當憶、當十、餘歲秦晉得同堂誦讀共几案燈火復連床同難輙起舞奮志思聯翱宛然如一身寧許中分張奈及二十後聚散即無常悠悠久不見寤寐無时忘今年春夏交告我身沛康豈云二豎害頓尒俗膏肓無乃慕天上作賦玉樓傍無乃樂地府甘代脩文郎少子才華盛人世名足揚何忍棄儔侶孤寂遊者范我本屢空者寄食涇水陽賴有素心友尚堪慰衷腸素心無逾尒壽命胡不長秋風響高樹落葉紛紛黃忽見白渠畔迭誦餘舊房

我欲彈爾琴人琴相与亡我欲招爾魂々知之何方夜臺長寂々茫世徒皇々

天道乃如此雖禁涕泗滂

輓張七濟川二首

天道茫々那可言斯人頓使命難存夢花早擅江郎筆比德矜持魯國璠正許青雲驤駿足忍看黃土瘞冰魂傷心最是東階客風雨蕭條盡掩门

雪案幸得契幽情谷口欣聞求友聲敢把三都輕品隲還將五朶任嘲評忘年頓我愧文章逸氣知君擬正平八載相尋成往跡他鄉空自泪縱横

葬祈母陳孺人詩以送之

君不見周家雅化起閨门渭涘河洲培本根漸由江漢及南國千載流風今尚存

西京自古擅豐鎬應教女範思窈窕况是終南秀氣鍾繼美嗣徽宣堪表
碩人世代來潁川太邱家風開自先二難匹弟見昆仲姆教還能宗其儔懷
吾外祖康槐里學問文章無愧古名士抱道西來人不識祈公一見結生死
夏屋四簋待客誠要久寧知時歲更酒醴殽饌必脩潔乃知中饋尤賢明此
事去今四十載而我重遊不見高人在賢姥復當辭世紛剩有勞瘁豈菽采
富而能勤魯敬姜畫荻教子作歐陽睦族且克洽比鄰恤孤周貧救死喪
嗟哉孺人之德罕可比能承夫志增福祉謝草鄭蘭徵祚綿彤管行看
耀青史

壽文母太孺人七十

君不聞佳話于今艷陶母剉髮高風世罕及繼子交遊成大賢名壽千秋竟不朽
石門文母古齊肩陸龐伯鸞耀汎川相敬長將舉眉案誰教菱鏡孤中年玉作
骨芳心比石際同霜雪動似柏何難吾愧從一貞轄夏教子少長策我未登堂
瞻母顏令子陸千時往還風度文章總可畏乃知慈訓實克艱母今榮躋古
稀壽聰明強健獲天佑庭下桂樹階下蘭羅擁華堂簫鼓奏三輔英流學海
深鏡先為母歌瑤琳猥以不才側其際心雖遙中景仰之忱悃

壽張三和羨六千

曠懷直並海雲高那許秋霜拂鬢毛曼情詼諧因玩世莊生放誕樂觀像皆盈
蘭桂心尤適腹下詩書氣蓋豪甲子從他周復始杖履一任嘯平皋

壽武科目七十

唐季雄才老氣橫胸藏百萬足干城軼倫早與鷹揚選樂志甘忘虎帳榮焉

上伏波眞矍鑠松間都尉自崢嶸更難蘭桂盈階茂獻壽觴開奏管笙

輓楊母曹孺人

久向筆宗奉母儀那堪仙馭返瑤池歐陽識字雖歸已仲郢能文豈藉師自許

鸞函膺紫誥却來鶴弔舞蹁躚生芻一束申吾悃補誄在饒接藻思

又代人一首

去年西風今日歸鵲間萱艸悲相遺齊眉自昔堪追孟剪髮于今竟失陶烏

烏只教啼夜月青鸞長此棄塵寰應知丹旐飄搖處泪灑東流遍我曹

怡真齋詩稿不分卷

（清）姜文球 撰

清道光二十五年（一八四五）刻本

怡真齋詩稿不分卷

清道光間商人姜文球撰。清道光二十五年（一八四五）刻本。

此書每半葉六行二十字，白口左右雙邊，單黑魚尾。姜文球，字序東，山東海陽人。八歲讀書，二十一歲棄儒從商，長期旅居蘇州一帶，『居紛華財利之場，而不移其樸誠敦篤之性』（趙囊佩序中語），蓋終身服膺於儒家思想，喜談性理之道，所作詩亦有關名教，不改儒商本色。《勗後》詩云：『天理人心本至精，詩書萬卷説分明。可憐十載寒窗下，祇講空言不講行。』姜文球雖未通過讀書考取功名，但深知空言誤身之理，不失爲篤行君子。與胞兄姜文元、姜文利等三人友愛甚篤，名列［光緒］《海陽縣續志》卷五《人物志·篤行》。光緒年間，東河總督李鶴年爲其撰寫《記姜封翁兄弟同居事》（文載［光緒］《海陽縣續志》卷九《藝文志》），以資表彰。其中所記姜文球事有二，一是『市井惡少以微嫌與序東公肆侮過甚，衆不平，笑而置之』，二是『序東公夙病沈痾，感母與兄憂勞，矢志保身，節嗜慾，薄滋味，終身以臨深履薄爲事，尤同中之獨异者』。此皆尋常小事，貴在終身持守。

此本卷首有多篇序跋及題詩，依次爲道光二十一年辛丑（一八四一）平度陳肇序、道光二十五年乙巳金陵諶命恩（字調元）序、道光二十二年壬寅同邑趙囊佩序、道光十七年姜文球自序、檇李徐汝賢題詩、道光十七年丁酉越州高雲逵題詩、古鹽官任庚元題詩、趙囊佩題詩、道光二十四年甲辰王海齡題詩、道光二十五年乙巳李崇泉題詩，卷末又有尹嶠、趙銘彝二跋。序跋題詩之外，集中又有海陽趙鳳廷、萊陽尹鶴山、歷城賀崇恩、海陽趙柳塘、即墨金儒佩、金陵諶命恩、越州高鑑湖、平度陳小瀛、文登畢星源、文登邵復堂等多人評點。陳肇（一七九一—一八五三），字履元，山東平度人。嘉慶二十二年（一八一七）進士，入翰林，散館授編修。道光四年任監察御史，奏陳時政尤著。道光十三年出任常州知府，在任僅一年即辭官歸養，家居授徒。李蒙泉，字麓源，山東歷城人。道光二十年進士，二十三年署昭文知縣、二十六年任吴縣知縣、二十七年署嘉定知縣、二十八年任寶山知縣。王海齡，字袖東，山東蓬萊人，官丹徒巡檢，著有《一笠園詩鈔》二卷。趙蘘佩，號柳塘，山東海陽人，嘉慶十五年舉人。趙銘彝，字位六，號鳳厓，山東海陽人，嘉慶十九年進士，二十三年任修武知縣，道光十一年復任，十三年調武陟縣知縣，後升廣西西隆州知州，著有《聽潮樓集》。由此數人可見姜文球交游之對象主要是鄉友，而同鄉之中又以在江南爲官者爲重，如常州知府陳肇、吴縣知縣李蒙泉、丹徒巡檢王海齡等。此亦可見一時之風氣。

此本不分卷，但實際上是將五言絶句與七言絶句分爲二卷，祇不過卷端書名後不標卷次，且收詩數量多寡不一，五言絶句僅十一首，七言絶句則有一百三十七首。可見作者并不擅長古體與律詩，因而藏拙。趙蘘佩在序中爲其辨解：『若謂絶句擅長，未兼衆體，習於詩者當不爾爾也。夫序東固非欲以詩名世者也。不以詩名世，而其詩之有益於世，乃大且遠矣。』姜文球亦有自知之明，《自嘲》詩云：『俗腸那許學吟詩，惹笑高人也自知。祇爲經營忙不盡，權將敲句作閑時。』《自叙》亦云：『余既棄儒就商，旅食他鄉，聲韻一學，講之未素，則安於椎樸而已，敢以詩云乎哉？乃奔走多年，略嘗世味，或因事有感，或觸景生情，每不能自已於吟咏者，要不過寓感慨勸懲之微意，原非以格律裁對爲工也。故合於律法者半，而出於拗體者亦半，雖經一二友人稍相更易，然未嘗換骨而脱胎。』作者在經商之餘，吟咏性情，發而爲詩，不失忠厚之音，有功於世道，不當以工拙論也。集中《喜雨》詩云：『逐利無休日，終朝市井間。若非霖雨至，那得一時閑。』又有《經商》詩六首，其四云：『漫説經營惟利求，生財大道自悠悠。古今交易中和輩，始得平安到白頭。』其五云：『及人推己乃應該，至理眼前須看開。凡事利人方利己，利人利己自然來。』雖不事推敲，語意直白，但正如友人徐汝賢題詩中所云：『不作浮詩語，仁言祇率真。』齋名『怡真』，可明其旨趣。作者原本無意於問世，祇是敝箒自珍，聊作消遣收心之助，而友人王海齡在道光二十四年作詩勸之：『作歌相贈復相勸，速付棗梨莫辭勞。讀罷《經商》六絶句，洛陽紙價自然高。』因而付之梨棗，刊行於世，然流傳不廣，未見任何著録。若無此本，殆將泯滅不傳乎？

序

余于濫竽江蘇、晤海陽姜上舍序東、輒喜其言論不似世俗中人、嗣余告養歸田、不相見且十年、余姻孫上舍時欽、今春携序東詩若干首、問序於予、予披而讀之、始知序東殆見道者耶、夫言苟無補於世、雖富麗奚取、序東抒其所得、以寫己之性情、并以正人之

性情、似箴似銘、可歌可泣、斯眞得三百篇之旨者、何
事風雲月露爲哉、故樂爲序而傳之、
昔
道光辛丑閏三月望後平度陳肇題於四十九年非
室、

予與

序東先生相交久矣聆其言論瞻其丰采竊歎先生

爲三代以上之人暨讀先生詩而又知先生養之有

源守之有素風雅中當别樹一幟也先生之詩不事

推敲不工粉飾而一種天眞發越純乎性情每立一

意不失忠厚之音每遣一辭恍寓勸懲之筆或借題

發議、點破迷津、或因事抒懷、大開覺路、先生之詩、誠有功於世道、有關於名教之詩也、世之競一字之巧、鬭一韻之奇者、烏足與先生之詩同日語哉、是爲序、

歲在乙巳年二月金陵調元謀命恩拜讀并撰

序

張覲齋、謂讀理學文、使人心收、讀詩使人心蕩、予謂讀者心蕩、亦作者之心先蕩耳、詩以道性情、讀者亦有益性情、三百篇所錄、亦祗各言其志、而千百年後、奉以爲經、家絃戶誦、非第以其摛藻掞華、可謂文人之助已也、後之作詩者、連篇累牘、不出月露風雲、夕咏朝吟、盡是蟲魚花鳥、如此作詩、直如自畫一幅行樂圖耳、於人心何與、於世道又何益、而一字之巧、一句之奇、作者方沾沾自喜、讀者亦津津樂道、心追而手摹之、嗚呼、世俗之流蕩、作詩者揚其波、讀詩者沿其流、唐宋而後、以詩名家、而實爲　世道人心之害者、可勝道哉、序東姜五兄、非欲以詩名家者也、今觀

其詩、悉本聖賢之意、以著為風雅之辭、讀者可即
其詩以見其人、亦可即其詩以知其心矣、序東少讀
書、壯而棄儒就商、迄今四十年、非欲以詩名家者也、
商通南北、在家之日少、貿易江南之日多、居紛華財
利之塲、而不移其朴誠敦篤之性、雖在古豪士、何以
加哉、予垂垂老矣、年來壯志消磨、斂華就實、常自悔

雕蟲末技、碌碌一生、今得見序東所作、益不勝實獲
我心之感焉、若謂絶句擅長、未兼衆體、習於詩者當
不爾爾也、夫序東固非欲以詩名世者也、不以詩名
世、而其詩之有益於世、乃大且遠矣、
道光壬寅九月五日柳塘趙襄佩書於浦里之瀓懷
山房

自敘

余既棄儒就商、旅食他鄉、聲韻一學、講之未素、則安於椎樸而已、敢以詩云乎哉、乃奔走多年、畧嘗世味、或因事有感、或觸景生情、每不能自已於吟咏者、要不過寓感慨勸懲之微意、原非以格律裁對爲工也、故合於律法者半、而出於拗體者亦半、雖經一二友人、稍相更易、然未嘗換骨而脫胎、似此俚言、何堪入目、焚之不暇、焉敢存稿、惟余利心無厭、老而復然、稍遇閒暇、每多放逸、因檢閱夙昔所留存、近時所作若干首、反覆推尋、覺辭華雖不足以問世、而警戒微情、猶堪自勵、故姑取其什之二三、錄而存之、以自作消遣收心之一助焉云爾、

道光十七年七月上浣海陽姜文球書於姑蘇客舍

序東姜老先生、登郡嵩陽人也、詩名素著、乙未秋萍逢吳地、始晤道貌、與聚首者三年、每見其信口吟哦、不少得心之作、今夏彙成一帙、重命撫讀、不勝欽佩之深、謹賦五絶一首附以作跋、

不作浮誇語。七言祗率真。何難工粉飾。甘讓六朝人。

檇李徐汝賢拜題

丁酉立秋前一日、

序東仁丈枉顧蓬門、示我近體詩一卷、捧讀之下、美不勝收、爰書二十八字於簡端、以誌景仰之意、即請 教正、

直書所見人都解。大有際期似樂天。一種天然名貴處。渾金璞玉謝雕鐫。

越州高雲遠拜題

大稿撫讀數過、仰見天懷誠篤、古誼眞肫、非時流之競尚華靡者比也、爰題一律、以誌佩服、

會於騷雅苦沉吟。讀到先生詩倍深。筆墨肫誠原入古、襟懷磊落不從今。一生事業留歌嘯、千里關山寄眺臨。石帚風流茲復覩。幾回擊節幾回尋。

古鹽官任庚元拜題

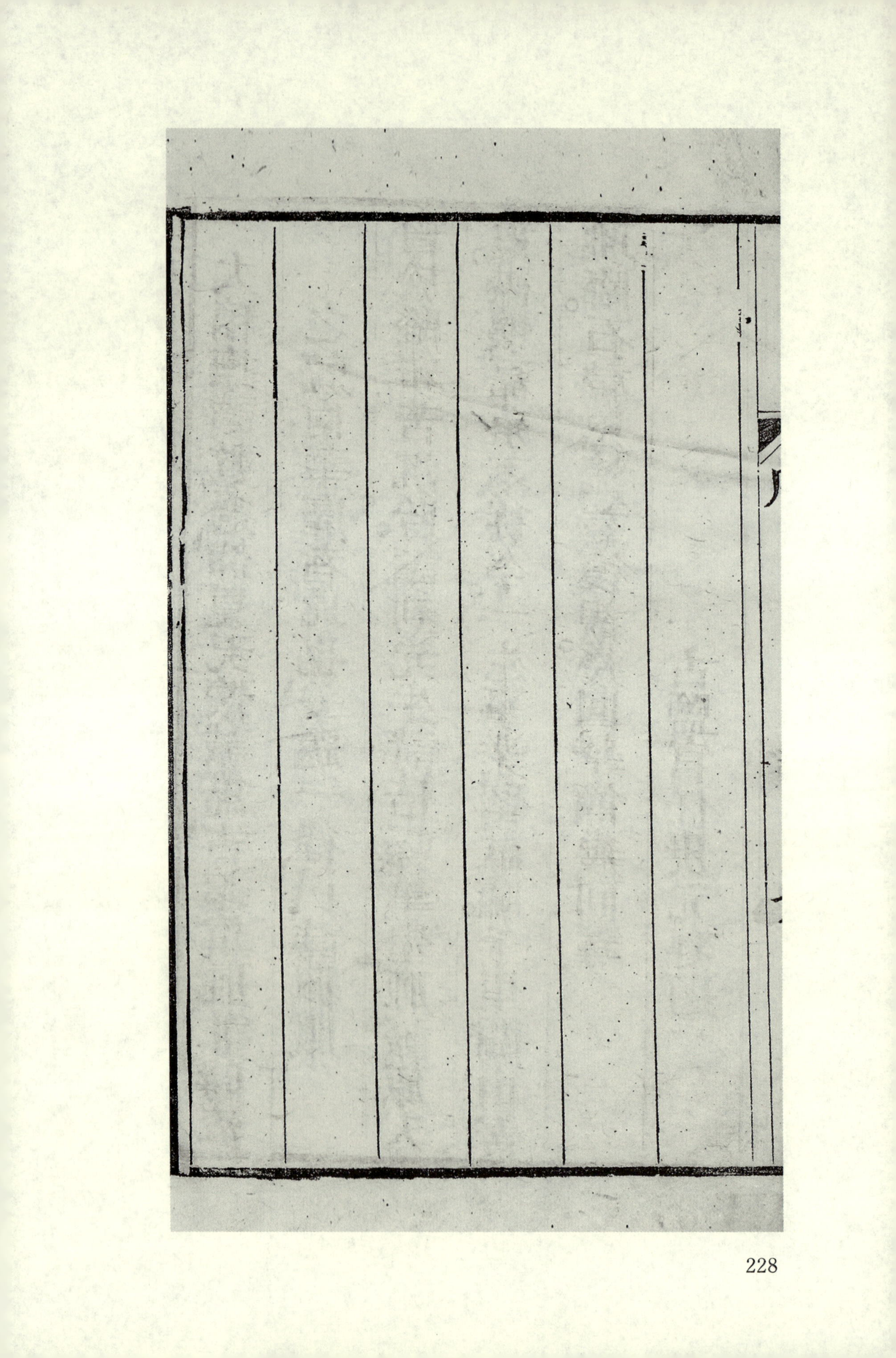

一番吟咏一番新。百貨叢中別有神。市井紅塵全不染。先生的是古之人。

經年作客自逍遥。下筆能教俗慮消。海北江南遊歷徧。得來風景入詩瓢。

一卷高吟見性靈。名言可作古箴銘。編成須付善歌妓。唱與風流弟子聽。

八股文章不值錢。爲予經理刻成編。十年未識高人
面。空讀新詩數十篇。
年華已過總成空。爲利爲名原自同。他日相逢欣執
手。白頭翁對白頭翁。
詩向千巖萬壑求。二嶗山色望中收。他年幸得身閒
日。要與先生結伴遊。

柳塘愚弟趙襄佩拜手題

我始不識姜子人中豪，逸氣傾倒羣士髦，致富腰纏十萬貫，得壽三萬六千朝，昨日投我瑤華簡，長吉古錦江郎毫，偶然一搖筆，筆端滾滾飛怒濤，箋妖語怪雜沓至，山鬼悲泣猿鳥號，才鋒所到筆舌奮，譬如太阿之劒昆吾刀，作萬言可倚馬待，鑄一字如堅城牢，胎源晉漢，規撫劉曹，衙官屈宋，奴僕莊騷，蹄涔螢尾恥無本、務取骨髓除皮毛、如聞鈞天樂、更陳雜響從啾嘈、如游泰嶽頂、俯視衆嶺儕原阜、辟易讓君執旗鼓、餘子碌碌安足嘗、使我見亦心膽怯、欲語不語首重搔、生平磊落頗自負、寸鐵不持強戰鏖、此叟逼人何亹亹、句成欲奪龍門袍、作歌相贈復相勸、速付棗梨莫辭勞、讀罷經畬六絕句、洛陽紙價自然高、

道光甲辰觜月中浣愚晚生袖東王海齡拜題

乙巳春正、得讀先生詩草、純用白描、不費推敲、
而一種忠厚和平之氣、曲味彌包、爰書五十字
於簡側、以誌相交、

先生詩千首。膾炙適人口。取義三百篇。根柢實渾厚。
中正和且平。藹乎見壽耇。清言道家常。佳句若鹽酒。
我亦昧酸醎。願訂忘年友。

鄉愚弟李蒙泉拜讀

怡眞齋詩稿

海陽序東姜文球著

五言絶

獨卧

夜夜孤身卧，清高老似癡。其中眞樂趣，世上幾人知。

可與參元 海陽趙鳳匡評

蚊帳

織縠成蚊帳豈惟我一身恨無天地大難盖四方人

小中見大　海陽趙鳳匡評

傷寒有感

最怕凉風至終宵不得安三更人迹靜獨對一燈寒

有味外味　海陽趙鳳匡評

家國天下一理

衆性雖皆善人情各不同欲知天下事盡在一家中

渾淪元氣大含細入　萊陽尹鶴山評

過千層嶺

怕過千層嶺萬層可奈何邁征心未倦不怕萬層多

中有道理　歷城賀崇恩評

喜雨

逐利無休日終朝市井間若非霖雨至那得一時閒

中含高致歷城賀崇恩評

華屋

屋矮招風少庭高惹事多顔淵居陋巷其樂竟如何

結句亦似得元亮風味歷城賀崇恩評

壽七句

有德承天眷居然不老身從來多壽者大半是仁人

此理却當可作仁壽解　海陽趙　楙塘評

籠鳥

素性高飛慣而今受屈多時常啼不住想問羿如何

但會鳥性而所以警籠鳥者至矣　即墨金儒　佩評

三

財

得失由天定貪心莫妄生悖來還悖去歷歷看分明

看透世情迷途指點　金陵詭調元評

立法要嚴守法要寬

使此全天性偏私乃世情若非工體恤小事也難成

要言不煩　越州高鑑湖評

怡眞齋詩稿

海陽序東姜文球著

七言絶

自嘲

俗腸那許學吟詩惹笑高人也自知只爲經營忙不盡權將敲句作閑時

自謂俗腸定厭俗情而援俗之心境自露於言外

歷城賀崇恩評

忍

無理無情事極多全憑一忍息風波任他橫逆添他我也無容喙奈何罪於我何傷奈我何

朗吟數過心和氣平詩之益人大矣哉萊陽尹鶴山評

書懷

卅里發城數首詩其中樂趣幾人知世人笑我眞癡士我笑世人笑我癡

妙語解頤 海陽趙鳳匡評

世情

人心如面詎無差細揣世情若一家松柏長青多不

種十人八九好栽花

意味深長　平度陳小瀛評

眞是世情　海陽趙鳳庢評

閱歷之言和平之音　即墨金儒佩評

一着

讓字佳

一着讓人不算癡由來世事本如棋休言知進難知

退輸到全秤後悔遲

刻骨之談平度陳小瀛評

此催子座右銘也願書萬本讀萬遍評海陽趙鳳厓

至樂

快活雖然事百般欲求長久實維艱人生一世無窮

樂盡在毋欺方寸間

周子云尋我樂處當是尋在此處 萊陽尹鶴山評

誠意之所以心廣體胖也 即墨金儁佩評

途次新韻

日淡雲開雨乍晴天公有意送行程浮塵洗盡清風

入畫

起一路青山聽鳥聲

情景宛如 海陽趙鳳厓評

先生道學也說理如道家常不屑屑於辭之工、揣

及讀此結則不惟爲理學正宗抑亦辭令妙品矣

於此見先生辭令之一班　即墨金儒佩評

雲臺山謁雲林禪師

地僻人稀鳥不驚耕雲鋤雨最怡情偶來靜室僧同

話喜聽經聲伴讀聲

塵緣掃盡 海陽趙鳳匡評

喬素菴臥室

舍後除留西屋半間生涯忙裡好偷閒此中即有洞天趣何用迢迢憶碧山

九等佳

落落襟高超超意遠 文登畢星源評

抵得一篇陋室銘 郎墨金儒佩評

金山

巨浪層層四面衝巍然翠聳大江中纔知立定中流柱一任風波西復東

非立定脚跟人不能道此 平度陳小瀛評

范文正公岳陽樓記同此識趣 即墨金儒佩評

豕推車

憑手推車徧問津生涯路上有才人一輪轉盡天邊
月兩脚踏翻海內塵

倜儻不羈平度陳小濂詩

惜陰

寒暑頻催似水流遞施妙術也難留人生百歲由來
少莫使兒童空白頭

古人所以雞鳴而起孳孳爲善也　郎墨金儒佩評

途中卽事

世路崎嶇不易行，崎嶇盡是自天成。崎嶇路遇崎嶇過，莫向崎嶇說不平。

所謂隨遇而安　平度陳小瀛評

龍王廟早發見蒙童入館有感

終日奔波歇店中雞聲催我逐塵風書兒也是五更
起可惜時同事不同

撫今追昔情致綿綿　文登畢星源評

先生之經商非得已也吾於此而知其心之所好

即墨金儒佩評

過花街有感

一路閒花若此多紛紛蜂蝶亂飛過可憐只顧三春樂忘却秋來可奈何

繁華場中一聲清磬 文登邵復堂評

咏浮華

不知世事盡烟霞寄語豪華富貴家駒影誰能留得住可憐轉眼夕陽斜

深人無淺語 平度陳小瀛評

咏焦山

石山戴土剛而柔甘讓金山踞上游莫道生成渾樸
象一般砥柱在中流

咏山恰是自咏尤妙在恰是焦山 金陵諶調元評

雪竹

紛紛雨雪靜無風壓竹枝枝曲似弓勁節虛心終不屈爲何忽爾也卑躬

感慨係之　交登邵復堂評

爲五斗米折腰漢昭烈之所以曾屈於督郵也即

墨金儒佩評

題帳中美人圖

丹青藝事貴精工繪出春風艷帳中曾記梵經傳佛
語空空色色色空空
直是一篇覺世眞經不斷之斷深於斷矣即墨金
儒佩評
處家
將將就就莫吁唉首忍張公箴以加歷代完人皆有

數焉能盡出在吾家

平心靜氣煞有功夫　海陽趙鳳匡評

其二

一語已合道石點頭

今生骨肉前生緣甘受逆來乃順天苦盡甜來看仔細桂蘭都在好心田

至情至理居家者宜銘座右　平度陳小瀛評

忻動世人寶筏渡迷津也 海陽趙鳳厓評

最後

當頭棒

可怕從來得意時愈高愈險幾人知樓船萬斛休言大補漏江心後悔遲

其二

天理人心本至精詩書萬卷說分明可憐十載寒窗

下只講空言不謹行

發人深省　平度陳小瀛評

二詩可作座右之銘　海陽趙鳳厓評

孔孟真傳於茲未墜　即墨金儒佩評

方外人

看破紅塵自出塵法堂清靜樂天真爲憐名利三更

暮鼓晨鐘醒世人

喚醒憒憒 文登邵復堂評

名利

圖利貪名何日休自尋煩惱自尋愁紛紛富貴花間露一見朝陽不自由

醒世語當與蓮池大士七筆勾同垂 文登邵復堂評

聞大兄訃 二首

友愛惟兄迥異常他鄉聞訃倍悲傷三更千里夢重會不覺醒來淚數行

如何異地屢悲哀手足情深推不開遥憶兄嘗捐世後不知念我幾多回

情至語令人不忍多讀 平度陳小瀛評

至性之言　海陽趙鳳崖評

余友某素方正晚年忽狎妓

年將花甲伴花眠一世芳名一夜捐自古英雄多失足那分老少與中年

慨乎言之　海陽趙鳳崖評

衛武公學修之功所以至老不衰也　即墨金儒佩評

戒色

休將癡念屬閒花色色空空話不差轉眼腰纏都解盡便知恩愛是寃家

慾意青樓者當奉爲座右銘　金陵謹調元評

醒世

好施乖巧認人癡自己先癡竟未知彼此相逢共乘

巧縱然後悔已嫌遲

未知頑石亦點頭否　萊陽尹鶴山評

回祿

回祿從來盡有因千金頃刻化灰塵四鄰間壁依然在切莫尤天並怨人

婉語發人深省　金陵謙調元評

松柏

何獨青青耐歲寒蒼然歷久壯瞻觀有心想惜無心

苦留與凋零萬物看

別具襟懷平度陳小瀛評

點醒凡庸海陽趙鳳崖評

自鳴鐘

每到更時輙自鳴縱然玩愒也心驚光陰眼看如流水一日那堪少此聲

令人猛省可以銘諸座右　文登畢星源評

守業

祖業留根爲後栽須當刻骨寸心培千金產厚長江水一去東流不復回

森然可怕

其二

朝朝用度莫看輕凡事須當素位行越分浮華明蕩字有經濟

產幾多錯認振家聲呼醒世人

見道之言喚醒夢夢平度陳小瀛評

爲侈靡者下針砭海陽趙鳳崖評

本侈也而以爲從宜溺愛翁多犯此病即墨金儒佩評

其三

受自先人傳後人天然骨肉纔相親兒孫莫道難期

着○着

育大半饑寒始不仁

其四

進一層

僅守無增已厚顏蕩空何面在人間先人去世冥儀

恨現在見孫暗淚潸

直是無立足地　海陽趙鳳厓評

其五

莫道貧窮應自安饑寒能不惹心酸江山萬里難容

句能鎮紙

足天地雖寬不我寬

戒訟四首

鳴官只想把寃伸孰識鳴官反累身誰是誰非還未

鬧衙前已滿要錢人深痛
我屈彼伸自取羞我伸彼屈更添憂寃家愈結愈難
解各自回身看後頭
非因爭氣即爭財爭氣爭財都不該財氣爭時多失
意須知失意便難回
自而真似古箴銘
訟到難回更要回不回勢必變成災試看家破人亡

者都是難回回不來

好門好訟者宜三復之　平度陳小瀛評

打破紙窗看世界叫人那得不回頭　海陽趙鳳崖評

梅花

不怕嚴寒嶺作家雪花飛處早開花自知本色少人賞聊放一枝竹外斜

孤芳自賞平度陳小瀛評

菊

氣爽天高始見花平生知契是陶家東籬養得精神足愈歷風霜色愈嘉

若大本領可於菊過之萊陽尹鶴山評

冬竹

松梅結伴托塵寰歷盡冰霜不改顏道是虛心能自
立要留清節在人間

高妙平度陳小瀛評　可

君子無所爭君子亦不可寒冬竹而能寫得此
二義那得不令人首肯　郎墨金儒佩評

咏雪人

玉骨冰肌天降來年年數九落塵埃平生似厭炎中
態歷盡嚴寒頭不回
傲骨崚嶒平度陳小瀛評
骨格獨峻寓意隱然言下先生爲人亦自可見文
登畢星源評

姑蘇病中有感

五十精神已漸衰，那堪寒熱兩相摧。終宵不寐縈鄉思，千里江湖頃刻回。神到。

的是真情，箇中人自知之耳。海陽趙鳳厓評

遊金口東山有感 金口東山妓女所處之地也

百花同是地天生，謾把此花看獨輕。偏種瑤臺春雨後，含香也可傳芳名。

飄溷墮茵皆偶然耳所以民物盡吾胞與平度陳小瀛評

翻轉看來特地警動海陽趙鳳崖評

渾圓

渾圓天地大雙親二氣生生無限仁莫道凋零秋後
苦三冬未了又逢春

識得生生之理自無怨尤平度陳小瀛評

劍復循環深通易蘊　海陽趙鳳崖評

過文廟

道統生前任獨肩功同日月德同天廿篇論語留來世撐任彼蒼萬古傳

濶大稱題　平度陳小瀛評

讀書

讀書最忌是因循只一因循不日新百歲人生從古少光陰虛度作何人

因循二字可謂對症發藥　即墨金儒佩評

其二

寒窗務要講天眞徒學空言終悮身縱使虛名喚到　誠哉

宜泛言也

手花開不過暫時新

令人遍身汗下　平度陳小瀛評

婉而可風　海陽趙鳳庭評

聖賢真傳於斯猶新此詩之有功於世道者必傳

必傳　即墨金儒佩評

途中月夜有感

月到今宵倍有情。崎嶇世路照分明。天公識客歸心

急欲使兼程晝夜行

不寫夜景却已入晝筆妙也 海陽趙鳳崖評

咏畫

奥妙無窮屬畫工兩間萬物寫憑空興來任意揮毫
去萬里江山一幅中

妙在自然 海陽趙鳳崖評

尋瑩地有感

莫道佳城任我尋尋來每每少如金兩間豈乏牛眠處結在山頭得在心

指點有神　海陽趙鳳崖評

至理名言醒世不少　即墨金儒佩評

骨肉

從來骨肉屬天眞，恩愛冤家兩有因。悟得循環眞道
理，家庭和氣勝三春。

針針見血，旨哉言也。潯陽趙鳳崖評

此意直補聖賢之缺。即墨金儒佩評

歇業家居寄舊日同商

日出三竿我尚眠，忽然鬼化爲仙。勸君早出紅塵（超妙）

外者海無邊也有邊

看破紅塵得大自在　平度陳小瀛評

少年大泮

立志青雲期必登少年氣骨自崚嶒春生泮水芹香

遠絶上雲梯第一層

勉勉之切屬望之殷　海陽趙鳳崖評

途次聞雁

暫歇征車古渡頭，客心對水共悠悠。數聲歸雁空天外，叫徧千山一色秋。

末二句詩情綿渺　懋城賀崇恩評

咏荒

活命人人靠田，那堪屢屢遇荒年。夫妻父子難相

顧須要反躬莫怨天

其二

天地好生仔細思緣何旱澇不相宜荒年示戒豐年勸儆歲歲休忘歉歲時

二首如一首誰人說到此 萊陽尹 鶴山評

包得一部王制備荒經義而回天之力亦於是乎

見卽墨金僊佩評

慰友下第

花開盡望在三春一日栽培一日新秋菊冬梅休說晚更香更雅更精神

乞丐

沿門乞食莫看輕爲廹飢寒素位行萬物凋零根尚

在春來依舊可重生
可知根是要緊的　萊陽尹鶴山評
看書有感
不寫秋冬但寫春玉堂富貴一時新畫師豈獨丹青
巧世事人情早看真
無限包羅　海陽趙鳳崖評

責己

逆境屯遭盡有由三經自反始無憂縱然不是今生
孽也是前生結下讐

生公說法頑石點頭 *萊陽尹鶴山評*

其二

到處人家若此多偏偏向我起風波天公有眼無私

曲何薄於吾何厚佗

想至此心和氣平矣 平度陳小瀛評

一字怒道曰平 海陽趙鳳臣評

求榮

萬事求榮無盡休精神費盡自尋愁要知極盛難為

繼馬到臨崖不自由

此炎熱中一劑清涼散也　即墨金儒佩評

己亥七月由姑蘇回山東

同舟北上盡同鄉，對酌蓬窗話更長。日暖南風吹不盡，挂帆轉眼過維揚。

其二

長途跋涉實維艱，不怕行遲只怕閒。（學亦如是）未歇征車方十

日今朝已見故鄉山

還鄉之樂隱然　平度陳小瀛評

所謂回頭是岸何愁苦海無邊　萊陽尹鶴山評

留別同鄉諸公

君留我去兩相看離別從來彼此難莫說君歸歸尚遠我先傳語報平安

一句話使人心釋而悅可謂吉祥　應城賀崇恩評

江上有感

滾滾長江晝夜流從來未見片時休年華更比江流急轉眼兒童盡白頭

此會論後生章意也不期於詩中得之　即墨金儒佩評

山居春夏秋冬

萋萋芳草繞村邊野鳥聲聲啼曉天幾樹碧桃花未放黃金已吐柳門前

其二

荷花村外滿池塘日夜風飄十里香野老柳陰閒共話笛聲隱隱起滄浪

有蕭然世外之思平度陳小瀛評

其三

柿葉園紅照眼明黃花晚節適幽情風清果落看庭過楓樹林中聽鹿鳴

其四

紛紛瑞雪自精神松竹爲鄰更可人莫道山中無曆日梅花數點報新春

結二語翻唐出奇四首以此壓卷　即墨金儁佩評

行路難

世路崎嶇到處同曾經南北與西東若非將定經權往近在村頭走不通

權二字從經義中出

語似俗而有理趣則俗而雅矣　歷城賀崇恩評

旨哉言乎處世正當如是　即墨金儁佩評

書懷

意馬心猿應自持持來受用也明知無如費盡操存力依舊難期不外馳

寡過未能夫子所以取之　萊陽尹鶴山評

食鴉片烟

烟盤左右度春秋顛倒陰陽不自由正事從今都廢

郤雖生猶死不知愁

當頭捧喝 卽墨金儁佩評

其二

不愛精神不愛錢不分晝夜臥燈前可憐多少聰明

輩送盡殘生數口烟

慈心叫轉 卽墨金儁佩評

罔極

罔極深恩報要真顯然式法在當身如親親我親親（筆曲而達）
去卽是人間一孝人

可當勸孝一則　海陽趙鳳崖評

隆冬有感

人間飽煖苦無多滿目飢寒可奈何那得輕裘天地

大一同穿着一同過

眞是乾父坤母氣象　萊陽尹鶴山評

大有白香山被覆長安之意　文登邵復堂評

虎郎

虎阜花船雁翅排一年浪子幾回來揮金漫說輕如土那散人間不義財

唐人長安道詩千百年家絃戶誦以爲有關世道然唐詩止諷得俠兒而此則並浪子之父兄宗祖而風之矣孰淺孰深必有能辨之者（郎墨金儁佩評）

丙申臯月十九日先兄週期詩以泣之

情深友愛刻難忘永別經年各一方遥奠三杯千里外空將血淚洒他鄉

具見眞摯　海陽趙鳳崖評

看戲有感

多年故事演成新，懲勸世間善惡人。報應塲中休說假，須將假事看成眞。

妙在指點　海陽趙鳳崖評

讀

朝夕於斯勿自欺詩書萬卷莫遲疑漫言十載寒窗苦忠孝兩全全在玆（十三經四史一句語盡）

一 必如此方從今不薄讀書人

萊陽尹鶴山評

耕

食是民天務力田須貧俯仰日團圓胼胝手足終年苦且報 皇家恩澤綿

耕字說到此處直是絕大議論非徒區區爲口腹計者　萊陽尹鶴山評

夜聞鄰舍鴇嫗責妓

詬誶聲聲出比鄰結纓往救苦無因縱教美玉從今玷袖手殘宵作不仁

孔孟周流拯救無因亦只得袖手殘宵甘作不仁

然孔孟之周流乃其深於仁也先生自恨始亦立
達存心乎　郎墨金儒佩評

清明獨步二首

清明獨步向河濱來往幾多上塚人漫說精魂何處
是一番祭掃一番新

故園同日過清明自恨故園隔萬程爲憶故園方獨

步教人愈起故園情

一眼前語說來增仁人孝子之感　平度陳小瀛評

撲滿

青蚨國寶任周流未許强施巧術留參透盈虛消長

道一番積蓄一番愁

大聲疾呼令人三日耳聾　萊陽尹鶴山評

雞鳴

無論寒暑與陰晴。每到五更迸大鳴。想識光陰虛度

苦叫來不覺幾多聲

暮鼓晨鐘 平度陳小瀛評

病

百病緣由盡自欺。難堪若況自家知。任憑富貴誰能

替無病休忘有病時

收句當奉爲換骨金丹 金陵諶調元評

壽長兄三兄 四道

友愛非常記得清明朝永別節分明陰陽間隔難圖

報聊表生前分外情

入歲攻書廿一休般般用度仗兄謀更加正在艱難

侯終始歡欣不說愁
接連疾病不離身十載延醫甫定神莫道弟兄情不
切關心痛癢似雙親
情深如此豈能忘馹馬星馳走四方卅載萍踪無定
所剩枝空憶在他鄉

情辭悱惻俱從至性流出　平度陳小瀛評

步行

騎馬雖鞍切莫誇當車緩步走天涯其中無限安閑趣寄語人間富貴家

返眞歸樸林陶高風 卽墨金雋佩評

剛柔

剛柔日久分存亡驗在當身切莫忘牙齒緣何先舌

老只因箇箇逞剛强

名言似子　歷城賀崇恩評

入深出顯老嫗亦解其辭名儒始識此理也　即墨金儒佩評

舟中雨後即事

一番雨過一番清陣陣東風送客行兩岸青山看不

盡輕舟已過鎮江城

輕清流利雅韻可人　歷城賀學愚評

遊花園口號寄主人

當年營造實維艱也有林泉也有山自愧僅栽桑十畝但同野老說閑閑

一遊也而有戒奢去靡之心先生眞與古爲徒矣

即墨金儒佩評

處弟兄

○探源○追流○對勘○深切○○○○○○○加○意○醒○世○○

妯娌原來異姓人同胞手足自相親留心最險挑邊

○○細○微○○○○○○○

語日久難分假與真

扶出俗情病源而援以保元之方此虛弱者一劑

補中益氣湯也實之傳之 即墨金儒佩評

送友赴姑蘇

爲客英年莫看輕風花雪月乃人情姑蘇更是繁華
地成敗攸關此一行

叮嚀囑咐交情如見 萊陽尹鶴山評

慎言

胞與居心說性眞世情難測要留神雖言苦藥甘言

疾切莫失言並失人

閱歷有得之言　金陵諶調元評

鄉人

切記休輕村野人衣冠不講講天眞雖然不是堂堂　書出鄉人神貌

漢堪敬堪交堪比鄉

吾觀於鄉而知王道之易易也　萊陽尹鶴山評

禮法

內歛吾心外歛形至嚴至密至分明古今憑此分人畜放浪如何了一生

自治之嚴與痛世之切胥於是詩見之　卽壘金儒佩評

除夕

多方謀食走天涯覓把天涯認作家今夜始知千百

計何如故土務桑麻

如聞子規之聲　海陽趙柳塘評

元旦

斗柄回寅四海同陽升大地自然公兩間萬物從今後盡在春風和氣中

收句有仁人胞與氣象想見作者胸襟　金陵諶調元評

爲官

君民一體兩相親莫把君民作二人百姓見官稱父母愛民如子即忠臣

藹藹仁人之言從至性中流出讀此詩當書於門屏几席間矣金陵謙調元評

治家 二首

君家衣食最爲先出自天然始萬全百藝經營皆活

計孰如耕讀兩綿綿

耕讀還當各認眞飢寒無慮且成人常常如此栽培

厚葉茂根深百世春

樸實頭地眞治家格言 金陵謔調元評

多言

多言貽笑也知羞一片婆心不自由話到舌尖留不住幾回啟齒幾回愁

忠言讜論發於至誠所以多言之故藹乎如見金陵諶調元評

咏富貴

富貴人人極力求只知富貴不知愁從來富貴誰長

久富貴到頭不自由

一氣渾成詩人所難　海陽趙柳塘評

桃源界黃河決口

可憐此地少荒邱決口黃河無限愁轉眼千村成水

國著生億萬付東流

令人不忍卒讀我聞此語心骨悲　金陵諶調元評

虎邱

丹邱突起近蘇州古廟層層歷代修似借貪名圖利若晨鐘暮鼓警千秋

收句可作箴銘想見作者寓意敬服　金陵諶調元評

義塚

義塚設來善且通窮人盡得埜其中見孫祭掃休顛

稱天下一家上古風

過桑區湖 此湖水來成湖水去成田

湖水無情若此多柳梢弄影別無佗風來湧得浪花起萬頃桑田萬頃波

佳境佳句 文登畢星源評

見虎山舖村北節孝碑有感

摩挲斷碣問緣由爲姓爲名不可求萬苦千辛無一
字空留白石卧村頭
我聞此語心骨悲 海陽趙柳塘評

齊家

老少一門骨肉親休將骨肉作旁人齊家妙道惟行
恕要把他身比自身

戕擾出僕 四首

賣身賑役實因貧主僕恩情在養身日漸凋零遂出戶依然聚舊一窮人

家私都是後來添出戶何曾帶一錢主富奴貧今倒轉輪流苦樂理當然

主貧謀食要求天需索家人盡枉然因不隨心強告

叛何人詐得幾多錢

總然詐得幾千錢　有玷先人獲罪天　貨悖而來還悖

去空留罪孽在身邊

眞切如話所謂白香山詩廚下老嫗能解　海陽趙郴塘評

戒阻老之一首

既肯讀書便是人　是人卽與我相親　正當全彼青雲

志那許甘心作不仁
天道循環屈必伸阿翁微賤子成人簪纓自古輪流
戴强逆彼蒼禍及身

至理名言讀之如聞午夜鍾聲　海陽趙椰塘評

行舟

三山六水一分田第一逍遥是駕船風順颿帆千里

去儼然世外一神仙

飄飄若仙雅人深致　金陵諶調元評

勸友醫病

自家有病自家知那許想醫又復疑掘井須當時未

渴綢繆雨後已遲遲

箴語可銘座右　海陽趙鳳崖評

遊嶗山

久憶名山今得遊停車一望萬緣休人生不到幽閒處那覺塵寰無限愁

仍留西席

道學心傳孰比倫春風習習藹然親蓬門桃李由來少仰望栽培君一人

勤勤懇懇厚意可感　文登邵復堂評

咏樂三張公案頭盆梅

不隨紅紫鬥繁華偏向三冬獨自花淡淡疏疏知契少何緣幸得到君家

面面皆到不是泛咏盆梅　文登邵復堂評

慎事

凡事身當慮要周漫言容易不須愁覆車豈盡崎嶇

路風小也能吹没舟

老於世事方能作此語　文登邵復堂評

經商

地利天時當講求人和不悟更堪憂縱然識盡地天

利到處寃家到處愁　警極

閱歷老成之言平度陳小瀛許

學首垂戒作者之志可知矣即墨金儒佩許

其二

起落行情難預知循環消長不移時只須參透其中

理棄取臨時自得宜

取天地自然之利於世何妨即墨金儒佩許

轉上起

其三

接上起

陽極生陰陰極陽縱然改變斷難長可憐認變爲常者妄作聰明自受傷

是蓋有所見而云然也

即墨金儒佩評

其四

逆上起

漫說經營惟利求生財大道自悠悠古今交易中和

輩始得平安到白頭

此錙銖必較者之保元丹也　即墨金儒佩評

其五

蒙上起

及人推己乃應該至理眼前須看開凡事利人方利己利人利己自然來

爲此詩者其魚鹽之大賈乎　即墨金儒佩評

其六

○翻○上○五○首○起

失意休愊得莫張其中至理細思量如能悟得循環道樂業安居天地長

知命君子有此見解　即墨金儒佩評

合觀六章首垂戒次示法三四一哀一欣五首特將聖賢大道教人而末以樂天安命作總結然則

先生商人乎賢人乎其膠鬲之亞歟抑端木之流歟至若詩辭之皎如繹如則猶作者之餘事也節畧

金儒佩許

戒貪

分外經營無厭求居心如此自尋愁從來僥倖難常得空惹身家性命憂

當頭捧喝凡有血氣者宜三復此言

越州高鑑湖評

伏讀

佳章、俱是代聖賢立言、有關世道人心者、此豈得

以尋常芾學目之耶

愚弟鶴山尹嶠拜讀

言本性情、事關閱歷、攄天機之洒脫、作俗耳之
鍼砭之嚴、滄浪所云詩有別情也、

鳳崖弟趙銘燮拜讀

百梅詩一卷

（清）王者瑞 撰

清光緒鈔本

百梅詩一卷

清王者瑞（一七七二—？）撰。清光緒鈔本。

『百梅詩』或『梅花百咏』肇始於南宋，定型於元代，興盛於明清。南宋至元初，寫作《梅花百咏》者至少在三十五家以上，然流傳至今較完整者唯有李龍高《梅百咏》七言絶句，見於《詩淵》《永樂大典》徵引，存詩九十首。若論流傳之廣、影響之大，則當首推元人馮子振、釋明本之《梅花百咏》唱和詩。二人唱和本事爲元代詩壇傳奇佳話，相傳釋明本與趙孟頫友善，然趙孟頫之友人馮子振以其是僧人，頗爲輕視。趙孟頫促成二人見面後，馮子振出示《梅花百咏》，明本一覽，走筆和成，又出《九字梅花歌》以示，子振大驚，遂與定交。馮子振《梅花百咏》乃七言絶句，較多承襲前人體例；而釋明本《梅花百咏》則是七言律詩，且『百篇同韻』，即每詩韻脚皆押『神、真、人、塵、春』五字，因而更勝一籌。明初詩人駱象賢又别出心裁，增加創作難度：既采用馮子振七言絶句分題標目，又兼用釋明本七言律詩韻脚，遂使《梅花百咏》七言律詩形成固定格式。無論《梅花百咏》七言絶句還是七言律詩，明清兩代詩人之創作熱情始終不曾遞減，流傳至今者尚有數十家，如明代名臣于謙、書畫大家文徵明、清初思想家王夫之等，皆有《梅花百咏》傳世。寒齋所藏亦有稀見本二種：一爲明代嘉靖間探花金達《梅花百咏》七言絶句，清末戴以仁鈔本；一爲清代道光間鄉賢王者瑞《百梅詩》七言律詩，即此本。二者雖非孤本傳世，亦極爲罕見，可稱雙璧。

王者瑞，字玉山，自號五十三灘釣叟，湖南新化人，約生於乾隆三十七年（一七七二）。道光四年（一八二四）主乾州廳立誠書院講席，達十一年之久。道光十四年由廪貢入貲爲試用訓導，次年恩科舉於鄉，年已六十四。嘗辟家塾積薪園訓課子弟，刊刻啓蒙與科舉書籍甚多，今存者尚有《啓蒙新咏四書題詩》《啓蒙新咏五言詩律》《蒙泉録》《居家遠行隨身備急方書》等。自著詩集有《玉山詩草》，今不傳。

王者瑞喜吟咏，工隸書，善畫梅，時人争求之。［同治］《新化縣志》稱其『早歲有《百梅詩》，盛行一時』。余嘗見舊書網站出售一清刻本，題《積薪園百梅小草》，下署『新化王者瑞玉山手著，胞弟王者琳玉林箋注』，分上下二卷，上卷録詩四十七首，下卷録詩五十三首，附録詩友跋詩十三首、和詩四首。因品相不佳，且索值甚昂，猶豫不及購，遂與之失之交臂矣。幸得此本，聊慰予懷。此本卷端題《追和明閨秀沈宜修百梅詩》，下署『梅城王者瑞鳳鳴手著，同學段遹祖念先箋釋』，箋注者與刻本不同。天頭注難字讀音，詩末注典故出處。然《溪梅》詩『堤分燕尾漾花神』一句，注『杜甫詩溪流燕尾分』，實爲宋人夏竦詩，蓋轉引《淵鑑類函》而致誤，於此可見其注釋不精。至於題中所云追和沈宜修詩，蓋因作者僻處湘中小城，聞見不廣，不及見明人駱象賢、張楷、魏復等人之作也。此本前後雜鈔各種科舉制藝及雜文，紙張、字迹相近，其中有列舉清代君主名諱者，止於光緒帝，故定爲光緒間鈔本。邊框爲朱絲欄，無界行，每半葉十行二十一字至二十三字不等。行書精鈔，有朱墨二色圈點。卷末署『烟村百梅戲草終』，烟村或即鈔寫者之别號，惜不詳爲何人。

追和明閨秀沈宜修百梅詩

梅城王者瑞鳳鳴手著

同學段適祖念先箋釋

○○早梅

昨夜飄來縞袂神○前村雪裡霽天真○灞橋尚少騎驢叟○上苑何須擊羯人○消息不通傳臈信○風流欲絕舞梅塵○縱令未向和羹用○已占江南第一春○

○○新梅

寒林謫降玉霄神○嬈嬈手姿分外真○素面豈爭桃杏色○芳標應愧綺羅人○魂初返後难勝雨○夢不醒來不耐塵○好語

羯 音詰

臈 俗臘字

謫 音窄

嬈 音饒

有 音妥

[illegible] 音起

霜禽休浪啄，西湖饒淺一分春。

槎音乍平声　枒、

老梅

老幹奇誇格局神，槎枒骨立尚韜真。屋前屋後留清友，江北江南少故人。畫月已殘猶傲俗，鬓須眉采古更超塵。冰心一片渾如昔，依舊出腰送早春。

古梅

射的山前獨鍊神，蒼蘚鱗皴自含真。尋芳尚剩當時月，到老翻成絕代人。自有靈根堪作佛，也應滄海並揚塵。莫言獨步荒寒寂，留得羲皇雨露春。

孤梅

黯 切鷹又 音掩

不須連璧與同神。寂寞孤標自得真。儘到黃昏惟有月。椽未青帝總愁人。斜窺水面空憐影。卓立風前徒破塵。多少孀娥腸欲斷。三更悽對繡帷春。

〇〇遠梅

依稀入夢黯傷神。地遠空勞想像真。數縷殘霞沽酒路。一声長留倚樓人。欲傳香信難憑蝶。苦索愁腸莫濟塵。安得芳根移宅畔。與君分作眼前春。

〇〇疎梅

瑤林別自有丰神。每見疎枝貴徒真。未了香纏吟月夢。無多影送隔籬人。密憑雪補尤宜夜。漏任風穿不受塵。

縱是驚英誇碎錦臘前究竟讓先春

癯渠字又与臞同

腴之

○○瘦梅

鸛想風姿鸛想神癯仙面目本東奔好將啟顆吟詩客移作羅浮對潤人細看腰肢媚俗老純是骨不餐塵桃腮腴臢休唐哭貌瘦飫肥西海春

○○矮梅

群芳譜尚未窮神清友侏仔品而真不作喬松修竹態恐梠籬外水边人雪深梁苑难尋跡肩友崖倚如佛塵負顧某嫌身能古但輪長短豈輸春

○○粉梅

惹得天涯欲乱神留情直是粉儿真因知荀令留香处
犹是何郎试饼人对直露华应借色断魂晴蝶故归尘
百英自傍梅姑属暮暮朝朝恋好春

○○红梅

孏独成窠更入神一枝寒色可餐真不知玉笛招魂日曾記
金丹换骨人艳曲歌残愁绛雪腊唇笑破喷朱尘含情
莫道红颜薄肉枝荔宫中姑摘春

○○蜡梅

迟入韶阳已换神郎恩偏赐口腊有凄凉独立三更月點
缀含愁一捻人岂以岁寒翻改节欲投时好月同塵婆

婆老態休貿相塗抹犹能占此春

○○萼綠梅

種自遡恩独絶神一枝妙品抱仙真九嶷山上餐霞客

半夜窗前入夢人青鳥邀來香塞路翠鈿落處步揚塵

遠情珍重金僊脱超絶寰區萬卉春

○○千葉梅

華山仙品風翻神分入寒林態逼真六出庭散簷外雪

叢陪尉陬頭人香偏難香歸盈輦影不分明望陽塵

若插貴妃高髻上此花定亦助嬌春

○○鴛鴦梅

雪蕚翻翻若有神崖公綠筆寫應真代來麗氏園中日
恐傍何郎洛上解月曉窗留姹夢夕陽金殿鬬芳塵
相隨不覺頭俱白对々舞枝南雨々春

○○蠟梅

檀心馨口想風神同姓來從蠟国真麗質宜頻於越使
華粧庭愧漢宮人三更醉入酴醾隊一簇番蕉蛺蝶塵夜
夢尋花驚欲起露房亂舞小黃春

子風梅

玉家小妹有灵神玉樹臨東蕩漾真拂蘚散为紫珈絮飄
番送黃隔墻人夜窗影亂輕歸月曉徑粧新賸襪塵

酴 徒字
並同
醾 迷字 酒名
花名
蛺 劫字

豎
墅字村也

但恐飄飄吹欲去牽裾留住閬仙春

○○烟梅

繚繞輕籠綽約神着偏淡淡望難真偶從別墅尋詩料

如遇貽陽隔幞人乍暗乍明低映水疑晴疑雨遠連塵相

看不覺花生眼羨絕亂盈點綴春

○○雪梅

何處飛來縢六神灞橋爛漫辨難真縱然寒色頗欺汝却信

芳心不負人孰避孰輸詩擱筆任消任落糝添塵天公也

解騎驢意散作平泉滿苑春

奏翰玉春雪詩玉

塵如糝滿春朝

○○月梅

有梅無月太精神自得清輝思倍真素面愁窺仙桂影芳
心許向羽衣人寒生老屋烏啼塞醉倚西樓鏡拭塵想
是嫦娥奔去後故留玉骨顯長春

宇文周築長春宮花
木長如春節故名

○子寒梅

寒損皮膚不損神從來骨玉有堅真祇誇色借珊瑚女
誰解心如鐵石人松定有聲借苦節御應塵眼顧清塵同
昌嶺下何須却戰退嚴威獨占春

蓬洲梅花詩夜寒骨玉倩誰溫　光緒時南海獻珊瑚婦人
帝命置於殿前呼々女珊瑚　同以却寒爲肯志之

○○水月梅

月为標格水爲神，水月双清品更真。烟外漁舟初泊處，雲间畫閣未歸人。放来爛漫三冬景，掃尽繁華萬斛塵。此夕只酣吟不尽，詩魂猶自夢遊春。

○○水仙梅

從倚欄杆曲罢神，更加風景格尤真。獨（中独）出空流華雪裡，相逢是故人。淡到三更應有韻，清偏一味總無塵。渭川煙雨虽能繪，与可胸中尚欠春。

○○竹梅

如何祇愛此君神，青白交加韻益真。冷淡偶為窻外客，風

流悉屬朧中人月來此瘦頻連影飈動清心为掃塵料

得菖蒲齋下拜兩般寒色一般春

王巖之以菖蒲映於
曰正当再拜其君

鞸同䩞

○○書梅

倚於無言淡絕神玉欄斛鞸別標真笑迎墻外鳴琴客看

助村頭賣酒人夜静努明東阁月晴酣髮鬢午橋塵状

元歲晚歸來日贈纔長亭十里春

午橋莊有
文杏百株

○○苔梅

参䅽平声

尖稜骨立独全神满幹髮鬖髿不失真巧製地衣蒙褐袂

訬唆字

新梳石髮護佳人○揭清芷合園離垢積翠何殊掃却塵○料是青錢堪買笑○白君一段寫早春○

○○○山中梅

生來瘦硬本通神○萬壑千巖獨練真○紅葉盡頭难問徑○雲深處更無人○間香好索奚囊句○帶雪全清謝屐塵○自是館娃宮內品○故移植入仙春○

明皇时有献壯丹者詔植子仙春館

○○○嶺梅

嶺頭新態淡梳神○振策登臨遣興真○山意欲衝侵臘信○玉容初整笑楓人○雪向鶏唱茅檐午○竹外僧歸右丁塵○僅

罕字山岩丁之宕人會居

有孤松長作伴。年年不改四時春。

○○○野梅

老幹清奇妙在神。相看野外助吟真。一寒至此頻憐汝。有閑先不羨人。曲徑短籬横落日。斷橋流水少所塵。阿誰種向前村裏。惹得詩翁慣賞春。

○○○江梅

奇芳寔足慰濤神。兩岸紛披自有真。冬夢乍回隨蹤令。冰心初破江鰍人。黄牛峽口疑飛雪。白帝城边獨淨塵。玉佩解投交甫後。招魂猶認臘前春。

荊州有一死人名鱉令。其屍亡去。隨江水至郢。遂活。望帝拿以為相。江妃二女游於江濱。逢鄭交甫。解佩與之。女忽不見。

○○○溪梅

堤分燕尾漾花神一入香溪快意真每見中流浮乱蕊定知此處有幽人雲迷谷口疑無路月桂枝頭不住塵料得醉候狂绝倒漁郎羨漫武陵春

杜甫詩溪流燕尾分　神朗

逸隱居終南自号雲溪醉候

○○○照水梅

倒揷波心冷徹神一枝寒色兩般真因風乱颭壺中玉对面然窺鏡裡人幾度愛花尤用愛半湾淺影不浮塵歲寒心事憑誰訴相顧空憐暗暗春

○○○釣磯梅

遁跡桐江別會神間々更覺釣詩真々每當月色黄昏候徙傍
漁舟欸乃人數點凌波清徹骨一竿摇影淡籠壓得魚
換取蘭陵酒拚醉花前戀々春
○○○樵徑梅
採々徑裡慣留神多是樵青愛護真去去雲間披亂蕊
丁丁林下遇佳人敲棋容散空山月放鶴翁歸曲棧塵中
得鄭公朝暮便源源勤訪巔頭春
張志和有奴曰樵青蘇蘭薪桂竹裡煎茶以此放浪於江湖間　會
稽射的山南有白鶴山其鶴為仙人取箭鄭宏嘗採樵于此得一遺
箭頃有人來覓宏還之問何所欲乃曰患若耶溪載薪為難願旦南
風暮北風後果然至今猶如故呼為鄭公風
○○○藥畦梅

雨打風吹不礙神葛洪園內養甚真徽尤在骨堪醫俗癯、

亦為仙豈病人影入吉林分好月色流橋井瀉冒塵洪鈞、

起死回生手筆丹飄零能活春

○○○蔬園梅

食力於陵自爽神煙苗雨葉不清真欲脫杜甫巡檐趣、

莫哂樊遲學圃人蔥蒜定慚形能纖樓桐未許号無塵

箇中俱有和羹日宋宇芳因其早春

方容隱天門山以稷桐葉佛亦号無塵字　宋宇種蔬三千

名書曰天牢井後助予愚蕩

〻〻前村梅

吳均楳睥久竊神花放前村特地真色逐客來應滿袖

隱○

信憑風到不欺人燈殘酒竭三更月水複山重一路塵
若肯芳憐容我買金樽檀板日陪春

○○○城上梅

歸宦城上惹詩神古幹雲端露本真帶月影連宮殿曉
隨風無度玉樓人橫斜影亂溪山色竪白何嫌市井塵滿
眼寒光當不夜一枝高占石頭春

歸宦不夜石頭皆城名

○○○棋墅梅

一片空明水月神謝安別墅更藏真閒聲作入忘憂地
墜蕊翻成亂局人色僅三分猶避雪玉盈九斛不輸塵

上林多少是名花品一着争先那讓春

[illegible]琴臺梅

於斯想見楚娃神况得焦桐喜更真識遐何男詮上韻

會心定屬景中人泉流亂石添寒意風入長松淨幻塵午夜

月明花欲睡水仙一闋喚方春

[illegible]书齋梅

董氏帷前一絮神枝頭徧送暗香真都從雨露中來者

却憶宮墻外望人映帙朗疑三逕雪含烟潤入半窗塵

共間不妙（少）椎敲手請賦東風絕頂春

[illegible]廨舍梅

臥閣清冷靜養神，綠荷廳裏蓄芳真。自登彭澤五株
地，應愧河陽一縣人。寒意欲侵窗外草，香風勤掃甌中塵。
儼然清白官箴在，相對觀來有腳春。

○○○安梅

種自何年古園神，遥看定愜宦情真。誰云晉宋風流盡，
屬羲皇隱逸人。虛白臺前稽素影，醉翁亭外灑芳塵。
此間絶勝甘棠蹟，未許山民剪伐春。

○○○宮梅

扶荔奇英自有神，縱誇瓊樹尚輸真。九重闕下承恩日，
十二樓頭换骨人。寶佩應迷長信曉，羅裙已謝未央塵。

不須脂粉污顏色擁檻常標素真春

○○○庭梅

處士栽培亦費神霜葩乍折有奇真寒偎東閣評詩楣笑向尼山問禮人嫩蕊不勝簾外雨清芬已斷座中塵謝家玉樹休相妬留與三槐傍好春

○○簷梅

每向含章一憶神冰肥（肌）遶映影偶真凌寒自占花中首立雪須憐戶外人入幕有情猶待月拂階無力不禁塵全斜遮莫雕窓紙句引清香一線春

○○簾外梅

篆陽風烟石隔神妓衣高展褰情真只嫌細縷難窺影自
有濃香暗度人十二鬟鬟初掛月三千螺髻擬如塵西山
雨過從容捲放入東風滿直春
○○○茅舍梅
陋室偏宜處士神橫斜遶砌足棲真交應有風長親旁
影不嫌貧慣近人對酒月來杯泛蕊賭詩客到席凝塵蝸
廬未必無奇趣仲蔚蓬蒿漏泄春
○○僧舍梅
對花还憶散花神幾度拈花笑欵真昔日香傳清淨地他
生口誦法華人伴惟祇樹何容浴潔似菩提不染塵料是

如來施法雨故散盥裡早梅春

〇〇道舍梅

剡曲歸來猶息神蕭疎玉蕊亦登真故於北陸藏冰日不少南華嚼雪人素券已成堪敢鶴羽衣初整歇韓塵自從骨換英瓊後冷眼寰區富貴春

〇〇柳營梅

漫云九烈独成禮亞父營邊別寓真向敵雪霜挺勁敵不隨眉眼媚時人空懷月落愁聞笛古驛風寒淡拂塵却嘉岍容猶有待冰魂先度玉關春

〇〇漢宮梅

少翁底事致招神綽约形延入目真只一兩枝綫破臘遍
千家户總宜人淪肌飽咽金盤露拂面輕飄玉輦塵但
哂守宮多过慮本來清白不朽春

○孤山梅

構閣巢居独鶴神儔伴花下會心無白雲堆裡成千古
考帝宮中僅一人山徑踏歸驢背月紙帳吟絕藕頭塵
憶從賜号林和靖老幹年年不斷春

○○西湖梅

淡妝濃抹晁媛神況是間（湖）山勢更無邊蠡渡頭憑絕處
蘇公堤畔醉歸人橫斜乍動冰壺月墮落疑霏玉宇塵完

意句留緣底事湖心亭外惹芳春

○○東閣梅

清標如玉復如神東閣徬徨助與真廿四橋邊明月夜一千里外宦遊人風流绝世長含瘦瀟洒當窗獨出塵詩思想随花並發揚州弄盡筆頭春

○○清江梅

何年移植傍湘神浦外斜欹似屋真十里烟霞沾酒路一船風月釣詩人魂招波底多生岸雪墮枝頭瘦绝塵究竟清流君獨檀阿誰憐羨鵝頭春

○○羅浮梅

節 竆字

璚房瑶室定棲神福地纔知是耀真蹤跡尚留雲外白夢魂猶繞箇中人千年古洞眠龍窟一路斜陽放鶴塵我欲扶節登絕頂倚岩長嘯問仙春

○○移梅

雲階月地戀留神玉幹移來索笑真祇此素心堪作佛神芳定處亦憑人經前經後添清景枝北枝南逗俗塵端ノ是芳根難位置莫嘲楊氏好移春

○○接梅

絕憶驪山單父神施於疎幹術偏真也知斷者殊難續轉覺天然亦自人長似楓瘤微有跡化同柳肘假生塵

丸泥封爲癯仙後一氣通來兩地春

○○補梅 蟠

一瓶冷艷苦凝神

老幹頻移曲盡神幾度盤旋不礙真骨本不移淵徽俗

腰容暫折亦由人却憐幹老難如意未許枝狂亂惹塵轉

語山翁休好事生成有品特標春

○○補梅

老幹頻移曲盡神東風缺處又添真看來玉蕊調羹者都

屬瓊林補斷人庭有疎枝容夜月地無餘隙漏纖塵整齊

漫道工夫小環繞樊川總是春

○○索梅

幾回羨絕鴿衣神剝啄葉處意已真正是嫩寒清曉日
好尋曲巷短籬人一枝顧倩何辭癖三徑頻來独冒塵浮
幸主翁能割愛明朝敬根劍南春
○○憶梅
平生默契是花神独坐無言想入真隱念难傳階下漠〻
寒鴉休喚夢中人倚樓腸斷江城笛對使魂銷驛路塵
意蕊心香開正幻滿腔肺腑亦皆春
○○夢梅
氷肌玉骨鳳交神夢入羅浮幻亦真引勝定煩韓小廝
遺芳蹈藉李夫人輕烟細雨瑤臺路紙帳銅瓶帝子塵隔

院棋聲驚發起游仙枕上尚留春

○○尋梅

何處新歸姑射神瓊瑤踏碎遣情真初來曲徑雅啼鳥
直到前村不見人掃地風銜鳥角暗漫天雪淨馬蹄塵
鹿門山下尋應遍齋有詩翁擕出春

○○探梅

風標絕似蕋珠神金谷頻穿畢猶真疎雨枝頭留笑靨
斜陽渡口問歸人橋通古屋籬翻雪路到荒村屐帶塵
此去尋春春較早不須惆悵怨芳春

○○覓梅

羨木影殘化獨神等閒刮目一窺真於中卻喜多佳趣此外殊難索解人醉倒玉山猶待月眩生銀海轉疑塵笑渠百寶欄邊客肉眼爭能識上春

○○浴梅

髣髴飄飄洛水神又幺深羅韻尤真獨標昔日行雲態翻作當年洗髓人漱盡冰心千古恨浣空鴻訣十年塵華清宮裡承恩渥一人蓮湯別有春

○○問梅

問寂空庭獨繪神覓君消息一探真巡簷苦索難成句叩戶懽迎未到人花放幾時勞夢想雪深何處絕音塵明

朝玉照金閨後肯向蓬门早報春

〇〇评梅

詩翁饒有麗神月旦評來自得真伯仲之間三徑伴羲皇

第一流人含情對我一消酒處世憑君好避塵任是堆黄多

羨論桃根桃葉莫爭春

〇〇賞梅

莫以瓊酥總氣神花前一醉煥天真正欲何遥吟詩候偏值

陶潛送酒人影泛蒲萄添妙理香和竹葉入情塵接離

倒着渾間事吸盡罌中萬斛春

〇〇歌梅

雪兒一闋獨傳神似演清平對太真聲落乍驚香在口曲
終猶覺冷侵人魂招瘦嶺應飛霧夢破梨雲欲動塵
漫道郢中誇絕唱江南處々是陽春

○○漫梅

任是貪泉不易神渣滓淘汰獨存真清哉香室投流華
逸矣堯天洗耳人落水不嫌冰透骨凌波何至襪生塵
為君交接原宜淡霧鬢雲鬟滴々春

○○折梅

不惜瑤林滅却神摘來把玩弄情真品珍定欲煩纖手
興到何須問主人石凳倒扳猶帶雪雲屏高插自離塵

趂令掌上輕盈舞領取瓊枝別樣春

○○寄梅

異地相知契以神隴頭遙贈此心真獨於叙夜垂青眼何惜瑤英與白人為作征衣如作伴影依行旆不粘塵慇懃萬里和愁寄南浦分襟又春

○○情梅

避風臺外幾逡巡一見尤令愛惜真眷戀欲傾今夕酒分離動是隔年人粉粧夢淡啼朝雨病屬含愁怯曉塵訖否婷娉難再得急須金屋貯芳春

○○友梅

相看莫逆独娱神契比芝蘭臭更真性不趨炎無俗態交
偏耐冷有情人別時問信难凭雁見後傾樽為洗塵詩
酒舊盟何忍負年年載酒雪訪新春

○○剪梅

漫道天工巧入神匠心独運恍成真尋作疑様出東君手但少
氣迎小歲人燕尾和飛霜動股臭腰纔折玉楊塵並
州昨夜芳菲滿士女盈頭亂揷春

○○粧梅

靜坐深閨曲繪神凭奩粧點那輸真洗從湖上疑含露
步向花間莫辨人傍柳作添眉際雪和桃不罣口端塵

慵來遠黛雖爭麗怎似東風滿面春

○○簪梅

老去詩狂更有神帽檐壓損酒酣真飛來瓊島無雙品種上東風第一人鶴髮倒梳香擁髻鳳冠斜嚲惹飄塵温公不喜緣何事花市還應首占春

○○盆梅

一種清寒只在神移栽盆内格還真好窺九九圖中趣不作三三徑裡人待月櫳簾頻對影因風舞榻欲蒙塵莫嫌茅屋無佳況客至呼童献早春

○○對鏡梅

一株瀟灑訝天神况入菱花表裡真頓悟非空非色界偏
於不即不離人此生独瘦愁窺影我見猶憐但恐塵緣
度月明頻對舞自知消到十分春

○○擡頭梅

寒芬透蕊苦勞神飄落猶涎滿路真歷盡風霜誰似我
踏殘雨雪亦隨人粉垂別淚啼零露蝶戀餘香逐後塵
多少朱門爭共賞皆傾三斛買嬌春

○○枕頭梅

如焉休誇九節神節端帶雪趣饒真騎青正合尋芳叟
垂白偏宜枕硬人影傍吟詩敲夜月香隨荷篠入游塵

戲謔（合字入声）

方兄相對頻相謔笑殺梨花独送春

○○玉笛梅

柯亭三弄本怡神花落初聞惹恨真孤館夢回雲外信數声腸斷曲中人魚魂縹緲空山月玉骨飄零古驛塵料得馬融愁思長故憑華琯一傷春

○○帳紙梅

輕明細縠冷淒神粧點寒光慰寂真入夢有魂香贈我背窓無渋影傲人塗成粉本疑園雪懸上詩屏可障塵縱是銷金誇勝事笑渠粗俗不知春

○○水墨梅

阿堵傳來獨得神西湖烟景恍呈真每將墨瀋淋漓處想擔見芳標淡泠人粉地也疑堆白雪素衣何惜染緇塵寫向人但倩陳元反弄盡華光應手春

○○畫紅梅

繪事惟爭貌與神阿誰寫出性情真醉容已上東風面腕力應傾蓋曲人凡幅濃粧如有意數枝寒色總無塵此抱生意偏如許一筆丹砂一筆春

○○未開梅

凌雲空羨賓娘神寂寞寒色林抱璞真載酒相尋邀如客留花不放待何人似遮素面如羞月暗斂芳容似惜塵此日

上林頻草詔明朝火速報魁春
○○乍開梅
一夜飄來共說神梁園頃刻忽呈真相逢足遣愁邊興
乍見翻為意外人村路何來猶認雪渴心差慰不生塵兒
童驚斷西崖夢爭向林頭報早春
○○半開梅
躑躅荒除默想神枝頭尚含粉些些真豈藝趣老全身法偏作
徐妃半面人廣袖未完宜補雪香肌猶較不勝塵檻前雨
催粧急故剩餘嬌（妍）更媚春
○○全開梅

插之

天公點綴不留神觸目瓊葩畢吐真定而餘真遍列苑更無遺恨惱詩人坡塘十里徐熙畫風雨三更不虎塵月滿雲歸知無羨好教仙偶[塢]謹藏春

〇〇十月條

莫須玉女術偏神殘菊籬邊景已真未了秋聲猶刺雁空一端花信祛先人日斜並陶臘添火楓落寒潭路滓塵嫁與東風何太早年年鬧放小陽春

〇〇二月條

雨洒芳畦賽社神一籬殘蕊尚留真可憐桃李繽紛日誰問風霜冷落人輕薄不同楊柳絮胥陳溪入杏花塵栝

奉御史張珍重老幹迎春又送春

○○落梅

硏光吹送謫衣神瓊樹飄殘恨轉真傅粉已成傾國品輕
身偏作墜樓人冰心愁听江城笛玉骨香埋陌頭塵
忍見仙娥歸閬苑離魂猶繞上林春

○○別梅

故翁淚落慘傷神一夜仙娥盡返真壁月作辭陳後主
羅帷莫致李夫人頻牽謫袂难分手歎覓香魂已隔塵云
那嬋娟留不住相思惟有夢中春

○○青梅

一味清寒最爽神江風吹送係珠真滿枝尽是供边品

帶葉應迷射的人青草池边香入夢碧紗鬣裡影

離塵冰嘉步婦渾等事巧作彫籃逗〻春

○○黄梅

方回吟破定酣神彷彿枇杷望未真處〻江風徧有信

枇

家〻雨色正愁人枝頭太乙丹含日竹外韓嫣彈入塵

嫣 煙字 美貌

頰 刧字 面骨

剜得就睛遶見血頓令齒頰暗生春

○○咀梅

范汪咀破條清神一入寶遊味独真香定如含雞舌

甘蔗更慰虎頭人僧评竹院清诗思客辟山家遏胃

塵自是調和端有承僅顧薦寢園春

○鹽梅

曾賽當年契合神君庖于泌品全具酸鹹以外方為味

版築之間固有人但得烹調充鼎鼐何難物色出風塵

而今幸入和羹手借箸籌來滿腹春

煙村百梅戲草終

請益曰無倦

政無可益惟益之以誠焉夫子路求益於先勞以其未知誠耳子益

以無倦其立誠之道乎且從來圖治者不在博求夫治法而在約守

樂陶吟一卷

（清）杜若椿 撰

清同治八年（一八六九）杜三宅刻本

樂陶吟一卷

清杜若椿(一八〇一—一八六六)撰。清同治八年(一八六九)杜三宅刻本。

若椿字壽莊,號蘆溪,山西稷山縣人。道光二十九年(一八四九)舉人,爲經魁。咸豐年間補潞安府襄垣縣訓導。晚年解組歸田,以吟咏適志,雅慕陶靖節之爲人,有《樂陶吟》詩集行世。事迹詳見[光緒]《續修稷山縣志》卷二《人物志》。卷首有同治八年己巳季春下浣王國楨序,稱其『久困場屋,年逾强仕,始登賢書』,可知杜若椿約生於嘉慶六年(一八〇一)至十四年間。集中《余求婚劉姓不許後許賈蓮炬孝廉》《正月十八日娶妻李氏自嘲》二詩皆云『余酉相』,生肖屬雞。考嘉慶六年至十四年間唯嘉慶六年辛酉爲酉年,可推杜若椿生於嘉慶六年。序中又云:『丙寅秋,先生捐館,諸生懼没其手澤,遂彙遺稿成編,將付梓而屬序於余。』丙寅爲同治五年,卒年六十六歲。原稿未署集名,王國楨以其『愛陶詩之酣』,故顔之曰《樂陶吟》。

此本爲同治八年杜三宅刻本,内封鐫『同治己巳春槧,樂陶吟,杜三宅藏版』,應當是杜氏家刻本。每半葉八行二十二字,粗黑口,四周單邊,單黑魚尾,無界行。正文卷端無書名,首行頂格鐫『蘆溪杜若椿著』,次行下署『同學諸子校閲』,頗爲不倫。全書僅二十一葉,收詩七十六首。不分體,大致依寫作時代先後編排。第三葉有《邑侯王雲閣創建考院四首》,王雲閣即王治成,道光二十八年任稷山知縣,[同治]《稷山縣志》卷十有王治成所撰《創建考院碑文》,其中督工紳士即有杜若椿之名。碑中云考院『於己酉十月興工,庚戌六月告竣』,杜若椿詩中亦云『前年十月動工，次年六月告竣』，知此詩作於咸豐元年。又有《正月十八日娶妻李氏自嘲》，作於咸豐四年五十四歲時。又據《九日登崑崙山天陰》詩注：『丙辰偕友共飲於此，題詩壁上。』知《和張蓮峰秀才九日登高遇雨題壁原韻》詩作於咸豐六年丙辰。杜若椿任襄垣訓導前，曾設教於縣北西峰之養真書屋，《鄧師兄娶妾鄰村先時不知後知寄賀》即作於此時。初至襄垣後，作《家眷過期不至作竹枝詞以慨之》，有『蕭條冷署最堪嗟』『滿腔心事亂如麻，那有閒心去看花』之句。《署中有感》亦云：『爲求薄俸故鄉違，冷署安身作暫歸。』可見晚年始謀得訓導一職，實屬無奈之舉。

杜若椿在襄垣任上，與知縣孫稼亭交誼最篤，咸豐九年己未，作《中秋賞月縣署柬孫稼亭》詩，又有《和孫稼亭留飲原韻》二首、《和王雨香登高原韻》《賀孫稼亭胞弟報捷南宮》《謝孫稼亭餽鮮筍》《孫稼亭縣試四場詩文命題俱用達字因約成七律二章》《二月初四日孫稼亭長子夭亡詩以吊之（辛酉）》《九日登高懷孫稼亭》等詩。孫稼亭即孫福清，字補璇，號稼亭，浙江嘉善人，咸豐元年舉人，六年任襄垣知縣，十年丁憂，服缺補廣東陽山知縣，旋調新興知縣。後遷大理寺評事，未任，晋同知，光緒間請假回籍。孫福清喜編書、刻書，其最著者爲《檇李遺書》，有光緒四年秀水孫氏望雲仙館刻本。自撰詩集有《望雲仙館遺稿》，今存光緒間刻本、民國十二年鉛印本等。集中亦有題咏《襄垣八景》詩，［光緒］《襄垣縣續志》云曾『勒石學署』，可見在當地頗爲有名。杜若椿在襄垣任職六年，約於同治三年歸鄉。《留勉諸生》云：『六載師生豈偶然，驪歌一唱別情牽。』《思歸》云：『田園將蕪歌歸去，攜友登臨互唱酬。』集中最末一組詩爲《克復金陵四首》，即作於同治三年。二年後捐館，幸有此集流傳，可補史志記載其生平事迹之缺。

同治己巳春栞

樂陶吟

杜三宅藏版

樂陶吟序

詩者感於物而發於情也惟得乎情之自然故協乎物之當然十五國風語皆平易近人有非後世博雅

之儒所能出其右者凡以
其言易知其感人尤易入
也白俗元輕之論抑点未
免苛繩矣蘆溪先生吾鄉
名宿顧久困場屋年逾強

仕始登賢書賦古文辭無
不嫻雅而尤喜爲七字吟
歷授教於養真清涼書舍
繼又司鐸襄垣其間會友
衡觴多所唱和善以文言

道俗情往〻眼前語口頭
話一經談笑出之便覺簇
簇生新丙寅秋先生捐館
諸生愼没其手澤遂彙遺
稾成編將付梓而屬序於

余余受而讀之過目了然不煩思索然言近指遠餘味曲包反覆追維淡而彌永蓋久矣嘆杜詩之不苦而轉愛陶詩之酣也爰顏

之曰樂陶吟伏維大雅君子不以阿好見譏焉斯幸甚矣同治已巳季春月下浣世晚王國楨頓首拜序

蘆溪杜若椿著

同學諸子校閱

遊龍門口占

東崎紫金西崎梁兩山斷處水洋洋神功若費穿鑿力八
載恐難過耿陽

重陽前期約人登高二絕

今年置閏秋色催未到重陽菊已開不誤佳期花有信登
高何以無人來

潔治菊觴怱已開白衣送酒待人來羣賢不少題糕手結
伴同臨醉數杯

水仙八咏

羣芳都賴土滋培獨有仙花向水栽日日盆盂勤洗濯此
身斷不近塵埃 水洗

水作家鄉石作鄰神清更羨骨嶙峋仙花那與凡花比不
轉貞心欲化身 石堆

養得仙根在澤湘瑶芽玉筍露微芒有時出水凌波外翠

詠春畦蕹葉長。先葉

水仙葉裏吐青苔，不比凡花枝上開。梅後蘭前風信好，同欣金盞與銀臺。後花

豔色徒誇笑海棠，仙花開好有餘香。重簾不倦留偏久，未許遊蜂過粉墻。花香

不尚濃粧尚淡粧，玉容潔白金鈿黃。桃腮杏臉迷人豔，那有仙花本色香。花色

莫道梅花獨占魁，迎春更有水仙開。芳姿綽約凌波外，恍

傾神人姑射來 花開

名花久伴過新年一旦仙容忽杳然豈是神人姑射返相
逢約待小寒天 花謝

晒水仙忘收夜夢殘傷

斗轉參橫夜未央水仙入夢報殘傷花心若亦通人意嗔
我一宵忘淡粧

水仙過高自解

花容本與女容方龜縮那如蝤蛴長人愛水仙卑且短其

頎何以美莊姜

邑侯王雲閣創建考院四首

星使軺車久不臨，當年古蹟尚堪尋。邑東門內有布政分司公舘房屋傾圮

堂無棟宇紅塵積，砌長莓苔綠草侵。此地空存基址潤，何時更構署衙新。欣逢賢宰勤修理，一覩遺墟動素心。此言建考院之地

循吏冰淸在玉壺，斯文首重取眞儒。虛堂四照懸明鏡，廣厦千間繪壯圖。薪俸先捐倡表率，縉紳共議定規模。元竈

兆卜云其吉。藝院宏開昔所無。此言建考院之謀

革故由來卽鼎新。功成藝院速如神。經營嶺梅先開日照

樂銀荷大放辰。前年十月動工次年六月告竣號列東西明以晢。堂分內

外美哉輪。龍門更闢飛騰路。佇看春波躍錦鱗。此言建考院之成

特創新模藝院開。英才濟濟應時來。芹宮桂殿他年到。玉

樹琪花此日栽。桃李爭豔當欣會。菁莪造士賴滋培。人文

蔚起於斯盛。好士芳名壽上台。

余求婚劉姓不許後許賈蓮炬孝廉

嫦娥本是廣寒仙，鳥瘦不嫌配有緣。蓮炬瘦愁與雞八籌勁故云報曉余酉相，願借龍筈乘飛天賈辰。前番折桂香猶馥，今度採花色更鮮。誰謂女牛河漢隔賈在汾南女在汾北，佳期秋七月初弦七月上旬娶。

鄧師兄娶妾鄰村先時不知後知寄賀

養真書屋遠烟村余設教縣北西峯上，幽隱那知里巷論。忽遇芝蘭談舊好，欣聞牛女結新婚。佳人此日宜其室，粲者何時過我門。桃李陰遥慚莫及，他年緑竹慶生孫。

和張蓮峯秀才九日登高遇雨題壁原韻

年年相約會崑崙擕友登臨笑語温事擬龍山風落帽八追彭澤酒開樽空中雨細籠秋樹嶺畔雲陰隱遠村談舊啣杯情不厭歸來山下掩柴門

和孫厚菴雨晴催賞菊之約原韻

約邀玉佩響瑽琤入夜忽聞淅瀝聲對雨原難忘舊雨課晴竟未報新晴謝公屐着應憂滑伯子琴張獨賞淸待得東籬花事好重擕樽酒與君傾

正月十八日娶妻李氏自嘲

五十四春娶少妻，枯楊自恠復生稊。兑羊自昔從乾馬（易乾一兑三少陰配老陽），戌狗（女戌相）而今配酉雞（余酉相，俗云雞狗不合）。合巹人新羞捧送，畫眉手舊辨高低。元宵已過亘宵接，花燭燿煌照玉闈。

聞警

烽火一閃報近疆，紛紛逃難遍城鄉。鴻鶩急欲飛天去，鹿走何暇擇地藏。盡室而行借婦子，于囊以食裹餱糧。桃源從謂難尋路，暫入山林詠小康。

寇退

新城時曲沃失守故絳境相連，汾澮中流隔一川。唇缺能毋憂齒冷，霜嚴自爾戒冰堅。忽聞河漲兵難渡，旋見風狂馬不前。是夜無雨河漲數丈且西風大作如有神靈潛守護，威驅醜虜遠狼烟。

五月初一日馬友竹邀賞盆蓮是年閏五月

我有盆蓮不開花，君有盆蓮花如霞。有葉無花真寂寞，賞花特來到君家。君家名園花如許，惟有蓮花開當時入千

花兮與不孤花迎人兮嬌欲語欲語不語花可憐誰能無
情負花鮮酌酒看花花可啄啄花才愧李青蓮青蓮花容
比女容芳姿綽約月下逢斯花真可比君子品高不比凡
花穠凡花穠豔亦堪悅那如斯花獨清潔淤泥不染水中
栽愛花周子曾著說今朝花開映日光紅花別樣擬蓮塘
待得秋來花事好賞我黃花晚節香

吾養二鳥一鳥死託生者以悲哀

一自破巢遭毒手與子籠中共垂首飲啄曾沾主人恩晦

明與共若好友養得羽毛長滿豐辭別主人高飛走誰料有始竟無終吾子嗚呼命不久昨夜架上猶同栖今朝忽入貓兒口自古兔死狐猶悲矧為同族與相偶張口垂臯動哀聲一似子規啼煙柳主人代余表微忱君在幽明曾知否

登稷峯宿古泉寺題壁

稷峯渺渺路何之投宿禪林問自知日暮老僧歸洞口客來幽鳥上花枝烹茶快汲林泉水具饌特為玉版師厚意

殷勤無可報臥雲深處贈新詩

和張蓮峯夜宿古泉洞原韻

古寺深山裏仙凡隔嶺分尋幽登峻坂繞道撥閒雲鶴夢松間穩鐘聲午後聞叩扉通曲徑入洞落斜曛長老曾相識沙彌訝異羣筍厨茶玉版石砌坐苔紋泉待分符取香先洗手焚禪林空色相貝葉亂披紛寶鼎盤龍紐佳聯篆鳥文佗心安寂靜我意感慇懃一枕甘高臥三更淨塵氛稷峯知不遠明日振勞筋

九日登崑崙山天陰

蒔居重陽日不晴，秋光天色喜雙清。杯啣金盞開新宴，詩讀粉墻憶舊盟（丙辰偕友共飲於此題詩壁上）。菊圃都含時雨潤，楓林斜映晚霞明。峰巒滿目望無際，寶塔凌雲落雁聲（是年加庄村建書院於上西南峯頭立塔以補風氣）。

家嘗過期不至作竹枝詞以概之

蕭條冷署最堪嗟遣僕持書去接家應至不來過月半滿
腔心事亂如麻

滿腔心事亂如麻那有閒心去看花時稼亭邀賞菊花誠恐花容
開正好對花興感思無涯

對花興感思無涯尤足關心兩歲娃夜來燈下閒調笑傳
語頻教學呼爹

傳語頻教學呼爹呼爹不應意潛邪吹燈抱孩擁被睡一

夢迢迢到學衙

一夢迢迢到學衙治裝速乘美人車催車指日來史水一處團圓笑語譁

榆葉梅

誰言北地少紅梅接向榆根應節開會憶青錢千萬墜鮮花買得一枝回

春海棠

種別春秋數海棠秋花不比春花香東風漫費吹噓力恐

損鮮姸半面粧

秋海棠

滿院秋風送海棠鮮花有色却無香豈因蜂蝶來往惹故教濤芬暗裏藏

白榴花

共說榴花紅似火枝頭今見白如霜豈因俗態增人厭洗盡鉛華着淡粧

夾竹桃

竹葉青青如碧玉桃花灼灼似紅霞而今同本開砌下一
報平安一宜家

無花果

未果先開花灼灼因花妢結果離離尋常花果何足算結
果不花實足奇

長春花

律轉黄鐘斗指寅微花早放號迎春天工鬥巧生無測四
季繁英應節新

月季花

春豔秋芳各有期。開時欣賞落時悲。彌縫補闕憑何繼。月季花開慰我思。

旱蓮花

齋居那有野池蓮。栽向盆中葉似錢。花朶無多香滿院。西湖何必憶田田。

雞冠花

寸草纖花亦可觀。嘉名肇錫若雞冠。雙雙砌下如將鬥。頂

上崢嶸一片丹

芍藥花

滿院春花次第開紅翻芍藥殿豐臺有時瑞獻金圍帶定卜調元入相才

玉簪花

猪令大葉下垂陰苔上花開白玉簪恍似佳人糚倘淡釵頭不用飾黃金

鳳仙花

枝般葉碧映堦前花放淡紅色最鮮丹鳳絲綢栖滿樹翩
翩佳致訝飛仙

桂花

丹桂原從月裏栽何時金粟落塵埃冬青葉接人工巧一
到中秋滿樹開

中秋賞月縣署柬孫稼亭 己未

冷署感懷思故鄉華箋招飲到華堂玉山坐我光親挹秋月依人輝達揚桂樹枝高香孰折筍厨味美興偏長飛觴共醉歡無極露下花叢夜氣凉

署中有感

爲求薄俸故鄉違冷署安身作暫歸風雨談心知己少雲山阻目故人稀行蹤到處留鴻跡音問來時望雁飛坐入不知秋色老滿庭黃葉落霏霏

和孫稼亭留飲原韻

老去悲秋聞雁過，蕭條冷署更如何。同寅偕手欣相契，時與王雨香同往鄭已談心不厭多。地擲金聲新制藝，觀孫稼亭擬墨城堅玉壁却干戈。刑清政簡琴堂靜，共飲無妨醉色酡。

人生最患好為師，簡命初膺愧鬢絲。玉笋昨方叨美酒，華箋今又讀新詩。幽情暢叙千杯後，旅思長懷九月時。轉盼重陽佳節至，登高何處滿金卮。

和王雨香登高原韻

爽氣宜人在素秋。重陽僚友快同遊。目窮紫塞無邊際。身踞朱樓最上頭。數雁思書來絳郡。凭欄聽客話揚州。時稼亭從弟來襄關心鄉榜望馳報。望余子中式共宴花亭酌玉甌。

秋日寄原郡諸友

餞別東門已數旬。蕭條旅況不堪陳。中庭望月情無極。永夜燃燈影獨親。總有同寅成盛會。那如知已共良晨。崑崙風景依然好。載酒登臨少故人。

八月菊

胡爲名菊却無香入月山椒競散芳逸士慵言開老圃征
人誤認到重陽紅鮮欲奪秋容淡絢爛何堪晚氣凉指目
東籬佳色滿尋芳須插滿頭黃

賀孫稼亭胞弟報捷南宫

春闈正擬榜高懸果捷南宫喜信傳赤幟何人誇奪錦瓊
林此日慶開毬鳳窠爭羡無凡鳥蛙井自慚見小天臚唱
會聽聲第一長安走馬快揚鞭

謝孫稼亭餽鮮筍

古刹聞黍玉版師今朝鮮筍餽枝枝感君厚意濃無比佐
我疏飧淡更宜節勁未臨霏雪日心虛已解雷動時何當
栽竹瑶階下長報平安只自知

孫稼亭縣試四場詩文命題俱用達字因約成七律二章

達有實分非務名 頭場巳冠首題非達也夫達也者 斯人窮達命難爭窮
時須守達時義達日莫忘窮日情 次題窮不失義達 上達天知窮
不怨 未冠首題而上達知我者 居窮獨善達斯行 次題窮則獨善其身達 幸逢明
目達聰日特達形庭慶萃英 通場詩題明目達聰

天德淵源達可知二塲文題達天德先生如達溯農師二塲詩題先生如達能言達政窮經日四塲文題誦詩三百授之以政不達使於四方不能專對雖多慮愚操心達變時三塲文題故達士有八人先伯達四塲前十名各做一起講題伯達至李隨塗尋九達到中逵三塲詩題九達謂之逵圭璋特達誰爲首四塲詩題圭璋特達右榜通知達不私

二月初四日孫稼亭長子夭亡詩以弔之辛酉

九九寒消暖律回東風何故送妖來芝蘭正擬連莖秀公有二子棠棣忽驚半面摧豈是天年當短折還因人事失滋培

（閩醫之太遲）枝頭碩果依然在好護金鈴妙化裁

市橋懷古（裹坦縣八景）

訓廸公餘出郭遊閒尋古蹟上橋頭（橋在北門外）殺身高節肅人愧報主孤忠國士留秘計空施驚馬覺雄心未巳斬衣求英魂有恨付流水泣訴如聞日不休

漳江春渡

漳水縈洄抱郭斜春來渡口語諠譁時巡曾接唐王駕（唐元宗爲別駕時渡漳有赤鯉躍波）利涉何勞鄭相車緑滿小橋垂栁色紅蒸

夾岸放桃花臨流送客情無極南浦傷心望眼賒

韓山獨秀

晉國初分地屬韓青山郭外聳奇觀屏開潞郡圖堪繪秀勝江東畫欲攢岫列嵐光宜雨後峯高黛色入雲端登臨有志扶笻遠仰止徒深畫裏看

仙堂舊隱

靈山右腋有仙堂（仙堂爲太行山右腋靈山之一）古洞雲深舊隱藏坐上拈花三佛靜殿前流水五泉香（殿有三佛面前各一泉殿外有二泉又名五泉）詩

煉丹樵子歸何處（西有寶峯山傳有樵人煉丹化去）題壁詩人過此方（以上解俱見武鄉趙三麟遊仙堂記）乘興尋幽如可到桃源何必問漁郎

凉樓勝觀

城南古寺碧峯頭勝蹟猶留避暑樓（元察罕那延太師河南王建）畫棟凉生忘日夏珠簾爽入覺風秋韓山秀聳窗中列漳水波清檻外流攜友登臨聊遠眺風高鸛雀豁雙眸

獅山晚照

地正初開造化工奇峯怪石自玲瓏昔聞仙佛山中靜（玉華

洞石成
仙佛今見猊嶺上雄欲吼威驚羣獸散如生怒逐夕
陽紅何時走脫文殊坐（文殊菩薩坐下有青獅）臥鎮韓州萬古同

甘泉漱玉

何處清音斷復連甘羅巖下繞鳴泉噴珠滚滚盈溪畔漱
玉泠泠到耳邊響徹淩波疑帶佩調高流水郝無絃遊人
倚杖遥聽外悉滌煩襟別有天

寶峯晴雪

寶峯巖紫映朝暉快雪時晴滿翠微樵子升仙乘白鶴解見

前仙堂舊隱 仙姑出洞著麻衣 山有麻衣洞 高林日射琪花映峭壁

風來玉屑霏策蹇詩人如到此攀條誤認臘梅肥

九月初七日宴飲漳川書院東范竹坪 前署襄垣縣事

天高氣爽近重陽四海論交聚一堂 同城及駱蓀雲共七人 秋老吳江楓葉紫蘂開彭澤菊花黃 竹坪爲主請賞菊 坐中令尹陪新舊 時新在隙橘堂亦在 酒後威儀判聖狂半載仁風流吏水行聽去後詠甘棠

九月九日賞菊隱逸園東趙咸中

芳園佳菊應時榮招飲賓朋宴有名我輩題糕慚禹錫君家築室效淵明堂懸效淵明匾繁英帶露分濃淡晚節經霜入品評此際簪花欣滿帽東籬何必賦同行

和孫厚菴山長九日登高遇雨原韻

一年佳節數重陽赴約登臨動足忙靜境無塵來爽氣芳郊有雨洗秋光詩成七律推敲細酒醉千杯笑語狂會看東籬風信好滿頭斜插菊花黃此時菊猶未開

自遣

齋居閒曠在東南苜蓿春餐味旨甘滿院槐陰消夏五綫杯菊酒醉秋三經披前代廾丹閣士造後來培柴栟莫謂冬來幽署冷圍爐撥火一家談

九日登高懷孫稼亭

文昌高閣俯漳流應節登臨豁遠眸暢我幽情逢霽日宜人爽氣對清秋朱欄曲檻閒憑眺雲樹烟波孰唱酬公前和余登高有雲樹烟波之句料得并門風景好公時在太原府相思一樣憶同遊

諭長子炳二首

長子家中等冡君修身正已率同羣防奢庋用須求儉嗇惰工夫莫若勤式好行隨皆雁序相尤手足亦瓜分田園生意通盤算可比他人戸實殷

其二

廪食天家四世香丕承更望後來强衣青衿我科登第紆紫憑誰錦燿堂秋月蟾宮爭奪艷春風杏苑勉採芳殷勤勸爾分陰惜夾道槐花指日黃

操兵

鄉團鍊勇選英豪技藝精通在演操平地雷聲燃火藥滿天雨點舞矛刀旌旗陳整揚鷹績帷幄謀深運豹韜惟願無鬧風鶴驚干城載戢解征袍

南池流馨贈趙可薰孝廉

縣治東南鑿馬池城中流水滙於斯地形高下原宜爾天象文明實在茲憲副前徽雖邈矣趙咸中遠祖明正定知府科名祖武復繩之可薰祖孫孝廉傍穿一井泉甘洌井在可薰園中釀酒馨香遠近

知。立字號馨
知泡酒房

留勉諸生

六載師生豈偶然驪歌一唱別情牽一堂未會三千客常不
見面每歲空收百五錢愧拂春風纔幾日重親雅範在何年
留言多士殫心力莫使祖生早着鞭

劉文安公祠

專祠勅建在家鄉謚予文安一邑光明代衣冠存制度清
時俎豆薦馨香三朝進士淵源遠四世經魁繼序皇縣前建聚

奎坊上書三朝進士四世經魁官拜尚書留盛績公南京戶禮二部尚書當年鼎甲探花郎

思歸

賦性由來野鶴儔林泉深處碧山頭一從微宦拘株守絕少良朋載酒遊孫子青蓮懷雅致前縣令孫稼亭工詩與余互相唱和張公玉樹想風流契友張蓮峯宜人可欽田園將蕪歌歸去攜友登臨互

唱酬

克復金陵四首

失守南京十二年而今克復提育傳謀深帷幄金陵外勇
奮貔貅銕甕邊勦賊休留長髮種攻城直破石頭堅熙
朝自有如天福甲子回元卽凱旋
大礮臺高地道深官軍城外築礮臺十數坐穿地道三十六穴城危力竭恐生
擒老饕服毒宮中瘞賊供首逆洪秀泉五月服毒而死瘞於偽宮院內小犬焚身
火上燖偽幼王洪福瑱城破後積薪自焚梟首斷難容國法分屍始可快
人心詩歌六月勤王事振旅何辭溽暑侵六月十六日克復
首逆如卿惡滿盈先期自盡棄金城併見前首同宗又襲洪仁

達偽次王異姓猶忠李秀成偽忠王鼠竄方謀疎漏網鷹揚李
乃繫牽纓先修露布紅旂報擬檻俘因獻壯京二逆匿於山内民房蕭孚泗搜將出檻送京師
喜動天顏慶賞行因功拜爵有權衡銜加師保優參相
曾國藩晋封太子太保一等侯曾國荃晋封太子少保一等伯爵列子男寵冠卿李臣典一等子蕭孚泗一等男
孔翠冠飄雙眼瀏雙眼花翎鵰黃衣染半身輕黃馬褂從
軍將士分差等以次封賞有差波及臣工共錫榮外大小臣工各加一級

（清）王錫綸 撰

怡青堂詩四刻

存卷一至二

清同治十三年（一八七四）刻本

怡青堂詩四刻存卷一至二

清王錫綸（一八〇九—？）撰。清同治十三年（一八七四）刻本。

王錫綸，原名勇智，字印川，山西忻州人。道光二十四年（一八四四）拔貢，先後授館於文水、交城、清源、壽陽、代州等地，咸豐十一年（一八六一）官臨汾縣儒學訓導。同治元年中舉，會試下第歸里後仍以教書爲業。平生博學多文，著述宏富。同治四年，王錫綸『彙其舊作文、詩、雜著二十七種二百餘卷』，請李廷樟作序。然大多已散佚，存世且見於著録者僅有二種：《怡青堂詩二刻》八卷，咸豐七年刻本，北京大學圖書館、山西大學圖書館藏，後者僅殘存前四卷；《孝史》二卷，同治四年刻本，山西省圖書館藏。民國初年，王錫綸之孫王啓宇（字魯封）留心整理先祖遺集，於民國八年（一九一九）編成《王印川文集初刻》，分上、下二集，僅録文三十八篇，爲石印本，山西省圖書館藏。內封有『全稿續出』字樣，知其時有刊行全集之計劃。今國家圖書館、北京大學圖書館、清華大學圖書館、上海圖書館、南京圖書館、山西省圖書館、山西大學圖書館等藏有《怡青堂詩集》八卷、《怡青堂文集》六卷，或詩集、文集俱全，或僅存一種；或著録爲民國七年鉛印本，或著録爲民國十年鉛印本，或著録爲石印本。據其版式字體，爲鉛印本無疑，作石印本者誤。《文集》卷首有民國七年冬月雁門張友桐序，稱『民國以來，余徵文太原，先生文孫魯封抱遺書自忻來乞校』，知是書即上文所云之『全稿』，序作於民國七年，而印行於民國十年者也。印刷資金則爲忻州人陳子莊、王樹侯所籌措。《文集》爲張友桐選校，將原稿四十餘卷，編選爲六卷。《詩集》則不詳何人編選，卷首僅冠咸豐十一年辛酉徐繼畬舊序，稱贊其詩『出入唐宋元明，不名一體，尤工七古，合昌黎、東坡、遺山爲之，其得意處，興象不讓古人』，又云：『君與遺山同里，而詩乃具體，關北詩人當屈第一指矣。』可謂推崇備至。

民國鉛印本《怡青堂詩集》爲王錫綸詩歌全集，分爲八卷，除第八卷爲外集、詩餘外，前七卷詩皆編年排列：卷一《爨餘稿》，收録嘉慶二十四年己卯（一八一九）至道光十九年己亥（一八三九）詩，分《家塾集》《曲莊集》《班莊集》《忻州集》《晋陽集》《家塾集》等小集；卷二《撫髀稿》《南來稿》，收録道光二十年庚子（一八四〇）至咸豐五年乙卯（一八五五）詩，分《白石集》《忻州集》《文水集》《清源集》《家集》；卷三《徂東稿》，收録咸豐六年丙辰（一八五六）至咸豐十一年辛酉（一八六一）詩，分《徐溝集》《榆次集》《壽陽集》《需次集》等小集；卷四至七《河山一覽樓稿》，收録咸豐十一年辛酉至光緒四年戊寅（一八七八）詩，皆爲《臨汾集》，即官臨汾儒學訓導後所作詩。

此本正文卷端題『怡青堂詩四刻卷一』，次行署『忻州王錫綸恩紓』，第一首詩《除夕署中祀先》下鐫『壬戌上，臨汾學署，斷雁哀鳴集』，知《四刻》始於同治元年壬戌，基本對應《詩集》卷四壬戌稿。因該年作詩數量較多，又分上、下二卷。今所存亦僅前二卷，録詩一百五十七首，而《詩集》卷四僅録壬戌詩六十二首，且皆見於《四刻》。可知民國本在編集時多有刪削，如《衙齋偶興》八首，僅選其四；《送考雜咏》十二首，僅取其九；《歲暮祀神》六首，僅選《土地》《五道》二首；《哭孫女令儀四首》，題下注『三月初二日痘殤』，詩題省作《哭孫女》，且無題下注，等等。要之，王錫綸詩集當以清刻本爲善，惜亡佚嚴重。此本缺封面、内封，曩曾於舊書網站見一品相較佳之本，亦僅存前二卷，以其爲復本，故不及購。惟封面書簽題『怡青堂詩四刻，西仕稿，壬戌至丁卯，筱潭李贊勳題簽』，内封鐫『壬戌至丁卯，怡青堂詩四刻，戊辰以下俟續刻』，可補此本之缺。據是可知《四刻》收詩時限爲同治元年至六年，若每年皆二卷，則爲十二卷本；若僅壬戌年一卷，則爲七卷本。卷首有同治三年張觀準序、同治十三年謝維藩序，故定爲同治十三年刻本。

此本與《怡青堂詩二刻》行款相同，皆爲每半葉九行二十三字，粗黑口，四周雙邊，單黑魚尾。《二刻》卷首有咸豐七年會稽姚宗湘序，故北京大學圖書館著録爲咸豐七年刻本。内封署：『自庚子起，至癸丑十一月，甲寅小祥後附，詩餘附，丙辰三月以下俟續刻。』將《二刻》《四刻》内封所鐫日期與《怡青堂詩集》對照，可大致還原《怡青堂詩初、二、三、四刻》之時限，即《初刻》對應《詩集》卷一，收録嘉慶二十四年己卯至道光十九年己亥二十年間之詩；《二刻》對應《詩集》卷二，收録道光二十年庚子至咸豐五年乙卯詩；《三刻》對應《詩集》卷三以及卷四辛酉年詩，收録咸豐六年丙辰至咸豐十一年辛酉詩；《四刻》對應《詩集》卷四以及卷五丁卯年詩，收録同治元年壬戌至六年丁卯詩。至於同治、光緒年間是否續刻《五刻》《六刻》《七刻》，分別對應《詩集》卷五、卷六、卷七，因文獻不足，暫且存疑。

《清代詩文集彙編》第六百三十三册既編録民國鉛印本《怡青堂詩集》，又影印咸豐刻本《怡青堂詩二刻》，將二者進行比較，可知《二刻》收詩數量亦遠超《詩集》。結合此本與《詩集》之异同，可證清刻本與民國鉛印本分屬不同版本系統，前者爲作者生前刊刻，收詩數量更爲豐富，文獻價值更高。然《彙編》網羅清集甚夥，亦僅搜集到《二刻》，可見此《四刻》之難得，切不可因其爲殘本而忽之也。至於《初刻》《三刻》與清刻本《文集》，更是久已不見著録，當進一步尋訪。

徒子室贊
求新老師撰
月懲完
本家資學

序

詩借景相觸而實發於情非有過人之情不能為也以才見長而必根於學非竭一不厭之學不能工也天地間今物紛賾情狀萬端古今來理亂興衰感慨交集無不拾諸簡囊形為歌咏情苟無餘朝為而暮輟矣學非日富意淺而詞窮矣嘗執此以論詩覺世之作詩者慨不乏人而吮墨弄毫興趣易盡雖有佳篇苦不能多情不足也又或[illegible]弄月於八股試帖外

旁及樂府雜體而講求無素不能於古今名集博觀
約取徃徃抹月批風貽笑大方工部所謂輕薄爲文
者非失於不學歟余自壬戌忝主平河講席獲與
印川同年日相酬和暇日嘗出其所作詩卷裒然成
集囑余勘定余雖不能詩竊見集中各體俱備其刻
畫入微也則鏤雪團香其點綴生色也則裁霞曳繡
遊屐到處草木生春斑管拈來山川如畫合風雲而
入冶別具爐錘燦星宿以羅胸自成經緯衆長兼擅

無美不收所謂情景相生才學交資夫何歉焉他日藏之名山傳之其人行見膾炙人口聲滿天下推一代之宗工三晉之詩人定當爲公屈一指云是爲序

同治三年歲次甲子仲秋年愚弟張觀準拜撰

序

忻州王君印川見示所爲詩若干卷及其亡弟洪川所爲家庭怡怡各能有以自興君制行峻岸喪祭一循古禮而力過絶里俗盲習信有合於道者維篤曩恒爲詩多傷時危苦之音疾其罔裨於世而有賊於已屏不復爲諷君詩清美逸宕嶷若可以爲樂邪人爲言君習養生術居恒危坐木榻齒幾七十而神沖體輕意君所樂有在詩之外者矣晉士狷隘罕外慕

卒能閉門爲文章自娱鄉里敦篤之士硜硜守古法不與時世俯仰蓋其土風使然獨憾君以其沈博之才察所畫議卒可見之實行屢躓不得一試無所洩發於是著述盈尺而君亦既老矣序君詩喟然久之

巴陵謝維藩

甲戌六月初二日平遥行館

怡青堂詩四刻卷一

忻州王錫綸恩綍

除夕署中祀先 壬戌上 臨汾學署 斷雁哀鳴集

寶硯摩挲愛望深駑駘淪落到如今綸生於人日先慈夢人錫以雙硯十年不斷思親淚遲暮難爲捧檄心殷薦以時庖速治逮存無及意空臨可憐水陸爭繁品未抵當前酒一斟

祀亡室

歲節先堂肅酒肴當年同汝共戶庖何期今日來官署與汝分籩作薦羞遠道香花虛設位故山陰雨昔營巢杲暘此夜

千回折未報平生道素交

元旦試筆和珠參戎

燈火熒煌動五更盈城爆竹喜時亨風恬柳栢珠塵肅星拱

薇垣玉宇淸謌　廟趨蹌鬱序躅朝　天輻輳衆臣旌

欣占福曜攢東北萬國從茲共太平是日吉神俱在東北

英齋鹽經恩榮爲珠參戎公子初未謀面從運城來覲

其父於署中元日枉駕來謁兼惠以詩用步其韻即

以贈之

何須甲第始稱名弱冠詞壇奮幟精頭角崢嶸分世澤鹹鹺

歷落著循聲壎篪協奏庭幃樂令弟子章恩珮隨父任讀書喬梓雙承雨
露榮最喜前途皆遠大聯翩萬里翥鵬程

和門人趙竹蓀耀宸除夕韻

流光如水不停居每逼青陽意有餘朋輩雲泥駒易逝中年
哀樂雁無書已拚跅弛成孤寄只有豪情尚未除隨例黃堂
參謁去頭顱自顧總踟躕

歲前四日有持擔賣敝故物者挾詩觀一部自順治初
至康熙十一年作者五百九十五人謂之天下名家
詩一時宗工大老咸具余見而好之因議價未諧持

去後數過市俱未見忽忽不樂者數日今正月九日

得之鼓樓前遂急購歸喜而賦此

嗜書如嗜色覯之眼增劇囊空轉羞澁乞兒念鶏炙慕前三兩朝治具祀先祐一叟輯屐來有書擔頭掇一見心花開顧視同拱璧講價苦不讐望望竟他適心中殊悵悒睡夢猶未歇三日九適市偏沉大海石新歲天氣佳招邀及賓客邂逅逢所懐異寶欣再獲青蚨行可借黃卷應須惜抱持遣銀鹿拂几供朝夕天游信銷魂未敵兹怡悅大慶告同儔爲浮一大白

元夕遣懷六首

衙齋無事看燈回星月高高漏屢催如此清光如此夕玉人何事不同來

新糕濃淡各紛如簇擁花燈競上初若使玉容人尚在也應髻護七香車

世事傷心莫問天每逢佳節倍悽然啣恩報德吾何有空負糟糠三十年

魚丁菜甲饋晴春節物朝盤也門新一七湯圓虔酹汝野蔬充饍最艱辛

清光滿院碧陰橫處處人疑畫裏行記得昔年西舍下倚窗
攜手聽吹笙
消魂一疊淑眞歌月市花燈豔若何只爲去年人不見青衫
袖溼淚滂沱

送宜亭參戎權河中副戎之任

小隊乘春擁碧油蒲津雲物望中收闊門地接河聲壯條嶺
風高勝槩留柳子厚送獨孤申叔往河中序聞其間有大河條山氣蓋關左文士往往徜徉臨望坐得勝槩焉百幅珠璣贍盛節公與綸酬和甚盛萬家燈火送行騶公燈節前一日起程
貽溪覽古應相憶莫靳鸞箋寄遠郵

咏史三首

宋判雲泥已隔津何須無賴吐車茵當年肯念蘇師旦不負師門尚有人

長安市上馬蹄忙脫卻金龜一笑狂解重烏棲烏夜曲令人長憶賀知章

趨炎世法日紛紛貧賤何人結契勤漢代憐才時第一可見終讓卓文君

又題相如傳三首

四壁家徒逐令行相知偏在未成名閫中慧眼欽才子絳灌

如何搆賈生

儒冠溺後日如何病免臨邛道上過肯爲故人施宛轉看他作用也殊科

只有才人望若仙鴻泥一過煥雲煙不因此夜琴心度程卓何人也竟傳

行平陽城中偶得

平陽兵燹後景物亦蹉跎城郭民居少廛荒寺廟多風仍唐節儉地近漢山河劉淵太息諮前事遺民首盡皤

大雲寺啜茶

古寺何幽秀茶烟靜一龕平生不拜佛無礙與僧談

鹽車歎

負轅服軛歷俯張淚盡鹽車上太行車上不知心力瘁亂持

鑑楚說平康

去冬十月始得聯詩會數人走筒酬唱差不寂寞乃未幾而貽山補官之京除夕前二日後江又代庖曲沃燕九次日宜亭有權蒲東副戎之行而佩齋亦擬適潦州詩樵蓮生相與抵省蓮生復由省赴京數日之間風流雲散相知幾人乃遽如此屢別耶社中在者

虎多偶
我乃緣之
付伍。八
懺登碑
萬歲高
手。

惟澤長一人矣不能無言送諸公即簡澤長二首

歡偕今雨暢心期何事朝來盡別離不惜驪歌蓮夕唱卻懷牛耳幾人持照愁深院溶溶月吹夢寒宵故故颸憶否苔岑同契日吟箋走僕每為疲

世事消沈曷可期誰知旦夕異成虧西窗剪燭應何日南浦銷魂是此時方信同人非易集最愁狂詠少相師寄言愛友青蓮老此後遲君更不疑

送仇佩齋歸襄陵即往遼州

登山臨水送將歸太息離亭景物非折柳一時同輩盡詠梅

當日素心稀珠宜亭宅夜宴事相看碧草皆愁色卻恨浮雲不斷飛
此去箕城烟雨裏好題詩句致音輝

春日偶成

小院尋幽日幾回暖風晴日上樓臺茶香正熟清無事時有
儂芭問字來

行香日偶作四首

初一會府學十五會關廟曙起著衣趨莫遲奔走急迫無威
儀門斗破帽持氈隨持氈隨極大公事在行香府學行罷縣
學當入門廟貌何頹唐兩廂木主皆披猖名宦鄉賢一例亡

屋頂時時漏天光九叩畢禮數終西偏一院像設隆云是文
昌神梓潼西偏之西尤匆匆云有仙者純陽翁隨例拜跪理
難窮羽教乃與典禮同禮生行可食飯吏云休矣止一半太
守堂有官廳院持帖請安庸敢倦去去原未必一見照例且
復隨知縣不爾怠慢倘遭譴
二月陰霾風怒吼黃塵埥天土作雨傳帖一到非等閒旅進
旅退孰能忤初一會府學初三府縣兩文昌初四丁祭初五
壇社稷神祇古所藏分祀更有七八方河神水神溝渠良昭
忠祠乃在城北大市之通衢相去較遠利步趨差勝城內城

外東西南北無人之荒隅初六祀之無敢徐十二再祭文昌
廟初十十五十八三日咸向闕廟徂後則府東前府西廿一
廿九朝日賢良區一月强半齋日俱治民事神皆爲學祗被
將事㫖不惡澗藻溪蘩禮所殫精意享之神或餮盛服煌煌
兼美觀愧我職非守土官
丁祭實秩祀色色動文移品物多多諸有之印官取諸行行
首來交實可嗤君不見昔日監收時接簿則有索則虛市儈
誰能較銖錙或云水草之和氣或云物力之繁滋入來惡薄
不堪視犧牲瘠劣更難治官胥互爭執紛擾競刀錐忽焉月

西人草草置頓無言詞官厨來急烹炊頃刻畢半盤匜何嘗
有盤匜顛倒假借無可與稽進夜陳神案明早一舉竣其儀
樂器禮器皆無有泥餅瓦注聊代尊與罍煌煌鉅典同兒嬉
無怪朱竹垞卒存風懷詩不樂覬食豚蹄兩廡爲
東方未明倒裳衣急往從之均已歸明日早候何敢遂淡望
破窓寒侵肌日高三丈猶遲遲前日衣蟒服今日用素衣明
日又催補服披翻箱倒篋無日非我聞祭不欲蹤亦不褻禮
煩則亂神所黜一日數祭將何遮況復府學縣學神尤一我
聞胡安定湖州爲教授經義治事齋日日相研究師道從來

貴有尊簿書期會何爲囿簿書少期會多十六接差徙南亭十三接差赴高河高河橋乃是昔年兵戰之荒陀至今猶見斷矢遺鏃相摩挲僕僕道途可奈何教之一字義則那同官從旁笑口開疊序於今亦可哀文章經義兩寂寞舉廢無人空蒿萊不誤期會將誰來教官乃不如輿儓

依韻酬竇潡齋明經淼四首

早從彭俞謂曉荷通守稔伊人奈此盈盈一水濵彩束忽驚青鳥倳勝情欣與墨花新

禹鈞家學足文瀾儀儼才華美共觀一自星槎留八詠鳳毛

長在五雲端郎君文藻文翔皆上舍士文翊余縣校門生覩風卷余爲驛呈學憲因蒙賞識卷存既備查

鯫生末學累紛纏老去空餘覆瓿編銅臭一官餐不飽朝朝

仍索賣文錢

上日鶯花共列盟淡烟疎雨古堯城呼僮早潔鴟夷酒暢論

終期皂帽生

徃北杜道中

依山雜樹蔭毿毿處處橫拖水蔚藍稻隴蓮塘相次接河西

一路似江南

暑中偶成三首

一榻横支小砌東城頭姑射琴輕籠冷衙鎮日無人到祗有
花開滿院紅
宮墻地近絶喧譁隔巷飛飛任晚鴉移几明倫堂上坐頓聽
檐際落松花
小雨愔愔閉院門綺窻無語對黄昏燒殘瓊燭茶香滅清夢
還因到故園
弟至
一世爲兄弟年來遇竟慳居貧無世業入仕柰時艱憐爾恒
多病顧余來此間長歌懷小宛相對鬢成斑

掛榜場門戲示同官

長鋏彈殘幾曲歌全憑芹藻問如何憲臺不會人心意偏是瓊瑰玉佩多瓊瑰玉佩隱語也

送考雜詠十二首

歷碌車聲出晝橋紅塵十里路迢迢陌頭楊柳閒相覷升米無多也折腰校官日得銀九分貿米升餘　迎憲

逐隊羣趨使院衙冠巾檢點莫傾斜入門禮數蒙優異三叩與來尚喫茶謁轅

麗譙鐘鼓四更時門斗傳呼起莫遲人影兩行攔畫燭還如

待漏赴丹墀送場

礮叙門開燈火煌一聲告進敢倉皇文章學業渾閒事隨例三恭雁鶩行參堂

朱門嚴鎖畫沉深却愛風檐一寸陰回首可憐辛苦地隨人出入豈初心留場

親持手記下堂來硃彩淋漓小合開七藝全完日未午無人亮似老父方余嘗應經古試打印時已完七藝余場中作文甚速時人每以八叉比之

打印

天鼓喧傳午後聲榜花一動豔同城春風何計光芹藻先數人間富子名問榜

青衿旖旎綴行榮箇箇春鴻翩羽輕白首鄭虔聊一笑新收

五十四門生 受謁

卷卷烏絲細細包送來仍向憲轅交老夫也帶銜交眼副本

憑他草率鈔 收卷

按名捱算費周章上憲輿臺亦自狂鶩眼運來還運去連天

空累隸人忙 交費

雙鞭響道不停催麥隴風狂次第來擊壤亭前齊下馬縱無

箠楚也塵埃 送憲

頻璧春風隊隊和冠裳禮樂問如何石崇程鄭知何處偏是

雷轟薦福多　催課

衙齋偶興八首

茶癖香來初放衙一官猶是野人家布簾莫怪薰如墨二十年前舊講紗

自來學得繡鴛鴦繡得鴛鴦適自傷不惜金針隨處度幾人解送東脩羊

閒曹自合故人疎風雨何因慰索居不礙偶然作供頓屠行猶有祭丁豬

官書花押自親加小吏紛陳雁鶩斜雨霽閒庭增秀色游絲

清拂印床花

連日厨中鈌短供清標不負讀書功自吟自賞還自愛不寫

新詞寄相公

玉堂清味證依稀校官人稱爲外翰林冷况全偕世態還爲報明朝炊

米斷不須沽酒典朝衣

緗帙紛披獺祭魚日長終自愛三餘客來仍是談文墨錯把

爲官當教書

書聲朗誦五雲端月白風清夜向闌燭影揺紅人未寢更無

清夢到槐安

奉和龍暤臣明府汝霖曲沃留别原韻八首

竟作飄然計攀轅父老悲甘心歸舊隱未敢戀明時浦鳥飛何急溪雲去豈遲懷賢兼惜别相對鬢成絲

捧檄辭南國高堂有老親一身縈組紱萬里念昏晨此日衣歸錦當年道豈貧萊斑留綵舞愛日慶長春

姑射饒冰雪汾川水急流龍蛇當日詠興廢幾千秋舊壘孤樓觸奚囊一卷收歸裝殊豔甚迥異稻粱謀

太息征輸急民疲隸役肥城鄉戎馬後井里室廬稀耈任催科拙心傷撫字非千秋循吏傳永絶吏人威

愛士援羅廣栽培比戶春新吟徵手稿勤教等肌淪論古今堪諮留賓主更貧相期雲路遠砥礪各艱辛

衆吠同咻日疎狂奈爾何不知恩施廣請聽謗聲多君所施皆利民之政而俗吏不便爭爲異言泉石從吾好尊罏理宿痾儒生眞面目不愧在林阿

解帶幽居好名園道足矜君解官寓邑之靜觀園生機隨日長媚骨讓人能宦淺名先著身閒德可稱興來聊自適把釣月爲朋

掛席湘江上烟波舊路賒來時欽竹素歸去戀桑麻紫闕猶相憶青山有我家里門忠藎在獻賦賈長沙

再題皡臣先生曲沃留別詩八首

解綬翛然去蒓蒲憶故鄉今朝姑射雪昨夜洞庭霜報國躬逾慎娛親日正長永言謝軒冕努力事耕桑

八年辭故國六月服微官井邑凋殘後殷勤生聚難功先除積蠹惠不博羣歡獨有憐才急儒冠洗眼看

小侜烹鮮策鄰疆滿盛譽早將循吏傳吹送野人居（君在任僅六月）

（綸於去年九月郵聞君盛化）望古殷懷集逢君弱眼舒一年欽美政何日托瓊琚

一卷餘冰雪從容避俗擕端居增感喟行篋自標題詩瘦茶

香滅年荒酒價低拈髭開笑口雅尚碧雲齊
永日清無事山農問字來栽花添水曲𦲷藥傍庭隈鳥喜吟
官樹人忘蹴印臺如何虎冠吏氣燄競如雷
假館京城闕炊烟上女墻門生兼掾吏兒輩理詩章啟戶延
朝爽偎窗怯嫩涼支頤看山色清夢落瀟湘
三策江都老幽棲住比鄰投書增意氣把臂接詩人勵志希
前古傳心屬後塵所懷在不朽勗語屢書紳君與後江董君初未謀面下車
郎投書請掌曲沃書院後江館前浮山令陳君所義不獲辭
遂不果君前後來札多以著述爲屬綸與後江善君詩文多
得從後
江讀之

士品留金管書名擅玉杯逃讒稱放曠養疾托蒿萊俗敝需
良吏時危急俊才片帆應緩挂莫遣壯心摧

哭弟詩六月初一日弟歿於臨汾學署

行行重行行千里覲阿兄乃獨與禍會卌日隕其生自小在
庭前愛敝何臻至奇文既相欣疑義亦互致味有一臠甘不
共不忍食遊有一境殊相思互尋陟吾家甚貧薄易衣謁賓
師擔囊送餱糧苦志光門楣爾才既卓越爾學亦深造見事
多明晰觀理尤靈奥我昔啟童館爾猶居市廛廿日不相見
乘暇急來看我念爾勞勛夜中不能寐努力苦誦讀漣漣聲

迸淚壯歲俱違適終年會面稀相思不可道看雲寄新詩一

從遭禍患嚴慈旣永離至親我與爾亦在始衰時憐爾髮早

白憐爾肢何瘦念爾子嗣艱懨懨氣息又作得等身書積得

一身病孤高不逢人惟余與心映弟兄五十年未犯一面紅

雖無不娶義亦有大被風何期庚戌歲忽焉生異心讒譖起

衽席參商尋曠林此來抱病居情親更藹然上視持予手呼

兄在眼前爲爾尋醫去牽衣不令緊持此對床意永慰風雨

思相念少小時親愛何婉孌相念數十年孝友貞無間相念

萬古心所期俱不朽相念敝族愁綢繆爲尸臞憐予掌心熱

憐子心血殫憐子少分憂憐子諸事煩力倦不能言呼兄令
代說爾與我談心我聽猶歡悅亥夜呼燈明移藥就近案爾
我弟與兄再一看其面連日在牀蓐輾轉無休歇見爾慘怛
狀余心如寸割一世爲兄弟怡愉在骨肉況復聞此言肝腸
幾斷絕顧我無長策累爾此番來嗟嗟余負爾蒼天爲禍胎
醫藥既不靈禱祠亦無驗稜稜瘦肌骨僅此愁相見不識何
年歲結此斷腸緣移椅起端坐一命歸黃泉當年書互讀手
澤猶可捫前日力疾時猶代余改文詩文俱有作噓噓猶在
眼感此慟余心永日淚痕潛自爾來此間未爲一美飯亦有

遊歷場未同一纏綣爾來既抱病我復多匆忙慟極復悔極何時再能償天何禍吾家事盡出非意殘年幾何日此恨焉得置嗟爾子嗣艱今甫得一子未及一尺長衰絰何堪理爾妻猶少艾吾家無素業來此更不易家居奈貧乏爾妻吾必養爾子吾必教詩書嗣爾業婚宦及時詔爾志既軒昂爾性太孤子此生未有遂來生當顯達依依五十年忽此竒慘搆呼爾竟不聞可有夢來復平生未盡歡留作來生補此言如不信天日以爲剖

六月初十日送舍弟樞回籍六首

苦學成何用多思竟損神平生皆激楚往事最艱辛慧絶天
能妬情孤鬼亦嗔所懷空不朽觸目盡霑巾
何處三生果成兹萬恨因早知魂是寄（弟名其集曰寄魂谷）日與病爲
隣疑事成孤憤危臨感至親呱呱襁褓物墮地甫今春
親老愁長劇家貧讀更遲三年從外傅一卷自爲師識卓能
徵古才高未入時猶留辛苦在力疾綴烏絲
去歲傷連理孤帷慟至今何堪春草思復此斷腸吟往日機
雲譽平生動勃心一朝成決絶大夢總難尋
家室艱難業長屢廢墜憂同心籌未甫感事觸深愁數極天

難鬥時窮道未酬百年今日盡遺恨滿山邱

不作生相送一棺望爾還訪余來此土脫手棄人間義直兼師友思猶惜病房鶺原終古淚洒處日成斑

見月

月色照夜光晶瑩滿院花茵流陰清此時有弟共筵席呼酒高談何娛情一從徃歲失歡愛離多會少思悖悖此來署内十日食病魔未及稱瑶觥豈無早午共一酌匆匆日食非肝傾何期旦夕遭奇禍罡風寃折田家荊邇來一心如刀割每遇風景皆愁城頓念庚歲咸豐十年中秋節院中開筵依錦棚遍

我東西持杯箠瓜果羅列秋縱橫內子南面侍羹饍一家骨
肉供歡樂談笑雖惜漸衰暮樂既終覺餘平生詎期一旦並
長往剩我老羸頭蓬鬢月光依依感恨深北望慟哭不成聲

又見月弟殁十三日矣集中有雨後見月懷洪川詩盖連日見月悵觸於懷爰成此作淒其哽咽不能以何不自覺其是聲是淚也

往歲見月多懷爾題詩輒上小蠻箋今日見月仍懷爾寄詩
何得到窮泉往歲懷爾異南北弟兄遠望思綿綿今日懷爾
異幽顯弟兄終古難相延爾生不惜以身贖盡巫百禱無奇
緣爾來抱病何慨慨悔不送爾令速旋病裏思家定慘惻病

中顧我猶深憐大錯難鑄六州鐵遺恨竟成百歲天果有來
生可再會歡愛重續荆釵重鮮持此問月月不語空照愁腸成
寸前題詩今昔感殊致飛鳴聲斷鴒原篇掩關閉月祈一夢
夢中倘得尋阿連

哭孫女令儀四首 三月初二日殤

别來幾月念緹縈恨事傳來忽慘情記得月前逢驛騎附書
猶遣問香嬰

嫛婗最小得人憐去歲歸遲八月天却記持錢買餅餌依依
隨我過門前

婉婉相攜坐膝旁，牽衣索笑玉肌香。紮頭果餌分隨意，猶揀餘甘奉我嘗。

骨肉存亡恨若何，兩年感逝哭洪波。去年三月婦亡，今年六月弟亡，而三月兼有孫女之戚。王郎中歲傷哀樂，總迫西風雨鬢皤。

寂坐感懷

才哭荆妻淚未乾，百年棠棣又凋殘。天親骨肉存何有，人世恩仇力已殫。未許尋聲通夢寐，可憐對影竟孤單。更堪幼弱悲孫女，便卽遄歸見亦惟

十五夜對月

前月月鈌今月圓前人一逝不復還月鈌若憶月圓樣人逝難追未逝前未逝人如月在天已逝人如月沈海月沈海內終復生人去人寰何時再明月月月照我闌前月今月不同觀今月人逝前月在月圓空照涕洗瀾

又哭令儀二首

當年大母最相憐臨卒猶殷一見緣此日孤魂應憶念淒風何處覓重泉

荒墳野外最淒其錦褓文衣何處歸大母若詢翁近況衰殘應說甚年時

觸目 見洪川舊所讀書

觸目傷心舊簡編鉤稽辛苦積頻年曇花墮地成何用腸斷鴒原莫問天

怡青堂詩四刻卷二

忻州王錫綸恩綍

奉委送考卽以赴試道中作

西風忽忽又秋初赴試猶然托傳車豆莢紫垂新雨後棉花黃暈晚涼餘潺湲流水添詩料濃翠羣山映客裾太息廿年同逐隊鴒原宿草慟何如

抵省卽日回籍隔二日徒步詣省至窰子行深澗中

蛇行秋澗中水深泥復滑積淖陷前車怪禽啼嘎嘎憶昔年十二初試志穿札阿父憐兒少相攜度林樾策蹇興亦豪斜

陽照巾袜及今四十年一宫猶未達老父夙見背十年淚盈
脊愛弟又云徂顧影奈孤子狠孟新再後單衣行蹩躄往事
如夢中觸意屢驚怛

聞捷

半夜聲喧銀漢舟蟾宮新占一枝秋文章有價還青眼世事
無憑竟白頭百歲光陰干塞馬半生浪跡一沙鷗不堪被觸
當年事揔把雄心付水流

賀日

天風吹送廣寒枝對客偏教淚屢垂不奈槐花催故故其如

桂苑竟遲遲百年捧檄親何在半世齊眉婦莫知更是鶺鴒音斷絶那堪回憶對床時

拜墓

爲告秋風撓松醪墓下斟思親雙眼淚望子廿年心鶴夢孤帷冷鴒原負痛深誰知衣錦客腸斷總難任

城中爲人題扇三首

衰年五十漸支離纔向姮娥藉一枝一笑掀髯無賴甚教官金榜挂名時

擔囊入試幾多年歷數塵勞劇可憐矮屋蟾光猶在眼驚心

一十七回圓

骨肉存亡淚屢揮逢人强笑避人悲龍頭驥尾渾閒事馬齒居先竟不辭

宿寺莊曉起贈張素修　憲章

夜宿故人家凉颸動窗戶曉起雪滿天墮地化為雨連日陰不開促坐時未午庭虛鳥聲靜炊烟淡如縷寒花隔牖開淋漓照簷宇子女無避忌進酌時傴僂風與抱甕真心非鑿竅腐接膝恣談論老輩輕爾汝愾念時事非杞懷心獨苦不酒亦不肉節儉相鼓舞非關歲不豐止為時多獮　國家值艱

運吾輩當禦侮旣之運籌謀亦少執戈武已負生成恩其敢尚華膴情知一粒粟未足太倉補聊以直襟意慨思還隆古

河北親迎

五十韶光鬢未華彩輿重問美人家秋林晚景還堪玩霜葉紅濃二月花

合卺感念前室

又作天台夢其如腸斷何今宵聯玉鏡往歲悵銀河新婦容顏美故人恩義多悲憐成永隔翻使鬢重皤

并門遇諸同年二首

綴行相次强爲榮瑟縮秋鶴遜谷鶯馬齒夙叨推首座蛾眉新樣畫初成三生文字因緣晚半世鴻泥踪跡輕却幸奪標殊徃歲鼎元門下拜門生

久將心事托鷗盟嚼蠟人間萬念輕我自徵名傷晚獲人云大器重徐成豈無倒屣同王粲未必雄文似馬卿十七回科此叨倖簪花秋鬢若爲榮

郝念堂同年 紹湯 屬題對衛彈琴圖

知音世上稀攜琴悉孤徃言尋長耳公乘風試騎宕一揮飛鴻沒再撫衆山響長耳耳雖長會否能奇賞廣陵未絶松風

生鞠通深夜鳴騷人勸君不如且停聲驕驢振策遊無垠

張菴九同年采翼屬題聾盲評古圖

商彝列璠階周鼎羅棐几贏劉出秘藏紛紛更難紀聾瞽叟杖來相對各矜喜暗中誇摸索人前騁牙齒評價到連城覓款試探指彼此互榜標共云得其旨亦或競駁辨爭執論鋒起先生坐晚涼把卷命童子茗香拂畫簷揮扇笑無已縱不盲於心可奈食以耳癖古厭儒生發冢嗤前軌知之固爲嘉不知詎云恥譽言如夢囈强聒胡爲爾大風吹前楹浩浩落胸底願爲碎此幅相安清靜理

英俊圖爲李可山茂才 映堂題

披圖颯爽見丰姿共憶經營慘淡時漢苑三秋摩健翮瑤華萬里繫雄思脫韝有待飛騰早伏櫪庸傷老大遲異質天生終見用聲名發越九州知

靈石山行

雲從地底生天在山中小樹頭嘶騄駬足下起飛鳥人家出翠微層叠資畫稿中有萬古烟濛濛青不了長途名利客朝夕塵鞅掉豈不厭崎嶇其如生事渺人生類轉蓬高低不自保隨風任飄揚誰能問悠藐我生五十年入世苦已早弱冠

忝遨遊年年在遠道勳業望已虛官祿竊分秒二親既不逮
幼交亦稀少碌碌竟何成勞悴失昏曉古人志雄飛虎變須
未老愁鬢秋風飛感此傷懷抱

車中念亡室

與汝成長別悲哀直至今懷思千點淚傷逝兩年心人合飛
瓊伴天難住世深孤魂渺何許入夢許相尋

返任後諸寅長問新孺人答

求凰琴曲又重揮不礙天台兩度歸若向尹邢分態度趙家
清瘦玉環肥

爲張叔平同年觀準題蠏螃圖卽送其赴試之京

文君不食蟛蜞肉雅稱長卿一世才寫向秋風矜晚節明春先賦隴頭梅

示諸賀客

弱冠崎嶇杖策行衰齡始博一枝榮纔餅墨水三升辱敢意臚傳九殿名祗向人間增債累誰從天上問雲程桂花香處銀河渡怪煞當年卜士情余入學數年後有術士推余造云若得金榜題名還要洞房花燭余頗怪之今竟奇驗

催粧二首示諸寅好并索和章

鬑鬑相對解明璫，也自低聲喚玉郎。若比韋家新妹壻，阿儂猶是少年場。唐崔元範五十八歲娶韋涉妹，年十九，見殷芸小說

頻年殷望折天香，空負姮娥盛意長。今日龍鍾人換世，麝蘭丹桂一齊芳。

冷曹

冷曹瑟縮若雞支，人地雙清信有之。署齋有乾隆時學博大同任君二楚題此四字騎馬長懷官長罵，無氈不顧衆人嗤。烟霏澈竈黎祁熟，雨灑空階苜蓿滋。獨有閑門閱千史，胷中古錦爛紛披。

再示賀客

杖策騎驢四十年幾番騰踏看羣賢歲寒偶折蟾宮桂曾否
能持將相權

戲書

吏人一名疢趨風逐隊彬彬盛服同韜畧經綸渾不事作官
終日叩頭蟲

不倒翁歌

今我不樂夢御風濯足萬里滄海東連鼇投餌釣溟涬更抉
雲漢璨紫空醒來大叫潔尊罍亂呼酒八時一中三雅五經
葱羅列小奚擎出不倒翁不倒翁爾何許有肩不肯任一事

有口不聞發一語徒然抱此混元質逐隊紛紛好眉宇粧點
非不華身軀亦云巨黃胖聊恣一春遊白題滿地胡旋舞胡
旋舞舞胡旋任拋擲若箇邊旋東亦叩頭旋西亦叩頭叩頭
逐逐何所求率衆奉行死不休爾來前爾知盤古及今凡幾
年爾來至爾知開闢及今凡幾世王孫一過爭倒屣爾乃不
如鐺有耳眍眼不識座上賓搖頭詎知天下士爾既不知高
文典策有何奇爾亦不知學究天人爲何事買來空費神中
錢棄去終作道旁李看看兒童捉弄多不過人間幾傀儡別
有目光擴炯炯還向庭軒逐流影楞腹空空一段泥齷齪未

有如公等

太平道中感事

帶甲連秦豫，傳聞各異言。十年徵調急，頻歲轉輸繁。穀貴文章賤，官卑國牧尊。勞勞塵鞅客，誰與問煩冤。

珠宜亭副戎書至并寄以詩，卽爲和韻

匆匆離夢忽經年，西望河中頸屢延。久正擬飛鴻銜雪寄，恰逢驛騎並梅傳。鶯遷早聽欣高翥，虎榜叨陪累晏眠。最喜柳屯頻奏捷，掃清秦豫俟諸賢。

浮山道中

夙昔浮山縣，於今隔幾稔。庸知又復來，深冬日光炯。馬行深澗中，人居高崖頂。路僻輿徒少，溪迴村落迴。風景豈不異，所嗟世事梗。兵燹逼隣疆，征衛日申警。積雪滿前途，車倣裘衣冷。

書講堂

教官官至尊，來者皆衣冠。既無兵刑擾，亦少錢穀牽。開懷聽啼鳥，閉戶羅群編。千秋在眼底，治亂得幾先。高吟北窗下，著書南面權。一不礙鄭廣文，坐客寒無氈。不妨薛令之，苜蓿長闌干。日日典春衣，朝朝乞酒錢。爲問臨民官，清濁殊異焉。斯門

羅將相廬對皆聖賢宮牆桃李茂藥籠參苓全翊踐立二齋楊震集三鱣此道苟不易風樷尚足傳咄哉尹天民焚書講堂前

歲暮祀神兒輩祈擬楹聯書之因占數條補綴成詩

土地 此中霤之祀後世或曰社公

漢代巖通禮村居重社公中霤存古祀龕壁作新宮艮杖青袍藝升堂白髮融因依門左右顧盼院西東慣覘蕆蘇客時窺汲井奩主人咸習熟婦孺共來同拜跪威儀肅饔飧鄉宴豐長居情眷戀薄祝語朦朧默佑田禾茂潛孚物產充一家

擋樂愷萬事托𢃇幪額角香烟繞眉彎燭影烘爆聲喧巷竹

聯字蝕牆蓬侍者露微醉盡灰聚小叢相酬花黯黯不待鼓

逢逢數說茶銘德見宋何薳春渚紀聞兼聞酒冶韓見宋詩紀事慈孫應悅

孫佳貺定無惆悵遂桃階雨相傳社公不食舊水故來則有雨歸乘柳徑風

花朝生日近齋祓再迎翁俗以二月二日爲土地生日

天地天地天子之祀民間祀之此最不典

叩首難爲地持躬豈格天如何王者祀錯被野人傳展敬三

霄表升香上界前章疑金闕薦馨爲玉皇懸滿院輝瓊燭中

庭繞瑞烟排班齊列辟侍立盡羣仙薇拱星辰近嵩呼嶽瀆

連冕旒知肅穆鈎樂定喧闐門早開閶闔階休誤斗躔九霞紛劍佩七曜轉樞璇雷馭千聲馳霓旌五色妍勾陳司令肅太乙糾儀先贊幣衣冠偉陳牲禮數虔禱祈防僭越舞蹈敢尤愆象認紅雲捧詞聽紫誥宣仰攀躋尺五俯視臨三千顧影遵循愧明心對越偏聊伸巵酒意一爲謝陶甄

竈神

除夕齊來喜薦馨竈觚高處識君停由來白水供明敎豈爲黃羊始見形猪首魚羹虔婦子雲車風馬燭天庭玉除明日歸來早定許蟬聯瑞靄銘

門神

門戶古人爲分二神今皆合而一之然門有二重則祀亦有二處是近外而大者門近內而小者戶也今止稱門神蓋言門可以兼戶爲二爲一均自無礙

終日傴僂倚立身頭銜歲暮一翻新衣冠修偉長迎客劍佩尊嚴亦送人北闕恩光親護入西山爽氣任爲鄰兒童脫畧看應慣往復朝朝漫起嗔

井神

水風日日湧飛泉餻餌陳來客致虔修綆汲殘千巷月轆轤聲送萬家烟金梧倚處霏香篆玉虎牽餘拜綺筵聞道潔禋能致福仍資濯溉受恩偏

五道此古之行神亦即井神古人立井多於里門守道澗之處遠行者皆集於此因祀之百貨交易亦在此處故曰市井蓋門戶竈中霤之祀皆在宅中而井不必家家有之故立於公所之地而與行神爲一亦以人不盡遠行有祀有不祀故也而井則未有不祀者今五道設立多在路口猶其遺制自二氏背妄加以不典之名而人之知之者鮮矣又援行神爲祀之第五此即五道五字所自出所謂竊吾緒餘而改頭換面以欺庸俗者也慧珠照破不值噴飯五者人家之所皆有故自天子至於民間皆得祀之先儒謂不必有四祀三祀二祀一祀之分誠爲諦當若此五神之外則有非士庶之家所得而應

祀者矣

典祀周儀肅明禮漢代般井行判同異參互證遺文負纓趨

羣至歌驪道正分門仍臨巷陌地或近榆枌亥市俱羅拜庚

郵倈作勤六街通貿易百貨走元纏跪奠迎朝爽招呼對夕

曛報功陳果餌祖餞列餋饋濯邇蔬胥潔泉甘酒亦芬神來

稱帝子 黄帝之子纍相好遊後人祀爲行神 靈覞出將軍 五道將軍見太平廣記 元顙應

旁覞 敬元穎師曠所鑄鏡從井中出見唐人說部 元冥定首勳 元冥水官冬〻所祀是井神實元冥也

離悰陳戀戀吉語祝欣欣藻拂銀燈灺梧搖寶篆薰獻𣪺風

拂座 詩取羝以軷注謂行道之祭 飲馬水成文筴繫邊樹筵開谷口雲

象殊 龖龘井中制孽龍事龘龘龍行貌 聽不犬狺狺 鑿井聞下方雞犬事俱見唐人書

玉虎牽初慢金螺飲半醺揚鞭隨射鮒作帳蓄來麋去許呼

如願歸還卜孔員竹安蒙默佑蘋薦洽前聞此祭原從古庬

言未可云楚封知妄附秦賜更絲棼鎮惡遮村路祆邪解里
旁列壓均福祉庶姓集氤氳魋面胡爲爾魋顏實誤君焄蒿
遵尚禮俗說謝紛紜

春帖子歌六首

高燒銀燭豔新年吉語家家寫絳聯幾日鳥嚶紅杏院一行
人拜綠蕪烟焚香留永江山舊攬勝欣看物象妍共飲屠蘇
誰第一吾家孫小得人憐
絲雞蝋燕記年年歲節風光在眼前虬箭聲長知夜盡獸爐
烱暖得春妍花簪綵勝人無寐須獻椒觴坐慶圓更聽西師

能奏凱千門萬戶一欣然
柸枝也向戶頭懸爆竹驚回夢乍圓夜靜微添風料峭陽回
總覺氣暄妍雲開暖日消殘雪寒盡新春入舊年是年蠟月十七日巳
立春簇簇衣冠門巷接朝來相見各恭虔
東皇駐節九垓榮取次花朝日日晴紅杏樓臺新戲蝶綠楊
城郭曉聞鶯西堂草色添詩思南浦波光動客情爲問香殘
腰帶減何人剝啄到柴荊
圖完九九消寒盡徑放三三暖入橫紫陌雨滋新草色綠窓
風送賣花聲鞦韆院落連鶯樹歌管樓臺接鳳城却喜犁雲

田事近再遲幾日看春耕

漫論一刻值千金萬彙乘陽舞不禁處處園林招客騎朝朝氣候變鳴禽向人柳色餘青眼抱節松枝有素心鼓翼欲舒鵬奮跡天池春水正方深

兒家怨二首（合下牽牛大羅六首皆因湊辦明年公車作）

兒家無奈是囊空錯喜宜男勝事充湯餅晬盤無量費玉斂典盡尚匆匆

招呼將伯語聲悲阿姊阿姑竟不知早信洗兒錢竭蹶當初應悔亂生兒

牽牛怨二首

服箱終日事奔波又值天孫渡晚河不爲聘錢過十萬歷年債負本來多

紅牆一載慣孤帷不礙秋風嘆渡遲見說天錢償不易翻嫌靈鵲駕橋癡

大羅怨四首

月宮遊過日宮春合是霓裳隊裏人爲到大羅天不易邀人隨處拜錢神

鑄鼎燒丹事不奇點金有術足威儀却笑劉安無遠略

方朔止横施

銖衣御士總三千十二天門盡羽仙欲叩瑤扉階級迴侍[illegible]

箇箇索金錢

霓旌雲馭累周章鵠立遲明覲玉皇典盡鶴衣寒刺骨姮娥

多事贈天香

友人來索新婚詩即書四首與之

金風微拂暮秋多門掩梧庭氣候和燭影揺紅人半醉果然

青桂近姮娥

月照閒階夜氣深也看一刻值千金年來學養眞殊絕對色

偏餘好德心

題橋我亦太天斜，比似相如志更賒。纔賦結褵旋贈策，辛壬

癸甲已離家 余反馬後住四日即起程

繡帳依偎不盡恩，一天容易到黃昏。中宵語及前荊誼，數對

新人拭淚痕

戲詠

夔夔祇載擅高譽，父命風嚴井稟餘。頻向深閨求教戒，方知

懽內在皇初 舜完廩浚井皆請命二女而後行見帝王世紀 簡齋以專諸為懽內之始不知大舜事尤在

荒度功深訴帝庭，一堂吁咈佐成平。無端却憶新婚別

由來亦至情

余耳登山屢望頻后妃才德本無倫深宮慈孝俱無說故

相思示後人

鷹揚戮力會如林姜女叨先九亂臨想到軍門長接見知他

伉儷本情深

臘月十七日卸篆回籍途中作即書所見

旌旗搖影客心驚連日干戈過郡城列市清居無戶啟沿途

白晝斷人行紛紜莫問輕裘帥護送長驅擁騎兵十日束裝

行不得空聞戍鼓逐郵程

度嶺

度嶺川原闊征軺緩緩馳山隨車路轉雲逐樹陰移村遠烟
微映寒輕水漸澌東風時拂面凝望太平時

二十八日到家夜

繡幕牽絲許定情催人無奈短長更饒他紅襯憐青桂白髮
新添一兩莖
金釵斜壓鬢雲橫銀燭光揺午夜輕翠帳春催强歡笑故人
何事不分明

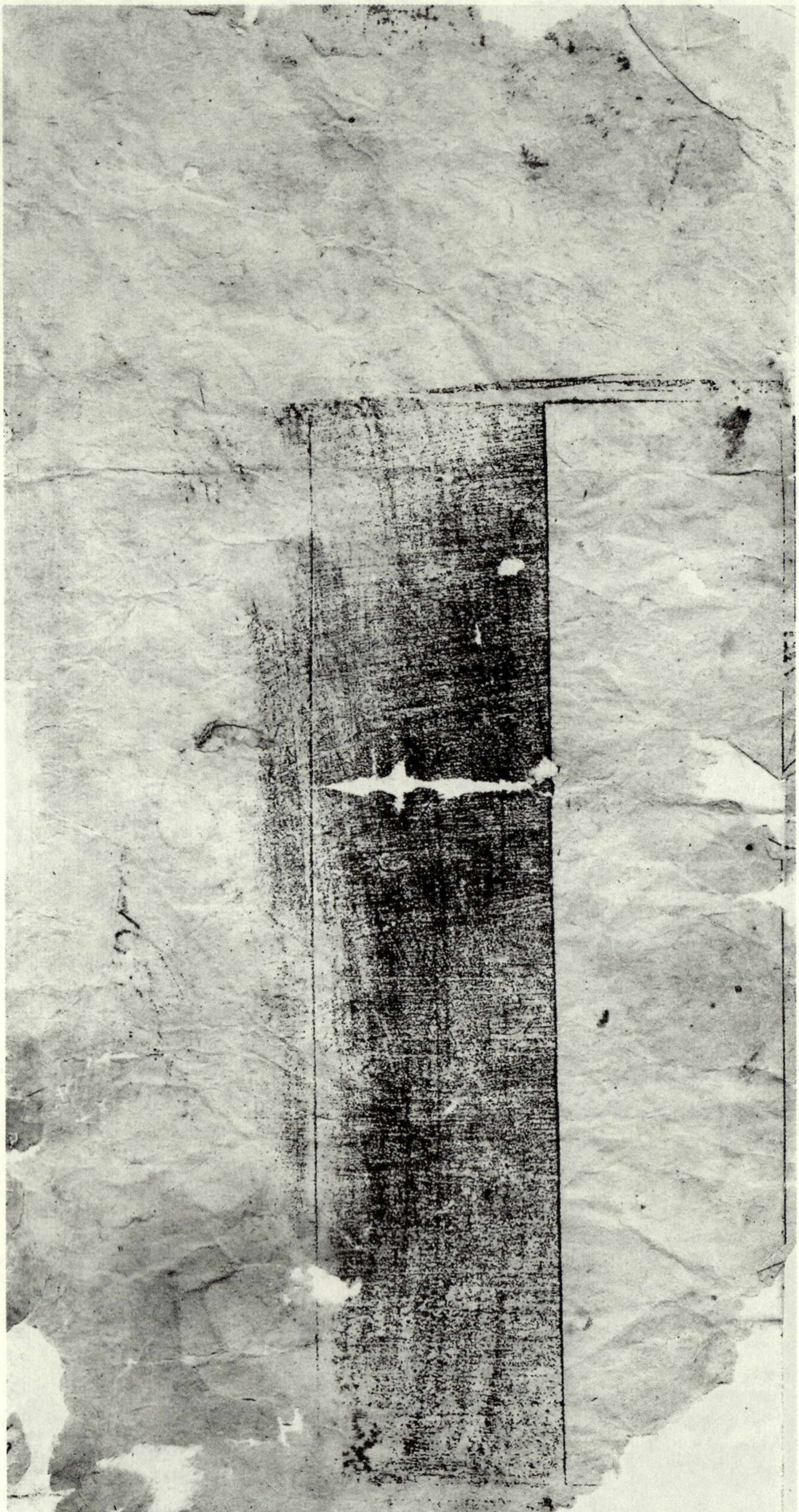

（清）余笛 撰

北游草一卷南旋草一卷

附道光丁酉科江西選拔貢卷一卷

清道光刻本

北游草一卷南旋草一卷附道光丁酉科江西選拔貢卷一卷

清余笛（一八一二—約一八三九）撰。清道光刻本。

笛字可香，號鶴樓，江西都昌人。生於嘉慶十七年（一八一二）九月十四日。道光十年（一八三〇）入南康府學，爲優廩生。十一年入白鹿洞書院。十六年考取拔貢第一名，又以鄉試第五名中舉。次年赴京應試未第，南歸途中偶感風寒，旋卒於家，終年未滿三十歲。此集爲其北上進京赴考與南下回鄉之作，故命名爲《北游草》《南旋草》，皆作於道光十八年。《北游草》録詩五十首，《南旋草》存詩一百零四首。作者雖下第南歸，然舟中與叔父廉山及同年羅慶元（號善庵）三人同行，飽覽沿江風光：發通州，過天津，於濟州望太白酒樓，重渡黄河，至淮陰，咏漂母祠，夜過揚州，至瓜州口渡江望金山，泊金陵，登報恩寺塔，游隨園，過采石，夜泊皖江，望小孤山，皆詩酒唱和，豪情不減。歸里後，與二人告别，詩云：『休爲科名感歲華，此時快事是還家。與君預訂他年約，重上燕臺看杏花。』可惜此别竟成永别，他年之約永遠無法踐行，不亦悲乎！

余笛雖英年早逝，才華未及施展，但在當地頗有文名，［同治］《都昌縣志》卷九《人物志·文苑傳》云：『幼穎异，工駢儷、詩、古文辭，每試輒冠其曹。郡伯張南山維屏、何申畲增元雅重之』。何增元，號申畲，四川璧山人，嘉慶十年進士，翰林院庶吉士，散館分刑部主事，升郎中，外放贛州知府，歷署撫州、饒州知府，道光十二年任南康知府；張維屏，字子樹，號南山，廣東番禺人，道光二年進士，歷署湖北黄梅知縣、長陽知縣、署松滋知縣、署廣濟知縣、署襄陽府同知、署江西袁州府同知、泰和知縣、署吉安府通判，道光十六年署南康知府。何增元、張維屏先後署任南康知府，《道光丁酉科江西選拔貢卷》余笛生平履歷中之受知師即有二人之名。道光十五年秋，白鹿書院課滿，何增元已致仕將歸，從余笛之請重增一課；道光十六年，張維屏親到白鹿洞書院講學，課《五老峰賦》，余笛名列第二。余笛於落第南歸途中，亦有《懷何申畬先生》詩二首、《懷張南山先生》詩一首，可見確實深受二人器重，知遇之恩難以忘懷。

此書分《北游草》《南旋草》二集，各有獨立內封，然僅大字鐫書名，而無刊刻年月與藏板地點。書中遇『絃』字皆避諱，而『佇』字、『淳』字不避諱，知刊刻於道光年間。每半葉九行二十五字，白口，四周雙邊，單黑魚尾。惟紙墨印工不佳，裝訂亦參差不齊，偶有字迹漫漶之處，爲後印本無疑。原都昌二中特級教師周清華先生曾在《都昌文史資料》第八輯《歷史人物專輯：都昌歷史名人》發表《余笛》一文介紹其生平事迹，并徵引《北游南旋草》。余去函咨詢，承周先生告知，余笛後裔尚有手鈔本流傳，現藏都昌縣中館鎮南塘村（一説余家灣村）。可見道光刻本書板已亡佚，其後人手中亦無印本，故不當以其後印而忽之也。

壯遊草

北遊草 戊戌

舟發湖口遇大風回泊鍾山

都昌 余笛 鶴樓

萬石倒如虎飲泉一水去如亂軍喧水波擊石石罅穿大鐘小鐘聲鏗然我欲登州姑少延聽鐘時復手扣舷南風拂衣摧我先我駕一葉何翩翩俄焉北斗陰霧纏大風起兮日不鮮指岸將泊舟忽還縱横衝突隨風旋勢若馬逸韁難牽又若流矢倏離舷巨浪如山當我前山勢壓來欲吞船時而浪起船高騫人坐舟中疑上天時而浪落船低眠呼吸之間入重淵一上一下隨波顛蛟龍怒

趨爭噴迤奇險到此復何言死生有命且聽前所恃篙工猶有權
乘風破浪危益堅曰予生平濟巨川益施舍能無懼焉挂帆南轉
憑風趨風兮吹我沙洲邊舟人登岸如登仙共喜魚腹可無填雖
則魚腹可無填沙洲孤踞洪濤間隔江人家億萬千可望難即心
拳拳陰風慘淡黑雲連舟中累日斷炊煙欲倣乞米顏平原却從
倆處投手箋賢我漁父能我憐殷勤渡我意纏綿扁舟迅速如飛
鳶轉瞬已到鐘山根我與鐘山有奇緣重逢山色彌爭妍會須把
酒躋其巔長嘯一聲江月圓

出險後進寓鐘城客邸連日大雪

艱難旅況又重經倘是離鄉第一程風浪已逃猶有夢雪花雖好却無情空留遊子鐘山住幾見詩人灞岸行我欲遣愁愁不去一杯在手待春晴

雪夜

旅館蕭條四壁貧窗風冷逼客中身兒强尚覺衾如鐵況是頭顱半白人

一枝可借不求安秖爲思親睡每難料得慈幃當此夜聲聲還念阿兒寒

夜泊小姑山

霽月印江江如練微風織波波成縠風月雙淸夜泊船推蓬頓纖
小姑面小姑孤立空所依超然心共飛雲飛彭郎作婿果安在我
欲停杯一問之四顧茫茫靜人語隔岸漁燈三四五奇峯倒影辭
舡頭人倚蓬窗月正午鐘聲飛出寺樓邊冷露侵衣衣生煙欲彈
水調搽管絃恐驚神物起重淵夜潮不動風蕭然舟人睡熟我亦
眠吟魂直到山之巔

抵皖江岸登車

手攬凌霄轡長途信所之此時初展足何日更揚眉煙樹如張畫
去山欲乞詩前程應未遠慷慨一鞭麾

漫興

肯把千秋讓古人據鞍還自顧吟身不觀山水無奇氣多讀詩書豈有遠神兒女情長終是累英雄志大不嫌貧胸中磊塊俱澆盡醉逐東風探早春

早春

久與春光別無心忽遇春月憑梅寫影風爲柳傳神草色低迎馬禽聲輭近人故園好桃李定亦一番新

桐城道中懷　許滇生夫子

幾度文星下太空遍遊海內布春風地臨南國偏知我天造西湖

特爲公一代英才歸藥籠
九重聖哲鑑葵衷遙天但見卿雲起便似先生在望中

舒城旅夜

悟出泥鴻諦隨緣且寄身破窗燈妬月暗壁鼠欺人夜靜常疑雨寒深不似春勞勞車馬客夢裡亦風塵

雨夜

離家遊子意依依燈影模糊徧欲稀不耐此閒聽夜雨竟從何處報春暉天教就養情難慰我悔遨名計已非達志縱今休自許覊思千里寄當歸

早行

沿途雞報曉猶在夢中聽霜氣侵人白天光接樹青水寒生薄霧月落見殘星遥指炊煙起前村且暫停

舒城道中述懷

待為湖山放眼光壯遊原不諱清狂題橋欲借相如筆得句都歸李賀囊芳草有情留我住問雲無事笑人忙滿腔春意蓬蓬動半是詩腸半酒腸

周瑜故里

用兵才略直如神何只孫吳類此人赤壁東風能破賊論勳應是

漢功臣
東林見賞有喬公况復當年主眷隆君選將材臣選壻一般巨眼
識英雄

雜感

品超每羨謝安石才大常憐韓退之生世無名天亦悔讀書有得
筆先知友如可仗何嫌少人果能傳不在奇我論文章貴直氣拈
毫喜作性情詩

定遠道中感懷

今人重富貴古人重菽水菽水能就養三公難易彼我父下世時

我年方一紀無父嗟何怙有母幸可恃母秉松石心寂守空閨禮
嘗言古貞婦不在室垂淚欲報泉下夫須培膝下子子能繼父志
夫死如未死易兒以文章課兒以經史門外高軒來辛苦奉甘旨
不肯慢嘉賓爲兒聯知己消兒已長成母更爲兒撝井蛙所見小
何得守桑梓負笈將出遊早爲治行李一語教兒記擇交須佳士
去年竊科名兩度泥金紙由選拔舉於鄉自分本庸才徼母不及此母顧
較兒奢望兒心未止譬如植佳樹參天然後已記得北上時稟母
辭色甚豈不惜別離忍淚强如是翻恐兒惜別慰以前程美臨別
囑無多愛身兩字耳母言猶未終離兒腸斷矣自思此回去未必

果青紫郎使採囊得一别已千里每到雞鳴時北堂誰省視遊子走天涯苦被浮名累不見舊家山瞻望空陟屺一路風雨雪母愁爲兒起兒囚母不安抱憾將胡底安得依慈幃介壽日稱兕老進曾子辰右進子路米

晚渡臨淮關

郭外寒煙鎖江邊小市環風狂能立水雲倦欲還山岸遠月偏近舟忙人自閒夕陽隨我渡拖影過重關

宿王莊驛

晚風吹冷上征衣山外斜陽挂柳枝一縷淡煙沽酒處半鈎明月

上燈時到門恰喜撥車早敲句何嫌就枕遲呼僕好將囊料理此中貯有看山詩

旅夜被酒有作

慷慨挑燈酒自斟人間能得幾知音眠因感遇頻支枕起爲驚寒每戀衾捫蝨早空千古日聞雞翻觸百年心書生自帶英雄具一劍光芒抵萬金

隋隄懷古

三月東風綠柳斜沿隄春色十分奢君王只道楊花好不道人間有李花

當日龍舟列綵旗兩行紅粉鬪兒嬉雞臺夢醒江山去留得長隄
尚姓隋

奇才自詡冠詞臣爲愛風流丧此身生作帝王殊不幸千秋辜負
一詩人

螢火蕭蕭慘不光隋家舊苑久荒涼柳枝不解興亡事偏向隄邊
舞夕陽

宿州旅次

東風斜颭酒家旗醉裡征人得意時倘繫塗鴉聊當紙遂橋驛馬
爲觀碑嶺雲幻出無痕畫樹鳥吟成有韻詩莫向南天回首望鄉

愁恐上客中眉

徐州、

鼓角聲中雜怒濤徐州風景太牢騷沙飛白日天俱慘詩到黃河氣亦豪臺上英雄誇戲馬尊前感慨欲持鼇城西門外青青草猶似當年舊戰袍

戲馬臺、

項王氣慨雄蓋世項王馬亦有奇氣高臺虎踞旁無人戲馬將爲逐鹿計當年楚重與漢持其勢如虎如熊罷滎陽已破成皋拔奇功皆自馬得之楚歌四起大王咤無可奈何淚欲瀉一杯濁酒澆

胸中絕代美人死劍下子弟皆去馬獨留馬不負王王負馬策馬臨江不渡東英雄豈忍偏安終欲見父老無面目到此人窮馬亦窮吁嗟乎項王戲馬聊小試眼底事事當兒戲天下何大馬何細幾若一倒可搤制鴻門豈眞示仁義直以沛公無足畏戰士謀臣去相繼亦復恬然不介意彼所恃者力與勢那知成事談何易君不見漢王頻年在馬上其心未嘗偶輕試又不見項王馭馬能使馴不如漢王善馭人

渡黃河放歌

昔年聽說黃河浪浪聲似向耳邊擁今年來上黃河舟黃河竟[illegible]

天河遊我思夏后平水土費盡神工併鬼斧此水直從天上來不
抱治功歸神禹船頭嘯傲酒一樽醉中放眼小乾坤人海茫茫若
無人但見河水噴煙雲自西而東走且奔劃開大地南北分江漢
淮泗徒紛紛此水一出空其羣疾吼如擁千人軍洶不盡者泥沙
塵我欲澆去尊中酒一洗濁垢見淸新李杜韓蘇今已矣蓋世奇
才會有幾安得通天絶地筆一枝倒傾萬斛詞源滾滾如此水河
風妬我太豪放捲地而來一何壯水勢爭立蛟龍狂黃沙漫天天
亦黃羣山萬壑一齊暝日色昏昏慘無光舟人皆驚我獨喜引杯
更酌酌無已風兮風兮眞知已正好舉袂從此起倘能飛身直到

崑崙山上最上頭我將一覽而得河源之所始

車中贈馮韶生先生

眼底風騷少解人同車何幸有參軍酒嫌獨酌頻邀我詩待旁敲每仗君清話如聽流水曲壯心共指出山雲相期此度聯吟去直到蓬萊手不分

途中贈羅梅軒先生

文壇老將慕封侯十載幽燕策馬遊壯氣依然橫北道詩篇久矣播南州先生在豫章與諸君訂詩社著有章門萍約自慙客路承青眼休悵名場易白頭邦喜通儒少拘態酒中談笑正風流

贈羅諳盦同年

快馬輕車夾道馳青山影裡笑聯詩人能本色何妨淡文似神兵屢出奇爲我傾心如骨肉喜君握手訂襟期一鞭共赴青雲路莫話仙風兩樣吹若以選拔赴　廷試

懷張蘭石

與世論交患不眞千秋誰復繼雷陳我從冷淡求知己天假奇窮鑄此人借酒遣懷何礙醉藏書滿腹不愁貧向禽舊有遊山約何日同飛海島身

歌風臺

漢家將相列羣英每到功成走狗烹知道四方須猛士當年何苦殺韓彭

天下原從爭戰得拌加謾罵到儒臣此歌頗有詩書氣不似當年馬上人

茌平即事

笑指青青柳一枝東風無力翠眉低鳳凰祇合高岡去如此垂楊未可棲

當年自傳走天涯曾共名姝泣歲華我正無愁卿少好何須灑淚濕琵琶

偶然作

昨詩未就今還續早榻雖佳晚又更夢裏家園偏有味客中花柳總無情看山最是初晴好愛月何妨薄暮行只恐神仙翻妒我壯遊一路帶吟聲

早發

昨夜寒風緊颼颼到五更貪眠憎僕懶早醒爲雞鳴曉日隨人起春山帶夢行隔林茅舍裏猶賸一燈明

車中遣興

蕭然無事枕書眠久坐車如陸地船山水填胸皆學問煙花過眼

亦因緣一春荒廢將詩補千里交遊藉夢聯笑問今宵何處宿亂鴉隊裏夕陽無

春柳

何止銷魂說灞橋天涯徧是有情條臨岐婉轉當三月顧影徘徊爲六朝手折難爲遊子別眉低頗似美人嬌清標終比時花勝不向春風不折腰

亭亭無語自成行遠思纏綿古道旁千里不堪知已贈一春纔爲送人忙儘教繫馬迎芳草時有棲鴉戀夕陽春色三分從古定三分端的在垂楊

鎮日棲遲賣酒樓搖風弄月不知愁陏院興廢歸青眼灞岸遊觀
易白頭著色每當金粉地多情偏繫別離舟風流莫漫張郎比翻
恐張郎遜一籌
柔絲嫋嫋曳江濱綰住關山二月春南浦幾經人觸緒東皇全仗
汝傳神不求媚俗偏躭舞無此超羣莫效顰添得紅牙歌一曲曉
風殘月定生新
莫向鄉關感十圍此間嫩綠正依依陶潛宅外詩情遠蘇小門前
畫意微瀏翠半成兒女淚分青偏上貴人衣飄蓬最是傷心事為
勸楊花莫亂飛

那管邊城笛送聲鋪排自作萬家屏深深門巷留鶯住淡淡風光
惹客停夜雨三眠南北舍晴煙一抹短長亭眼光不向途窮灌沿
路逢人總是青

漫成

休爲飄蓬嘆此身名流從古出風塵青出半爵騷人骨皓月偏爲
旅客親夢可還鄉終是幻詩如交友只求眞揚鞭那愛征途好看
遍天涯二月春

涿州道中見春草有感

蓬蓬春色望中涵有客閑停冀北驂開水不同風景異祇[illegible]餘綠意

似江南

萬里慈幃返照侵恐看碧草襯平林東風大是丹青手畫出離兒一寸心

爲夏海峯先生題荷淨納涼圖時在都門

綠樹陰濃日當午石頭打坐不知暑流水自流空山空併入琴心夢太古荷風拂袖香氣薰手持葵扇頭葛巾難得畫師巧爬合君子花對君子人人與花兩相得酒懷詩思俱超絕翛然一鶴何處來要與先生比高潔君不見東華門外車馬夥名利熏人甚於火君能熱處味清涼我笑巢由計亦左

十二

都門八月十五夜望月

去年看月南關裏月色照人如有喜今年看月燕臺邊依稀月不似去年我思千里共明月那分天南與天北月色都從人意分今年人是天涯客銀河皎皎無片雲月能憐我來相親故鄉月自他鄉見見月如見故鄉人我為思家愁易惹家人度亦有情也南北迢迢望眼穿此時一樣來月下月本有情却無情照人何苦太分明不照團欒照離別滿身風露覺淒清拋却閑愁且飲酒月在酒杯杯在手舉杯邀月月不辭我醉不知月醉否

南旋草

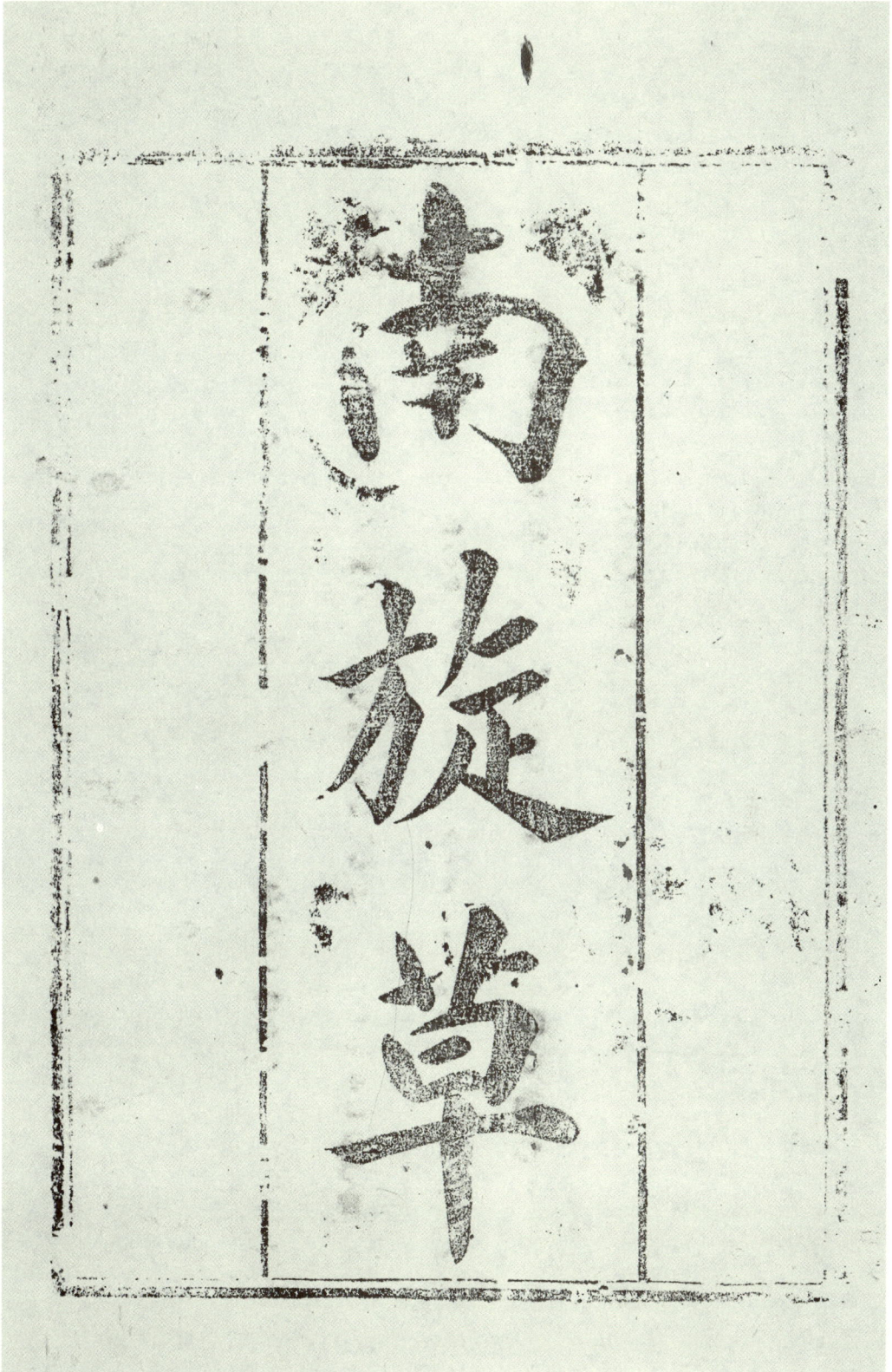

南旋草 戊戌

都昌 余笛 鶴樓

八月十八日出都，至通州登舟

斜陽照我解征驂，回首京華隔翠嵐。下第人如兵敗北，還家客似雁征南。故園極目雲千里，好友深情水一潭。諸同年賦詩送別，愴然泣下。分付船窗開四面，飽看山色不嫌貪。

天津守風

言歸天亦妬，鎮日絆歸舟。風勢猛於虎，客蹤浮似鷗。還家空有夢，多病不宜秋。差喜同心聚，蓬窗好唱酬。同舟有家廉山叔、羅皐耜同年。

舟中臥病

一病倦如此，無聊久廢吟。人兼山影瘦，秋與客愁深。時有月侵枕，乍驚霜滿林。酒闌琴亦罷，盡日養詩心。

滄州舟中懷廬山

我昔遠從南天來，故人餞別手一杯。廬山亦復多情甚，遣雲送我江之隈。爾時泊舟聊小住，欲去低徊不忍去。仙風吹我到天涯，回首蒼茫隔雲樹。匆匆一別半年餘，自笑今吾仍故吾。山靈知我出山意，不作移文一紙書。滿天秋氣逼人老，山高况復得秋早。未知邇來霜後容，無恙可如舊時好。推蓬高望思悄然，故園遙在此山還昨宵夢裡還鄉去手把芙蓉踞其巔我思匡廬奇秀甲天下從古遊人今風雅前有陶謝後李蘇到此都被林泉惹況我山中舊主人山中猿鳥亦相親他山也解娛人意不及匡廬面目真此去好尋讀書樂且向丹崖踐舊約歸來不俟頭白時將使謫仙輸一着安得馬當神助風一夕飛渡大江東萬里無雲月照空使彼層巒疊嶂頃刻在眼中五老且喜且驚詫分付兒孫迎我上山把酒同叙別離衷

九日舟中感懷

身世年來類轉蓬那堪令節更匆匆杯中一樣茱萸酒捧到他鄉

便不同

褒殘金盡賦南歸身外浮名且置之笑指頭顱空破帽秋風底事故相吹

當年膝下舞萊衣菊酒延齡勸幾巵今日登高休望遠老親正是倚閭時

故交遙隔萬山雲料得東籬把盞頻我有閑愁須酒掃此間偏少白衣人

橋人最是雨風聲難得重陽霽色明始信客中難作客無風無雨亦[illegible]清

來時庾嶺梅初放，今日隋隄菊又新。謾假黃花應笑我，秋深猶是未歸人。

英雄都被大江淘，千古傷今首自搔。王好借詩排宿悶，劉郎何苦怕題糕。

臨清舟中

蹤跡飄如水上萍，繞船鴉點亂零星。蘆花未老頭先白，楊柳經秋眼尚青。小飲祇堪朋月共，豪吟偏許俗人聽。疎林夾岸天然好，恰爲蓬窗補畫屏。

舟中夜坐

蕭然無個事，把盞正停琴。落葉打篷背，秋風吹客心。月隨燈並上，天與水俱沈。一鶴下空際，南飛送好音。

武城舟中生日書懷，即呈家兼山叔、羅善蘆同年。時九月十四日。

流年似水易銷除，無計能留過隙駒。我爲不才慚齒長，旁人翻作少年呼。

兩岸寒林落葉飄，眼前風景正蕭騷。舟中不忍推篷看，恐惹飛霜上鬢毛。

生涯半爲苦吟忙，一寸心歸古錦囊。差喜頭顱仍似舊，好風爲我

報高堂

萬里慈親正悄然傷離轉憶舊弧懸算來只有兒時好歲歲生辰

繞膝前

未能蓬苑早蜚聲追問千秋以後名自顧此身還自惜男兒何苟

竟虛生

故吾已往說今吾莫道亡羊未可圖我欲補牢應未晚請將前此

當東隅

二阮同舟一樣心抱琴各自待知音遊仙不是中年事敢託濤高

戀竹林 叔僅長一歲

雲程萬里結同緣努力還應共着鞭把盞壽君君壽我大家同醉菊花天前三日、善菴生日

詠菊

掃盡繁華別有姿此中真意幾人窺名花只合名流賞除是陶潛不受知

生從三徑伴孤松便過嚴霜未敢容笑汝性情渾似我逢人能淡不能濃

非關天氣爲遲迴桃李叢中不肯開莫把頭銜稱隱逸有人采汝出山來

西風吹處數枝鮮只占秋光不占先但使滿頭人競插當年何礙寄籬邊

舟中讀船山詩集

詩無眞氣不沈雄滿紙靈光獨羨公有句都從天外至此才能從古來空一官遣眼渾如夢千卷羅胸不濟窮我欲大聲呼齊[illegible][illegible]驚萬怪起蛟宫

東昌舟中

畫裏江城次第看輕舟掠水布帆安人當久客腰圍減地劃中原眼界寬有病方知開卷好無愁轉覺得詩難平生自抱滄桑[illegible]壘

在西風送晚寒

舟中晚眺

獨立西風裏青山鬪晚晴野荒秋有色林遠樹無聲岸草依舟走溪沙拂水鳴扣舷歌一曲此景十分清

舟中遣興

兩岸霜楓帶晚煙江湖無恙即神仙雁携秋色來千里人與斜陽共一船詩味塡胸如旨酒水聲在耳當淸絃蓬窗直作芸窗樂到攤書倦即眠

挂劍吟

三尺劍光於雪，一寸心亮於月。劍芒自寒心自熱，交情肯爲蓋棺論。我有劍，君欲之；君有心，我能窺。兩人直以心相知，安用斤斤然諾爲。劍倘新，人已故，可惜當年輕別去。人既往，劍空存，何勿挂去爲招魂。不忍負吾友，相贈儼如親握手；不忍負吾心，那知一劍値千金。世人口然心不爾，生且背之遑論死。翻雲覆雨交道衰，千古誰如吳季子。嗚呼千古誰如吳季子。

酒杯

愁中兼病裡，捧到便精神。慣入詩人手，能藏處士身。此中時有月，以外總無春。我欲持君去，尋花到水濱。

汶上舟中紀夢

昨夜仙風枕上起霎時吹我二千里還鄉遙認綠楊村風景依然門巷是入門阿母喜不支笑謂阿兒歸何遲母旁更有呼兒者阿爺別來無恙也妻下機嫂爲炊不似當年季子歸女兒小索梨棗繞膝呼爺聲不了一人到家數人歡陡覺庭中天地寬數人問訊一人答恍惚主賓叙契濶酒一瓶人數口圍爐密坐杯在手爺勸兒兮兒勸母暢飲自午直至酉飲酣起舞高堂前萊衣一試興翩翩骨肉團欒真快絕此時此境勝登仙大笑一聲夢忽破我身竟在舟中臥回首家門隔萬山尚記昨宵人箇箇吁嗟乎遊子思鄉

心如擣便是夢歸歸來姊入坐𦳝樂在天倫底事醒來偏太早休怪醒來偏太早世間好夢須草草君不見黃粱夢裡富貴忙醒來猶未熟黃粱

懷何申畬先生

嶽眉秀色冠八閩楊馬爭翻筆底瀾畢竟文章驚世易獨饒風骨似公難名山遯向閩中領宦海波從局外看料得先生歸去後錦江風月較前寬（自康郡致仕已四年）

五老峯前記舊遊當年何遜領揚州半生知己惟公早三復論文為我留（乙未秋白鹿書院課滿時公已致仕將歸復從筍請重增一課）父老到今思太守門墻何

白繼瀛州浣紗埠上宣平遠可許青蓮再見不

懷　張南山先生、

霖雨沾人數十年到頭依舊賦遊仙宦途正顯身偏隱詩板雖藏
世已傳但是好山都眷戀每逢佳士輒纏綿聽松廬外松千樹此
處知公別有天

懷　徐白舫先生時主講白鹿、

香爐峯上月遙照杜陵吟人與名山稱詩參佛境深迷離三島夢
著作一生心記得師韓日推敲字字金

懷　駱蔚亭先生、

爲我垂青入流連翰墨間情原深似水望早重於山作宦心能淡歸田夢亦閑年來交五老相對笑開顏自山東致仕歸老溽陽已十餘年

懷武芸渠師

手持玉尺到西江頓使名流意氣降杜牧文章悳第五歐陽衡鑑本無雙淒涼心緒家千里公入都已七年矣其家尚流寓維揚言念悵然冷淡頭銜月一窗天上神仙辛無恙爲公傳語到南邦箇拜別時公以維揚事致囑

舟中與善菴同年廉山叔夜話

西山之西日已入滿江夜色黑於漆舉手招月月不來萬種鄉愁一時集舟中幸有同心人挑燈移榻親復親他鄉共話故鄉話忘

是江湖漂泊身羅君風度淡如菊自是盧山眞面目阿叔豪邁迴不羣古事高君今崔君惟我平平了無異然亦頗覺有奇趣好吟非以博詩名不飲偏能知酒意人生至樂何處尋得一知已可傾心況復人三儼成衆縱談那知更已深俄焉月自東山起天外添來一知已開窗延月入窗裏三人化作四人矣相與拊掌笑不止仰首看月月亦喜

湯穀舟中

尺水彎環萬艛爭詩情無復大河橫舟寬人似空堂坐岸逼帆如陸地行飛鳥忽兼秋葉渡斜陽偏向故鄉明歸心更比河流急

石魂飛百萬種

野泊

扁舟小泊綠楊津樹裡遥村認不眞人與鷗羣爭渡口日移波影上船唇閒愁似夢痕無着好景如棊局屢新滿眼狹花飛不盡風情可似故鄉蒓

夜泊

長空星萬點一一浸寒江指水風搖艣依人月進窗燭殘宵已半影對客成雙知有人家近聲聲聽吠尨

潛州舟中望太白酒樓作歌

酒星墜入濟城裏幻出一樓破空起樓頭孤月至今明曾伴謫仙飲於此人言先生酒腸寬我道先生未可徒作酒人觀酒人嗜酒爲酒御先生酒中露奇氣時而大嗔高力士目中那復有餘子時而天子不能呼況肯折腰媚當途不有賀知章誰愛先生狂不有才名重九重何傾動明皇知公欲用公一笑偏隱於酒中公薦汾陽公可退拟天事業汾陽代吁嗟乎人生富貴俱草草萬事無如一杯好得此意者惟先生遂使名公鉅卿一時都傾倒君不見唐家亦有淩煙閣至今片瓦何處着此樓終古白雲間酒氣飛來風雨作先生之高並此樓似聞嘯聲在上頭先生之傳不在酒即以

酒論詩不朽我從樓外觀恨與公隔世遙遙千餘年此心默相契
公固擅酒名我亦知酒意倘能騎鯨飛下九天再向此間遊竟欲
携酒登樓與公同一醉

重渡黄河

舟人後口說黄河動魄驚心爲此渉我到不須詫奇絶一年中已
兩番過

千里風沙北道長歸情日爲計程忙渡河而後離愁減已覺南天
是故鄉

年光此處易銷磨流水滔滔送客多只恐河神翻笑我春來冬去

太乎齋

奉和廉山叔黃河夜泊見示之作兼呈普齋

其有長風萬里情水窗圍坐到三更魚龍不敢騰波起靜聽詩人笑語聲

讀藏園詩集

手持大筆走風雲何止西江水盡吞入世獨高名士骨立言羞併古人門性情以外無歌詠文字之間見本原詩品與人俱卓絕一時哀道莫同論

鯨魚骨歌

惠濟祠中有奇骨長七尺餘廣一尺相傳鰍魚死後留三十六骨
此其一昔時此魚居海中鬐鬣鼓浪生颶風鬚能作帆鰭作桅有
此奇幻無此雄向使不爲生民害魚張八丈兩無礙我知龍宮貝
闕萬頃波濤中任爾掉尾遊行殊自在不然或學北溟鯤魚化作
大鵬飛亦豈難逃法網外胡爲擁潮出海門大張其口肆鯨吞一
呼一吸萬艘盡腥風過水天爲昏長官禱神乞神德願得斬蛟劍
如雪天后移孝作忠神爲國擒鰍遣爲賊鰍生千有二百年鰍死
已在沙洲邊神工鬼斧了無迹但見兩目盡裂血淚盈眶鮮長十
八丈高四丈土人挾刀梯而上斫其皮肉剔其筋從此布帆幸無

羨我聞韓公官潮州作文祭鱷鱷遠遁彼但能驅此能殺神力終比人力優君不見祠中兩物並千古東壁魚骨西鐵鼓

月夜下天妃閘

閘門如峽中恍惚巨靈擘一一扇舟來恰為補其缺河流本滔滔到此路忽窄束之使難行時有波浪翻譬若柙中虎欲出勢已迫又若狹巷內奔馬擁萬匹醞釀成銀濤噴起雪花白目眩怕下注潭深不可測陰風逼人寒恐有蛟龍出放眼觀諸舟倒瀉幾欲沒我幸坐糧艘猶堪與水敵然且遲之遲欲下未敢突篙工與舵師把持各努力俄張滿月弓審固視其的惟恐頑石撞取徑必求直

否則舟稍偏將為石所裂審定乃解纜一發流矢疾舟人忽譁然大呼出虎穴因念文人文搆思貴敏捷下筆倘如此豈不誠快絕險過心亦平更深燈未滅無風又無波推蓬看明月

露筋祠

古今奇節那有此守身直至露筋死世人只解說露筋那知露筋即露妾心古井之本真此筋不滅義士骨高餓西山堪比迹此筋不滅忠臣血睢陽一樣肝膽裂能使貞女留芳名天生此蚊亦奇絕君不見投江妃墜樓女有此大節無此苦息嬀生子何足數何止潑婆不如汝

漂母祠

一飯能全將相身漢家漂母亦功臣韓侯不惜千金報愧殺當年烹狗人

淮陰侯釣臺

淮陰人中豪勳業自古少知何千秋臺只爲傳一釣可知將相名不如釣翁好豈獨傳名好當時身可保試看垂竿人終日玩水鳥得魚且沽酒醉臥不知曉長嘯到白頭那有閒愁攪高哉嚴子陵深知此趣妙惜哉淮陰侯不抱釣竿老

扁舟

扁舟有奇趣鎮日棹歌聞打槳動明月收帆捲白雲波心湖倒插
舵尾水平分爲有看詩癖推篷借夕曛

偶成

不彈琴曲不銜杯盡日閑吟浪費才正擬枯腸都索盡好山忽又
送詩來

夜過揚州

瀕年欲作廣陵遊可奈垂楊不繫舟難得多情二分月殷勤送我
過揚州

金碧參差在眼中一時燈上酒樓紅天教遊子還鄉早每到名區

着順風
蒼涼夜色浸城池畫舫輕隨月影移水面簫聲留我住一枝偏向
耳邊吹
商人趨利趁寒潮誰是遊仙下絳霄我駕扁舟當騎鶴不須萬貫
苦纏腰
到此風光分外奇船頭佇立已多時十年夢裡尋常過可笑歡場
杜牧之
玉鈎花觀已千秋絡代繁華逝水流一過便增無限感那堪繫纜
更勾留

自揚州至瓜州口

歸帆穿過兩淮煙。指顧家山尚渺然。身在一千餘里外。算來二十四橋邊。人當勝境開胸次。天送長江到眼前。忽聽一聲鐘磬響。金山知已近儂船。

自瓜州口渡江雨中望金山

天塹隔斷南北路。飛鳥到此難飛渡。我負雄心乘長風。公然手執鐵板唱大江東去。江流滔滔始何年。奔吼直欲撼坤乾。一自稱舟出江口。放眼便覺別有天。當年吳楚兩大國。分據頭尾誇險絕。後來晉宋齊梁陳。偏安都被此江劃。我生一統全盛時。無復江南與

江北王濬何事駕樓船祖逖不須擊桂楫煙景茫茫西望空一峯
突起波濤中疑是海螺千盤百折湧出水晶宮又疑巨鼇一足擎
天作柱遲奇功不然便是流星墜水化為萬丈石屹然孤立一任
四面潮頭攻我欲着眼分明覩山靈忽將山色秘天風浩蕩吹雨
至絶頂濛濛盡雲氣神龍舞空鶴盤翅上有仙人雜遊戲樓臺金
碧影參差一塔衝霄逼天帝古佛高僧玉女鬟依稀半在虛無間
杳然可望不可即竟似海上蓬萊山我聞坡公叅四大此處會留
鎮山帶勝遊千載有同情安得飛身凌上界見山未遂登山志有
似良朋失交臂篙工勸我勿欷歔天下奇山無處無君不見西江

更有大小姑

出江後歲已暮矣連日守風悶而成詠即呈廉山叔譜盦

故園已放早春梅尚捧他鄉酒一杯有信寒潮歸海去無端臘鼓逼人來雲山漸熟聞吳語風水相乘困楚材兩岸霜楓俱落盡鄉關難似到蓬萊

縱有琴書續舊緣那堪百日水窗眠天教風雨留三十我負晨昏又一年別思轉增南渡後歸心已到北堂前與君同是天涯客各有家人望眼穿

泊金陵

山橫翠黛水遙藍金粉繁華厭客談我到別饒清妙景梅花香裏
任江南

偕袁山叔善會登報恩塔覽金陵全局

攜手上層霄雲中眼界超天開龍虎局人看去來潮江自流終古
山仍貌六朝當年金粉地落木正蕭蕭

遊隨園弔袁簡齋先生

繞屋青青竹影濃此君高致與公同我來漸覺微風動知有吟魂
在此中

平平一角小煙鬟那有奇峯列客攀一自先生棲隱後至今海內

說倉山

山林難得在城都況有荷花十頃湖休怪一官如傲麗此閑原不讓蓬壺 池中有亭顏曰雙湖

古石橫斜老樹鮮一般畫意總天然園中人是香山叟管領鶯花六十年

入山不避白猿猜半爲騷人半爲梅底事謫仙仙去後名花也頼送春來 園中梅尚未開寥寥數株非復香雪海矣

幾輩能扶大雅輪每思諸老爲銷魂人間風月知多少半屬藏園半此園

當年走筆勢如飛時復偷閒坐釣磯如此才華如此福熊魚兼得古來稀

何須富貴豔公卿萬卷居然擁百城最喜詩人能承後書倉尚有讀書聲圖有一所名書倉

人傳曼倩是遊仙此日披圖覺儼然詩老有靈應識我集中相見已多年壁有先生小照日爐雲如意圖

壯觀會上鳳凰臺虎踞龍蟠萬象開不有金陵好山水人間何地着仙才

爲囑園丁愛護周休教花柳付東流滿林俱屬風騷地不是詩人

莫浪遊

遠山夕照半侵檐歸去何須別恨添只願先生來入夢一枝彩筆付江淹

曉起登岸騎驢看江上諸山

曉日低傍船頭起船頭生煙煙籠水我從江上破煙來煙裏濛濛爲我開撲面寒風送霜氣看山最宜驢子背一鞭在手任揮僕問先生將何之不學靳王遊湖上烏盡藏弓矜放浪且學雪中孟浩然尋詩搖曳灞橋邊山容慘淡凍雲覆何覺昏昏睡未見破空一嘯衆山驚千峯萬峯爭來迎買驢不用博士券見山那可無詩

贈驢背推敲知者誰竟須去訪韓昌黎詩成笑別眾山去好向江頭覓歸路貪看山色回頭顧癡心且欲倒騎驢

過采石有感是久大風

想見青蓮夜泛時錦袍正自日邊歸舟中我亦還鄉客依舊青衫過此磯

詩人已去江山在憑弔年年繫客舟我駕長風公捉月豪情一樣占千秋

蟂磯行

江南一種奇山水牟種奇男牟奇女奇男首推大常孫奇女更有

孫夫人大帝踞江誇虎視夫人不愧英雄妹此妹不合配凡材雖得劉郎過江來東吳選壻卽留壻聯姻轉成美人計丈夫那肯寄人籬想見重耳贅齊時婦人從夫古有語肯學齊姜遣公子狐偃趙衰襄奇謀鴛鴦飛渡大江頭蛟龍已脫池中去致雨興雲大可懼文去荆州仍不還秦晉積釁重如山荆州未取婚先斷戴嬀歸陳方寸亂家國變生可奈何調停無術愁雙蛾二姓構兵天地動勝無可喜敗可痛連營七百烽火紅都在夫人腸斷中攬鏡自惜顏如玉此間雖樂豈忘蜀阿母前頭不敢言望夫石上空含寃女牛七夕猶能會妾身長在銀河外安得與漢功早成三分并一罷

戈兵世好永聯家與國與郎無復生離別此願能償亦快哉問孑
天意杳難猜風送愁雲剪江至報道先主崩白帝此時難補缺憾
天此際欲將滄海填吳中煙雨蜀中月兩地迢迢一江隔夫死何
堪妾獨存不死無以報夫君投江直與曹娥比一孝一節兩稱美
逆流而上至螺磯惡螺不敢吞靈屍嗟哉夫人千古少别有幽恨
憑誰曉當年何苦惜荆州不思破賊與同仇卒至蜀亡吳亦滅泉
下傷心江水咽由來唇齒原相依此義彰明胡不知吳中君臣亦
癡絶國不能國枉臣賊夫人而外解人無卓識還推魯大夫

蕪湖舟中

長空萬里凍雲鋪漏出斜陽片影孤　一種風光須記取雪花點染

過蕪湖

舟中即事

煙波盡出旅人情夜色蒼涼萬景清漁火隔江星數點雁聲過水月三更潮來漸覺微風動坐久翻致雜感生擬把金尊拚一醉無憀無夢到天明

荻港雪中憶乙未冬小住家松嵐叔別業雪花如掌相與把盞賦匡山諸詩此即以詩受知張南山先生今先生歸粤東已三載矣別叔者俄經一霜即景觸懷慨然而作

拈毫不見故鄉峯山影雖殊雪影向知已緣深詩草外懷人情寄
浪花中得遊南海知何日重話西窗仗好風雨地迢迢各千里凍
雲遮遍大江東

對雪懷張蘭石

綈袍高誼古來難舉世誰憐范叔寒想見閉門高臥處無人識消
訪袁安

大通舟中

遊水寒逾峭思鄉夢已過途長難計日舟大不愁風有雨雲隻墅
無花樹亦紅一般好江景并入畫圖中

宗陽舟中

半載江湖客人閑景亦閑斜陽鋪曠野殘雪點遙山酒近心先醉詩多手自删遊情與歸思都在水雲間

皖江夜泊

五千里路溯歸程節序舟中次第更客久漸知風水性歲殘轉促別離情半江慘淡寒雲色一枕纏綿夜雨聲却教蓬窗燈影小照人旅況最分明

東流舟中

急雨趁歸船濛濛半是煙飲江山勢猛拍岸水聲堅樹遠如人立

桃飛占鳥先匡廬難遠望尚是異鄉天

馬當舟中望小姑山欣然有作入江右界始此

看山一路遍江淮到此登時倦眼開遊子正當歸思迫小姑已送故鄉來雪殘漸有回春意家近何須縮地才今夜閨中都憶我不應尚作遠人猜

過大孤山呈廉山叔書倉

四顧茫茫一水鋪大孤形勢本來孤吾儕應被山靈妒三笑同聲過此湖

休將孤立駭螺鬟大小遙聯水面班始信奇觀難獨擅一江編有

兩孤山

抵都村別廉山叔善奩、

臘去春同又一年歸帆何事說遲延能留我輩談心久轉覺多情是此船

且居免費榜人詳同在都湖水一方縱使此間分手去別離幸不到他鄉

休爲科名感歲華此時快事是還家與君預訂他年約蓮上燕臺看杏花

檢南旋詩草漫題三絕、

詩情得助是蓬窗有句都成水調腔我與青山緣不淺留題一路
到西江
飄泊無端逐雨風江南薊北太匆匆檢詩且自摩挲久一片歸情
在此中
不將落第攖襟期遣興惟憑彩筆揮贏得錦囊詩數卷此來勝奪
錦標歸
　臘月十四夜自都歸里過松嵐叔宅小叔賦呈一律
真　右翻在到家先燈下兒童喜欲顛驚我夜從千里至照人月爲
兩家圓身經病後仍留骨句到吟成欲聳肩相對不須談别況竹

林風景固依然

除夕雨中奉和松巖叔見贈詩箇 自都歸里

浮生笑比踏泥鴻況復流光過眼空萬里人歸山色裏一番歲盡雨聲中友經離別情逾密詩到團欒興轉窮最喜慈親仍健飯燭花影裏笑顏紅

滿眼寒雲鬱不開那堪回首憶燕臺萬金難買家書至百感都從旅況來抱病慵尋郊外樹懷人欲寄隴頭梅而今悶恨俱拋卻笑倚花前醉一杯

一囊詩帶九州塵故友偏誇筆有神頗喜江山能助我敢言翰墨

定驚人豪狂半涉幽奔氣笑語弊存面目真莫怪梅花比清瘦若

吟兼是客中身

余[illegible]笛

始祖由余公
始遷祖模一公
曾祖鄉利
曾祖母氏汪
祖隆生太學
祖母氏馮
父肇寶生太學
母氏鄭
重慶侍下
慈侍下
業師

字古香號樗林行一大行三□□甲午年九月十四
日吉時生南康府學儒廩生都昌縣人
胞伯觀瀛太學生
胞叔武泰負才早世 武揚 武珍
親兄昌禮負才早世
親弟昌懋 昌熙 昌友 昌楨 昌[illegible] 昌[illegible]
昌平 昌斯
胞弟昌廷
胞妹一
親姪錫禮幼
妻張氏
女四

正誼馮老夫子
秋白沈老夫子
學之許老夫子
鳳岡馮老夫子
綺香洪老夫子
澄闇江老夫子
登郊師
松亭程老夫子
璧齋翁老夫子
申命何老夫子
南山張老夫子
慰亭駱老夫子
白坳徐老夫子

族繁不及備載

世居十一都四保里

考取拔貢第一名余甯南康府學優廩生都昌縣民籍

欽命日講起居注官文淵閣直閣事南書房行走詹事府少詹事提督江西學政加三級許 取

批 精理爲文秀氣成采

總批

健筆凌雲，清思浣月，勘理則剝蕉抽繭，抒詞則摛藻揚芬。惟學海能探真源，斯文壇獨標赤幟，加以經誼四庫熟可解頤，策對萬言奇難窮變作。論借史公之筆，技擅三長敵；詩登杜老之壇，城堅五字。想見才高黃絹，三五夜夢兆簪花，囿宜選入青錢，十二年春分貢樹，即此拔茅叶吉，揚眉訂千佛之經，竚看折桂聯鰲，絕頂作登仙之冠。

遺貌取神純從數虛字涵泳而出

餘味曲包

一入手淡淡著筆是先輩名家法

○○○後進於禮樂君子也如用之則吾從先進　余笛

以後進爲君子非聖人所願從也夫禮樂無取乎君子之名也夫子明時尚而自決所從非欲挽後進之失哉且以時風之日下也使必爲之直斥其非則彼且持一說以相抗而吾則古稱先之意轉無以大白於天下惟即彼之所競誇者聽之於彼而以吾之所獨信者決之於吾夫然後古道可復即世之背乎古道者亦可以從容而自悟如禮樂之在先進時人旣目爲野人矣則其鄙先進而不從亦何待言哉而吾且更觀夫後進禮樂有其文必有其情情者文之所由生也乃後進無其情而苟有其文夫有文無情是

道光丁酉科

丰神絕世

措思多姿

從衣縫中尋轉二比思沈力厚醞釀深醇

禮樂之本已失矣而彼且不知其情之薄也且自謂其文之著也禮樂有其迹必有其意意者迹之所由造也乃後進無其意而第有其迹夫有迹無意是禮樂之眞已喪矣而彼且不知其意之漓也且自謂其迹之美也謂之君子其所從不槪可知哉蓋習俗好尚之私沿流已非一日禮樂之有後進其相與崇奉而飾爲美名者誠不解其何心第漸染既久舉所爲或離或流者羣從焉而不悟其非而好古者幾無以相勝而吾人陶淑之故宗主不容或誣禮樂之在先進其無少偏倚而任人詆毀者要自有其精蘊苟轉移可冀將所爲同節同和者獨用焉而不嫌於矯而有志者可共

[illegible]安頓不
發一層則
從字一點
便醒

豐勁簡中
氣流墨外
於聖人救
世苦心實
能道出

講先進仍
將後進陪
起是借賓
定主法

疏余衷此吾所以自念夫吾不能不審所用而決所從也吾豈致
故違乎哉第禮樂貴奢儉得中而後進過於奢則吾不從禮樂
貴華實相稱而後進過於華則吾不從禮樂貴繁簡適宜而後進
過於繁則吾不從當此滔滔皆是之日先型舊典有墜緒莫尋者
矣儒生之持循或可作中流之砥柱但使一人定所從而天下皆
還淳而反樸斯固吾生之大願也而此念何時慰也吾豈敢偏執
乎巳哉第後進過於奢而先進奢儉得中則吾從之後進過於華
而先進華實相稱則吾從之後進過於繁而先進繁簡適宜則吾
從之當此泯泯胥漸之世逐靡隨波有沈迷不返者矣韋布之趨

低徊往復有慨乎其言之

向恐難挽既倒之狂瀾脫令一人專所從而天下仍蹈常而襲故斯亦世道之隱憂也而我懷何能已也用禮樂者其知之

神理兼諧情文交暢具恢恢有餘之度無格格不吐之詞此玉堂仙品也

牆挪而入筆力矯健

下語姻鑄

擇可勞而勞之又誰怨欲仁而得仁又焉貪 科試一等一名

余笛

怨與貪有由泯亦準夫理之當然而已夫勞擇其可欲在於仁皆理之當然也不怨不貪美不於此而見乎今使人君在上而必置斯民於不勞處一已以無欲此固不可得之事也然使人君在上而或於斯民刻責以勞於一已妄搆其欲則又未免背於理矣善爲治者於民不必不勞而勞通以情故雖勞而不覺其勞於已不必無欲而欲根乎性故雖欲而不病其欲明乎此可與言勞可與言欲可與言勞而不怨欲而不貪今夫聖王以愛民爲念輕徭省

鍊字鍊意

詮擇字異樣精警

可字落紙有聲

高屋建瓴

役在在深其體恤之思勞固非所得已也乃有時用其勞而初無傷夫不勞之本意者蓋勞本爲民苦勞而使之以佚則苦也而甘之矣此其要在乎擇夫擇固度乎事勢尤揣乎民情也周詳審慎約之爲宥密之小心擴之爲帝王之大度擇之天而龍火必辨擇之人而老幼必分擇之農隙而蒐苗獮狩必審他若上地中地下地家任無常豐年中年凶年公旬有定無在非勞實無在不當其可也迨至聞鼛鼓之聲百姓樂趨王事起靈臺之頌庶民爭效子來當是時蓋相忘於勞矣又何至怨讟交作等於暑雨祁寒也哉

今夫聖王以克己爲功淸心寡慾在在絶其嗜好之緣欲固其所

堅確似子

透宗語不可多得

以得字對司字十分醒透

淋漓酣暢

力除也乃有時用其欲而適以還其無欲之本體者蓋欲本爲己私欲而衷之以理則私也而公之矣此其道在乎仁夫仁固吾所自有即民所同具也秉彝懿好存之爲聖賢之幾希發之爲天地之覆載仁在立而井田可制仁在達而學校可興仁在施濟而堯舜事功可致將見一念痌瘝而天下已陰受其福一時惻怛而後世且隱蒙其休無在非欲實無在不見其得也迨至造萬物之命祇全一己之心遂萬類之情祇盡一人之性當是時蓋大快所欲矣又何至貪求無厭等於務獲取盈也哉此勞與欲之美也而不驕不猛之實又可進觀矣

掃盡浮詞，獨標眞蘊，於題中字字咬出汁漿，知其寢饋於先

正者深矣。

起便飄逸

詩情婉轉

賦得短亭芳草長亭柳得青字五言八韻　余銘

觸起離人思長亭又短亭柳條三月綠草色一番青入夢添

詩料多情拂畫舲任他春欲去到此客鄉停馬問隄邊繫[illegible]

從陌上聽落花依古驛飛絮滿前汀別浦烟光霽歌樓樹色

暝何人攜斗酒小立看蜻蜓

其豔在骨其香在情

題中字字俱到對仗亦復工整

承點綴

賦得閑看兒童捉柳花 得花字五言八韻　余　箇

風絮斜飛白兒童笑語譁捉來身傍柳看去眼生花逐入爭

春館拈從賣酒家遨頭剛舞象拍手忽驚鴉纔向雕闌撲旋

因繡幕遮指應黏一縷鬢恰綰雙丫繞樹香盈掬開窗影上

紗歸來騎竹馬晴景十分奢

信手拈來都成春趣

四川大學一流大學建設人才人物培育工程專項項目

『民間所藏稀見清人別集搜集、整理與研究』成果